MAQUIAVELO

biografía e historia

Marcel Brion

Maquiavelo

VERGARA
GRUPO ZETA

Barcelona • Bogotá • Buenos Aires • Caracas • Madrid • México D.F. • Montevideo • Quito • Santiago de Chile

Título original: *Machiavel*

Traducción: Judith Viaplana

1.ª edición: julio 2003

para el sello Javier Vergara Editor
Bailén, 84 - 08009 Barcelona (España)
www.edicionesb.com
www.edicionesb-america.com

ISBN: 84-666-1138-X

Impreso en los talleres de Quebecor World

ÍNDICE

CAPÍTULO UNO

Los poderes del dinero

Hacía dos siglos que Florencia disfrutaba de un verdadero régimen democrático; así pues, las vicisitudes de su vida política oscilaban de forma alternativa entre la tiranía de las clases pudientes, las cuales se servían de su riqueza para oprimir a los más humildes, y la dictadura de las masas, que de forma periódica alteraba el orden establecido y lo sustituía por un gobierno terrorista. Éste, incapaz de mantenerse en el poder y sensible a las tentaciones del dinero, se transformaba por su parte en oligarquía o se hundía en una sangrienta anarquía. De vez en cuando, ocurría que un hombre honesto, enérgico y de buena voluntad intentaba restablecer la calma en la ciudad, frenando los abusos de los partidos y los excesos de las facciones. En un primer momento, se le aplaudía, puesto que mostraba loables sentimientos, hablaba de justicia igual para todos, de acceso de los pobres a los altos cargos del Estado, de repartición equitativa de los impuestos, de disciplina y obediencia; pero transcurrido algún tiempo, lo cierto es que terminaba por contrariar a todo el mundo y aumentaba el número de descontentos. El partido que se consideraba agraviado en mayor grado por su virtud ponía todo su empeño en derrocarlo y aquél pagaba —casi siempre con su vida o, como poco, con su libertad y la pérdida de sus bienes— las generosas ilusiones que lo habían conducido a unas reformas tan impopulares.

Las torres de los palacios aristocráticos se habían derruido en 1250, un gesto simbólico, más allá de la estricta medida defensiva contra las guerras civiles, y se había excluido casi por completo a los nobles del Consejo del Común, donde en principio artes mayores y menores se encontraban representadas por un igual. Ya no se establecían distinciones entre el artesano y el gran comerciante o el banquero, pues todos gozaban de los mismos derechos políticos y se velaba con escrupulosidad por que nadie se viera excluido de los diversos órganos del gobierno por cuestiones de pobreza. Cuando los ricos trataban de acaparar el poder, el «pueblo *grasso*» los llamaba al orden, sin guardar miramiento alguno, y los desterraba en cuanto descubría en ellos síntomas de autocracia.

De la época en que güelfos y gibelinos se maldecían y se mataban entre ellos, partidarios los unos del Papa y los otros del emperador, Florencia había conservado la tradición y el gusto por esas proscripciones masivas, que apartaban de la dirección de los negocios y expulsaban de la ciudad (cuando se les dejaba con vida) a los jefes de la facción temporalmente vencida. Por supuesto, estas derrotas nunca eran definitivas. Los proscritos se refugiaban en cortes extranjeras donde intrigaban contra la ingrata ciudad que los había expulsado. El celo de esos *fuorusciti*, aguijoneando la ambición o la codicia de un soberano, a expensas de su patria, los contactos que habían conservado en la ciudad, el trabajo subterráneo que hacían para regresar como vencedores, casi siempre tenían éxito; tanto más puesto que, durante su ausencia, la facción contraria había tenido tiempo de hacerse detestar y la opinión pública de llegar a la conclusión de que, en definitiva, los proscritos no eran más malos que los otros.

Cuando se despojó del poder a la nobleza, ésta abandonó la ciudad y se refugió en sus castillos, donde vivió sin el boato de antaño de la renta de sus tierras. Sus hijos, que en general no poseían demasiadas aptitudes salvo para el oficio de las armas, hicieron de la aventura una profesión.

Entraron al servicio de príncipes y repúblicas como caudillos de guerra. Algunos se alistaban de forma continua y con un sueldo fijo, otros simplemente lo que duraban las hostilidades. Tenían su propio ejército, reclutado con su propio dinero, mantenido y equipado a su costa, y lo alquilaban a quien requería sus servicios, igual que se arrienda una cuadrilla de jornaleros para la vendimia o la siega. Algunas veces, los Estados para los que combatían les recompensaban con la donación de una ciudad o de un vasto dominio o, incluso, con los títulos y propiedades de un adversario vencido. De tal suerte que permanecían fieles al oficio de las armas, no consentían en tomar la vara del comerciante o la pluma del contable y gozaban de una existencia azarosa, excitante y apasionante, noble a sus ojos y muy bien remunerada. Esos empresarios de la guerra habían logrado hacer de su placer el negocio que les suministraba el sustento y, por su parte, los Estados que los empleaban se habían liberado de la preocupación de mantener un ejército; de manera que todos se beneficiaban.

Las profesiones lucrativas las desempeñaban los burgueses. Además, éstos habían aprovechado la marcha de los nobles para acaparar, con discreción y timidez (a fin de no alarmar a los proletarios), una parte de su poder. Así pues, formaba parte del orden natural de las cosas que la administración y el gobierno de una ciudad pertenecieran a quienes, por formación, tradición, aptitud y ocupación, parecían más capaces que el resto para gestionar los asuntos públicos. En principio, desde la revolución de 1250 y la constitución de 1267, todo el mundo podía aspirar a todos los cargos. Los partidos velaban con sumo cuidado por que todas las corporaciones estuviesen representadas en los consejos elegidos, pero no podía impedirse que los hombres dotados de una cierta experiencia política, o más inteligentes que los otros, o más hábiles, se convirtieran de hecho en los verdaderos jefes. La opinión pública sólo pedía escuchar la voz más autorizada; al menos, en los periodos de dificultades externas, de guerras, cuando se hacía evidente que el igualitarismo puntilloso no resolvía todos los problemas. En el seno de las asambleas populares destacaban algunas personalidades que, de forma natural, tomaban las riendas del «carro del Estado». Eran, de ordinario, hombres ricos que por el mero hecho de serlo se hacían con muchos amigos, clientes y obligados. La influencia de esta «clientela», similar a la que escoltaba a los políticos romanos, era de peso en las deliberaciones, y cuantos tenían interés en estar en buenos términos con un comerciante complaciente, o con un banquero generoso, los apoyaban con su discurso y su papeleta de voto.

Fue así como la clase rica llegó, sin revolución, por el proceso de una evolución casi biológica, a recoger la herencia de la nobleza abolida. Las ventajas de las que ésta disfrutaba no eran, al menos al principio, sino la contrapartida de los servicios que rendía al Estado. También la burguesía participaba en esos servicios, a excepción de lo relativo al oficio de las armas, que se distribuía de forma igualitaria entre todas las clases de la población; por lo tanto, parecía equitativo, o al menos inevitable, que obtuviera en compensación los beneficios y el prestigio que generaban dichos servicios. Pero era obvio que los burgueses los merecían de igual modo, por su consagración a los asuntos públicos y por cómo se esmeraban por embellecer la ciudad, fomentar la cultura y sustentar a los artistas. Si la nobleza había constituido en su día una elite, podía afirmarse que en ese momento la burguesía se había convertido en algo similar; era normal, pues, que aspirara a las mismas ventajas y a los mismos privilegios.

Aunque, bien mirado, las reivindicaciones no habían de ser explícitas y se hacía necesario actuar de forma hábil; lo prudente, sobre todo, era no entorpecer la marcha de las cosas, que por sí solas tendían a poner de nuevo todos los órganos de poder en manos de la clase rica, cultivada y consagrada al bien público, cuya prosperidad se confundía con la del Estado. Había que permitir también que esta ascensión al poder se produjera de forma lenta y cauta, sin llamar la atención y, así, se evitaba hacer ostentación de opulencia o prestigio. Era una cuestión de tacto, mesura y habilidad. El florentino, sutil, agudo y sensible a los matices, sobresalía en ese juego, al igual que el genovés o el veneciano. Y es que, sin duda, también había una buena parte de «juego» en todo eso, lo que hacía que el debate fuese aún más atractivo.

Siguiendo la tendencia normal de esa evolución, el pequeño comercio había pasado a depender del «gran comercio», y unos y otros necesitaban a los banqueros para hacer frente a sus débitos; también los agricultores en los años de malas cosechas. En muchos casos, el prestamista se convertía en el árbitro de la situación; a cambio de los servicios que prestaba, ¿no parecía normal seguir sus consejos y obedecer sus directrices políticas? ¿Acaso había algo más natural, por ende, que situar en las funciones más altas de la colectividad a hombres que habían dado prueba de sus aptitudes administrando con tanto acierto sus propios negocios?

A pesar de la constitución democrática y del sospechoso igualitarismo que ésta favorecía, se había constituido una clase de favorecidos similar a la que, por otro lado, se encuentra en todos los regímenes, pues es inevitable que surjan privilegios y además el debate político se centra en la cuestión de saber quién los poseerá. Una auténtica nobleza, pues, había sustituido a la que en su día se obligó al destierro; una nobleza de dinero, y ya no de espada; una nobleza, en definitiva, ciudadana y comerciante que estaba formada por un número concreto de familias, cuyos miembros concentraban en sus manos a la postre todas las palancas de mando; eran los Pazzi, los Albizzi, los Strozzi y los Medici, banqueros y negociantes que gracias a su inteligencia, su sentido de los negocios, su formación política y sus relaciones internacionales se vieron conducidos a la cabeza del gobierno.

Resultaría sorprendente que, conscientes de su poder, esos grandes burgueses no acabaran por abusar de él. Lo cierto es que cuando se sintieron lo bastante fuertes para imponer reformas —en el marco de la constitución, por descontado— aprovecharon para recortar las prerrogativas de las artes menores y también los salarios, y para aumentar las horas de trabajo. Al mismo tiempo, se disputaron unos a otros la prelación e, incluso, llegaron a hacer alarde de forma imprudente de su opulencia, con tal ostentación y mal gusto que acabaron por exacerbar al proletariado. Fue entonces cuando, aguijoneadas por la cólera, la miseria, los celos y la envidia, se desencadenaron las revueltas populares que —por un tiempo— derribaron a la «nobleza de hecho», que había confiado demasiado en su poder y prestigio. Del pueblo surgieron cabecillas, jefes, como Gino Pecora, el carnicero, o Giano della Bella, un antiguo noble que «había ido al pueblo».

Se creó un nuevo instrumento de gobierno: el *gonfaloniero* de Justicia, encargado de mantener el orden, que ahora ya no iba a depender de los priores. Bien al contrario, el gonfaloniero vigilará a los priores, vivirá en sus palacios y no se separará de ellos de noche ni de día; en pocas palabras, desempeñará el papel de la «conciencia pública» y dispondrá de una milicia de mil hombres, denominada los «infantes de la justicia», que le servirá para mantener el orden. Se reforzaron, también, las medidas de represión contra los nobles, de manera que a aquel que causaba daño a un hombre del pueblo se le castigaba con una pena seis o siete veces más dura que si el perjuicio hubiera provenido de la otra parte. Mediante esas medidas se fortalecía el temor saludable que todo buen ciudadano debería experimentar y se le inhibía el deseo de «distinguirse de los demás», lo que se consideraba un crimen sin remisión.

Esas revoluciones periódicas beneficiaban en especial a las artes menores, es decir, el pequeño comercio, la pequeña industria y la pequeña burguesía. Como era de esperar, los «Menores» llegados al poder, combatieron contra el alto comercio y la gran banca, para arrebatarles sus privilegios y su influencia, pero no se preocuparon demasiado de mejorar la suerte del proletariado. La condición del obrero se volvía más penosa a medida que se desarrollaba la gran industria. El obrero que se endeudaba pasaba a la condición de siervo, y como la mano de obra era abundante y considerable el número de fábricas, los patronos se ponían de acuerdo para mantener los salarios bastante bajos.

El famoso «tumulto de los Ciompi», acaecido en 1378, fue la consecuencia inevitable de la evolución política que se inició con la guerra de los Menores contra los Mayores. Los obreros se habían alistado en las filas de los primeros y habían combatido para ellos, pero no habían recibido pago alguno por sus servicios. Se habían comprometido tanto, participando incluso en los desórdenes callejeros, por medio de ejecuciones sumarias, masacres, pillajes, incendios y violaciones, que tenían razones para temer la venganza del partido vencido si éste recuperaba el poder. Fue así como resolvieron tomar la iniciativa y llevar a cabo una revolución radical que habría de otorgar el poder directamente al proletariado. Una ingente asamblea formada por los obreros de la lana, batidores, peinadores, bataneros, lavadores y tintoreros, decidió que estaban muy mal pagados y que su participación en el gobierno de la ciudad no era suficiente. El gobierno, informado de sus proyectos, detuvo a los cabecillas, pero el pueblo se sublevó entonces, quemó las casas de los nobles y se apoderó del palacio público, donde el jefe de los cardadores, Michele de Lando, entró como vencedor. «Éste, con los pies desnudos y muy mal vestido, siguió al gentío por la escalera; una vez en la sala de audiencia de los señores, se detuvo, se volvió hacia la multitud y les dijo: "¿Os dais cuenta de que este palacio es vuestro y de que sois los amos de esta ciudad? ¿Cuáles son vuestras intenciones?" Todos respondieron que querían que él fuera gonfaloniero y señor, y que los gobernase, al igual que a la ciudad, como él juzgara conveniente.»

Resulta sorprendente conocer —y estaríamos tentados de dudarlo, si no fuera porque es Maquiavelo quien lo refiere— que, al mismo tiempo que quemaban casas y satisfacían, aprovechando el desconcierto, sus venganzas personales, los Ciompi otorgaron el título de caballero a cierto número de ciudadanos que no pertenecían al proletariado, puesto que entre los sesenta y cuatro nombres «ennoblecidos» por la revuelta popular encontramos un Strozzi, un Alberti y un Medici, es decir, representantes de esa gran burguesía que, con razón, la revolución pretendía y quería exterminar. Cabe preguntarse entonces si, junto a esa revolución en esencia popular, no hubo otra, paralela, que se sirvió de ella para favorecer a un determinado clan burgués en detrimento de otro; si los Medici, en fin, no aprovecharon el caos para deshacerse de algunos de sus competidores, los Albizzi, por ejemplo, esos grandes banqueros que en aquel momento eran los verdaderos amos de Florencia.

En aquella época, la banca Medici no era sino un pequeño negocio en comparación con la poderosa casa Albizzi. Los Medici vieron aumentar su prosperidad de forma considerable a partir del momento en que los Ciompi hicieron caer la banca rival y cuando el cabeza de familia, Salvestro, se convirtió en consejero del cardador de lana, la eminencia gris de Michele de Lando.* Este honor singular, y un poco comprometedor a juicio de los de su clase, le valió atravesar el «tumulto» sin perjuicio y ejercer una influencia considerable sobre el gobierno proletario, que conservó el poder durante tres años; por otra parte, y además del referido título de caballero, el cardador Michele le concedió una importante ventaja pecuniaria: la renta de todos los comercios que flanqueaban el Ponte Vecchio.

Los Ciompi permanecieron en el gobierno hasta 1381; en esa fecha, se habían vuelto lo bastante impopulares como para que una reacción tuviera posibilidades de triunfar. Ésta fue mucho más lejos de lo que cabía prever, puesto que echó del poder a los representantes de las Artes Menores al mismo tiempo que a los obreros, pretendiendo que era culpa de las primeras que éstos se hubieran sublevado. Por consiguiente, la autoridad pasó a manos de las Artes Mayores, esto es, de los grandes burgueses, en detrimento de los pequeños, los cuales sólo obtuvieron puestos irrelevantes. Se desterró a Salvestro de Medici por considerársele instigador de la conjura, junto con Michele de Lando. «El recuerdo de tantos servicios debidos a su autoridad, en el tiempo en que un populacho desenfrenado asolaba Florencia, no pudo sustraerlo al furor del espíritu de partido. Su patria le agradeció poco sus servicios. Como esta práctica es bastante ordinaria en príncipes y repúblicas, resulta de ello que los hombres, asustados por ejemplos parecidos, comienzan a atacarlos antes de convertirse en víctimas y de aportar una nueva prueba de su ingratitud.»

Advertidos por la falta que había cometido Salvestro, al mezclarse demasiado abiertamente en política —falta que, con todo, había beneficiado a la «casa», puesto que durante su permanencia en el poder el banquero había hecho negocios mucho más fructíficos que la simple percepción de los ingresos de los comercios—, los Medici volvieron a la oscuridad. Y rechazaron salir de ella incluso cuando los representantes del pueblo fueron a rogar a Vieri, el sucesor de Salvestro, que se hiciera cargo del gobierno: era en una época en que los Albizzi ejercían una verdadera tiranía y se aprovechaban de que uno de los suyos era gonfalo-

* Apelativo con el que se designa al monje capuchino Padre José, que fue confidente del cardenal Richelieu en la Francia del siglo XVII; por extensión, se dice del hombre que como consejero íntimo de un poderoso ejerce desde la sombra una gran influencia sobre éste. *(N. de la T.)*

niero para hacer ejecutar o desterrar a sus adversarios políticos y a sus competidores, en particular a los Alberti.

Con gran acierto, Vieri desatendió las peticiones de los que le presionaban para que aceptara. No quería cometer el mismo error que Salvestro y verse envuelto en un nuevo «tumulto». Lo necesitaban para apaciguar al pueblo, que se había sublevado. Pero ¿quién le garantizaba que después no le considerasen enemigo público? Así pues, respondió a uno de sus primos, Antonio Medici: «Tu enemistad no me asustó antes con sus amenazas y tu amistad no me extraviará hoy con sus consejos.» Luego arengó al populacho, lo conminó a la calma, lo que le valió el elogio de los señores, y lo exhortó a no desanimarse, prometiéndole salir en su defensa siempre que se dejara guiar por él, lo que evidenciaba que era ante todo un «amigo del pueblo». Más tarde, regresó a su casa y no volvió a salir, por más ardientes que fueron las súplicas. A decir verdad, tenía ambiciones y, a pesar de la virtuosa conducta de ese día, continuó dando rodeos y esforzándose por contentar a la vez a los grandes y al pueblo, algo asaz difícil y que amenazaba con conducirlo al desastre.

Hubo otro Medici por aquel entonces, Averardo Bicci, que, resueltamente rebelde a cualquier confusión entre negocios y política, comprendió que la banca nada podía ganar de implicarse en los desórdenes. Averardo no deseaba convertirse en un hombre poderoso, se contentaba con ser un hombre rico. Lo que viene a ser lo mismo. Para Averardo la riqueza era el principal instrumento de dominación en esa sociedad donde cualquier otro poder era precario. ¿De qué habría de servirle que le eligiesen para un cargo público si una vez finalizado el plazo tendría que renunciar y traspasar el gobierno a otros? Sólo quienes soñaban con vengarse podían desear ser gonfalonieros, convencidos de que durante los dos meses de su «reinado» tendrían tiempo de librarse de sus enemigos. Averardo quería el poder que dura; el que no depende del voto del pueblo o del favor de las asambleas públicas. Un hombre rico siempre es fuerte, influyente, respetado, escuchado y admirado. Desde que los valores heroicos de la caballería ya no estaban de moda, ni «a la moda», el dinero prevalecía. Todo el mundo necesitaba dinero; así pues, el que lo poseía se hallaba en situación de imponer su voluntad a aquellos que no lo tenían. Conseguir dinero era el mejor medio —el único— para conquistar una autoridad que estuviese a salvo de los caprichos y reveses de la fortuna política. Por lo tanto, Vieri se contentó con desempeñar con modestia las funciones a las que le obligaba su calidad de *benificiato* (se denominaba así a esa clase de ciudadanos que, bajo los regímenes moderados, proporcionaban los miembros de la administración y del gobierno). Mantenerse demasiado alejado hubiera sido imprudente; se habría visto en ello afectación y singularidad, y podría haberse sospechado que detrás de ese desinterés excesivo ocultaba ambiciones dudosas. Evitó la notoriedad, permaneció en su sitio con humildad, votó con la mayoría, se abstuvo de tomar la palabra y mostró, en todas las circunstancias, una modestia y una docilidad que le granjeaban agradecimientos.

Su hijo, Giovanni di Bicci, siguió este ejemplo, hizo dinero, amplió los negocios de la banca, abrió nuevas sucursales, creó agencias en el extranjero y prestó servicio a los soberanos cuyas arcas estaban vacías. Su aspecto no llamaba la atención, sin indumentaria rozaba la humildad, saludaba a todo el mundo, importante o no, y le gustaba charlar con las gentes de oficio; aunque era, por otro lado, taimado, astuto y duro en cuestión de negocios, a pesar de sus espectaculares generosidades, como la construcción de un asilo para huérfanos y expósitos. Los «grandes burgueses» le agradecían que no se metiera en política; decían que estaba dedicado a sus negocios por completo. No le pisaba el terreno a nadie, nunca obstaculizaba el camino de los demás, y si se mostraba un competidor rudo en asuntos financieros, era algo normal: seguía la corriente.

Ese juego le hizo rico por demás. Pero como sabía ser discreto, sobrio en su manera de vivir y buena persona, nadie desconfiaba de él. Esperó a tener sesenta y un años para pretender a un cargo. ¿Por qué iban a negarle esa satisfacción? No obstante, no consiguió engañar a Niccolò da Uzzano, quien vio claras sus pretensiones. Uzzano, un verdadero demócrata, un liberal, consideró sospechosa esta ambición tardía. No le parecía natural y hubiera deseado que los demás desconfiaran de ese hombre valiente, que no quería morir sin haber desempeñado un papel en política; presintió que existía un proyecto grandioso tras esa candidatura en la que los otros no veían sino el capricho de un anciano; alertó a los grandes burgueses y les recordó la aventura de Salvestro y el doble juego de Vieri: ¡no había que confiar en esos Medici!

Giovanni di Bicci tenía al pueblo de su parte; éste le perdonaba su riqueza porque no era ostentoso ni era altivo; además, llegado el caso, sabía prestar ayuda a los más necesitados. Tampoco los grandes burgueses opusieron objeción alguna, a pesar de los gritos de alarma de Niccolò da Uzzano. Así pues, se eligió a Giovanni di Bici gonfaloniero.

Misión cumplida. Muy pronto, Giovanni intervino en cuestiones de política exterior, entabló unas negociaciones complicadas por demás y se embarcó en una guerra contra Milán. Estaban obligados a mantenerlo a la cabeza del gobierno, puesto que sólo él podía llevar a cabo las delicadas maquinaciones que había puesto en movimiento. La guerra tomó mal cariz, los fondos se agotaron y parecía imposible vencer a los milaneses sin la ayuda de los venecianos. Entonces, cuando debería haber asumido la responsabilidad de su imprudencia, Giovanni, con habilidad, la hizo recaer sobre sus colaboradores. ¡Son ellos los que han querido esta guerra desastrosa! Estaban tan acostumbrados a considerarlo poco brillante e inofensivo que no dudaron de él. Así, la cólera popular se volvió contra los grandes burgueses, los Albizzi, en particular, y Giovanni, ese pequeño hombre sin prestancia, discreto y tímido propuso un proyecto grandioso: el impuesto sobre la propiedad.

Pero ¿no pudo llevarle a la ruina este impuesto, junto con la clase pudiente? No, porque no tenían posesiones. Los otros sí: dominios, tierras, castillos, bienes inmuebles y palacios; justo ahí recibieron el golpe. Él sólo tenía dinero, y ¿dónde encontrarlo? ¿Cómo hacerse con él? No se sabía dónde estaba: invertido en empresas comerciales; en el extranjero; en el mar. Mientras el pueblo aclamaba una medida tan «democrática», que tanto honor le hacía, Giovanni eludía las muestras de entusiasmo y efusividad. Loaban su virtud: les parecía magnífico que un hombre rico hubiese tomado la iniciativa de un impuesto sobre la riqueza. Lo cierto es que el impuesto no le costó un sólo céntimo. A sus opositores, en cambio, los agobiaron las tasas y muchos se arruinaron; las bancas rivales se tambalearon. Sólo los Medici «aguantaron el golpe». Eran ya los primeros banqueros de Florencia, los hombres más ricos del país y, por añadidura, se habían hecho merecedores del bello título de «amigos del pueblo», que éste sólo otorga cuando lo cree oportuno.

Las últimas palabras que pronunció en su lecho de muerte, cuando Dios llamó consigo a aquel hombre sabio y sensato, en 1469, fueron las de un hombre prudente: «Creo que se acaba el tiempo que Dios y la naturaleza me dieron el día de mi nacimiento. Muero contento puesto que os dejo ricos, bien de salud y en condición próspera. Seguid mis pasos, en la medida de vuestras posibilidades, y viviréis en Florencia con la honra y estimación de todos. No hay nada que haga mi muerte más dulce que poder recordar que nunca ofendí a nadie, que, al contrario, hice a cada cual el mayor bien que pude. Es un ejemplo que os conmino a seguir. En cuanto al gobierno, si queréis vivir seguros, tomad sólo la parte que quieran otorgaros las leyes y los ciudadanos. De ese modo, os pondréis a salvo de los peligros y la envidia, puesto que es lo que los hombres se arrogan, y no lo que se les concede, lo que atrae el odio; y nada más frecuente en la vida que ver a los hombres perder lo que poseen por haber querido invadir la parte del prójimo; y antes mismo de haber llegado a la cima de su ruina, se ven atormentados sin cesar por crueles inquietudes. Siguiendo estas máximas pude, en medio de tantos enemigos y escisiones, mantener e incluso aumentar mi consideración entre los ciudadanos; obtendréis los mismos éxitos, os lo repito, si seguís mis pasos; pero si tomáis otro camino, no dudéis que acabaréis tan miserablemente como todos los que se ha visto en esta república consumar ellos mismos su propia ruina y la de su casa.»

Fiel a esos preceptos, su hijo Cosme se contentó con «lo que se le concedió», pero se las ingenió para que se le concediera todo lo que deseaba. Era más ambicioso que su padre; además, puesto que ya habían saboreado el poder, los Medici, que durante mucho tiempo no habían sido sino simples manipuladores de dinero, adquirieron gustos y aspiraciones de grandes señores. Dado que se habían convertido en hombres muy ricos, y se habían liberado del peso de tener que «hacerse» una fortuna, sólo pensaron en aumentarla, mantenerla y disfrutarla. Cosme hizo un buen casamiento con Contessina de Bardi. Los Bardi ya no tenían la posición financiera de antaño, pero su banca seguía siendo sólida, su crédito inmenso y su situación mundana considerable. Cosme, que era un apasionado de las grandezas, hizo que Michelozzo le construyese un magnífico palacio en el emplazamiento de la vieja residencia de los Medici, en Via Larga, y como amaba las artes, y era un entendido, muy pronto tuvo la casa más bella de Florencia. También quiso desempeñar su papel en política exterior y apoyó, tanto por vanidad como con la esperanza de que aquel papa recuperase un día el trono y él fuera entonces su superintendente de finanzas, a Juan XXIII, al que el Concilio de Constanza acababa de deponer. Un gesto caballeresco éste de desenvainar la espada para defender a un pontífice al que la Iglesia ya no quería. Pero un movimiento imprudente el de pagar los 38.000 ducados exigidos para liberar al desgraciado Juan XXIII de su prisión de Heidelberg. Una gran pérdida, si se quiere, pero el papa depuesto fue a vivir a Florencia y honró con su presencia el nuevo palacio de su libertador. Toda Europa habló de ello, se comentó ese acto de generosidad que atestiguaba la riqueza colosal de los Medici, y el crédito de la banca se vio acrecentado.

El prestigio del financiero aumento en el extranjero; en cambio, en

Florencia todo esto se consideró de mal gusto. Hacerse construir un palacio nuevo, gastar sumas enormes en obras de arte, subvencionar a un papa y pagar su rescate se calificó de afectación y exceso, y sólo los más prudentes hablaron de imprudencia. Giovanni di Bicci, más circunspecto, nunca lo habría hecho. Al pueblo no le gustan las provocaciones. Cuando Cosme pensó, además, en declarar la guerra a Luca, se murmuró que aquello sería su perdición, pues una victoria no aumentaría demasiado su popularidad y una derrota, en cambio, cristalizaría todos los descontentos. El pueblo lo consideraba arrogante, los grandes burgueses lo encontraban molesto y comprometedor para su clase. Con este tipo de necedades es como se exacerba al populacho.

Poco antes, Giovanni había hecho recaer sobre los Albizzi la culpa de la derrota milanesa; Cosme contaba con hacer otro tanto, pero los Albizzi fueron más hábiles esta vez. Golpearon los primeros y acusaron a Cosme. ¿De qué? ¿De haber embarcado a Florencia en una guerra desastrosa? No, puesto que todo el gobierno habría podido verse implicado. Por eso sólo le reprocharon «querer situarse por encima de los otros ciudadanos». Lo que a nosotros nos parece venial era un crimen para ese pueblo de fervientes demócratas. De manera que se condenó a Cosme al destierro. Partió hacia Venecia, desde donde continuó dirigiendo sus negocios bancarios, y aguardó el momento, que no tardaría mucho en llegar, en que sus adversarios fuesen tan impopulares que sus conciudadanos reclamasen de nuevo su presencia.

Lo que, en efecto, ocurrió poco tiempo después de su partida. Su regreso fue triunfal. Y también lo fue la guerra contra Milán, a la que los Albizzi habían llamado en auxilio de su facción. Se decretó que Cosme merecía el título de Padre de la Patria y de Benefactor del Pueblo.

Seguro del favor popular, podía en adelante permitírselo todo. Su victoria sobre el partido Albizzi le designaba como el adversario de los plutócratas, aunque fuese el hombre más rico de Florencia. Podía permitírselo todo y eso fue lo que hizo. La democracia florentina había pasado por completo a manos de los poderes del dinero. Los Albizzi eran historia; los Medici, el presente. Ningún rey fue tan «absoluto» como lo fue Cosme. No poseía ninguna dignidad, no desempeñaba ningún papel en el gobierno, pero los suyos estaban por todas partes. Sus hombres ocupaban todos los cargos y magistraturas. La «injusticia» de la que había sido víctima le autorizaba a tomar terribles represalias y no se privó de ello. «Se declaraba proscrito a alguien —escribirá Maquiavelo— no sólo por pertenecer a un partido distinto, sino por sus riquezas, sus amistades o sus parientes. Si esas proscripciones hubiesen ido acompañadas de asesinatos, hubieran recordado las de Octavio y las de Sila.» Ese monarca sin corona, que entendía «no ser nada», reinaba como un déspota, valiéndose para ello de intermediarios, y su poder era tan grande que nadie se hubiera atrevido a desobedecerle. No se había violado la constitución; no había nada que objetar; todo se había desarrollado sin la menor irregularidad. Las elecciones no se falseaban, pero ¿quién hubiera osado elegir a otro candidato que no fuera el de los Medici? A fin de acorralar a sus adversarios hasta en las cortes extranjeras, donde habían buscado asilo, Cosme se puso de acuerdo con Milán, que después de la derrota sufrida se mostraba totalmente a su disposición, con el Papa y con Venecia, que consideraba a Cosme una fuerza con la que había que contar.

Esta construcción política reposaba por completo sobre el genio del Padre de la Patria. Todos se preguntaban qué ocurriría cuando desapareciera, puesto que su heredero no poseía los mismos talentos. Enfermizo y poco hábil, Piero el Gotoso administró durante cinco años la pesada herencia que su padre le había dejado. No cabe duda de que no tenía la suficiente talla para continuar la obra de Cosme; por fortuna, el edificio que éste había construido era tan sólido que resistió todos los embates, pues sus cimientos los conformaban las coaliciones de intereses, de las que era centro y origen. Esta delicada arquitectura financiera y política, cuya indestructibilidad estaba asegurada por la «clientela» que ocupaba todos los puestos, subsistió durante el reinado del Gotoso. La facción Medici había perdido a su jefe —Piero no era un jefe—, pero se mantenía en el poder gracias a todas las connivencias y complicidades que había creado. Al Gotoso lo superaron y desbordaron los suyos; «tullido de todos sus miembros, no le quedaba más libertad que el uso de la lengua, y sólo podía hacer reproches a los autores de esos desórdenes, conjurarlos para conducirse según las leyes, y preferir la salud de su patria a su destrucción». Este patriota inepto era un hombre triste, de mandíbula prominente y ojos apagados. La oposición albergaba grandes esperanzas en su muerte, que a decir de todos no tardaría en producirse. Así fue. Cuando murió, en 1469, dejó dos hijos menores, uno de carácter caballeresco, que sólo pensaba en torneos y amoríos, y el otro dotado de un gran talento para la poesía. Sin duda, se trataba de un bagaje insuficiente para continuar tiranizando Florencia.

La oposición puso los ojos en Tommaso Soderini, hombre de gran autoridad que, tanto en Florencia como en el extranjero, gozaba de un prestigio enorme, y tan pronto murió Piero, los intrigantes se apresuraron a correr en pos de su favor. Pero Soderini no quería embarcarse en aquella aventura y, de forma deliberada, se puso de parte de los jóvenes Medici e hizo que los «reconociesen» los notables y los representantes de las principales familias, quizá con la esperanza de poder reinar so capa de aquellos adolescentes, dóciles a sus consejos. Pero el joven Lorenzo no quería ni oír hablar de un mentor y así se lo hizo saber. Era Medici y como tal gobernaría. La dinastía seguía en el poder.

Ese mismo año de 1469, en que Piero el Gotoso entregó su alma y en que Lorenzo —que había de llamarse el Magnífico— le sucedió, nació, en concreto el 3 de mayo, en una casa del barrio de Santa Felicita, al otro lado del Arno, poco más o menos a medio camino entre el Palacio de los Pitti y el Ponte Vecchio, un niño al que llamarían Niccolò di Bernardo dei Machiavelli.

La familia había sido noble —antaño había poseído el señorío de Montespertoli— o había estado vinculada a los señores de ese nombre. Había dado ciudadanos fervientes al partido güelfo, lo que si bien les valió el honor también el inconveniente de sufrir el destierro. Eso sucedía a finales del siglo XIII. Los Machiavelli sólo permanecieron en el extranjero trece años, luego se los perdonó; desde esa época, ejercían con modestia, lealtad y esmero funciones subalternas en la administración florentina. Toscanos de buena cepa, eran de mente aguda, de inteligencia pronta y de mirada lúcida; no confiaban demasiado en el ser humano, probablemente: ¡habían visto tantas cosas! Amaban con pasión a su ciudad y la servían con devoción y desinterés en los diversos empleos para los que la confianza de la Señoría los reclamaba.

Desde la proscripción de 1267, hacía dos siglos, no habían vuelto a sufrir las vicisitudes de los cambios de régimen. Cualquiera que fuese el partido en el poder, seguían en su puesto, con honestidad, copiando decretos o alineando cifras. Bastante escépticos, en suma, respecto de las distintas constituciones que se sucedían, acostumbrados a la arbitrariedad de los vencedores y a los excesos de las facciones, los Machiavelli rechazaban comprometerse con los partidos extremistas. Eran moderados por esencia, gracias a lo cual no perdieron sus empleos cuando alguna revolución, cual devastador mar de fondo, trastocaba los equipos de la cancillería florentina.

No era un oficio para enriquecerse —las profesiones liberales no estaban bien pagadas en esa ciudad mercantil—, pero se sentían queridos por sus conciudadanos y tenían la ilusión de participar en la dirección de los negocios. Esta familia de escribas no albergaba grandes ambiciones ni codicias difíciles de satisfacer. Eran de esa clase de personas que se contentan con un empleo modesto y poco remunerador siempre que su libertad de espíritu no se vea mermada; también de ese tipo de gentes que aman la cultura y a las que les gusta sentarse en un banco al salir del despacho frente a un palacio, bajo la logia, para recitar, ayer unos tercetos de Dante y hoy una égloga de Virgilio.

Con todo, los Machiavelli nunca habían tenido aspiraciones literarias, hasta el día en que una poetisa entró en la familia. Ese día, cuando Bartolomea Nelli, que escribía bonitos versos y era de excelente linaje, consintió en casarse con el jurisconsulto Bernardo Machiavelli, de nacimiento ilegítimo, entró un elemento nuevo en aquel medio serio, un tanto estrecho, un poco gris, aquel ambiente de las gentes de *Oltrarno*, del otro lado del Arno, de la «orilla izquierda» —que, en este caso, es la orilla distinguida—, aquel círculo de pequeños funcionarios, de pequeños burgueses que ya no pertenecían al pueblo y que, no obstante, no eran nobles, ni siquiera el equivalente de los nobles en Florencia, la democrática ciudad de los ricos.

Sin embargo, allí era fácil enriquecerse: bastaba con ocuparse de la lana, la seda o el cuero, de vender y comprar; o, lo que era aún más sencillo, de prestar dinero a corto plazo y mediante un interés elevado, sin riesgos, con buenas hipotecas, lo que garantizaba la holgura económica al cabo de pocos años y la opulencia pasadas algunas generaciones. Era difícil resistirse a esa fiebre de enriquecimiento que contagiaba y afectaba a todo el mundo. Puesto que el dinero era signo evidente de excelencia y superioridad, ¿quién no querría conquistarlo? Los Machiavelli se contentaban con su sueldo, que les bastaba para permitirles vivir tranquilos y, a buen seguro, también felices. Poseían inmuebles, casas populares en las que, sin duda, los alquileres eran mínimos, habitadas por gentes más modestas que ellos. El dinero no acudía a ellos, pues no lo amaban; porque, a diferencia de tantos otros que se convertían en tenderos y usureros por afán de lucro, ellos no le prestaban atención y preferían las distracciones, la tranquilidad, el trabajo cotidiano y monótono y el callejeo tras las horas de despacho a las agotadoras preocupaciones de los grandes industriales, negociantes y banqueros.

El pequeño Niccolò Machiavelli —al que a partir de ahora llamaremos Nicolás Maquiavelo, según la forma españolizada tradicional que se ha vuelto usual—, el pequeño Maquiavelo, pues, creció sin coacción entre aquellas buenas gentes de costumbres y maneras tan sencillas. Frecuentó la escuela del barrio con los pilluelos de su edad y luego, dado que era inteligente y aprendía rápido, le pusieron buenos maestros. Su padre esperaba que él también hiciera carrera en la administración; su madre, en cambio, soñaba para el pequeño el destino aventurado y brillante del «hombre de letras». Como era un lector voraz, le dejaban devorar cualquier obra que cayese en sus manos, de los antiguos y de los modernos, de los historiadores y de los poetas, de los latinos y de los que escribían en «vulgar». Es posible que practicara el griego, el escalafón superior de la cultura en aquel entonces.

Pero nada había en él de rata de biblioteca y prefería la calle a los libros, con sus mil espectáculos cambiantes, sus fiestas y suplicios, sus procesiones y ejecuciones. El mismo gentío que ayer despedazaba a un hombre de estado que había dejado de agradarle seguía lloroso el cortejo de una virgen popular, reía a carcajadas las grandes farsas de los comediantes y escuchaba con idéntica atención la perorata del charlatán, los *lazzi* de sus acólitos bufones, las arengas del político callejero o los sermones del predicador en boga. ¡Qué fácil resultaba arrancarle la aclamación o los gritos de odio! Sólo con que cambiase el viento de dirección, aquellas gentes corrían a despedazar al mismo hombre que ayer habían aplaudido, y al que quizás aplaudirían mañana, si es que escapaba con vida.

A fuerza de pasear por las calles, menos ocupado en jugar a la rayuela, los dados, las bochas, los bolos o la morra, que en mirar sin perder detalle y escuchar con atención aquel espectáculo abigarrado y cambiante por demás, aprendió a conocer bien al pueblo, sus caprichos, impulsos, calaveradas, arrebatos y enternecimientos, ese gran animal salvaje y tierno, que araña y acaricia con el mismo ímpetu y, con frecuencia, con la misma mano. Aprendió a conocerlo, compadecerlo y temerlo, a desconfiar de sus pasiones y rencores. ¿A amarlo? ¡Quién sabe! No hay que pedir tanto. ¿Quizás era demasiado clarividente como para amar? ¿O no lo era lo suficiente?

Por otro lado, no tenía otra cosa que hacer que leer cuanto le apetecía y pasearse por las calles. Él no se afanaba por elegir una profesión y tampoco su familia lo presionaba. Una vez que hubo finalizado sus estudios los prosiguió a su aire, con la indolencia laboriosa del hombre que sigue siendo estudiante a perpetuidad. Se instruía en las bibliotecas y en las plazas públicas, escuchando más que hablando, siempre atento, irónico y desconfiado, con aquella sonrisa indeleble esbozada en sus finos labios, con los cabellos desordenados del hombre a quien apenas le preocupa agradar, con aquel rostro enjuto y delicado de «intelectual», que hacía exclamar a su madre: «Se dedicará a la literatura.» Desenvuelto, apasionado y escéptico, misántropo precoz, no cabe duda, y poco dispuesto a esperar demasiado de los hombres, que no valen gran cosa.

Puesto que no deseaba ser una carga para los suyos, para ganarse la vida realizó algunos pequeños trabajos mal remunerados, traducciones y copias; lo justo para ganar un poco de dinero sin renunciar a su libertad, sin comprometer su independencia. ¡La libertad! ¡Qué bien suena la palabra! No hay nada más bello en el mundo que un hombre libre. Pero ¡qué difícil es serlo!

CAPÍTULO DOS

La Italia desgarrada

Al correr del tiempo, cuando escribiera la historia de Florencia, al llegar a ese año de 1469, que es el de su nacimiento, Maquiavelo habría de resumir la situación general del país con consideraciones optimistas, si tenemos en cuenta la época y sus agitaciones. «Italia estaba bastante tranquila; la principal ocupación de los príncipes era observarse mutuamente y asegurar su poder por medio de ligas y alianzas nuevas.» Era algo insólito gozar de un periodo de paz y tranquilidad en aquella Italia dividida, disgregada en un polvo de repúblicas y principados, agitada por guerras incesantes, puesto que los movimientos brownianos* de esas partículas de Estado las arrojaban sin cesar unas contra otras. Este mosaico, que, de haber sido estable, habría podido conformar una figura asaz bella y armoniosa, se encontraba pues en perpetua reorganización. Se luchaba por la posesión de un castillo, una colina, un puente o un puerto, o simplemente por el placer de luchar, y porque no había nada mejor que hacer. En cuanto se restablecía el equilibrio entre dos Estados, una nueva guerra volvía a cuestionarlo todo.

Se amaba la guerra porque respondía a los instintos violentos de aquel pueblo y de aquel siglo; el individuo civilizado, sometido a las leyes en tiempo ordinario, encontraba entonces la ocasión de liberar sus tendencias profundas, su gusto salvaje por matar y destruir. La guerra daba poder. La guerra, en definitiva, *pagaba.* El soldado rapiñaba y el capitán «afortunado» conquistaba provincias, se apropiaba de los duca-

* Llamados así en alusión a Robert Brown (1773-1858), botánico británico que descubrió el movimiento desordenado de las partículas diminutas en suspensión en un líquido o un gas. *(N. de la T.)*

dos y tenía descendencia de príncipes y reyes. La guerra era una empresa lucrativa, tanto como el comercio o la industria. Los torpes se arruinaban, los débiles dejaban su vida, los hábiles y los fuertes se enriquecían. La vida habría sido menos divertida de no haber existido todas aquellas oportunidades de batalla, todo aquel desorden que permitía a los audaces probar fortuna. Una Italia unida, uniforme, hubiera sido más que aburrida, en extremo disciplinada y articulada; no habría habido lugar para el capricho en un mecanismo demasiado organizado y minucioso. Tampoco para la fantasía en un Estado poderoso, construido según la razón práctica, la lógica y la noción clara del interés público.

La vida política de Italia, dominada por el gusto por la anarquía y la costumbre del desorden, desde que se había deshecho de los emperadores alemanes y de los reyes angevinos, se polarizaba sin embargo alrededor de algunos grandes Estados, que arrastraban en su órbita la galaxia de pequeñas repúblicas y minúsculos principados. Un juego complicado de alianzas —que, por otro lado, no debía nada a la estructura sutil del feudalismo, que nunca pudo arraigar en Italia— asociaba de forma temporal alrededor de un soberano más poderoso que los otros a algunos pequeños monarcas que encontraban ventajoso seguir su fortuna. Esas asociaciones eran estrictamente utilitarias y no sobrevivían, por otro lado, al interés que servían. El deseo de vengarse de un enemigo con el que uno solo no podía acabar o la codicia de un territorio del que se era incapaz de apoderarse mediante la propia fuerza, justificaban esas precarias alianzas. Había también algunos señores, apasionados por tradición del oficio de las armas, que se procuraban un medio de subsistencia mediante algo que sus ancestros habrían considerado simple diversión o satisfacción de su amor propio. Tal como actúan aún esos aristócratas arruinados que no desean renunciar a la caza y a sus placeres y para mantenerlos venden las piezas cobradas, aquellos guerreros ejercían de empresarios de guerra cuasi profesionales. Se alquilaban con sus soldados de caballería, sus infantes y su artillería, por un tiempo determinado y un sueldo fijo.

La antigua nobleza, excluida de la vida comunal, en lugar de agriarse en la soledad rural y la pobreza, prefería esta profesión honorable y lucrativa que le procuraba, además del beneficio, los rudos placeres que sus ancestros saboreaban de forma gratuita. Algunos, como los señores Della Mirandola, por ejemplo, en cuya familia, por un azar paradójico, nació la más bella flor del humanismo, la obra maestra humana más rara del Renacimiento, Pico della Mirandola, eran de este modo, de padres a hijos, caudillos de guerra y empresarios de batallas.

Se designaba a esos «empresarios» con el nombre de *condottieri*. No eran aventureros en sentido estricto, puesto que no buscaban la aventura por sí misma y, también, porque existía en su actividad cierta vertiente mercantil, que a algunos quizá pueda parecer desagradable o incluso degradante. Se estaba lejos, sin duda alguna, de la caballería y el feudalismo. Los condotieros proporcionaban a quien les pagaba, en concreto a aquel que les pagaba mejor, sin consideración de simpatía, amistad o vinculación a un hombre o a una causa, todo lo que se requería para la guerra. Tenían, en suma, una especie de *emporium* donde el soberano encontraba el número y la calidad de soldados que deseaba; cada nación tenía su especialidad, los gascones eran famosos por su disposición, los suizos por su fidelidad y tenacidad, los estradiotes albaneses por su furia implacable. Se hacía negocio por tantos soldados de infantería y de caballería, tantas bombardas y falcones, y tantos alemanes para emplearlos. Se discutía el presupuesto y, una vez firmado el contrato, el soberano se desentendía. Los condotieros se encargaban de la conducción de la guerra y de todo lo que ésta comportaba, cómo el avituallamiento de las tropas, por ejemplo.

Estos «capitanes de fortuna» eran comerciantes y, como tales, deseaban obtener el mayor beneficio con el mínimo gasto. Raros eran los que resistían a la oferta de una sobrepuja. No se hacía la guerra por placer, de manera que había que extraer el mayor rendimiento. No se trataba de una cuestión de sentimientos, sino de un mero alquiler de servicios. El día en que se encontraba un patrón que pagaba más, se abandonaba al antiguo. Los más honestos esperaban para hacerlo al final de la guerra o, al menos, al final de la batalla, pero no todo el mundo tenía esos honorables escrúpulos.

Esta organización poseía grandes ventajas. Liberaba al pueblo de las ciudades y del campo del lastre de la guerra y de los inconvenientes del servicio militar. La guerra no era más que una carga financiera para el Estado; no reducía sus fuerzas vivas. El pueblo la aceptaba mejor de lo que solía hacerlo, pues era una cuestión de dinero y éste no pagaba impuestos. En lugar de competer a funcionarios más o menos instruidos en cuestiones militares, se reservaba a especialistas experimentados.

Ya no era una torpe y costosa carnicería, sino una especie de juego en el que los participantes eran hombres cualificados por demás, que perfeccionaban su técnica hasta el punto de hacer de ésta un arte.

Nunca la expresión: «el arte de la guerra» fue más cierta que en aquella época, cuando el condotiero podía equipararse a un buen comerciante o un buen industrial. Ahorro, eficacia y rendimiento, ésos eran los temas que les preocupaban. Se cuidaba del material y de los hombres, puesto que tanto los unos como los otros resultaban costosos, y no era cuestión, una vez acabada la guerra, de que el balance final arrojase déficit. Lo ideal habría sido incluso que el asunto hubiera podido solventarse sobre un tablero, sin verse obligados a hacerlo sobre el terreno, ni permitir que sus soldados resultasen heridos o muertos. Las cualidades del buen condotiero —y todos lo eran en este sentido— se parecen a las del buen jugador de ajedrez. Los heroísmos onerosos del caballero estaban anticuados. Por otro lado, y aunque algunas veces aún se guerreaba de esta manera, Italia era demasiado civilizada para continuar con aquellas masacres inútiles. No cabe duda de que la guerra es un asunto donde entra en juego el valor, puesto que hay momentos en que el fragor belicoso supera la prudencia y el sentido de la economía, pero las principales virtudes son la destreza, la habilidad en las maniobras y la ingeniosidad en las estratagemas.

El condotiero era, pues, un producto de la civilización y la política italiana. Y una necesidad también, ya que los pequeños Estados no poseían los medios necesarios para mantener ejércitos permanentes. Por su parte, los grandes Estados consideraban absurdo inmovilizar en regimientos a muchachos vigorosos que resultaban más útiles en los campos o en los talleres. El oficio de soldado es un oficio como otro cualquiera, que requiere aptitudes físicas y morales. Algunos pueblos se muestran más aptos; algunos individuos, también. Hay aventureros que siempre sueñan con peleas; es mejor, pues, reservarles a ellos el cuidado y el placer de hacer la guerra, y dejar en paz a los pacíficos.

El creador del «género», el inventor de la técnica, el maestro en este arte, fue Alberico da Barbiano, a quien corresponde el mérito de haber formado a los condotieros más célebres. Junto a los caudillos de guerra de origen noble, que la llevaban «en la sangre» y que ejercían el oficio de capitán de fortuna tanto por placer como por interés, surgió una clase nueva fruto de los acontecimientos, una categoría de hombres que no estaban consagrados al oficio de las armas por sus tradiciones o hábitos ancestrales, sino sólo porque era interesante y lucrativo.

Pero no fácil. Lo cierto es que la figura del condotiero era bastante compleja. No bastaba con que tuviese valor, audacia y espíritu de empresa. Debía ser capaz de dirigir soldados de nacionalidades distintas, de diferentes mentalidades por tanto, y de imponer una disciplina uniforme a elementos heterogéneos. Había de poseer cultura, pero que ésta nutriese a su instinto.

Puesto que la guerra se había convertido en una ciencia, difícil además, el condotiero debía haberla aprendido tanto en un plano teórico como práctico antes de arriesgarse. Las reglas del juego eran complicadas y las partidas se desarrollan según métodos de lo más variado. La disposición de un ejército sobre el terreno también planteaba mil problemas, que el instinto por sí sólo era incapaz de resolver.

A medida que su técnica se hacía más vasta y rica, que su arte se perfeccionaba, la elección de los buenos condotieros resultaba más difícil y era cada vez menor el número de especialistas y expertos, de «maestros». Aquellos que tenían éxito eran los que se habían formado en «buena escuela», junto a un profesor eminente, de ahí la fama de Alberico da Barbiano. De un palafrenero, un labrador, un carnicero o un panadero, por poco dotados que estuviesen, él hacía grandes caudillos de guerra.

Así fue como la casta de los condotieros, reservada antes a los gentilhombres, a los hijos de familias arruinadas, también se democratizó y, de este modo, todo el mundo pudo tener acceso a ella. La guerra dejó de ser un privilegio reservado a los nobles: participaba quien quería y quien podía. Para un hombre que se sentía capacitado y que tenía vocación militar, ¿existía, acaso, mejor profesión? Justificaba todas las inmoralidades. Lo que en el individuo normal eran defectos, se convertían en el condotiero en cualidades. La propia palabra virtud cambió de sentido al aplicarse al condotiero, y las aptitudes necesarias para el dominio de este oficio se hallaban en un carnicero como Piccinino, un campesino como Attendolo Sforza, un vaquero como Carmagnola o un hornero como Gattamelata.

La corporación tendía a eliminar en aquel entonces a los gentilhombres, a quienes consideraban aficionados, y a reservar las grandes *condotte* a los proletarios que habían ascendido a la cima por sus propios medios y que hacían sentir su poder a las repúblicas que los empleaban. Claro que sólo hasta el día en que, si su traición era demasiado imprudente, es decir, demasiado abierta, su descontento patrono les hacía asesinar. Incluso si las batallas eran poco sangrientas, pues los generales solían cuidar de sus hombres, la verdad es que en aquel oficio pocos morían en el lecho. El número de condotieros ejecutados de manera legal o «suprimidos» sin debate era considerable. La mayoría acababa así y no hubo uno siquiera —si no me equivoco— que pereciese en el campo de batalla. César Borgia hizo que sus esbirros estrangulasen en un solo día a una brazada de los capitanes más ilustres de aquel siglo, de cuya fidelidad sospechaba, con razón. Eran gajes del oficio.

Pero cuando se tenía éxito, ¡qué éxito! ¿Quién gobernaba los pequeños principados italianos? La mayoría de ellos, condotieros «arribista». ¿Quién era señor de Perugia? Baglioni. ¿Señor de Rimini? Malatesta. ¿Señor de Forlì? Ordelaffio. ¿Señor de Bolonia? Bentivoglio. ¿Señor de Ferrara? Ercole d'Este. ¿Señor de Mantua? Gonzaga. ¿Quién era duque de Milán? Primero Visconti y luego Sforza. Era natural que el condotiero afamado, el capitán «afortunado», se convirtiera en el tirano de aquellos Estados convulsionados por la anarquía, la guerra de facciones, la dominación de soldados enérgicos, sin moral ni escrúpulos, que querían ser, más que sus señores, sus amos. Era la evolución normal de los acontecimientos, que reclamaba la propia constitución de la sociedad, la que conducía al capitán de fortuna al frente de los Estados. Y la política italiana, que había creado al condotiero, adquirió entonces, debido a que éste se convirtió en estadista, en señor, en jefe de gobierno y en «tirano», un cariz nuevo e imprevisto.

En un primer momento, cuando los condotieros «arribaron» y casi eran equiparables en poder a los reyes, su carácter, su mentalidad y sus maneras poco habían cambiado. Pero pronto algunos de ellos se civilizaron. Así, Anguillara devino protector de los artistas y Piccinino se interesó por la literatura. Como soberanos fastuosos que eran, se hicieron construir iglesias y palacios, coleccionaron cuadros y mantuvieron a escritores. Pero bajo aquel «barniz» de supuesta cultura, la mayoría de ellos conservó los instintos brutales, los apetitos violentos y las reacciones salvajes del original. Un salvajismo que, por ejemplo, en el caso de Sigismondo Malatesta coexistía con el gusto más exquisito, de tal manera que, al mismo tiempo que hacía construir a Alberti ese *tempio malatestiano* de Rimini —la obra más pura y deliciosa del Quattrocento—, violaba sin distinción a sus hijas y a sus yernos, mancillaba los cadáveres y arrancaba un trozo de brazo de un mordisco a una princesa alemana.

Convertido en tirano, el condotiero se guardaba bien de renunciar a la guerra, puesto que ésta le enriquecía. Las incesantes disputas que trastornaron Italia eran, en su mayor parte, por causa de aquellos batalladores incontenibles, para quienes la guerra es el estado normal. Se cuenta que el condotiero inglés John Hawkwood, al servicio de Florencia —a quien los florentinos llamaban Giovanni Acuto, y cuya tumba está en el

Duomo, con un bello fresco de Piero della Francesca—, respondió un día a un monje que al pedirle una limosna le dijo: «Dios os dé paz» —lo que, no cabe duda, era bastante torpe dirigido a un hombre de guerra—, «¡Dios te quite tus limosnas! ¡Acaso quieres que muera de hambre!» Y fue Sigismondo Malatesta quien, según Enea Silvio Piccolomini, replicó a sus súbditos que reclamaban la paz: «No os atormentéis y tened valor, pues no la tendréis mientras yo viva.»

Los principados menores como Perugia, Ferrara, Urbino, Mantua, Bolonia, Faenza y Forlì, eran feudos de condotieros y, como tales, se veían sometidos a una sucesión sin fin de batallas. Estos principados tenían también su relevancia política y, según los caprichos del señor, sus intereses y las disposiciones del momento, formaban entre sí alianzas, o bien iban a rebufo de los grandes Estados.

Eran verdaderos islotes de tierra firme en aquel mar en continua agitación, en aquellas tierras movedizas que cedían bajo sus pies a cada paso. Por su poder, su extensión y las relaciones que mantenían con los Estados extranjeros, por la importancia de su posición estratégica o comercial, desempeñaban —o cuando menos lo pretendían— el papel de árbitros en aquel remolino confuso de pequeñas repúblicas y diminutos principados. Cada uno de ellos aspiraba, de una forma más o menos abierta, a la hegemonía sobre toda Italia; las repúblicas comerciantes, como Venecia y Florencia, por el control de la banca y el comercio; Milán por la ambición desmesurada de los Sforza, que se habían apoderado por la fuerza de un poder que antes ostentaban los Visconti; Nápoles, en manos de la Corona de Aragón, por el poder que le daba este vínculo con España; y Roma, por ser capital espiritual del mundo cristiano.

Cada cual hacía valer sus derechos. El Papa se apoyó en la famosa Donación de Constantino, sobre la que la Iglesia había construido sus reivindicaciones temporales, donación ésta que algunos de los mejores espíritus de aquel tiempo, incluso miembros de la propia Curia, consideraban apócrifa y, por lo tanto, sin valor. En principio, la Donación de Constantino atribuía al Papa el poder supremo sobre todos los Estados, de manera que los soberanos sólo tenían autoridad sobre éstos por delegación del Soberano Pontífice. Dado que el alcance jurídico de ese documento era vago y muy discutido, y ya que, por otro lado, no bastaba un argumento de derecho para obtener o conservar lo que se anhelaba, la Santa Sede llevó a cabo una política muy activa, intervino en las disputas entre los Estados y guerreó sin tregua, bien para defenderse, bien para atacar, pues de todos es sabido que, con frecuencia, la mejor defensa es el ataque. El Papado no descuidó, sin embargo, los intereses espirituales de la Iglesia, pero su situación de Estado soberano le obligó a practicar una política prosaica, en ocasiones distinta de lo que reclamaban sus intereses espirituales. En tanto que soberano, el Papa no era sino un monarca más, llamado como ellos a hacer la guerra —justa o injustamente, poco importaba— y a negociar tratados, acuerdos y alianzas, con todo lo que ello comporta, es decir, diplomacia ladina, mala fe, ambigüedad, mentira y traición. Las circunstancias llevaron a los papas a convertirse, por obligación, en diplomáticos y guerreros. Los de aquel siglo, Sixto IV, Inocencio VII y Alejandro VI, se vieron inmersos en un sinfín de dificultades, debido a que los enemigos trasladaron la guerra a su territorio o a que los ejércitos papales la imponían en los Estados vecinos. Obligados a la guerra, acabaron por tomarle gusto. Incluso los más pacíficos se contagiaron. Inocencio VII se lanzó alegremente a una interminable serie de conflictos bélicos, Julio II prefirió la espada al libro y Sixto IV, según Guicciardini, murió de rabia el día en que se vio obligado a acatar la paz. Alejandro VI, por inclinaciones personales, fue más pacífico, puesto que era alguien que sólo perseguía el placer y no era un soldado, pero la situación de Italia y las ambiciones de su hijo, César Borgia, no le dieron tregua.

Así era Roma, justo en el centro de aquella convulsa Italia. La metrópoli del mundo cristiano, el lugar donde residía la más alta autoridad espiritual de la tierra era, al mismo tiempo, un reino de intrigas, colérico y agitado internamente por las discordias de las grandes familias que se disputaban la tiara como otras se peleaban por la corona, y que, por sus ambiciones, temores e iras, levantaban a su alrededor remolinos de inquietud y vastas corrientes guerreras. Roma, que podía obligar la obediencia al monarca más insumiso mediante la excomunión, la deposición y la prohibición, era en Italia tan sólo un Estado como los demás, impulsado por los mismos apetitos que el resto, que se servía de idénticos medios para satisfacerlos, y obligado, debido al poder temporal que poseía, a llevar una política tan inmoral como la de los condotieros más feroces y los tiranos más corruptos. Poco antes, había hecho poner de rodillas a los emperadores; en ese momento, si un reyezuelo italiano lo desafiaba, lo insultaba y lo amenazaba, se veía obligado a transigir ante aquella clase sospechosa de empresarios de la guerra, de capitanes de fortuna que, en definitiva, eran los árbitros de la situación militar de Italia. Aquellos de los que dependía la paz o la guerra, eran los Vitelli, Alviano, Gattamelata, Colleone, Piccinino, Anguillara y Oliverotto da

Fermo, los poderosos del momento, los condotieros que se habían convertido en tiranos o que aspiraban a serlo.

Parecía un milagro que mediante sus acomodos, injusticias y crueldades, la Roma potencia política no hubiese puesto en una situación crítica a la Roma potencia espiritual, ni disminuido su prestigio y su autoridad en el mundo cristiano. Más sutil y flexible, inteligente, en una palabra, que la nuestra, aquella época no se engañó al respecto. Comprendió a la perfección que hay dos Romas: una que es heredera de san Pedro, y representa lo más puro, elevado y sacro del cristianismo; la otra que constituye un Estado político, terrenal, parecido a cualquier principado; es decir, una Roma de la tierra y una Roma del Cielo. Así pues, aquella época no se indignó —y si lo hizo fue por mala fe o porque no comprendió— y tampoco se sorprendió de ver al Papa bendecir con una mano y con la otra dirigir el movimiento de los ejércitos y firmar tratados que no habría de respetar; a condición, por supuesto, de que los intereses espirituales de la Iglesia no se viesen implicados o no sufriesen demasiado.

En teoría, Roma debería haberse convertido en la potencia unificadora de Italia. A lo largo de toda la Edad Media, los pueblos lo esperaron y estuvo muy cerca de conseguirlo durante sus conflictos con los emperadores alemanes. Luego, el espíritu, particularista hasta la anarquía, de la península paralizó sus esfuerzos, y con todo aquel legado Roma estaba abocada al vaivén de las tempestades de aquella política confusa y violenta, al igual que Perugia o Siena. De hecho, no gozaba de mayor poder, respecto de los Estados vecinos, que el que le otorgaba un mediocre principado.

Mucho más poderoso era, sin duda, el reino de Nápoles, en manos de Aragón tras la caída de los angevinos, que a su vez habían sucedido a los Hohenstaufen. Desde el día en que Alfonso II de Aragón venció al candidato pontifical y entró en la ciudad por los conductos de agua de la Porta Capuana, a Nápoles la gobernaba esa dinastía. A pesar de las intrigas del Papa para situar un jefe de su conveniencia, a pesar de los intentos de restauración de los angevinos y de sus reivindicaciones nunca satisfechas —llevaron a Carlos VIII de Francia a Italia—, los españoles se mantuvieron en el sur de la península. Que esta provincia sufrió por estar sometida a amos extranjeros, no cabe duda, pero ¿cuántos siglos hacía que esa zona de Italia había renunciado a gobernarse a sí misma? El yugo de los españoles era tan pesado que Alfonso, llamado el Magnánimo por sus cortesanos, a los que el pueblo no quería, pensó en hacer pagar a los napolitanos los gastos de una guerra que, por añadidura, había devastado su país. Al apoyar su reinado antes en el terror que en la magnanimidad, Alfonso había repelido los esfuerzos del Papa por intervenir en el reino, cuya propiedad reivindicaba. Su sucesor, Fernando, continuó la misma política de desafío arrogante hacia la Santa Sede, de opresión al pueblo y de traición hacia los suyos. Llevó la crueldad hasta la demencia, cortó la cabeza a sus enemigos y las hizo salar, y envenenó las pilas de agua bendita de las iglesias de Venecia, para vengarse del dux; durante una fiesta, mandó degollar a los representantes de la nobleza napolitana, y el buen Commines,* quien, con todo, había asistido a muchos acontecimientos y conocido a muchas gentes, llegó a afirmar que «no hubo hombre más cruel que él, ni más malo ni más vicioso, ni más infecto, ni más glotón». A pesar de tales defectos, o quizá debido a ellos, el reino de Nápoles era poderoso; por sus relaciones con España y por su victoria sobre los turcos, a quienes expulsó de Otranto cuando trataron de poner los pies en el continente; poderoso, en definitiva, por la debilidad de los otros. No había nadie en Italia que fuera capaz de resistir a Nápoles o de hacerle sombra. Para derrocar a la dinastía aragonesa, ni siquiera una coalición de los estados italianos podía ser suficiente, puesto que las coaliciones eran algo vago e inseguro, sujeto a vacilaciones, defecciones y cambios profundos y repentinas alianzas: sólo un loco habría confiado en la buena fe y la adhesión de los aliados, sólo un necio se habría creído, al entrar en ella, obligado a corresponder con idénticas virtudes. El golpe que iba a derribar a los aragoneses sólo podía venir de fuera y fue el rey de Francia quien lo asestó, ya que había heredado del duque de Anjou y del duque de Lorena sus derechos a la corona de Nápoles. Corona que el buen rey Renato había prometido, en principio, a Carlos el Temerario, pero que luego ofreció a Luis XI, revocando su primera decisión. Y si los franceses habían sido capaces de olvidar aquellos «derechos», en Italia alguien se encargaría de recordárselos: el gran enemigo del aragonés, el lombardo, el duque de Milán.

Mientras los españoles aseguraban en el sur de la Península un poder tan grande que parecía imposible expulsarlos, en el otro extremo de Italia, en el norte, unos condotieros afortunados habían fundado otro Estado tan vasto, rico, orgulloso y capaz como el reino meridional. Los

* Philippe de la Clyte, señor de Commines, político e historiador francés (1445-1509), fue consejero de Luis XI. Sus memorias, que le han valido fama de historiador de primer orden, constituyen uno de los documentos más notables de la época. *(N. de la T.)*

Visconti, que reinaban con despotismo sobre Milán no fueron ni menos feroces ni menos extravagantes que los aragoneses. Uno de ellos, Barnabo, mantenía una enorme jauría de perros a los que le complacía alimentar con los hombres de los que recelaba o que habían dejado de gustarle, y sus súbditos temían aquella jauría como si se tratase del más terrible de los ejércitos. Filippo Maria no daba de comer a sus perros carne humana, pero guardaba en los bolsillos serpientes, con las que jugaba de forma amigable cerca del rostro de las personas a las que quería intimidar; había hecho de la mentira el arte más refinado, sonreía a sus futuras víctimas y aterrorizaba con una mirada sombría a sus favoritos, quienes sentían que les faltaba la tierra debajo de los pies.

Todos se hubieran alegrado por el derrocamiento de esta antipática dinastía de los Visconti si quienes les doblegaron no hubieran sido los Sforza. Éstos descendían de un campesino de Cotignola, quien, cansado de cultivar con sus veinte hermanos la parcela de tierra familiar, pensó en hacerse soldado. Los reclutadores del condotiero Boldrino da Panicale lo sedujeron con sus camelos, sin embargo, él no estaba convencido. Y ya que le costaba decidirse, quiso jugarse su destino a cara o cruz. Como no tenía monedas, tomó su pico, lo lanzó contra un árbol y se juró que si éste se soltaba, interpretaría aquel signo como la orden de continuar siendo labrador.

Goethe iba a resolver de manera parecida el debate que libraban en su corazón el deseo de ser poeta y el de ser pintor: arrojó su navaja a un estanque y decidió que si permanecía en la superficie, sería pintor. La navaja, claro, se precipitó al fondo. Parecía evidente que al pico de Muzio Attendolo, a quien apodaron Sforza el Violento, habría de sucederle lo mismo que a la navaja de Goethe, pero, contra todo pronóstico, el pico quedó clavado en el árbol. El campesino consideró que los astros habían decidido por él y siguió el redoblar de los tambores, a lomos de un caballo robado.

Convertido en condestable del reino de Nápoles, rico y dueño de un imponente ejército, legó a su hijo Francesco soldados, tesoros y renombre, además de algunos buenos consejos, que pronunció en su lecho de muerte. «Si tienes tres enemigos, haz las paces con el primero, acuerda una tregua con el segundo y luego cae sobre el tercero y aniquílalo.» Con esas sabias advertencias, Francesco Sforza continuó a un ritmo rápido y brillante la carrera hacia el éxito que había iniciado el campesino de Cotignola. Su padre había sido el amante de la reina de Nápoles; él contrajo un «buen matrimonio» con la hija de Filippo Maria Visconti, lo que le acercó a Milán y le permitió apoderarse del ducado a la muerte de su suegro. La dinastía de los Sforza no iba a desprenderse de Milán, a pesar de que Francesco no tenía sobre ella ningún derecho por haber desposado a una bastarda; pero lo legitimaba su ejército, el más fuerte de Italia, su voluntad de vencer, su energía, su falta de escrúpulos y su crueldad. Era popular, por otro lado, y la plebe lo amaba debido a su aspecto imponente y a su afabilidad, gentileza y generosidad.

Su hijo, Galeazzo Maria, hipócrita, poco comunicativo, cobarde y cruel, se deleitaba viendo torturar a los desgraciados y, a fin de que el suplicio durara más tiempo, ordenaba que los enterrasen vivos. Se contaba, incluso, que había envenenado a su madre. El destino la vengó, pues Galeazzo Maria murió a manos de los conjurados que querían liberar Milán. Estos generosos ciudadanos, Olgiati y Lampugnani, pagaron con su vida aquel gesto libertador, y como el heredero del ducado no era más que un niño fue su tío quien se hizo cargo de la regencia. El niño murió muy pronto, y muy oportunamente para el tío quien lo tenía todo dispuesto, y Ludovico, llamado *il Moro* debido a la tez morena heredada de su abuelo, Muzio Attendolo, lo sucedió.

Por lo tanto, Milán soportaba la tiranía de un usurpador, como Nápoles la de un soberano extranjero. Frente a esas ciudades, oprimidas por una pesada dictadura, por un absolutismo que no satisfacía ningún derecho popular, Venecia y Florencia eran estados liberales y democráticos. Eran, sin duda, debido a la constitución que las gobernaba, repúblicas. Por lo que respecta a Florencia, hemos visto que los poderes del dinero habían establecido en la época en que nació Maquiavelo una verdadera realeza. Reyes sin corona, los Medici eran omnipotentes, tan poderosos que a nadie se le pasaba por la cabeza disputarles el principio de herencia, de manera que desde hacía cuatro generaciones el hijo sucedía al padre con el consentimiento expreso o tácito de los ciudadanos.

Los venecianos tenían un sentimiento mucho más justo y recto de la democracia. Su constitución, obra de los siglos más que de la arbitrariedad de los hombres, establecía un admirable equilibrio entre las fuerzas antagonistas del pueblo y la aristocracia. Puesto que la política de Venecia se cimentaba en relaciones comerciales con el extranjero, sobre todo con Oriente, e implicaba inevitables guerras de prestigio o de interés, era necesario que su gobierno poseyera la continuidad que demasiado a menudo faltaba en los regímenes democráticos. Esta política sabia, prudente y enérgica a sabiendas, en ningún caso violenta por capricho ni provocadora, estaba subordinada a los «negocios». Es más, las conquistas de la Serenísima se hacían con miras a abrir nuevas sucursales o a obtener tratados comerciales más ventajosos, a defender sus bases o a asegurar la libertad de los mares. La institución del dux vitalicio y el carácter hereditario del Gran Consejo, garantizaban la continuidad de la política; no se estaba a merced de un voto que, en un instante, podía destruir todo lo que los ancestros habían creado. Aunque el término pueda parecer paradójico, hay que decir que Venecia era una república aristocrática, lo que quizás es la única forma verdaderamente eficaz de democracia.

No había lugar para ninguna clase de tiranía, pues si un dux se extralimitaba en sus poderes pagaba con su vida tamaña imprudencia. El gobierno recaía en una asamblea, en la que figuraban los hombres que de verdad hacían próspera la ciudad, y no aquellos que se entregaban al juego estéril de la «política». Venecia necesitaba ser poderosa, puesto que, en la propia Italia, Pisa y Génova se esforzaban por arrebatarle sus monopolios comerciales y el control de los mares. Los turcos, por su parte, interceptaban sus galeras y se apropiaban gustosos de sus agencias comerciales en África, Grecia y Asia menor.

Para resistir a todos esos peligros, había que ser fuerte y reducir al mínimo la deliberación popular con sus cambios bruscos de opinión, sus entusiasmos, sus odios ciegos y su docilidad a las exhortaciones de los cabecillas. Venecia nunca suprimió la representación del pueblo, lo que le valió el título de democracia, pero se las arregló para que ésta no perjudicara los intereses del Estado. En Florencia, la política tendía a ser un fin en sí misma; en Venecia, la política, como tal, estaba al servicio del orden y la prosperidad. En definitiva, todo el mundo se beneficiaba, desde el gondolero hasta el patricio prosperaban cuando los negocios iban bien, cuando los enemigos se mantenían a distancia y las mercancías circulaban sin peligro desde los puertos africanos o asiáticos hasta las ciudades de Flandes, Alemania y Francia, que eran los clientes de la Serenísima.

También en el terreno comercial se presentaban no pocas dificultades: las tentativas de algunos Estados de deshacerse del monopolio veneciano, la competencia de las ciudades de la Hansa teutónica por los puertos ingleses y por Amberes, la política comercial de Jacques Coeur y el desarrollo de sus relaciones orientales; eran demasiadas contrariedades como para perder el tiempo en disputas estériles similares a las que distraían a los florentinos. Pero esta política de intereses, precisamente por basarse en el interés, tenía también algo de precario. Venecia se negaba a implicarse en los conflictos intestinos de Italia y con toda razón, puesto que tenía cosas más importantes que hacer, pero Italia la dejó sola frente a los turcos. El mismo año en que Maquiavelo nació, la Serenísima se enfrentó a una flota musulmana que contaba con cuatrocientos navíos y que, alineada, tenía una extensión de diez millas náuticas. «El mar parecía un bosque», escribía Malipiero, según relato de Girolamo Longo, testigo ocular. Venecia hubo de transigir con Mohamed II para no perder sus colonias. Magallanes y Cristóbal Colón, uno originario de la nación rival, Portugal, el otro hijo de aquella Génova que odiaba a Venecia y soñaba con arrebatarle la supremacía comercial, supusieron el inicio, mediante sus viajes y descubrimientos, de la omnipotencia de la Reina del Adriático.

Se la acusaba de egoísmo; se le reprochaba no prestar atención a la suerte de la colectividad italiana, se censuraba su monroísmo;* pero ¿qué otra cosa podía hacer? ¿Qué hubiera ganado enzarzándose en las riñas de condotieros y tiranos? Quizá lo que irritaba a Italia era que Venecia fuera un ejemplo de orden y disciplina, de sentimiento nacional llevado al extremo, de patriotismo ferviente y sin embargo inteligente. Molestaba su civilización perfecta y refinada, tanto por lo que se refiere a las cosas materiales como a las producciones artísticas. Era demasiado superior, demasiado sabia, como para no irritar a sus desordenados vecinos. Y sin embargo, bien mirado, había algo de debilidad en esa voluntad de aislamiento que acabaría por perderla, incluso un sentimiento mal entendido de sus intereses y, en suma, una especie de mediocridad de sentimientos en ese utilitarismo prudente, en ese pragmatismo cerrado, que eran en ella reacciones de defensa contra el amor por la aventura que agitaba todavía a aquella ciudad que había nacido del mar.

Por lo tanto, no existía en Italia ningún Estado digno de ser admirado por completo, sin reservas. Para un hombre joven como Maquiavelo, que escudriñaba a su alrededor impaciente por descubrir la forma de gobierno ideal, era imposible encontrarla en la república y en la tiranía. La principal causa de esta debilidad era, en definitiva, la división del país en una multitud de Estados. El joven Maquiavelo, cuyas conviccio-

* Doctrina Monroe, propugnada por el político estadounidense James Monroe (1758-1831), presidente de Estados Unidos de 1817 a 1825, de acuerdo con la cual los Estados europeos no deben inmiscuirse en los asuntos americanos. Se resume con el aforismo «América para los americanos». *(N. de la T.)*

nes políticas estaban formándose con el estudio de los clásicos y la observación de los Estados modernos, no hallaba nada que le satisficiera, cualquiera que fuese el punto del horizonte hacia el que dirigiese su mirada. Italia era un caos, pero del caos Dios creó el universo; por lo tanto, parecía posible sustituir aquella desorganización profunda, aquella confusión íntima de los pueblos y los individuos, por un *orden.*

En Maquiavelo había dos hombres. Uno se apasionaba por el espectáculo de los acontecimientos y, sea la historia de los pueblos antiguos, sea la observación de la política contemporánea, de todo aprendía. Era, por esencia, el testigo de su tiempo, el crítico de los hombres y de los hechos que había estudiado. Un intelectual, si se quiere, un contemplativo, pero había a su lado otro hombre que reivindicaba con insistencia el derecho a la acción. Era un «curioso» de la política, pero, no un diletante, y no se forjó una profesión a fin de permanecer independiente y conservar toda su libertad de juicio, para que nada falsease su lucidez, cegase u oscureciese su clarividencia. Era un hombre libre.

Pero también era un ciudadano, un patriota. Un ciudadano vinculado a la gloria y la prosperidad de Florencia. Un patriota que seguía la tradición de Dante, Petrarca y Cola di Rienzo, quienes tenían una visión unitaria de Italia, más allá de su fragmentación, y la consideraban una unidad política, similar a un complejo biológico; quienes querían que Italia volviese a ser «una», como en tiempos de los romanos.

¿Qué estado podía llevar a término aquella anhelada unidad? ¿Roma? Ninguno de los papas que Maquiavelo había visto parecía preocuparse de ello hasta entonces. ¿Un tirano? Sí, Ludovico el Moro aspiraba a una especie de hegemonía, pero lo movía la vanidad, su propio interés, no el de Italia. Los aragoneses bastante tenían con defenderse. ¿Florencia? Sus discordias internas la hacían demasiado débil para ello.

Por otro lado, ¿para qué cambiar la forma de gobierno, si el carácter de los hombres no cambiaba? Muchos estados habían pasado de la dictadura a la democracia sin beneficio alguno, puesto que los individuos seguían conservando las mismas debilidades, defectos y vicios. En una democracia, al igual que en una dictadura, también la codicia, la avidez, los celos, la envidia, la cólera, la violencia y el rencor, gobernaban —gobiernan— el corazón y las acciones de los hombres. La propia Florencia había dado muestras de que el gobierno del pueblo era tan sanguinario, arbitrario e injusto como el del tirano más abominable.

¿Las instituciones valen lo que valen los hombres? O, por el contrario, ¿a los hombres los moldea el gobierno que ellos se procuran? En este caso, ¿cuál es teórica, moral y prácticamente la mejor forma de gobierno? Y si la excelencia práctica y la excelencia moral no coinciden, ¿cuál es preferible?

Como cualquier hombre joven, sobre todo si desconfía de las ideas estereotipadas y no admite más verdad que la que él mismo ha reconocido y probado, Maquiavelo no resolvió semejantes problemas de la noche a la mañana. Las palabras no lo engañaban. Tampoco las tradiciones o lo que se denomina la «sabiduría de las naciones». Aquel hombre libre quería pensar con libertad, al margen de las disciplinas de los partidos y las consignas de las facciones. Las palabras de mando nunca son palabras de verdad, pues son, a lo sumo, verdades provisionales y de uso inmediato, a falta de algo mejor. No permitió que lo reclutaran, ni por la fuerza ni con artimañas, en una camarilla. No sirvió a los colores de nadie, sabiendo como sabía que un ser humano no es un caballo de carreras, y respetó el propio hecho de la individualidad, de la personalidad humana como una de las realidades más nobles que pudiera encontrar.

De este modo, hostil a cualquier tipo de violencia, tanto espiritual como física, defendió su independencia a cualquier precio. Al precio de la soledad, al de la pobreza incluso. Y no le pareció que fuese demasiado alto. Paseó el rictus irónico de sus labios delgados, de sus ojos fruncidos y su mentón puntiagudo por las plazas públicas y bibliotecas. Afable, a fin de cuentas, sociable, amante de la broma y nada doctrinario, alegre y vital, encontró el placer en acariciar a las muchachas y en la botella. Lo cierto es que resulta tranquilizador saber de un reformador que no rechaza los placeres materiales de la vida. «Desconfío de Casio, es demasiado austero», comenta el César de Shakespeare. Maquiavelo no sería un florentino del Renacimiento de no haber perseguido también el sueño platónico de la armonía entre el cuerpo y el espíritu, entre el alma y los sentidos. Si Dios no le había concedido belleza, ¿tenía, por ello, que poner mala cara al placer?

En cualquier caso, los mayores placeres se los proporcionaba su inteligencia; aquella inteligencia despierta, de mil facetas, que todo lo comprendía y nada rechazaba, que se había alimentado con la cultura histórica más amplia y la observación más perspicaz. Tras ella existía, además, un alma inquieta, agitada, que no se contentaba con el espectáculo y rechazaba la actitud pasiva del crítico o el testigo. Un alma ardiente que, en alguna ocasión, se sintió humillada por su inteligencia demasiado lúcida, demasiado brillante. Pensamos en el deán Jonathan Swift, quien al igual que Maquiavelo, no nos confesó lo que pasaba en su alma; sin embargo, el florentino, a diferencia del deán de la catedral San Patricio de Dublín, ni siquiera dejó un epitafio, una confesión postrera. Ha tenido que ser a través de los actos de su vida como hemos «descubierto» los movimientos de esa alma de la que Maquiavelo, orgullosa y púdicamente, no dijo nada.

¿Un corazón insensible? No, pues un hombre sin alma no se habría aventurado tras los pasos de Savonarola ni se habría sumado a su banda de «plañideros». Frente a Savonarola, no cabía una posición de mero observador, de simple crítico. O se estaba con él o contra él. Era imposible permanecer indiferente ante el grave conflicto que desató entre las reivindicaciones del alma y las posiciones de la razón práctica. O se le amaba o se le odiaba y a buen seguro Maquiavelo le amó.

CAPÍTULO TRES

El profeta desarmado

Sin embargo, resulta difícil imaginar dos hombres más distintos. Uno era todo razón, todo clarividencia, el espíritu en su más fina expresión. El otro participaba de las fuerzas cósmicas, poseía la violencia ciega de la tempestad y del torrente. El éxtasis lo elevaba del suelo, pero la visión del rostro de Dios lo precipitaba de nuevo contra él. La lava ardiente y humeante de las profecías emanaba de él como de un volcán. Había declarado la guerra a la maldad del mundo con una suerte de inconsciencia casi infantil. Tenía algo de los niños-caballeros de la Edad Media, de la «inocencia» de Don Quijote también. Se encontraba terriblemente solo, pero Dios estaba con él. Y con ese bagaje partiría a la conquista del mundo.

Savonarola era un conquistador y por esa razón ya se comprende que interesase a Maquiavelo. Estaba claro que habría de ocupar un lugar en la historia. Desde su llegada a Florencia, se intuía que habría de formar parte de esos destinos fuera de serie que tan apasionante resulta encontrar en los libros de historia y, más aún, en la vida real. Daba igual que los imbéciles le despreciasen y se burlasen de él, de su feo rostro, de sus gestos torpes y tímidos, de su rudo y áspero acento ferrarés, pues Maquiavelo descubrió enseguida el genio, de una calidad excepcional: la santidad.

Corresponde a la Iglesia decidir si Savonarola fue un santo según la concepción católica. Para Maquiavelo, existía «santidad» cada vez que un ideal se llevaba hasta lo absoluto, hasta el extremo don de sí, hasta el máximo de la eficacia espiritual, y, también, cada vez que una persona realizaba el sacrificio total de su individualidad y la consagraba a aspiraciones más elevadas. La santidad exige milagros, pero ¿acaso no lo era la transfiguración de un hombre de carne y de sangre, de luz y de barro, en algo más grande que él mismo? Por otra parte, Savonarola no era de su época, lo que lo hacía más interesante y del todo distinto de aquellos humanistas que podrían considerarse arquetípicos. Los más superficiales aseguraban que pertenecía a una categoría anticuada, la de los monjes de siglos pasados, la de los predicadores de otros tiempos. Pero Maquiavelo, que lo había escuchado con atención y observado con curiosidad y sin indulgencia, no percibía en él a un superviviente de los tiempos pasados, sino, por el contrario, al profeta de un mundo nuevo en el que, probablemente, los valores heroicos volverían a primar; un mundo que no habría de contentarse con los entusiasmos moderados y los placeres discretos de aquel siglo en el que ambos vivían; un mundo que elevaría de nuevo, por encima del oleaje, el navío de la vida, el sentimiento trágico, la angustia agónica, el temor y el culto a la muerte, y la predilección por las vastas inquietudes de las inteligencias trastornadas y los corazones imposibles de serenar; un mundo que, hastiado del equilibrio, se complacería en precipitarse en la desmesura, el desatino y el desorden; un mundo donde lo patético, y no la sabiduría, habría de gobernar las acciones de los hombres; un mundo, en fin, que, consciente del drama profundo que alberga toda existencia humana, ya no consentiría en ignorarla, disimularla o disfrazarla, sino que, por el contrario, se esforzaría para experimentarla en toda su plenitud y la expresaría mediante sus formas más evidentes y sorprendentes.

Sin duda, aquel hombre era un profeta y no un rezagado. Era un explorador del futuro, un conquistador, un buscador de hombres, tal cual otros lo son de oro, especias, rutas marítimas o reinos desconocidos. Un hombre libre, también él, que desde el principio de su andadura renunció a todo, a fin de que nada entorpeciese su libertad. Había abandonado la casa familiar para entrar en un convento, pero muy pronto, entabló una lucha con aquél y tachó de inmorales a sus superiores; se enfrentó con el Papado, incluso, cuando creyó que el Papa no había cumplido con su deber. Sin duda, aquel hombre que iba por los caminos como desfacedor de entuertos, que reprendió a los marineros de la chalana donde había tomado pasaje porque juraban y jugaban a los dados, poseía el carácter de un caballero andante. En cuanto llegaba a una ciudad, arremetía contra los vicios de los gobernantes, la avaricia de los grandes burgueses, la brutalidad de los condotieros, la elegancia de las mujeres y el abandono en las maneras de los artistas. Atacaba al gobierno, pues lo consideraba responsable de que las cosas marcharan mal y de que los hombres viviesen como paganos, en lugar de practicar la virtud.

No temía a nadie ni a nada. Intentaron asesinarlo en varias ocasiones, pero siempre desarmó a los esbirros sólo con aquella manera terrible que tenía de mirar, con sus grandes ojos negros bajo unas cejas pelirrojas y enmarañadas. Y luego estaba su voz, que llegaba hasta el fondo del alma; una voz áspera que sabía tornarse tierna y paternal. «*Fratelli* —exclamaba— *figliuoli*», y entonces todos podían sentir que su corazón se henchía de amor y compasión por aquella pobre humanidad tan tonta, en definitiva, más tonta que mala, que iba derecha al infierno, con lo fácil que hubiera sido salvarla.

Los tenía palpitantes, sollozantes, al pie de su púlpito. No necesitaba inventar historias extraordinarias para conmoverlos: bastaba con que les explicase sus visiones. Y en aquella ciudad, donde siempre había alguna epidemia en los barrios pobres, malsanos y superpoblados, ciertos casos de peste que se ocultaban y se mantenían como el fuego en la bodega, a la espera del día de la gran llamarada, en aquella ciudad en que la guerra civil era algo casi habitual, donde las facciones se ponían nerviosas y se agitaban, y conspiraban con los franceses, con el Papa, con Milán, con la Serenísima o con los españoles de Nápoles, donde la guerra exterior seguía, si es que no la precedía, a la guerra civil, no resultaba fácil predecir alguna catástrofe cercana, anunciar una lluvia de sangre, una espada blandida por una mano invisible a través del cielo —hubo cometas—, cruces oscuras erigidas entre las montañas de nubes y grandes y terribles jinetes martilleando el espacio aéreo, Dioscuros o jinetes funestos del Apocalipsis.

Sabía lo que iba a ocurrir y lo gritaba a todo el mundo. Lo repetía cada día, desde el púlpito, en la calle: «Arrepentíos, pues los tiempos se acercan. Haced penitencia, que las grandes calamidades se abatirán sobre vosotros.» Hubiese deseado despertar en el pueblo amable, regalón, indiferente y artista, la fiebre sombría de la Edad Media, cuando las gentes pensaban en su alma antes que en sus placeres. Hubiese querido resucitar la pureza de la primitiva Iglesia, las bellas e ingenuas virtudes de los comienzos, el desinterés, la castidad, la modestia, la fraternidad y el amor al prójimo. Le hubiera gustado devolver esta humanidad al crisol, como una estatua defectuosa que se devuelve a la fundición, hasta que se pareciese en verdad, o en la medida de lo posible, al Creador que la hizo a su imagen.

¿Un visionario? ¿Uno de aquellos monjes exaltados a quienes la severidad del convento les había hecho perder la cabeza y que divagaban un poco? Muchas personas en Florencia, por necedad o por maldad, se complacían en confundir a Savonarola con aquel otro monje del convento de San Marco, aquel sonámbulo que tenía o creía tener visiones. A Fra Salvestro y Fra Girolamo, al medio loco y al profeta, se los asociaba como si tuvieran algo en común. ¿Fra Salvestro y Fra Girolamo? Maquiavelo no se equivocaba. Que las visiones de Savonarola fuesen de origen sobrenatural o la simple expansión de un alma ardiente, de una imaginación pintoresca, de un genio poético incluso, ¿por qué no? ¿Dónde comienza el profeta, en el poeta? Los romanos denominaban a ambos *vates*...

Savonarola era uno de esos fenómenos humanos de los que no es posible zafarse con un encogimiento de hombros. Los humanistas que sólo juzgaban a través de Platón o de Aristóteles, y que ya no sabían leer su Biblia, lo condenaron de forma negligente con una mueca de hastío irónico: ¡un exaltado! Pero el exaltado, como tal, también resultaba —resulta— interesante y era importante estudiar cuál era el objeto o la naturaleza de su exaltación. Y aún admitiendo que aquel dominico fuera un impostor —había gentes que lo pretendían—, también como tal resultaba interesante.

Esto es lo que hace la vida apasionante; esa especie de curiosidad que no desdeña nada, ese don de apegarse a lo excepcional, cualquiera que sea su forma, magnífica o repugnante. Hay que estar atento a todo, pues el individuo más banal puede dejar de serlo cuando se encuentra la llave que abre la puerta secreta de su personalidad. No hay nada en la vida que carezca de interés: esto es lo que Maquiavelo descubrió hace mucho tiempo, y lo que hace que su vida sea para nosotros tan interesante. ¿Cómo no había de apegarse a Savonarola, aquel curioso tipo de humanidad, aquel prodigioso esbozo de superhombre?

¿Y si resultaba que era Savonarola quien tenía razón contra todo el mundo, contra los Medici, contra los humanistas, contra los racionalistas? Lo que decía removía las cenizas de los viejos heroísmos apagados en el fondo de las almas débiles y perezosas. ¿Acaso no había razones de peso para enfrentarse con los políticos, filósofos, artistas, con el orden establecido, esto es, con la inercia, la injusticia, la necedad, el egoísmo y la maldad?

¡Quería reformar el mundo! Y ¿quién no? Los humanistas no deseaban otra cosa. Tenían su propio programa. Imaginaban que era posible mejorar la humanidad si se despertaba su afición por las obras de arte y la poesía. Citaban el ejemplo de los atenienses, que eran un pueblo de críticos de arte. ¿Existe seguridad al respecto, de entrada? Los humanistas habían construido para su propio uso una Antigüedad maravillosa, toda iluminada, sin mácula, sin sombra. Se prosternaron ante esa creación de su espíritu y la adoraron; lo cierto es que hubieran querido edificar sobre tal modelo el nuevo mundo. El ideal de Savonarola, después de todo, no era más quimérico. Si los humanistas creían que se podía civilizar un pueblo ofreciéndole espectáculos refinados, transformando el carnaval en algo bello, en lugar de una imbecilidad obscena e infame, haciendo participar al vulgo en las diversiones exquisitas de la elite, no poniendo bajo sus ojos sino hermosos cuadros y estatuas, era porque no habían visto aún lo que aquel pueblo habría de escoger el día en que se entregase a sí mismo, en que ya no tuviese que esforzarse por complacer a los Medici. ¡Encenderá grandes fogatas en las calles y arrojará todo lo que encuentre, incluso las obras de arte!

Los humanistas vivían en un sueño de sabiduría y belleza, que hubiesen deseado extender al mundo entero. Se proponían, con generosidad, «elevar» al pueblo mediante la cultura. Discutían doctamente de todo ello en sus asambleas platónicas, en los jardines de los Medici, con los poetas, los artistas y los músicos, conmovidos por un entusiasmo ruskiniano que alguien no dispuesto a dejarse engañar por sus sueños tildaría de ingenuo. Era preferible, pues, Savonarola, que no empleaba tantos modales, que moldeaba la humanidad con sus manos largas, finas y violentas; hacía ya mucho que había desestimado las ensoñaciones e ilusiones del humanismo; ya a los veinte años, no se dejaba engañar por ellas. Conocía mejores medios que la música, la pintura y las artes decorativas para reformar a los hombres. Él era el psicólogo en todo esto y sabía que el mejor argumento iba a ser el miedo: es necesario que los hombres tengan miedo si se quiere comenzar a sacar algo de ellos.

En definitiva, él había creado ese complejo del miedo; toda la ciudad sufría aquella enfermedad. Los hombres, las mujeres, los niños, los sabios, los necios, los ricos, los pobres, los eruditos y los analfabetos, todo el mundo temblaba. Los poetas desgarraban sus versos profanos, los pintores rompían sus telas paganas, los hedonistas llevaban una vida casta. La gente iba a escuchar el sermón en lugar de acudir al teatro o a la taberna. Por otro lado, ¡qué espectáculo el de las emociones que se experimentaban allí!

En aquella iglesia en penumbra donde, cuando se hacía el silencio, se oía la respiración entrecortada de la multitud que se apiñaba bajo la inmensa cúpula de Brunelleschi, y la voz del predicador, racheada como el viento, inclinaba las cabezas, golpeaba los pechos como una piedra y azotaba a la muchedumbre con un chaparrón de amenazas e injurias. «Vivís como cerdos», les gritaba a la cara. Y, en lugar de indignarse, se decían a sí mismos, en silencio: «Sí, es cierto, vivimos como cerdos.» Cuando alzaba el brazo, recto por demás, y su manga caía ligeramente para dejar al descubierto su muñeca pálida, parecía que fuese a coger la espada resplandeciente que sus ojos veían suspendida en el cielo o que fuera a abrir las compuertas para que cayese la lluvia de fuego. ¡Admirables sermones! De otro se hubiera afirmado que eran calculados, pero en el caso de Savonarola se trataba de algo muy distinto al cálculo. ¿Sabía siquiera él de qué iba a hablar cuando subía al púlpito? Sí, había preparado un esquema, tenía un plan en la cabeza y un texto de presentación que comentar. Pero luego, cuando el espíritu de Dios lo poseía, olvidaba el plan, el esquema, el texto, y no sabía ya si estaba predicando sobre Amós, sobre el Éxodo o sobre el Apocalipsis, pues daba rienda suelta a su imaginación, a su genio. Y como resultado toda Florencia se rendía a sus pies, excepto algunos irreductibles, por supuesto, a los que nunca redujo y que, al final, dijeron la última palabra. Pero por entonces no existía hombre tan popular, al que se aplaudiese con semejante frenesí, como aquel monje menudo, de pequeña estatura, que no poseía ninguna «ventaja física», de una fealdad poderosa y simpática, que incluso le sirvió, puesto que parecía la viva imagen de Jeremías o de Ezequiel.

Era exigente y consideraba que no podía servirse a Dios y a Mamón.* Si uno deseaba contarse entre los elegidos, tenía que enmendar su vida de inmediato y renunciar a todos los antiguos placeres, desde los más inocentes hasta los más culpables. Había que adquirir las virtudes de los niños, ser puros como ellos, para que la edad de oro retornase a la tierra cuando el egoísmo, el orgullo y la codicia hubiesen dejado de reinar. De manera que, dado que la ciudad también pertenecía a los niños, éstos se agruparon en cofradías, en cuadrillas, y patrullaban la calle, molestaban a los transeúntes que consideraban demasiado bien vestidos y a las mujeres maquilladas, y vapuleaban a los bebedores y jugadores. Savonarola les había devuelto la autoridad, e investidos de ella se iban a indagar a las casas, en busca de libros prohibidos, de cuadros indecentes; Savonarola confiaba en su ingenuidad para distinguir lo bueno de

* Dios de la riqueza y las minas entre los fenicios, en la Biblia personifica el dinero. *Nolite servire Deo et Mammone. (N. de la T.)*

lo malo y destruir lo malo. Divertida iniciativa, aunque un tanto peligrosa, sin duda; el arte y la cultura no salieron ganando, parece claro, pero la idea era nueva, curiosa y graciosa.

Maquiavelo se fue acercando cada vez más a Savonarola. Se le veía con asiduidad en sus sermones; estaba entre los *piagnoni*, los «plañideros», que era como se llamaba, de forma burlona, a los partidarios del dominico. Su mente y su alma estaban tocados por el celo del religioso; aquel ardor por reformar el mundo no carecía de ingenuidad, sin duda, pero era bello correr semejante aventura y valía la pena intentarlo. Podría parecer que todo les separaba, desde la formación misma de su espíritu hasta su carácter. Uno se había educado en la Biblia; el otro, en los escritores romanos. Uno se inclinaba hacia la política pragmatista, mientras que el otro era todo ideal, todo fervor. Pero ambos estaban de acuerdo en reconocer que el mundo era imperfecto y había que corregirlo. ¿Por qué medios? ¿Por qué los que preconiza Savonarola no iban a ser más eficaces? Y, de hecho, puestos a juzgar la excelencia de una doctrina por sus resultados, el éxito parecía corroborar la exactitud de la teoría savonaroliana; su reputación lo precedía.

Había logrado convertir a mucha gente, y no sólo a débiles de espíritu, tímidos o ingenuos; la elite de la inteligencia seguía sus sermones, y no para ser fiel a la moda. Hombres eminentes como Ficino, Poliziano, Pico della Mirandola, se habían convertido. Quiso reformar su orden y lo consiguió: a pesar de la violenta oposición política, el Papa sancionó la separación de los dominicos toscanos de los de la Lombardía, a los que hasta hacía poco habían estado subordinados. Savonarola dio a Florencia un gobierno moral. A él se debió, en gran parte, la expulsión de los Medici y gracias a su intervención —y a la firmeza de Capponi también— los franceses no saquearon la ciudad.

Savonarola pudo con los Medici, a los que parecía imposible desarraigar. Lorenzo el Magnífico se cansó de combatirlo, sin poder acabar con él, y eso que lo puso todo en práctica, desde la corrupción hasta la intimidación y las amenazas. Pero una vez muerto Lorenzo, Florencia volvió a ser una ciudad libre, gracias a Savonarola, y también a Francesco Vallori; se proclamó la libertad y retornó la democracia...

Pero ¡cuidado!, ¿qué iba a suceder después? Maquiavelo observaba con atención el desarrollo de los acontecimientos. Con los Medici en el exilio, la ciudad se entregaría de nuevo a las batallas de facciones, a menos que Savonarola pusiese en el lugar de los tiranos depuestos otro jefe, pues era obvio que se hacía necesario uno. Pero entonces debió de pensar que para qué otro tirano: mejor conservar el antiguo. Y Savonarola tuvo una idea genial: nombrar a Jesucristo «tirano» de Florencia. Genial porque respondía a la forma de gobierno que él preconizaba, moral y teocrática. Puesto que todo poder provenía de Dios, ¿por qué Él no habría de asumirlo directamente? Savonarola, su profeta, gobernaría en su nombre, en su lugar. Y, en adelante, los descontentos serían además herejes, sacrílegos y blasfemos. Maquiavelo debió de aplaudir: misión cumplida.

Sin embargo, existía una fisura en el sistema político de Savonarola. Y no resulta sorprendente, puesto que aquel monje no había recibido una formación política. Tampoco práctica, como es natural, ni teórica. Entró en el convento a los veintidós años y hasta esa edad realizó estudios de letras o de medicina. Según parece, leyó a los historiadores y moralistas, y en especial la Biblia, que no es un breviario para los hombres de Estado: las estratagemas que contiene son toscas y los regímenes que presenta rudimentarios, basados en la violencia, la rapiña y la crueldad, o de un idealismo sin contacto con lo real.

Desde el punto de vista religioso y moral, Savonarola sabía lo que quería. Su posición era inatacable. Podía decirse, incluso, que sus reivindicaciones eran las de un santo a quien le hubiese gustado que todos los hombres accediesen a la santidad; lo que sin duda es generoso, pero al mismo tiempo un tanto ingenuo. La bella alma de Savonarola, a la que sirve una elocuencia excepcional, era capaz de convencer, de transportar, de arrebatar la adhesión de cualquiera, por mucho que se defendiese. Preconizaba una reforma que los mejores espíritus deseaban, incluso aunque no estuviesen de acuerdo sobre los medios a emplear. Sus tratados religiosos eran bellos, nobles e irrefutables. Pero cuando se mezclaba en política...

Por desgracia, su acción era inseparable de ésta e, incluso, estaba estrechamente vinculada a ella, dependía de ella. Puesto que deseaba reformar la sociedad, había de tocar de manera inevitable las cuestiones de los regímenes. ¿Cuál era el mejor régimen? ¿Cuál debía preferirse a los demás y no escatimar esfuerzos para instaurarlo? Eso era lo que Savonarola nunca expresó con exactitud. Hablaba de libertad, punto en el que todo el mundo estaba de acuerdo. Fue a Careggi a importunar a Lorenzo de Medici en su lecho de muerte y le suplicó que devolviera la libertad a Florencia. Pero ¿qué era la libertad? Los filósofos y los hombres de Estado no tenían la misma opinión sobre ese tema.

Para Savonarola, se trataba de devolver el gobierno al pueblo. Muy bien. Pero una vez hecho esto, se apresuró a quitárselo para dárselo a Cristo Rey. Cristo no es un soberano molesto, pero ésa ya no era la democracia pura que había prometido. Por otro lado, ¿era partidario de la democracia? Cabría dudarlo tras leer sus obras. Prefería la democracia a la tiranía, pero comprendía —y Maquiavelo aprobaba— que la democracia conduce casi de forma inevitable a una tiranía cualquiera. Por tanto, ¿era preferible el gobierno de uno solo? Parece que Savonarola así lo creyó. Pero entonces ¿en qué había de basarse dicho gobierno? De basarse en la violencia, sería injusto y, por ende, ilegítimo. Si se pretendía que fuese perfectamente justo, entonces sólo iba a aceptarse si provenía de Dios. ¿Una monarquía de derecho divino, pues? ¿Como en Francia? Quizá por eso Savonarola sentía tanta simpatía por los franceses y no vio con malos ojos que Carlos VIII invadiese Italia.

Pero en caso de reclamar una monarquía de derecho divino, por lo tanto hereditaria, ¿adónde irían a parar las instituciones democráticas? ¿Cómo conciliar esto con la vieja constitución florentina? No se trataba de criticar en detalle la nueva constitución, la que Florencia se había procurado en 1494, después de la expulsión de los Medici, pues era justa en su conjunto, y si no la desvirtuaba el juego de los partidos sería saludable. Por desgracia, era híbrida e imprecisa, y se notaba que no había querido favorecer a un partido en detrimento de otro, que había pretendido complacer al pueblo sin oprimir demasiado a los burgueses y permitir el máximo de libertades sin dar paso a la licencia y la anarquía. Era una obra de buena voluntad y buena fe, pero no pasaba de ser la obra de un monje y de varios «moderados» de tendencias democráticas, precisamente los más peligrosos.

Al examinarlo bien, Maquiavelo constató que no sólo había una fisura en el sistema político del dominico, sino que existía también una ignorancia profunda de la verdadera naturaleza humana, una creencia ingenua en su perfectibilidad y, sobre todo, un error radical, que consistía en suponer que podía hacerse llevar una vida virtuosa a todo un pueblo porque se había conseguido conmoverlo, despertar en él el miedo a la muerte, al infierno, a la peste y a los franceses. Lo cierto es que los reinados del Ogro y el Coco suelen ser bastante cortos. El día en que el pueblo florentino dejara de tener miedo, cuando se cansara de escuchar los sermones incendiarios y de practicar la virtud, ¿qué podía pasar con aquel régimen que descansaba casi en exclusiva sobre el prestigio personal de Savonarola?

Escuchando hablar a las gentes —y sabemos que a Maquiavelo le gustaba pasear por las calles, mezclarse con los grupos que discutían bajo un soportal, al pie de una estatua o en un banco de la plaza— el joven descubrió que la dictadura de Savonarola estaba tocando a su fin. No en vano se vejaba a las personas en nombre de la libertad, se arruinaban las industrias de lujo, se hacían cerrar los comercios y se condenaba a los obreros al paro. Los negocios iban mal, todo lo contrario que en tiempos de los Medici. Savonarola había suprimido los carnavales mitológicos y paganos, pero era más agradable ver desfilar carros con hermosas muchachas que asistir a los retozos de los viejos monjes coronados de flores que daban saltitos mientras entonaban sus cánticos.

La popularidad de Savonarola sólo duró un tiempo. Se cansaron de él, como antes de los Medici. Y el día en que el favor de las masas —conseguido mediante sus reformas financieras y sus medidas demagógicas— le abandonó, se encontró solo, como lo estuvo al comienzo de aquella extraordinaria política de la que no hacía falta ser profeta para predecir que habría de acabar en catástrofe.

Savonarola quiso ser justo, equitativo, generoso, moral, en una palabra. Pero no comprendió que, de ordinario, la moral y la política no forman buena pareja, y su política fue la que sufrió las consecuencias. Proclamó el derecho del pueblo a gobernarse a sí mismo y el pueblo se sirvió de ello para derrocarlo el día en que se cansó de él. No había más que un medio de consolidar su posición: no contar demasiado con el prestigio moral, la fidelidad de sus partidarios y la bondad del pueblo, y hacer lo que hacen todos los hombres de Estado que quieren mantenerse en el poder, es decir, constituir un buen ejército. Debió tomar como modelo a los tiranos, en lugar de nutrirse de nobles quimeras, estudiar la historia de los emperadores romanos y aprender de sus coetáneos, los Sforza, los Visconti, los Baglioni, los aragoneses e, incluso, los papas, pues ellos sí mantenían intacto su poder. Creyó en el poder de la virtud, la bondad y la justicia, mientras que sus ayudantes infantiles, a buen seguro, ya no creían en ello. Precisamente es esto lo que, en resumidas cuentas, hace la vida decepcionante: no se puede vivir en el propio ideal. O se traiciona el ideal o se traiciona la vida.

Un «profeta desarmado»: eso fue Savonarola. La palabra, de por sí terrible, tiene en boca de Maquiavelo el valor de una condena capital. De manera que a nadie le sorprenderá, por poco que posea una buena cultura histórica y algo de olfato, el desarrollo de los acontecimientos, cuando aquella ola de descontentos, instigada por los Medici, se volvió contra el predicador y lo derribó.

El «profeta desarmado» fue la víctima de su propia reforma. Su gobierno teocrático se hundió porque el miedo al Infierno y la amenaza de los castigos celestiales no bastaron para contener los instintos de las masas. Le hubiera sido más útil una buena *condotta.* Y henos aquí, de nuevo, en el dilema inicial. O un gobierno es fuerte o es moral. O se funda en el ideal o tiene en cuenta las sórdidas realidades. En más de una ocasión han de emplearse medios injustos para garantizar la justicia. ¿Hay que renunciar a utilizarlos, porque no están de acuerdo con el estricto ideal de la justicia absoluta, o hay que consentir, de manera deliberada, que la justicia práctica se salve a costa de la justicia teórica? En política, hay que transigir de forma continuada, con uno mismo y con los demás, con el propio ideal y las propias convicciones: para durar, para subsistir, para vencer.

Savonarola no fue un «hombre fuerte». Su fuerza sólo fue moral y sabemos muy bien que eso no basta. Prácticamente estaba desarmado. Y ¿qué es un hombre sin armas, incluso si es profeta? Por lo tanto, su reforma estaba condenada al fracaso, en un plazo más o menos largo. De entrada, era imposible que le sobreviviese, porque carecía de sucesor, de heredero. Además, era poco verosímil que la versatilidad del pueblo le permitiese llevarla hasta el final. Maquiavelo supo que se había equivocado, pues Savonarola no era más fuerte que los demás; de hecho, no era fuerte.

Desde el día en que hizo esta constatación —quizá trágica para él, puesto que estoy seguro de que Savonarola le gustaba— dejó de pertenecer a los *piagnoni.* Ya no creía en Savonarola ni en la eficacia política de su sistema. Que estuviese o no inspirado por Dios poco importaba. No era la religión lo que estaba en tela de juicio. Ésta sólo interesaba a Maquiavelo en tanto que accesorio de la política. De nuevo, dos ámbitos distintos que no hay que confundir, pues la metafísica es una cosa y la política, otra. Se trataba de acción y no de fe. La religión era saludable y había que respetarla, puesto que desempeñaba un papel en el gobierno. Por lo demás, no sabemos qué pensó Maquiavelo; es el secreto del alma profunda. Quizá fue indiferente y escéptico. Quizá se contentó con guardar silencio sobre un tema que, a su entender, no interesaba ni a sus contemporáneos ni a la posteridad.

«Los príncipes o los republicanos que quieren mantenerse a salvo de cualquier corrupción deben, por encima de todo, conservar la pureza de la religión y sus ceremonias, y guardar el respeto debido a su santidad, porque no hay signo más seguro de la ruina de un Estado que el rechazo del culto divino. Así pues, es deber del príncipe y de los jefes de una república mantener sobre sus fundamentos la religión que se profesa...» Un pensamiento claro, que parece atestiguar en Maquiavelo la presencia del sentimiento religioso. Quizá lo tuvo, en efecto, y se ha calumniado en exceso a este «político del infierno», pero no fue un hipócrita y después de expresar esta afirmación la completó con crudeza manifestando por qué justificaba el mantenimiento de la religión. No era una razón de orden metafísico o moral, ni tampoco de sensibilidad, sino sólo de utilidad: «porque, entonces, nada más fácil de conservar que un Estado formado por un pueblo religioso, por consiguiente lleno de bondad y abocado a la unión». Y el político concluyó, con un cinismo soberano: «Por eso, todo lo que tiende a favorecer la religión debe acogerse aun cuando se reconozca su falsedad, y con más razón cuando se posee sabiduría y conocimiento del corazón humano.» Es así como resolvió, para comodidad suprema del hombre de Estado, el problema de las relaciones del hombre con las cuestiones divinas. Maquiavelo sólo consideró desde ese ángulo la utilidad de la religión; una utilidad práctica, de donde toda noción relativa a lo sagrado o espiritual quedaba excluida. ¿Era ése el origen de su fuerza o, por el contrario, su mayor laguna y su mayor miseria?

No combatió la religión; no fue la fe ingenua y simple la que le valió el rechazo de los humanistas. No era pagano, al menos no a su manera, aunque su concepción pragmatista y utilitaria de la religión sea, quizás, el supremo paganismo. Sin duda, en este aspecto fue heredero de los romanos, a los que se pareció también en tantos otros. Para él, el cristianismo carecía de valor, y tampoco lo tuvo a su juicio la Edad Media, con sus grandes arrebatos de fe colectiva. Lo espiritual, como tal, no le interesaba. Era, ante todo, un intelectual, un hombre al que le complacía contemplar el juego de la inteligencia, tanto en los otros hombres como en sí mismo. Ésa fue la razón de que retuviese de la doctrina de Savonarola sus principios políticos, que, éstos sí, le interesaban y cuyo desarrollo siguió con curiosidad. Asimismo, juzgó a Savonarola de forma muy distinta, según lo consideró profeta u hombre de Estado. El visionario le inspiró siempre cierto recelo. En sus cartas familiares hizo alusión a sus «imposturas» y a la manera que tenía de «colorear sus mentiras». Pero más tarde, cuando escribió sobre la gran aventura savonaroliana en sus obras de historia, se mostró más ecuánime y concluyó «que sólo debe hablarse de un hombre tan grande con respeto».

¿Por qué Savonarola fue, a la postre, un «gran hombre» a los ojos de Maquiavelo, que había asistido a su triunfo y a su caída? A buen seguro, no tanto por su gran alma ni por su ideal generosamente quimérico como por la energía que invirtió en el transcurso de aquellos años de lucha. Eso fue lo que le valió la admiración de aquel hombre, al que siempre apreció por encima de todas las grandes obras maestras humanas, y por lo tanto no temió asociar, en la misma clase de admiración, al monje de San Marco y a César Borgia. Apreció sus obras, que a su juicio, «prueban su ciencia, su habilidad, su prudencia y su valor de espíritu». Admiró en Savonarola a un hombre libre, como él mismo lo era y quería seguir siéndolo. Un hombre convencido por demás de la excelencia de su causa, un rudo luchador, un combatiente infatigable y un magnífico ejemplo de «virtud», en el sentido romano del término.

Se adivina hasta qué punto debió sentirse exasperado algunas veces al ver el modo en que Savonarola desperdiciaba unas dotes tan prodigiosas y una energía tan sobrehumana en una mala causa; según el vocabulario de Maquiavelo, mala es la causa que por su misma naturaleza está abocada al fracaso. Savonarola no creía poder fracasar porque estaba convencido de que Dios estaba con él y creía que el hombre a cuyo lado Dios combate tenía asegurada la victoria. Parece obvio que Maquiavelo se mostró más razonable cuando escribió que los profetas que no tienen ejército acaban siempre mal. Reprochaba, en fin, al dominico carecer de sentido político y provocar una confusión desastrosa entre la reforma de las almas, que sólo podía llevarse a cabo por medios espirituales, y la reforma de la sociedad, que debía poner en juego todos los medios materiales y prácticos necesarios para alcanzar el éxito. Reconocía que Savonarola tenía razón en un aspecto concreto, el teórico puro, el del ideal, y a su parecer se equivocaba cuando intentaba adaptar la realidad de las cosas a un programa que no la tenía en cuenta.

Así pues, ¿se equivocó Savonarola al mezclarse en política? Los dominicos de Santa Maria Novella, e incluso algunos de su propio convento de San Marco, se lo reprocharon de forma abierta. Maquiavelo era del mismo parecer, pues a su juicio no había que mezclarse en asuntos para los que no se posee ninguna aptitud ni preparación. Entendía que la política era, a la vez, un arte y una ciencia, de manera que no cabía improvisar un hombre de Estado. Por eso Savonarola se había equivocado al aventurarse, recién salido del convento, a gobernar una ciudad tan compleja como Florencia, en medio de dificultades inextricables como la conquista francesa o los problemas con Venecia, Milán, Nápoles y el Papa. Si a un político de carrera ya le hubiera resultado muy difícil desenvolverse, ¿qué podía hacer un religioso poco instruido en las reglas de la sabiduría política y en las astucias del oficio? ¡Qué triste le pareció una admirable obra maestra humana desaprovecharse así, en una batalla perdida de antemano! ¡Qué pérdida de tiempo, cuánta energía malgastada, cuantos esfuerzos desperdiciados!

No creo equivocarme si apunto que Maquiavelo guardó rencor a Fra Girolamo por haber agravado la situación de Florencia con sus falsas reformas. ¿En qué desembocaría al final aquella revolución? Nada cambió; el pueblo y los burgueses conservaron sus defectos, el desconcierto era, incluso, un poco mayor que antes y los Medici volvieron. Ése fue el balance de la aventura savonaroliana; las facciones estaban más exaltadas, se habían intensificado las disputas de los partidos, la lucha de clases era más violenta, se habían destruido algunas obras de arte, se había hecho perder la cabeza a algunos buenos pintores y poetas estimables, a quienes el arte dijo adiós el día en que se habían convertido en plañideros y, a fin de cuentas, Savonarola había acabado en la hoguera, con dos inocentes dominicos, cuyo único crimen fue el de creer en él a ciegas.

Maquiavelo nunca estuvo ciego. Cuando volvió la vista atrás para ver el desarrollo de los acontecimientos a los que había asistido, se esforzó en juzgar de forma imparcial una actividad por la que sólo había experimentado una mezcla de simpatía, desconfianza y cierto desprecio.

La palabra puede parecer fuerte, pero para Maquiavelo, estaba justificada, por respetable y estimable que fuese Savonarola en el plano religioso o meramente humano; en tanto que hombre de Estado era un desorganizado, un ignorante y un fracasado. A Maquiavelo no le gustaban los fracasados, pero era demasiado inteligente para no diferenciar entre quienes llevaban en sí todas las causas de su fracaso y quienes habían sido víctimas de los acontecimientos. Así pues, juzgó de forma muy distinta a Savonarola y a César Borgia, puesto que, aunque ambos fracasaron, al primero lo derribó su propia falta, porque no supo adaptarse, porque no jugó el juego según las reglas; sin embargo, al segundo lo superaron los acontecimientos, la muerte del Papa y su propio envenenamiento que lo situó a dos pasos de la muerte en el momento en que más necesitaba su energía y todo su ingenio. Declarar inocente a

César Borgia, en quien la posteridad verá un «monstruo», y condenar a Savonarola, que a los ojos de muchos era un santo, es a lo que conduce la moral de Maquiavelo. Ésos son los juicios éticos que sostiene. Para quien conoce bien su pensamiento y el mecanismo de su mente, este tipo de juicios, que parecen paradójicos e inicuos a los hombres actuales, no lo eran para sus contemporáneos, y en sí mismos, confesémoslo a las claras, eran justos. César Borgia poseía todas las cualidades que había que tener para triunfar en sus empresas, nunca había emprendido más de las que podía realizar. Su caída, como la de Napoleón, fue la consecuencia de factores externos a él; en teoría, debía triunfar. Savonarola, por el contrario, se había lanzado a ciegas a una aventura irrealizable, casi insensata. Había puesto en su contra al Papa, a Milán, a Nápoles, a los grandes burgueses y al propio pueblo al que defendía. Había acumulado faltas y errores. Había contado con Francia y Carlos VIII había vuelto a su casa. Estaba seguro de obtener de los soberanos europeos la reunión de un concilio, y a excepción del francés, probablemente ningún monarca se preocupaba de ello. Se había apoyado en el favor popular, que es el más vacilante de los apoyos. Había ignorado, en fin, la verdadera naturaleza del hombre, en la que el propio Maquiavelo no tenía ninguna esperanza. Lo cierto es que había merecido su fracaso, ya que era culpable de haberse embarcado en una empresa sin poseer ninguna de las cualidades ni elementos requeridos para triunfar en ella.

¿En qué momento Maquiavelo abandonó a Savonarola? No creo que nunca fuese uno de sus ardientes partidarios; todo lo más, un simpatizante, y con toda probabilidad por curiosidad, por empatía intelectual, más que por fervor religioso o humano. Era apasionante observar a Savonarola a través de sus palabras, sus actos y los movimientos de su pensamiento. Poseía un dinamismo prodigioso, que Maquiavelo nunca se cansaba de admirar, incluso cuando lamentaba que lo emplease con tanta torpeza. No cabe duda de que Maquiavelo estuvo presente, como testigo, observador y curioso, en todos los acontecimientos de aquella epopeya tan magnífica como irrisoria. El día de la Ascensión, cuando Savonarola subió al púlpito y lo encontró ocupado por un asno muerto. El día de la primera hoguera de las vanidades, cuando quemó en efigie al anticuario judío que había querido comprar en bloque los objetos destinados al fuego; en la segunda hoguera de las vanidades también, cuando los maniquíes que representaban a Satán y los siete pecados capitales reemplazaron la imagen del judío. En el carnaval piadoso, donde los dominicos cantaban y bailaban. En la prueba del fuego, que tanto decepcionó al pueblo, puesto que no se quemó a nadie, trágico y bufonesco día, en que los franciscanos, que habían lanzado el reto, se zafaban prudentes y esperaban con impaciencia que las autoridades vinieran a prohibir el duelo que ellos mismos habían reclamado. El día en que los «rabiosos» y los soldados de la Señoría habían tomado al asalto el convento de San Marco, cuando Savonarola, que se entregó para evitar la masacre de sus hermanos, fue en verdad admirable, como también lo fueron los religiosos que se abrocharon la coraza, se pusieron el casco y dispararon el arcabuz en la iglesia, apoyando sus armas en el altar mayor para apuntar mejor.

Savonarola había sido más grande en su caída que en su victoria. Victoria artificial, por otro lado, ilusoria y sin futuro, cuando, al sufrir y morir con una nobleza digna de los estoicos, Savonarola, se había colocado a la altura de los héroes de la antigüedad. Por la grandeza de alma que había mostrado en las torturas y en la hoguera, el propio Maquiavelo, tan difícil y exigente, podía admirarlo sin reservas. Admirar no al hombre político, por supuesto, que no había cometido más que errores, sino al hombre sin más, que sabía morir como un caballero y como un santo.

La muerte de Savonarola fue infinitamente más lograda que su vida. Y puede decirse también a propósito de él: «Mi fin es mi comienzo», puesto que su gloria póstuma se alimenta de su bella muerte, no de sus confusos esfuerzos por triunfar.

Además, ¡qué lección! ¡Qué enseñanza fueron para Maquiavelo las peripecias de aquel reinado tan breve y tan caótico! De haber conservado alguna ilusión, creo que la habría perdido al ver a la masa gritar de alegría cuando quemó a su profeta; al ver a los niños, sus pequeños cruzados, sus pequeños policías de la moral, la esperanza del futuro, los futuros dueños de una Florencia por fin regenerada, deslizarse bajo la pasarela donde el monje andaba con los pies descalzos hacia la hoguera, para pincharle las piernas y los pies con palos puntiagudos. Casi todo el mundo le había traicionado; incluso sus hermanos de San Marco, quienes, asustados de padecer por su causa la cólera del Papa, en un frenético arrebato de terror y cobardía firmaron la carta en la que le condenaban, a él, su prior, en la que renegaban de él, aplaudían por adelantado el castigo que iban a imponerle y reclamaban sanciones.

Aquello no podía terminar de otro modo. No podía ser de otro modo. No había razón para alegrarse, al ver los acontecimientos confirmar todo lo que se esperaba de malvado, de cobarde, de bajo, por parte de sus conciudadanos, de amargura y de veneno. El hombre está hecho así. Hay que aceptarlo como es, no esperar nada de él, temerlo como se teme a un animal peligroso, sentir por él mucha piedad, bastante desprecio y quizás un poco de amor también, si el corazón os impulsa, y estar a la defensiva, los ojos bien abiertos, la mano en el puñal.

CAPÍTULO CUATRO

La Virtud antigua

Si Maquiavelo había asistido a los diversos episodios de la aventura savonaroliana en la plaza y en la calle, mezclado con la muchedumbre, fue desde la ventana de su despacho desde donde contempló el suplicio de Fra Girolamo. Era el primer día que acudía a aquel despacho y, cuando por primera vez se asomó desde él a la plaza de la Señoría, oyó el crepitar de la hoguera donde se quemaba a los tres dominicos, contempló el balanceo de miles de cabezas rientes, burlonas, llorosas, injuriosas, salvajes, exultantes y desesperadas, y aspiró el terrible olor a resina y carne chamuscada. Por primera vez aquella mañana, había franqueado en calidad de funcionario, de empleado de la Señoría, el umbral del Palazzo Vecchio. Las fechas tienen su elocuencia y las coincidencias fortuitas una suprema ironía. Aquel 23 de mayo de 1498 sucedieron dos acontecimientos casi tan dignos de mención y de grandes consecuencias uno como otro: la ejecución del «profeta», aquel al que el Papa designaba como el «monstruoso ídolo» de los florentinos, y el ascenso a las funciones públicas de Maquiavelo, quien, hasta entonces, siempre se había mantenido al margen de la política activa. Un astro ascendía, el otro se ponía. De esos dos acontecimientos, uno debió parecer muy insignificante: ¿qué importancia podía tener un escriba de más o de menos en los despachos de la Cancillería?

Pero en realidad, aquel acto tenía un gran alcance. Maquiavelo renunciaba a la independencia absoluta, que había sido hasta entonces su privilegio. Quizá lo hacía acuciado por la necesidad, puesto que pronto cumpliría treinta años y las traducciones no daban para alimentarse. Quizá también, después de tantos estudios, observaciones, libros leídos y conversaciones oídas, experimentaba el deseo de acercarse al lugar donde «se hacía la política», la política real, activa, aplicada a los individuos, a las colectividades y a los acontecimientos. Hasta aquel momento, había acumulado conocimientos: ahora deseaba ver de qué manera éstos podían adaptarse a la vida de la ciudad. En definitiva, puede que también él creyera que todo hombre tiene el deber de trabajar para mejorar la mentalidad humana y se sintiese impelido a «reformar la sociedad», como el infortunado Savonarola había soñado hacerlo.

Sin embargo, su empleo era demasiado modesto para permitirle grandes ambiciones. Después de las largas y minuciosas formalidades que debían superar los aspirantes a las funciones públicas, concursos y debates en asamblea del gobierno se eligió a Maquiavelo, entre cuatro candidatos, para ocupar la secretaría de la Segunda Cancillería. Recibía un sueldo de 192 florines, lo que era poco, puesto que si se deducían los impuestos apenas le quedaban una centena de florines, pero era un sueldo, una posición, el pie en el estribo y la posibilidad, si se distinguía, de subir más alto, de acceder a los puestos eminentes de la República. Por el momento, se le destinó en calidad de primer secretario a la Segunda Cancillería, la que administraba los asuntos interiores; lo más interesante fue que la Segunda Cancillería lo delegó para el Consejo de los Diez, que se ocupaba de los asuntos exteriores, las relaciones diplomáticas y las cuestiones militares.

Maquiavelo se disponía a convertirse en un buen funcionario. En los despachos había hecho dos amigos, Buonaccorsi, que era también un subalterno inteligente, sutil y burlón, cuyas ironías le divertían y cuya admiración sin reserva le reconfortaba los días en que estaba tentado de dudar de sí mismo —mal que algunas veces afecta incluso a hombres tan fuertes como Maquiavelo—, y Marcello Virgilio, que ocupaba un alto cargo y que, además, era uno de los hombres más cultivados de Florencia, un humanista en el sentido más amplio de la palabra. Virgilio, fiel a los grandiosos deberes que le imponía semejante nombre, se esforzaba por ser aquel tipo del hombre universal que el siglo XV italiano situó tan alto y del que dio modelos tan magníficos. Había traducido a Dioscórides, porque, aunque no era ni helenista ni médico, se interesaba por todo.

Las responsabilidades profesionales de Maquiavelo eran absorbentes, pero no hasta el punto de impedirle todos los paseos, ni de impedirle dejar la pluma, algunas veces, para reflexionar sobre las singularidades de la naturaleza humana y para examinar por qué medios podría llegarse a adiestrar mejor a ese singular animal que es el hombre. Lo conocía demasiado bien para pensar que «todo era para lo mejor en el mejor de los mundos» y, como no era un misántropo, creía también que la humanidad era capaz de hacer progresos. Aunque no había motivos para mostrarse satisfecho de ella en aquel momento. Tanto en las clases más altas como en las más bajas se desataba la misma confusión de necedades, vicios, errores, faltas y torpezas. El ideal humanista, que consistía en desear un mundo más agradable en el que vivir no era absurdo, aquel siglo había alcanzado en la civilización y en la cultura un grado elevado. El espíritu humano se distinguía por su amplitud de miras, su amor por el descubrimiento en todos los ámbitos, desde los mares, la investigación científica y la estética hasta la técnica y las artes. Era la época de las audacias más grandes y fecundas. Desde el famoso concurso para realizar las puertas del baptisterio,* que a comienzos del siglo XV proclamó la excelencia de un arte nuevo, los progresos no habían dejado de multiplicarse. Hombres de envergadura extraordinaria sobrevolaban todas las artes y ciencias, sobresaliendo e innovando en todo, llevando a su perfección y plenitud todos los talentos. Fue el siglo de Leon Battista Alberti, de Francesco di Giorgio, de Piero della Francesca, de Brunelleschi y de Paolo Uccello; y también el de Bramante, de Leonardo da Vinci y de Miguel Ángel.

El hombre ya no se contentaba con ser esto o aquello, quería serlo todo y que ninguna de las riquezas de la humanidad le resultase ajena. Pico della Mirandola se propuso para debatir con los sabios del mundo entero acerca de todas las cosas conocibles y no se trató de un reto vano, pues era capaz de ello. Las mayores audacias expresivas en los artistas, los atrevimientos más enérgicos del pensamiento en los filósofos, la intrepidez en los sabios y los marinos, se conjugó con un sentido exquisito de la vida armoniosa, de la realización plena de la personalidad humana. Incluso se enseñaba jugando y los colegios más reputados, aquellos donde se formaba a los príncipes más eminentes, querían ser «casas alegres», en las que la ciencia más ardua se presentase bajo los aspectos del placer.

Pero, al mismo tiempo, en aquella Italia donde todo parecía tender

* La primera puerta del baptisterio la realizó el escultor Andrea Pisano, siguiendo todavía cánones góticos. El concurso para realizar la segunda lo ganó Lorenzo Ghiberti, quien también ejecutó —más tarde, y ya por encargo—, la tercera puerta. Se considera que en especial esta última, llamada del Paraíso, supone el inicio en Italia del pleno Renacimiento. *(N. de la T.)*

sólo al «orden y la belleza», se desencadenaba la peor anarquía, la tiranía más violenta y cruel. Se mirase donde se mirase, no se veía más que confusión y desorden. Todas las formas de gobierno mostraban, en la práctica, vicios. Cuando el pueblo se gobernaba a sí mismo, aquello desembocaba en guerras civiles, en el despotismo de las facciones. La tiranía, allí donde regía, adoptaba las formas más abusivas y monstruosas del poder absoluto. La Iglesia, que en principio debía ser un elemento moderador y estabilizador, también era presa del desorden, los abusos de poder temporal, los excesos de inmoralidad, la concusión y la simonía. Savonarola había asestado golpes terribles al poder de Roma, y no siempre fue injusto o excesivo. Los Estados vecinos, Francia, el Imperio y España, aprovechaban aquel desconcierto interno para echar miradas de codicia a aquel maravilloso país que, a la vez que creaba las formas de arte más bellas y afortunadas, se mostraba incapaz de construir su estabilidad política en la calma, la equidad y la permanencia.

Al abandonarse de tal modo a los factores de división y disociación que la mantenían por completo desunida, discordante, no cumplió su misión, que era la de encabezar la civilización en Europa, la de servir de ejemplo perfecto. ¿Con qué objeto crear tantas obras maestras y distinguirse mediante el arte, si lo único que ofrecía a las otras naciones era el modelo de un caos sin remedio en el terreno político y social? Mal ejemplo el de aquella Italia que, descompuesta por la mentalidad de la guerra civil, prefería dejarse conquistar por extranjeros que verse sometida a uno de los Estados que la conformaban.

En cierto sentido era una preferencia lógica, porque los odios perpetuos entre repúblicas y principados eran más fuertes y terribles que los que podían experimentarse frente a los extranjeros. De los extranjeros cabía esperar un trato humano si vencían; por el contrario, la república o el principado que llevase la peor parte en aquellas guerras internas podía esperar los peores desastres: la quema de sus ciudades, la masacre de su población, la devastación de sus campos, la supresión de sus libertades más elementales y el desprecio de sus derechos más sagrados. De vencer el extranjero, éste repartía entre todas las provincias por igual el peso de su yugo, mientras que cuando vencía una ciudad, ésta aprovechaba su triunfo para acabar de aniquilar a las ciudades rivales, contra las que la movían viejos rencores, venganzas imposibles de aplacar y celos feroces.

Italia unificada, ¡qué bello sueño! Apaciguada, pacificada y reuniendo en un bloque homogéneo y armonioso aquel polvo de Estados, volvería a ser una «gran potencia» con la que los poderosos vecinos deberían contar. Dejaría de ser coto cerrado para las disputas de españoles, franceses o alemanes; dueña de su casa, «capitana de su alma», no sufriría la tutela de los extranjeros. Esta gloriosa gesta, Maquiavelo la soñó después de Dante, después de Petrarca. Le gustaba repetirse la oda de este último sobre el *spirto gentile*: «En el monte Tarpeyo, mi canción, verás un caballero al que toda Italia honra, preocupado del bien ajeno más que del propio...» Toda Italia soñaba con ese «caballero», con una melancolía y una nostalgia que revelaban aquella aspiración profunda de unidad. Pero para ser un gran Estado, para volver a imponer la paz romana al universo, no bastaba con desear o soñar; había que tomar las riendas del propio destino. Por desgracia, mientras Italia conservase aquella mentalidad de vencida, aquel espíritu de división y denigración, aquel empeño por desgarrarse a sí misma, su aspiración habría de ser quimérica. Se hacía necesario transformar la mentalidad, crear de nuevo un patriotismo italiano, un nacionalismo que reemplazara a los particularismos locales, que acabara con la mentalidad localista. Había que cambiar a los hombres.

En esto, Maquiavelo se parecía a Savonarola, pues ambos comprendieron la necesidad de una reforma radical; sin embargo, entre ambos había una oposición drástica acerca de los elementos de ésta y también del objetivo a alcanzar. Savonarola quería fabricar un «hombre cristiano» guiado por la fe, obediente a las leyes divinas, piadoso, casto y amante del prójimo, en una palabra, dotado de todas las virtudes evangélicas. En cambio, la posición de Maquiavelo respecto del cristianismo era parecida a la de Nietzsche, ya que había desconfianza y una cierta dosis de desdén cuando consideraba las simplezas del dominico. Le reprochaba también al cristianismo preconizar virtudes que a su juicio eran poco viriles, como la humildad, el perdón de las ofensas y el desprendimiento de los bienes terrenales. Creía en la virtud de la ambición y el orgullo, en la voluntad de poder y en la energía, e hizo de ellos los principales y más nobles resortes de la actividad humana. En ese terreno, se oponía por completo al evangelismo y, aunque nunca se explicó del todo a ese respecto, es fácil descubrir en él un anticristianismo fundamental, que no está en contradicción, por otro lado, con ese espíritu de tolerancia algo desdeñosa con el que, tal como hemos visto, aconsejaba a los soberanos proteger, e incluso fomentar, la religión. Por interés político, no por espíritu de fe. También él hubiese deseado hacer del sacerdote un auxiliar del preceptor y del policía; la religión sólo le parecía buena para eso. En el fondo de sí mismo era agnóstico, irreligioso y anticlerical, y si hubiese osado confesarlo, habría reconocido que el ideal del hombre cristiano que predicó Savonarola no poseía la aquiescencia de su espíritu ni de su corazón.

Su ideal, que se había ido formando en el transcurso de sus largos años de laboriosa ociosidad, de estudios, lecturas, conversaciones y observaciones, era el hombre antiguo; un ideal común a todo el Renacimiento, que buscó en la antigüedad la imagen del ser perfecto que no encontró en el *homo christianus*, tal como lo habían modelado la Edad Media y catorce siglos de cristianismo. El retorno a la antigüedad era el vínculo general de todas las múltiples manifestaciones de aquella época apasionada, febril y alegre, para la que el descubrimiento de lo antiguo era comparable al de un continente desconocido, repleto de todas las riquezas habidas y por haber.

Después del largo oscurantismo de la Edad Media, durante el cual se ignoró o no se apreció la antigüedad —y los hombres del Renacimiento fueron en cierto modo injustos con sus predecesores, puesto que la cultura clásica nunca se abandonó en los conventos ni en los medios eruditos—, retornar a los siglos pasados era una especie de rejuvenecimiento del universo. ¡Singular rejuvenecimiento el que nace de ruinas o polvorientos manuscritos! Sin embargo, fue éste el que animó, sostuvo e informó todo el pensamiento del siglo XV. Porque se habían encontrado algunas estatuas antiguas al arar los campos, porque se había reflexionado sobre la belleza y la perfección de los monumentos todavía en pie en aquella Roma donde los siglos habían ido acumulando sus restos, porque los eruditos se sentían fascinados por haber hallado el camino de la poesía griega, de la filosofía del Pórtico y de la Academia, por todo ello, en suma, los hombres de aquel tiempo creyeron, y no dudaron, que no se había hecho nada bueno durante los siglos que habían transcurrido desde la caída de Roma. Desconocían la aportación de la Edad Media y derruyeron sus iglesias para sacar a la luz vestigios de las termas o los acueductos. Despreciaban el arte gótico y corrieron a copiar, medir, admirar e imitar bajorrelieves que eran simples fabricaciones industriales, o estatuas que no eran otra cosa que copias de originales griegos. Donatello salió de su casa, a toda prisa, sin gorro y sin capa, y corrió de Roma a Cortona porque acababan de exhumar un sarcófago antiguo. Todo lo que llevaba la etiqueta de antiguo les embriagaba, les turbaba, les hacía perder el sentido de la mesura. Acogían con idéntico entusiasmo la obra maestra y la baratija con tal que fuesen antiguas, y las admiraban con la misma buena fe. Su pasión los cegaba. Calificaban de excelente lo que se parecía a lo antiguo. Se vestían a la antigua, ponían en sus mesas vasos griegos, hablaban latín y, los que podían, griego, encendían la lámpara perpetua, que la Edad Media reservó al Santo Sacramento, ante un busto de Platón o un ejemplar de la *Ilíada*.

Todos se contagiaron de aquella fiebre y nadie empleó una sola palabra para defender la Edad Media, explicarla o justificarla. Se hizo tabula rasa del pasado más cercano para vincularse al pasado más lejano. El Renacimiento conoció esta embriaguez por el descubrimiento y la renovación, que ni siquiera podemos representarnos por medio de los fríos éxtasis, más cercanos a nosotros, de un Winckelmann: la resurrección de la antigüedad. Era un sentimiento profundo, absoluto, no un entusiasmo pasajero. No era una moda que las personas usasen nombres de pila antiguos y latinizasen su apellido. No era esnobismo que hablasen latín o griego. No era, tampoco, una cuestión de gusto o de estética: era una religión. El Renacimiento rindió culto, de verdad y en el sentido más fuerte de la expresión, a la antigüedad. Los humanistas reservaron para esta fe y esta pasión toda la adoración que retiraron al cristianismo. Fueron intolerantes, fanáticos y sectarios en lo que concernía al objeto de ese culto, y llegaron incluso a subestimar lo que en verdad había de nuevo y original en el pensamiento y el arte de su época cuando no coincidía con su canon de belleza antigua.

Maquiavelo compartía ese ideal antiguo; se había formado en aquella Florencia donde se difundía, hasta en la pequeña burguesía culta, el humanismo de los filósofos y los poetas de la corte medicea. El humanismo no era el privilegio de los protegidos de Cosme o de Lorenzo el Magnífico: el farmacéutico del *Canto delle Rondine* era un erudito, y también el zapatero de la esquina podía ser, si se le antojaba, también un latinista.

Sin embargo, a sus ojos, los humanistas eran: «anticuarios», conservadores de museos, no los que fomentaban lo que debería ser el verdadero renacimiento de la virtud y el espíritu antiguos. Le exasperaba ver que se concediera tanta importancia al menor fragmento de escultura, y que no se entendiese la grave y elevada lección que, allende los siglos, ofrecían a los hombres de aquel tiempo los de la antigüedad. En sus diálogos sobre *El arte de la guerra*, puso en boca del condotiero Fabrizio Colonna palabras que expresan bien su pensamiento esencial. Le parecía bello conservar todo lo que podía descubrirse en aquellas obras de arte antiguo, pero cuánto más precioso lo que constituía el pensamiento vivo, activo y generador de energía. Maquiavelo, por otro lado, se mostró bastante indiferente a los asuntos del arte; al menos, no les reservó ningún espacio en sus libros, y no tuvo ningún reparo en reprochar a sus conciudadanos el hecho de vincularse tan sólo a las formas externas de la vida antigua, a sus manifestaciones accesorias o superficiales, descuidando la enseñanza primordial: cómo se forma a hombres. «Si se considera el respeto que se tiene por la antigüedad, y para limitarme a un solo ejemplo, el precio que suele atribuirse a simples fragmentos de estatua antigua que se quieren poseer, con los que se está orgulloso de ornar la propia casa, que se dan por modelo a los artistas, quienes se esfuerzan por imitarlos en sus obras; si, por otro lado, se ven los maravillosos ejemplos que nos presenta la historia de los reinos y las repúblicas antiguas; los prodigios de sabiduría y virtud operados por reyes, capitanes, ciudadanos y legisladores que se sacrificaron por su patria; si se les ve, digo yo, más admirados que imitados o incluso tan olvidados que no queda el menor rastro de esa antigua virtud, sólo cabe sentirse a la vez extrañamente sorprendido y profundamente afectado.» Esa indiferencia, que Maquiavelo reprochaba a la Italia del Renacimiento, era fruto, a buen seguro, de su estetismo, de esa predominancia que adquirió el arte en la vida cotidiana. Maquiavelo desconfiaba del arte; como buen legislador, hubiese querido desterrar a los artistas y poetas de su república o, al menos, sojuzgarlos para que sólo fuesen los intérpretes de la voluntad del príncipe, los instrumentos de su propaganda, los proclamadores de las verdades políticas, y hubiese preferido conservar sólo a aquellos que aceptaran de buen corazón, por el provecho que pudieran obtener, esa advertencia. Su punto de vista, en este sentido, se parece al de Savonarola: uno pretendía la subordinación del arte y la cultura a la religión, el otro, a una cierta forma de gobierno, a la política-religión. Por otro lado, culpabilizó al cristianismo de haber oscurecido la antigüedad, y responsabilizó a la ligereza y superficialidad de las mentes contemporáneas el no poseer ya la «gravedad» necesaria para comprender y aplicar las poderosas lecciones de la antigüedad. «Esta negligencia —afirmaba— no se debe tanto al estado de debilidad al que nos han reducido los vicios de nuestra educación actual como a los males causados por esta pereza orgullosa que reina en la mayoría de los Estados cristianos y a una verdadera falta de conocimiento de la historia, cuyo verdadero sentido no se conoce o no se capta. Por eso, la mayoría de los que la leen no se detienen sino en el placer que les causa la variedad de acontecimientos que presenta: ni les viene al pensamiento imitar las bellas acciones, esta imitación no sólo les parece difícil sino incluso imposible, como si el sol, el cielo, los elementos y los hombres hubiesen cambiado de orden, de movimiento y de poder, y fuesen distintos de lo que eran antaño.»

¿Por qué imaginar que puede hacerse revivir el arte de los antiguos y desdeñar sus cualidades humanas? ¿Por qué adoptar su estética y olvidar su moral cívica? Era un hombre decepcionado por el presente, que se volvía hacia la antigüedad. «Los siglos pasados nos ofrecen temas de admiración y el que vivimos no nos presenta nada que nos resarza de su extrema miseria...»

Ésa era la clave de la pasión de Maquiavelo por la antigüedad: su valor de contraste con la actualidad y el hecho de que le ofreciera todas las cosas que amaba, mientras que el presente sólo le inspiraba indiferencia, irritación, desprecio y hastío.

No obstante, ningún hombre encarnó mejor que Maquiavelo el espíritu de su tiempo. Fue el producto típico del Renacimiento en el ámbito de la política; sin embargo él mismo ignoraba hasta qué punto era representativo: se creía anacrónico y volvía con fervor a la época a la que, por sus ideas y sentimientos, creía pertenecer. En aquel periodo de juventud, renovación y modernidad, su papel fue el de elogiar el tiempo pasado, que es el que, por lo general, suelen tener esos hombres que sólo se juzgan «modernos» cuando han reproducido con fidelidad cosas o ideas muertas desde hace muchos siglos. Él no temía en absoluto ese reproche, pues para él el presente estaba muerto, sólo la antigüedad estaba «viva».

No fue en los griegos donde buscó sus modelos, ya que conocía la civilización helénica sólo de manera imperfecta. Cabe preguntarse si también sabía griego y si era capaz de leerlo en el original. Era, sin embargo, un apasionado de Plutarco y, durante una de sus misiones junto a César Borgia, que le ofrecía no obstante un espectáculo apasionante, pidió a sus amigos que le enviasen un ejemplar de las *Vidas*. Los romanos le eran familiares. En Roma, se encontró como en su casa; me refiero a la Roma de la antigüedad. «Es necesario volver siempre a ellos. Si examinamos con atención sus instituciones y costumbres, veremos muchas cosas que se podrían hacer revivir fácilmente en una sociedad que no estuviera corrompida por completo. Como ellos, habría que honrar y recompensar la virtud, no despreciar la pobreza, instar a los ciudadanos a quererse, a huir de las facciones, a preferir el bien común al bien particular y a practicar, en suma, otras virtudes parecidas, que son muy compatibles con este tiempo. No sería difícil inspirar esos sentimientos si, después de haber pensado mucho en ello, nos aplicáramos en los verdaderos medios de ejecución. Su verdad es tan evidente que estarían al alcance de las mentes más comunes. El que obtuviera ese éxito habría plantado árboles a cuya sombra pasaría días más felices que bajo éstos.»

El hombre a quien pertenecen estas palabras era un soldado, un capitán de fortuna, Fabrizio Colonna. La escena transcurría en el jardín de Cosimo Rucellai, donde este florentino, rico y cultivado, había intentado aclimatar todas las especies de árboles de las que trataban los libros antiguos, lo que le valió este altivo desaire: en lugar de resucitar la antigüedad en sus árboles, que la resucitase en sus hombres.

Resulta interesante ver a Maquiavelo oponer así el pensamiento de un hombre de acción al pensamiento de los humanistas; como si pretendiera que los verdaderos herederos de la antigüedad, sus discípulos auténticos, fuesen los políticos y los condotieros más que los profesores, los filósofos y los poetas. A esos hombres de acción, a esos profesores de energía, ese tipo de resurrección no les parecía imposible. En su mente, Maquiavelo consideraba más apreciables y admirables a hombres como Cola di Rienzo o, incluso, Stefano Porcari, que intentaron hacer realidad su sueño, que a Petrarca, que se contentó con desear esa resurrección y celebrarla en verso y prosa.

Su admiración por los dos tribunos no carecía de reserva. Aunque experimentaba una gran simpatía por aquellos audaces que intentaron hacer revivir de forma práctica y material la antigua Roma, no ignoró sus defectos y lagunas ni los errores que cometieron con entusiasmo y de buena fe. Ambos fracasaron, por otro lado, pero para Maquiavelo el fracaso no era un criterio de debilidad en sí. Continuaba admirando al hombre que fracasaba si éste era víctima de la fortuna adversa, si después de haber puesto todas las posibilidades de su lado, algún acontecimiento imprevisible lo había abatido. El destino era más fuerte que el individuo y Maquiavelo sentía por la fatalidad el mismo respeto y sumisión que experimentaban los hombres de la antigüedad. Pero cuando el fracaso era la consecuencia de un error de cálculo, de un fallo interno, de la torpeza, o de la falta de preparación o de psicología, en suma, consecuencia de una debilidad del individuo, entonces le retiraba su admiración y sentía resentimiento por haber creído en él, porque el otro le hubiese engañado, decepcionado y embaucado.

Ésa fue, poco más o menos, su actitud frente a Cola di Rienzo, «indigno dc un cargo cuyo peso era superior a sus fuerzas», explica. Y, sin embargo, Cola tuvo su momento de gloria, un «momento» durante el cual, sostiene también el historiador de Florencia, «se ganó tal reputación de justicia y virtud que no sólo los países vecinos, sino también Italia entera, le enviaron embajadores». Admirad ese «no sólo los países vecinos, sino también Italia...», tan revelador de la mentalidad italiana de aquel tiempo. Cola conquistó la admiración de los extranjeros antes de ganarse la de los compatriotas.

Cola di Rienzo, que se llamaba en realidad Niccola Gabrini, era hijo de un tabernero y de una lavandera, pero se creía que su verdadero padre era el emperador alemán, Enrique VII, para quien la bella lavandera habría tenido «favores» durante el tiempo que el ilustre monarca, que había venido para hacerse coronar en Roma, pasó en esa taberna. Una noche, en que había querido ir a rezar a la tumba de los apóstoles, de incógnito y enmascarado, sus enemigos lo reconocieron y, puesto que lo persiguieron, se refugió en casa de los Gabrini. Cola conocía el secreto de su nacimiento, lo que le llenaba de gran orgullo y legitimaba sus ambiciones.

En realidad, no era más que un hombre bastante singular, quimérico, trastornado por la lectura de la historia romana que había actuado como un licor demasiado potente en este modesto funcionario y le había hecho perder la cabeza. Al igual que Maquiavelo, había leído mucho a Tito Livio y había adquirido en el trato con los antiguos un «alma antigua». Decepcionado por el mediocre presente, soñaba con resucitar esos tiempos gloriosos y consideraba sin cesar los ilustres modelos que Roma ponía delante de sus ojos; era un hombre muy adelantado a su tiempo y tan apasionado por la antigüedad que sus amigos, para mofarse de él, le llamaban el «anticuario». Por lo demás, era un hombre bastante guapo, de soberana prestancia, noble voz y aspecto grave y digno, dotado, además, de una elocuencia espontánea, generosa, ardiente e irresistible.

Ese plebeyo que se creía —y que quizás era— hijo de rey, creía en la posibilidad de resucitar la Roma de antaño y de colocarla a la cabeza de una especie de federación democrática como la que había soñado Arnaldo da Brescia. De su vida, sin embargo, poco sabemos hasta el día en que, tras la muerte de su hermano, a manos de unos asesinos a quienes no se había detenido, aprovechó la ocasión para atacar con una violencia extrema el desorden que reinaba en la Ciudad Eterna, la inseguridad que fomentaban las guerras civiles, la impotencia de las leyes, los excesos de los nobles y la corrupción de los magistrados.

Se le escuchó y se le aplaudió, y, a partir de aquel día, se convirtió en una especie de orador popular. Ejercía un empleo modesto en la administración, pero el aumento de su prestigio y popularidad, que cada día ganaba terreno entre la plebe romana, hicieron de él un «representante del pueblo» sin título ni función determinada. En esta calidad acompañó, en 1342, a la embajada enviada a Aviñón para rogar al Papa que volviera a Roma.

La ausencia del Papa favorecía todos los desórdenes. Los nobles se disputaban el poder que la Santa Sede había abandonado. Con las armas en la mano, se hacían una guerra de prestigio y de interés. Había llegado el momento de que todo aquello cambiara. Ya desde Aviñón, Cola di Rienzo envió al pueblo romano mandamientos entusiastas. Petrarca lo mantenía en su fe y en su esperanza. Lo había conocido en el pórtico de una iglesia provenzal y, puesto que aquél había reconocido enseguida en él al «salvador» esperado, le instruía en su futura misión.

Así, Petrarca acabó lo que los historiadores romanos habían comenzado, pues Rienzo, convertido en sospechoso en el entorno pontificio por su elocuencia incendiaria, se vio en la miseria y enfermo, y hubiera muerto de hambre de no haber hallado auxilio en un hospital. Se le perdonó, a instancias de Petrarca, e incluso obtuvo de Clemente VI el cargo de notario de la Cámara Urbana, pero despreció esta dignidad, ya que sólo quería ser «el humilde enviado del pueblo, el cónsul de los huérfanos, las viudas y los pobres». Por esa razón, defendía al pueblo contra los nobles y su ahínco era tal que uno de éstos lo abofeteó en pleno Consejo, el día en que Cola insultó con más vehemencia que de costumbre, a los «leones, perros y serpientes del Capitolio».

Ya no bastaba con criticar, había que pasar a la acción. Su popularidad era lo bastante grande para que intentara derrocar a un gobierno detestado. Sus sueños, ambiciones y la confianza del pueblo, todo lo empujaba a ello. Reunió en secreto a sus partidarios más fervientes, una noche en el Aventino; lugar simbólico, donde la asamblea de los jefes de barrio, los *caporioni*, cuyas funciones se parecían un poco a las de los tribunos antiguos, lo aclamó. El 19 de mayo de 1347, víspera de Pentecostés, al alba, envió a sus heraldos a advertir en voz alta al pueblo para que fuera a la Pescheria. La muchedumbre se congregó allí y encontró a Cola di Rienzo vestido de triunfador romano y escoltado por las reliquias de san Jorge; después de escuchar misa en la iglesia de Sant'Angelo, se dirigió hacia el Capitolio. Todos lo siguieron y nadie obstaculizó su camino.

Hizo dar lectura al pueblo de las leyes que acababa de promulgar y que Clemente VI, sorprendido y sobrepasado, tuvo la debilidad de aprobar, y luego desfiló triunfante por las calles. Durante un instante, una paloma voló por encima de su cabeza y el pueblo gritó que era el Espíritu Santo.

Cola pensó que todo le estaría permitido ya que el Papa, que estaba en Aviñón y, por tanto, mal informado de lo que ocurría, había aprobado sus actos; además, lo alentaba Petrarca, quien llegó a escribir de él al Emperador: «Ha osado erigirse en restaurador de la libertad romana. El éxito ha sido tan rápido que este hombre se ha ganado a la Toscana y al mundo entero y, para resumirlo en pocas palabras, yo doy fe, como testigo ocular, de que nos ha traído la justicia, la paz, la buena fe, la seguridad y todos los vestigios de la edad de oro.»

Era el año anterior a la gran peste. Flotaba en el aire una gran inquietud. La glorificación de la Italia ideal, que habría de inspirar los mismos acentos a Petrarca y a los poetas del Renacimiento, animaba numerosas conciencias. «Levántate, raza latina, rechaza las cargas que te oprimen», cantaba la lírica del *Canzoniere*, agitada por un entusiasmo épico. Esto explica que Cola encontrase tanta adhesión y tan poca resistencia. El favor del pueblo le había coronado amo de Roma e iba a convertirse, según creía, en el señor de Italia. En la antigua República se restaurarían la justicia, la paz y la libertad. Esas tres palabras estaban escritas en los estandartes que lo seguían al Capitolio; era por el triunfo de ellas por lo que combatía.

Cola di Rienzo, sin embargo, no era lo bastante fuerte para resistirse a la embriaguez del éxito. Dictaba sus actos «desde el Capitolio en el que vivimos con un corazón recto bajo el reinado de la justicia», pero sus partidarios no guardaban ninguna medida, y él mismo, arrastrado por su ambición o sus quimeras, quiso de entrada ser sacro caballero y luego emperador coronado. Había elegido como escudo de armas un sol de oro con siete rayos, en cuyo extremo brillaba una estrella de plata, que simbolizaba los dones del Paráclito, por los que se pretendía inspirado. Lo cierto es que había algo de cátaro y de albigense en aquel singular personaje.

Se consideró, sin embargo, que había ido demasiado lejos el día en que antes de ser sacro caballero, se bañó en la pila de pórfido en la que san Silvestre había bautizado a Constantino. Sus extravagancias en el vestir y los abusos de sus padres y familiares lo desacreditaron. Los monarcas que citaba ante él, y a los que dictaba sus órdenes «bajo la conducta luminosa del Espíritu Santo», consideraron que estaba loco. Pretendía, además, que sólo al pueblo de Roma pertenecía el derecho de nombrar al emperador y, el día del jubileo, había blandido su espada hacia los cuatro puntos del horizonte gritando: «Esto es mío.»

Sus trajes blancos tramados de oro, sus mantos púrpura, sus sombreros de perlas con la paloma simbólica, las ceremonias fantásticas de su coronación, los desenfrenos de los suyos y el saqueo de los fondos del Estado por sus hermanos y hermanas, le indispusieron incluso con el pueblo. Hacía mucho tiempo que los nobles, desterrados y avasallados, habían jurado vengarse. Lo vencieron tras una dura y larga guerra, y murió de forma miserable, bajo los escombros del Capitolio incendiado, disfrazado de campesino, asesinado por la misma plebe que lo había conducido al más alto poder, a pesar de que entonces lo acosaba y despedazaba.

La aventura de Stefano Porcari acabó de idéntico modo y por las mismas razones. Porcari, que pertenecía a una familia noble, pensó aprovecharse de las disensiones que devastaban a la aristocracia romana para liberar a Roma de la *tiranía* pontifical y restablecer las «virtudes» de la república antigua. También él, cien años después de Cola di Rienzo, leía con fervor las exhortaciones de Petrarca y soñaba con ser el «noble héroe» que el poeta anunció, el liberador y unificador de Italia. «Esperaba —escribió Maquiavelo— que un éxito tan grande le otorgaría el título de nuevo fundador y que compartiría con Rómulo el título de Padre de Roma.»

Por desgracia, Porcari era un exaltado e, ignorando que el mejor medio de que una empresa tan temeraria tuviese éxito era organizarla en secreto, comenzó por hablar de sus proyectos a todo el mundo, esperando con ello ganar más adeptos. El rumor de aquella confabulación llegó a oídos del Papa, quien se mostró indulgente y se contentó con exiliar a Porcari a Bolonia, bajo vigilancia policial; Porcari estaba libre, pero cada día debía presentarse ante el gobernador. Sixto IV pensó que si lo mantenía lejos de sus amigos y de sus cómplices, sería inofensivo.

Durante algún tiempo Porcari fingió docilidad, pero puesto que la ambición y el amor por el bien público no dejaban de animarle, ideó una estratagema: como era un buen jinete, se las arregló para ir a Roma y volver la misma jornada, a fin de estar ante el gobernador de Bolonia cada día a la hora prevista. Ese doble trayecto representa una hazaña poco menos que extraordinaria, incluso para un jinete muy entrenado y suponiendo que se hubieran dispuesto varios relevos en el camino.

Los cronistas de la época afirman, no obstante, que realizó esa marca de cuatrocientas millas romanas en un día, unos quinientos cincuenta kilómetros de la actualidad. De tal manera que, sin despertar las sospechas de la policía boloñesa, consiguió estar en contacto con sus partidarios y continuar los preparativos de su revolución.

Por último, cuando juzgó que era el momento oportuno, ordenó a sus lugartenientes que organizaran un magnífico banquete, donde cada uno llevaría a los conjurados que conociera y al mayor número posible de amigos. Así se hizo. Mientras se festejaba alegremente, sin hablar demasiado de política, en el postre, apareció Porcari. Como Cola di Rienzo, sentía debilidad por los trajes y se había hecho realizar para la ocasión uno de emperador romano en tisú de oro, que le daba «un aspecto majestuoso y solemne». Abrazó con solemnidad a todos los convidados y les dedicó acto seguido un largo discurso en el que les reveló sus proyectos; después, distribuyó los papeles que cada cual tendría en el drama que debía representarse al día siguiente. Al alba, una pequeño grupo formado por los partidarios más enérgicos, atrevidos y ardorosos, debía apoderarse del Vaticano, mientras los otros, mediante gritos, exhortaciones y arengas, invitarían al pueblo a levantarse, pues contaban con el entusiasmo popular y con los desórdenes que acompañarían el tumulto para alcanzar el éxito. Una vez dueño de Roma, se haría con el resto de Italia sin problemas.

Porcari no había contado con los espías de la policía boloñesa y con los traidores, que también los había en su partido, como en todos. Los palafreneros de Bolonia avisaron al gobernador de la desaparición de Porcari, al mismo tiempo que los delatores contaban al Papa cuanto se había dicho en el transcurso del banquete. De este modo, antes de que hubiesen podido ejecutar su audaz proyecto, se detuvo a Porcari y a los jefes de la conjura, tuvieron un juicio sumario y se les colgó sin más dilación.

Cualquiera que fuese la simpatía que Maquiavelo experimentase por el desgraciado conspirador, lo juzgó con tanta severidad como hiciera antes con Cola di Rienzo, y consideró que había planificado mal el asunto y lo había ejecutado con torpeza. Por lo tanto merecía su suerte, por deplorable que resultase ver a un hombre valiente pagar con su vida un bello gesto libertador. No se podía alentar aquella clase de temeridades, que a juicios de Maquiavelo eran culpables. No era sino un loco o un necio el hombre que se embarcaba en una aventura semejante sin haber calculado las posibilidades en contra y tomado las medidas necesarias para parar los golpes del adversario. «Si alguien se ve tentado de loar esas intenciones, no hay nadie que no deba reprobar su escaso juicio. Este tipo de empresas presentan a la imaginación algunas sombras de gloria, pero una vez ejecutadas van seguidas casi siempre de los resultados más funestos.»

De este modo, Maquiavelo ponía en guardia a los futuros conspiradores contra los excesos y las imprudencias que habían perdido a Rienzo y a Porcari; lo que no les restaba méritos, por otro lado. Pero la política, que para Maquiavelo era la que mandaba, no tiene en cuenta las intenciones y juzga el valor de una empresa por sus resultados. Para él, la política no era un asunto de corazón, sino de inteligencia. El corazón y la buena voluntad, los sentimientos generosos y los ideales caballerescos no estaban excluidos necesariamente, sin embargo era importante que los sujetasen, gobernasen y controlasen la inteligencia práctica, el sentido de la oportunidad y el conocimiento perfecto de la eficacia. Al examinarlos mejor —y si Porcari estaba cerca de él, puesto que su conjura data de 1453, para juzgar a Rienzo tenía que retroceder un siglo—, Maquiavelo sólo pudo experimentar una especie de piedad severa por esos fracasados del golpe de Estado. La buena política no se hace con un alma bella y nobles intenciones: Savonarola acababa de demostrarlo una vez más.

¿Qué era entonces la buena política? Era una partida de ajedrez bien guiada, jugada por un hombre ejercitado, avezado a los fingimientos y a las dificultades, que sabía prever las sorpresas y, de antemano, estaba preparado para el contraataque; desde los primeros movimientos, adivinaba el carácter de su adversario, sabía de qué manera jugaría y qué trampas era importante tenderle, evitando a la vez las que sin duda el otro habría dispuesto para atraparle. El buen jugador de ajedrez tenía la cabeza y el corazón fríos. Y el mejor jugador era el que ganaba la partida. En ese juego, no había que dejarse engañar ni por las argucias ni por las falsas apariencias. El único criterio de excelencia era la victoria, y si en otras circunstancias de la vida podía haber fracasos sublimes más nobles que los triunfos, en el juego de la política la única excusa que daba validez al hecho de haber emprendido algo era el éxito.

A este respecto, los romanos seguían siendo los grandes ejemplos y los modelos eminentes. En ellos había que buscar a los maestros en el arte delicado y peligroso de la política. No se preocupaban de nobles proyectos ni de intenciones generosas; iban directo hacia su objetivo y lo alcanzaban. Poseían aquel profundo ideal cívico que también para

Maquiavelo, reemplazaba al ideal moral y al religioso. O, mejor aún, el civismo era su moral y su religión. Sus dioses eran dioses que, a ejemplo de los hombres, servían a la ciudad y, en cuanto a la moral, los más «filósofos» de sus emperadores nunca confundieron la doctrina teórica del bien con la aplicación, necesariamente inmoral, que debe hacer un hombre de Estado.

La admiración casi devota que Maquiavelo experimentaba por los romanos y su civismo se parece bastante a la que encontraremos trescientos años más tarde en los hombres de la Revolución Francesa. También éstos eligieron nombres a la antigua, llevaron toga e imitaron en su discurso la elocuencia del Foro. También ellos hablaron de «virtud» y otorgaron a esta palabra el mismo sentido que Maquiavelo y que Catón. El tono de Maquiavelo cambiaba cuando se trataba de Roma; una especie de gravedad respetuosa moderaba y daba profundidad a sus palabras. Su entusiasmo se tornaba casi religioso. En *El príncipe* y en las *Historias florentinas*, donde no hay una sola página en la que no aparezca como un eco el recuerdo de Roma, al igual que en sus *Discursos sobre la primera década de Tito Livio*, que están inspirados de manera directa en la historia de la Roma clásica, su glorificación de los romanos aparece como tema favorito, que estimulaba su fervor e inflamaba su elocuencia.

Uno sólo es capaz de hablar bien de lo que ama con pasión. Así, en Maquiavelo la pasión era lúcida, se esforzaba en la calma y la tranquilidad, también en la objetividad, pero permanecía magníficamente parcial y determinada. Se creería que adaptaba su moral a los acontecimientos de la historia romana para justificar a sus héroes y modelarse a partir de ellos. La página en la que excusa a Rómulo del asesinato de su hermano, y lo justifica y lo glorifica, atestigua esa admiración sin límites: Maquiavelo presenta las imperfecciones de Rómulo como cualidades y méritos. «Un espíritu sabio —explica— no condenará a un hombre superior por haber usado un medio ajeno a las reglas ordinarias para el importante objeto de regular una monarquía o fundar una república. Lo que es deseable es que, en el momento en que el hecho le acusa, el resultado pueda excusarlo; si el resultado es bueno, se le absuelve; tal es el caso de Rómulo. No es la violencia que repara, sino la que destruye, la que hay que condenar. El legislador será lo suficientemente sabio y virtuoso para no dejar al prójimo como herencia la autoridad que tenía en sus manos [...]. Lo que prueba que Rómulo era de los que merecen ser absueltos por haberse deshecho de su compañero y de su hermano, lo que hizo sólo fue por el bien común y no para satisfacer su ambición.»

El desinterés y la «pureza» también eran elementos constitutivos de la virtud antigua. Gracias a ellos, Italia volvería a ser poderosa, fuerte y próspera, estaría de nuevo unida. Sin ellos no podía fundarse nada duradero. Así, Maquiavelo reivindicaba una moral superior a la mera utilidad y le otorgaba un lugar predominante en el conjunto de cualidades prácticas con las que quería que el hombre de estado estuviese dotado. Ese culto a la virtud confiere una incontestable nobleza a su pragmatismo, que sin ello sería bastante limitado y poco estimable. Su ética era rigurosa, severa, y sus leyes, no conformes con las de la moral al uso, tienen algo de austero y de grave, que impone respeto, si no la aquiescencia.

Quizá porque, en definitiva, consideraba que la virtud era «la mejor política», quizá porque ésa es la inclinación natural de su carácter, Maquiavelo descubrió en sí más afinidades con el «espíritu romano» de antaño que con las aspiraciones de sus coetáneos y compatriotas. Su ideal, por tanto, era crear al jefe y, a través de él, realizar su gran reforma social. Puesto que Maquiavelo practicaba la virtud del desinterés y no tenía ambiciones personales, se contentaría con trabajar por el bien público y formaría con sus lecciones y consejos al futuro jefe. Para eso había trabajado, reflexionado, leído, meditado y escrito tanto. Por eso entró en la administración: para perfeccionar su experiencia política. Y con ese objeto escribió sus obras. Mentor del Príncipe, a través de él quería dar leyes al mundo.

La política era su pasión, su razón de ser. No poseía aptitudes para otra profesión; como autor de comedias y de relatos no superó el nivel medio. Pero como historiador político —y para él la política era «hacer historia»— era incomparable y nadie lo igualaba, ni siquiera Guicciardini. «Habiendo querido la fortuna que no pueda razonar ni sobre el arte de la seda ni sobre el arte de la lana, no sabiendo hablar ni de ganancias ni de pérdidas, me veo obligado a ocuparme de los asuntos de Estado y he de decidirme a callar o a hablar de política.» Era demasiado inteligente para alimentar ambiciones absurdas; sabía que no tenía madera de jefe. Nunca representó otro papel que el de consejero, el de eminencia gris, pero sin duda le pareció apasionante y creyó que el espectáculo se veía mejor entre bastidores que en el propio escenario.

«No sé si merecería ser contado entre los que se equivocan al elevar tan alto, en este discurso, el tiempo de los antiguos romanos y al censurar éste en el que vivimos. Y verdaderamente si la virtud que reinaba entonces y el vicio que domina en la actualidad no fueran más claros que el día que nos alumbra, sería más comedido en mis expresiones, por temor a caer en el error que repruebo en los demás. Pero esto es algo tan evidente para todos que no vacilaré en decir con atrevimiento lo que pienso de aquellos y de estos tiempos, a fin de despertar en el alma de los jóvenes que lean mis escritos el deseo de imitar a los unos y de rechazar el ejemplo de los otros, siempre que el azar se lo permita. Es el deber de un hombre honesto que, por la desgracia de los tiempos y de la fortuna, no puede hacer él mismo el bien, dar lecciones a los otros. Quizás entre aquellos que habrá instruido se hallará uno más favorecido por los dioses que conseguirá realizarlo.»

CAPÍTULO CINCO

Al servicio de la patria

Poco después de haber entrado en la Cancillería, Maquiavelo ya se abría camino. La Señoría apreciaba a aquel «buen funcionario» que no mostraba ambiciones personales y trabajaba con inteligencia y devoción, que no pertenecía a ningún partido ni favorecía ninguna facción y que se contentaba modesto con los empleos que se le confiaban, mientras daba a entender con discreción que estaba dispuesto a ocupar otros más altos, si se tenía a bien juzgarlo digno. En realidad, los elementos principales de la política florentina, interna y externa, pasaban por sus manos. Sus jefes, que reconocían su talento, se habían acostumbrado a delegar en él las iniciativas, y poco a poco sus camaradas se habían convertido en sus subordinados por el ascendiente que había adquirido sobre ellos, su evidente superioridad y su aplicación. Nunca se quejaba de tener demasiado trabajo y ninguna tarea le parecía ingrata o demasiado difícil. Para él todo era un juego y, al mismo tiempo, de todo aprendía, tanto de las bromas de los pasantes como las conversaciones de los diplomáticos y los señores. Cada cosa ocupaba un lugar en su inteligencia y en su memoria; su mente meticulosa almacenaba todo el grano que se presentaba, y no sólo el grano, sino también la paja y hasta la cizaña. Todo serviría; quizás un día una anécdota divertida u obscena podría serle de tanta utilidad como un tratado político.

Así las cosas, los rumores de guerra que, desde hacía algún tiempo, perturbaban los despachos del Palazzo Vecchio se confirmaron. La situación entre Florencia y Venecia era muy tensa; siempre había existido un estado de hostilidad implícita entre las dos ciudades, ambas tan distintas, tan poderosas, y a las que separaban tanto las rivalidades políticas como la competencia comercial; su carácter profundo, también, que hacía de una la ciudad marina, construida sobre el agua, cuyos palacios y campanarios semejaban una flota de galeras anclada en la laguna, y de la otra, la ciudad de tierra adentro por excelencia, asentada sobre sus colinas, sus murallas y sus tumbas. Venecia no tenía colinas, ni murallas, ni tumbas. Se parecía a un campamento de nómadas del mar que no precisaban murallas, que entregaban sus difuntos a los elementos, que navegaban a perpetuidad y cuyo hábitat era la vasta planicie de las aguas. Florencia era, por su parte, la heredera de los antiquísimos etruscos, que habían excavado en el suelo toscano sus hipogeos pintados, en los que dieron sepultura a sus numerosos muertos. Poseía la estabilidad de sus poderosas raíces, el soporte inamovible de sus basamentos de piedra. Se hundía en el suelo, con aquella tenacidad de los antiguos etruscos que habían sentido una extraña pasión por lo subterráneo. Su fuerza radicaba en su estabilidad, su pesadez y su masa, de todo lo que tenía de denso, impenetrable, opaco, rígido y grave; así la habían heredado de aquellos etruscos, melancólicos, de sonrisa singular, que eran magos y creadores de tumbas. Florencia, pues, se había convertido de forma natural en la ciudad de los banqueros y los cambistas, que no desdeñaban prestar a tasas de usurero, mientras que Venecia era la de los comerciantes osados que se jugaban su fortuna en el mar, que exponían su prosperidad y su crédito al azar de una flota que podía o no arribar a puerto. Expansivo por naturaleza, el comercio de Venecia había desembarcado en los países de Oriente, de donde procedían las especias y la seda. Las rutas de caravanas acababan, por lo general, en los comercios venecianos de Rialto y, desde allí, las rutas europeas partían hacia el centro y el norte de Europa.

Florencia mostraba menos audacia. No comerciaba con África ni con Asia. Su principal mercado era el de la lana, una industria local, y el negocio del dinero: sus financieros se convertían gustosos en socios capitalistas de los soberanos faltos de liquidez y, aun cuando los reyes eran malos pagadores, siempre sacaban partido. Florencia, la sensata, la prudente, miraba con ojos ambiciosos a la inestable Venecia y envidiaba sus llanas y claras audacias, sus azares prodigiosos, un poco como la virgen sensata mira a la virgen loca, con un sentimiento de autojustificación algo fariseo, con una grave satisfacción burguesa; siempre que tenía ocasión de jugarle una mala pasada, la aprovechaba, algo que Vencia, por su parte, también hacía, con el placer añadido de humillar o esquilmar, cuando podía, a su orgullosa rival.

Los asuntos de Pisa ofrecían bastantes ocasiones de discordia a las dos repúblicas comerciantes. Pisa era, desde hacía poco, una gran ciudad de negocios, casi tan importante como Venecia o Florencia, y rivalizaba con Génova por el control del Mediterráneo. Florencia se servía de ella para empequeñecer a Génova y, además, necesitaba otra salida marítima, pues el puerto de Livorno no le bastaba. Para ella era importante seguir ejerciendo el control sobre Pisa y que ésta fuese lo bastante débil para no poder defender su independencia, pero no demasiado, a fin de no estimular las codicias genovesas, que de buena gana habrían suprimido a aquella rival. La política florentina tendía a mantener a Pisa en un estado de dependencia y subordinación, lo que irritaba sobremanera a los pisanos, quienes, por su parte, aspiraban a recuperar la libertad y la autonomía.

La cuestión de Pisa había complicado las relaciones entre Florencia y Francia durante la visita de Carlos VIII a Italia. La Señoría había subordinado la ayuda financiera que prestaba al rey —que éste necesitaba— a su promesa de devolverle Pisa. Pisa, por su parte, había obtenido de Carlos VIII todo lo contrario, ya que el soberano se había comprometido a hacer respetar la independencia de los pisanos. Puesto que no era fácil conciliar la posición de las dos ciudades, el rey de Francia se había zafado con habilidad: mientras garantizaba a los florentinos la posesión de Pisa, uno de los generales franceses se apoderaba de la ciudadela que dominaba la ciudad y la vendía a los pisanos. El problema de la reconquista de Pisa seguía pendiente desde entonces y las explicaciones confusas con las que Carlos VIII había intentado justificar su conducta —hasta el día en que lo solventó todo regresando a Francia, lo que le dispensó de dar excusas más amplias— no habían arreglado nada. Pisa continuaba desafiando a la ciudad que pretendía ser su soberana, sus ciudadanos habían derribado el león de mármol, hermano del Marzocco de la Piazza della Signoria, que era el símbolo de la dominación florentina, los franceses habían escurrido el bulto y, para colmo, Venecia, una vez más, favorecía a los pisanos.

Maquiavelo admiraba mucho a Venecia, su política y su constitución, y consideraba que ambas eran dignas de servir de modelo al resto de ciudades de Italia. La constitución veneciana conciliaba la firmeza y la libertad, y aseguraba la independencia de los individuos sin poner en peligro la seguridad del Estado. Leyes severas, una policía atenta, asambleas concienzudas, un gobierno ejecutivo honesto y activo permitían el libre juego de franquezas populares sin que el principio mismo de la autoridad se viese mermado o disminuido. La integridad de sus magistrados era proverbial y a menudo se citaba como ejemplo. Éstos habían obligado a renunciar a su cargo al dux Foscari, quien murió de pena, sólo porque su hijo, un muchacho honesto pero ligero, había aceptado un regalo de un ciudadano cualquiera que, con ello, creía hacer prosperar sus negocios. Cuando se veían los escándalos que deshonraban al Vaticano y la concusión descarada que practicaban en Florencia las facciones victoriosas, no quedaba más remedio que reconocer, por poca simpatía que, en tanto que toscano, se tuviera a la Serenísima, que las virtudes antiguas pervivían en ella.

Apasionado de la política, Maquiavelo sabía apreciar el juego delicado y perfecto de las instituciones venecianas, aquella mezcla de flexibilidad y firmeza que constituía su fuerza. Parecía que Venecia hubiera resuelto los problemas más difíciles en materia de constitución; la prueba era que los asuntos públicos marchaban bien, que no había desorden ni tiranía y que el comercio era próspero, puesto que cada ciudadano consideraba un deber trabajar para la prosperidad de la ciudad.

¿Acaso no podían aclimatarse en Florencia aquellas saludables instituciones? Habría sido necesario para ello renunciar a las luchas de partidos, tan excitantes, a la tiranía de los intereses particulares; tendría que haberse aceptado que el cargo de jefe del poder ejecutivo fuese vitalicio, como el del dux, algo que los florentinos consideraban extraño y perjudicial para el espíritu de libertad. Había mucho que aprender de los venecianos, siempre que pudieran adaptarse en un pueblo de tierra adentro las mismas leyes y costumbres que eran la gloria y riqueza de un pueblo marítimo. Entre el carácter de los toscanos y el de los venecianos existían, además, contradicciones radicales derivadas de la naturaleza del suelo, las tradiciones, la raza original e incluso las costumbres y los gustos; todo era diferente. Se comprendía entonces que Venecia mantuviese en el poder al mismo dux mientras viviese y que Florencia renovara su Señoría cada dos meses. También esto formaba parte de las idiosincrasias nacionales.

Cualquiera que fuese la inclinación que Maquiavelo, en tanto que pensador, historiador y político, sentía por Venecia, como ciudadano debía detestar la ciudad enemiga y trabajar con todas sus fuerzas por combatirla. No creo que el secretario de la Cancillería compartiera el odio popular contra la Reina del Adriático, pues el odio es un sentimiento primitivo, rudimentario y grosero, indigno de una mente sutil y aguda como la suya. Además, esperaba que Venecia volviera un día a la Italia unificada que entre todos tenían que construir, para no convertirse en presa del extranjero. ¿Para qué crear, entonces, antagonismos irreductibles entre los dos Estados que eran llamados a devenir provincias de la nueva Italia y, por ende, ciudades hermanas? Maquiavelo, en fin, era demasiado inteligente para practicar, en cualquier grado o por cualquier causa, una xenofobia absurda. Cada pueblo tiene sus particularidades, sus defectos y sus cualidades. La nación que hoy es nuestra aliada puede que mañana sea nuestra enemiga y, entonces, quizás el adversario de ayer nos ayude a vencerla. ¿Por qué permitir, pues, que pasiones como el amor y el odio intervengan en cuestiones tan complejas como las relaciones internacionales, que sólo se basan en la oportunidad y el interés inmediato?

Maquiavelo opinaba, por el contrario, que ya que existía una situación de guerra entre los dos Estados —de la misma manera que hubiera podido existir la paz e incluso una alianza que los asociara contra otra república—, lo único que importaba era hacer la guerra y ganarla. Pero no había que mezclar cuestiones de sentimientos, que sólo podrían reflejar necedad o hipocresía. Maquiavelo no confundía nunca la actividad de los diferentes aspectos de su personalidad. En tanto que individuo, pensaba y sentía de un modo concreto; en tanto que miembro de un cuerpo social, de una colectividad, pensaba y sentía de forma distinta. Como ciudadano florentino, podían reclamarle para luchar contra un hombre al que él, como individuo, admirase, estimase o amase: Maquiavelo tenía claro que ambas parcelas no se comunicaban entre sí. De haberlas mezclado, de haber permitido que se solapasen, aquello sólo habría conducido al desorden y a la confusión, que eran propios de la necedad; por tanto, la suprema inteligencia debía alejarse de ellos y combatirlos cada vez que se los encontrase.

Así pues, Maquiavelo, en tanto que secretario de la Cancillería, se comprometió en cuerpo y alma en la guerra contra Venecia. Sin duda, era inadmisible que Venecia fomentara, como lo hacía, la rebelión de los pisanos. Venecia les había enviado sus estradiotes, que eran soldados de caballería ligera, hábiles e implacables, reclutados en Albania, y tan valiosos en las guerrillas como en las batallas ordenadas. Y no contentos con prestar su apoyo a Pisa, con una arrogancia más hiriente aun que peligroso era el envío de los estradiotes, los venecianos amenazaban con invadir el Casentino, lo que les habría conducido a las mismas puertas de Florencia.

Florencia respondió a esta provocación reclutando dos condotieros famosos, los Vitelli, que se contaban entre los mejores capitanes de la época. Para conseguirlos, la República tuvo que suplicar al rey de Francia, a cuyo servicio se encontraban. Y lo hizo, aunque no sin cierta oposición por parte del conde Rinuccio da Marciano, capitán general de Florencia, quien debido a ello pasaba a ocupar el papel de subalterno, ya que el mando del ejército se le confiaba a Paolo Vitelli. Rinuccio había puesto de manifiesto su debilidad e incompetencia en enfrentamientos recientes que habían terminado en derrota; a pesar de ello, no le gustaba verse suplantado por un Vitelli a la cabeza de las tropas florentinas.

Las relaciones entre los condotieros y las ciudades que los empleaban solían ser singulares. No entraba en juego más que el interés, era un mero alquiler de servicios que no implicaba ningún elemento afectivo. El condotiero debía realizar el trabajo para el cual se le había pagado; hubiese sido una estupidez exigir que «amara» a la ciudad que le pagaba, contra la que quizá le contratarían para luchar el día de mañana. Por lo tanto, aquellos capitanes de fortuna no hacían valer preferencia alguna en la elección de sus patrones; ellos eran los elegidos y, desde el momento en que se les pagaba bien, todo estaba dicho. Tampoco era necesario que la ciudad «amara» al condotiero que tenía a sueldo. Todo se arreglaba con dinero y si, de un lado, se pagaba la soldada y, del otro, se conducía bien la guerra, se consideraba que todo el mundo había cumplido con sus obligaciones.

Sin embargo, podía ocurrir que un condotiero ambicioso y de mala fe abusara de su fuerza para violentar a la ciudad que le empleaba; para intentar establecerse como tirano, por ejemplo. Cosa siempre a temer, sobre todo de un condotiero poderoso, que contara con el apoyo de un nutrido ejército. Si le pagaban mal, podría desear vengarse; si le pagaban bien, el espectáculo de aquella opulencia quizás incitase su codicia. Guicciardini cuenta en uno de sus escritos una vieja anécdota —demasiado bonita para ser cierta—, fiel reflejo de la mentalidad de aquel tiempo. «Una ciudad —escribe—, satisfecha de los excelentes servicios y la lealtad de su condotiero, se preguntaba de qué manera podría mostrarle su reconocimiento, pero ninguna recompensa le parecía lo bastante buena. Los miembros del gobierno discutieron durante mucho tiempo: unos proponían ofrecerle una gran suma de dinero, además de su soldada; otros querían que se le concediesen tierras, castillos o pueblos. Todo el mundo pensaba que nada sería suficiente para un hombre que tanto había hecho. Entonces, un magistrado más perspicaz que los otros frenó el entusiasmo general: "Tened cuidado —les indicó—, pues si colmáis de regalos a este hombre le incitaréis a reclamar aún más.

¿Qué haréis si se convierte en una amenaza? No olvidéis que los señoríos y el dinero que le daréis lo harán más fuerte y poderoso, y por lo tanto arrogante y ambicioso. Para acordarle la recompensa a la que tiene derecho y que merecen los servicios eminentes que nos ha dispensado durante tantos años sin, por ello, ponernos en peligro por su causa, os propongo lo siguiente: matémosle, luego le proclamaremos genio tutelar de nuestra ciudad, le erigiremos estatuas, le rendiremos culto, y de este modo todo se regirá según la equidad y la prudencia."»

La cuestión, resuelta de forma tan singular en esta historieta, sólo se planteaba una vez terminada la guerra, y era frecuente entonces que el patrono, movido por la ingratitud o por las sospechas, hiciera asesinar a su condotiero para evitar pagarle o para evitar temerle. Antes del inicio de las operaciones, el patrono colmaba de gentilezas a su capitán y lo honraba como a un héroe de la antigüedad. Maquiavelo debió contemplar con una sutil y divertida sonrisa la magnífica y solemne recepción que la Señoría ofreció a los Vitelli el día de su llegada a Florencia. En presencia del pueblo y de los magistrados, reunidos todos en la plaza de la Señoría, ante el viejo palacio cubierto de guirnaldas y banderolas para la ocasión, se dio la bienvenida a los Vitelli con una larga arenga latina que pronunció Marcello Virgilio, el amigo de Maquiavelo; de este modo, los situaron al mismo nivel que Aquiles, Alejandro o Julio César. El discurso se vio interrumpido con brusquedad por un toque de trompetas: había llegado el momento de firmar el contrato. El astrólogo de los Vitelli, del que no se separaban más que de su espada, había calculado aquel momento teniendo en cuenta la posición de los astros y seguía con ansia la marcha del sol para determinar el minuto preciso en que la conclusión del acuerdo habría de ser favorable. Un segundo antes o después, el acontecimiento se hubiera desarrollado bajo malos augurios. O el astrólogo conocía mal su oficio o bien había hecho su predicción a la ligera, puesto que la guerra de Pisa tomó mal cariz para los condotieros. Al oír las trompetas, Virgilio se calló, se retiró y el gonfaloniero en ejercicio depositó en manos de Paolo Vitelli el bastón de mando, distintivo de su grado y símbolo de su función. Tras lo cual todo el mundo partió en cortejo a escuchar la misa mayor en la catedral, para atraer la bendición divina a aquella feliz conjunción.

El capitán destituido, Rinuccio, no ocultó su cólera. Para apaciguarlo hubo que encontrar un sistema que no hiriera su amor propio. De manera que se le otorgó el título de gobernador general, meramente honorífico, dejando a Vitelli el de capitán general, que implicaba el mando efectivo del ejército. También, y para acallar su susceptibilidad, tuvieron que prometerle el mismo sueldo que se le concedía a Vitelli.

Los venecianos, sin embargo, avanzaban con rapidez. Hubo que retirar las tropas situadas delante de Pisa, comprar regimientos a Ludovico Sforza y reclutar a otros pequeños condotieros, puesto que era necesario cerrar el paso a los invasores. Venecia ya había tomado Marradi y Bibbiena cuando fue derrotada por un hombre de guerra con el que no contaba: el abad de los Camaldoli. Don Basilio, a quien Maquiavelo reconocía dotes de estratega, y cuyo amor y fervor patrióticos alababa, reunió a los campesinos, los armó y los lanzó contra el ejército veneciano, al que infligieron una derrota inesperada. La victoria coincidió con la supuesta enfermedad del duque de Urbino, condotiero al servicio de Venecia. Éste alegó su mala salud para retirarse de la guerra y, tras atravesar las líneas florentinas gracias a un salvoconducto de Vitelli, regresó ufano a su casa.

Ese doble fracaso forzó a los venecianos a aceptar las propuestas del duque de Ferrara, que se había erigido en mediador de los pueblos enfrentados. Cada cual hizo concesiones y, en los primeros días de 1499, se firmó el tratado de paz. Infortunado, como todos los tratados, plagado de pretextos para guerras futuras. En él se indicaba que los pisanos conservaban sus fortalezas y su derecho a comerciar libremente, pero que estaban sometidos a los florentinos. Los venecianos aceptaban evacuar el Casentino, del que se habían apoderado, y desinteresarse de la cuestión pisana, por todo lo cual Florencia les daba cien mil ducados (pagables en doce anualidades, de manera que habría calma, mientras el tratado no fuera considerado papel mojado).

Los pisanos declararon de inmediato que el tratado no era válido y que no lo cumplirían. Así que la guerra volvió a empezar, pero sin los venecianos: las hostilidades se limitaban a los florentinos y a los pisanos. Entre tanto, la Señoría había concebido sospechas sobre la lealtad de los Vitelli; consideraba que aquellos hombres le costaban muy caro y que habían demostrado ser poco eficaces hasta el momento. Por su causa, se habían visto obligados a aumentar la soldada de Rinuccio; al saberlo, otro condotiero, Jacopo d'Appiano, tirano de Piombino, había reclamado, a su vez, idéntico pago. Y todos los condotieros, pequeños o grandes, habían aprovechado para pedir un aumento. El pueblo estaba cansado de pagar impuestos, declaraba que no daría ni un céntimo más para la guerra y, a fin de que quedase claro su descontento, hizo huelga en el momento de las elecciones.

Ante semejante aprieto, los Diez, que habían apreciado el talento de Maquiavelo, lo enviaron al campo de los Vitelli. Se hacía preciso saber por qué la guerra no avanzaba ahora que Pisa estaba abandonada a su suerte, vigilar a los Vitelli, estimular su celo y, si cometían traición, conseguir las pruebas de ésta. Para un hombre que nunca había abandonado su despacho, era una misión apasionante. Vería de cerca el tumulto de la guerra, participaría en las batallas y escaramuzas, estudiaría las fortificaciones y la maniobra de los regimientos, y, finalmente, se instruiría —¡el sueño de aquel hombre apasionado por la ciencia!— en un arte del que no poseía más conocimientos que los que los libros le habían enseñado. Iba a examinar la *práctica* de un arte cuya teoría conocía bien por haberla aprendido de los estrategas antiguos y modernos. Iba a respirar el olor de la pólvora, a oír el tronar de las bombardas, a ver los destellos del sol en los cascos y corazas. Y, por fin, estaría cerca de los Vitelli, vivirá próximo a ellos y analizaría, sin prisas, el curioso mecanismo psicológico de la mente de un condotiero italiano del siglo XV.

Ya desde su despacho, había intentado apaciguar los celos y susceptibilidades, curar las heridas del amor propio. Se había esforzado por despertar en los capitanes de fortuna, que servían a Florencia como podían servir a Pisa, un cierto sentimiento patriótico; lo que sin duda parece anacrónico, y podemos imaginar la sonrisa socarrona con la que Maquiavelo escribió aquellas cartas, mientras se preguntaba si tales argumentos serían capaces de impresionar a los condotieros.

¿Cómo saberlo? Maquiavelo andaba buscando un jefe. Esperaba encontrar, en aquella época fértil en grandes personalidades, al Príncipe, cuyos pasos él habría de guiar hacia la victoria, hacia la unidad italiana. ¿Quién sería el Príncipe? Aún no había encontrado a nadie capaz de desempeñar el papel. ¿Quizá Paolo Vitelli iba a comprender y secundar sus aspiraciones? Admitiendo, incluso, que el condotiero estaba dirigiendo con negligencia una guerra que le parecía insignificante, ¿no cabía la posibilidad de despertar en él ambiciones grandiosas?

Pero ya en sus primeros contactos con Vitelli, Maquiavelo se sintió decepcionado: aquel condotiero no era sino un aventurero como los otros y, además, parecía claro que no jugaba limpio. Hacían dudar de él sus vacilaciones, su lentitud, el hecho de que sólo pensaba en sacar a Florencia la mayor cantidad de dinero posible, mientras trataba con muchos miramientos a sus soldados. Para calmar al pueblo y a la Señoría, a quienes indignaban sus contemporizaciones, había logrado la victoria de Cascina, pero desde entonces no había hecho nada. Mientras tanto, las arcas se iban vaciando y muy pronto ya no podría pagarse a los soldados. ¿Acaso estaba de acuerdo con los pisanos para hacer durar la guerra hasta el momento en que los fondos florentinos se hubiesen agotado?

Un día, se oyó un gran estruendo y, en medio de una inmensa nube de polvo y cascotes, parte del muro cedió a los cañonazos de las bombardas. La torre Stampace se vino abajo y una brecha de entre veinte y treinta brazas se abrió en las murallas. El ejército de los sitiadores se abalanzó a través de ella, con los jóvenes voluntarios florentinos a la cabeza, y pudo tomar la ciudad.

Bueno, de hecho la hubiera tomado si, en el momento en que se llegaba a la iglesia de San Paolo, la orden de batirse en retirada no hubiera detenido a los combatientes. ¿Volver atrás, cuando iban hacia la victoria? Los florentinos creyeron haber oído mal y continuaron su ofensiva, pero entonces los dos Vitelli se atravesaron en su camino y blandiendo desafiantes la espada hicieron retroceder a los desobedientes. De este modo, tras la retirada de los florentinos, los pisanos cerraron la brecha, repararon sus muros y todo volvió a comenzar.

¿Cuál había sido la responsabilidad de los Vitelli en todo aquello? ¿Acaso temieron que, si iban demasiado lejos, sus tropas podían caer en una trampa? ¿Les espantó, quizás, el ardor infundado de los voluntarios florentinos, que carecían de la prudencia profesional de los soldados de oficio? ¿O puede que, en definitiva, estuviesen en connivencia con los pisanos? Florencia no se resignó de inmediato a creer que aquellos condotieros a los que había recibido con tantos honores y a los que tan bien había pagado fuesen capaces de traición. Se les acusaba en voz baja de haber hecho fracasar la toma de la ciudad en el momento en que ésta parecía una realidad; el relato de los jóvenes florentinos sobre las operaciones señalaba su culpabilidad. Una vez más, era conveniente no ceder al mal humor y estudiar con calma el asunto.

Dos comisarios militares llegaron al campo de batalla. Por desgracia, uno de ellos enfermó de fiebres y murió poco tiempo después, lo que espantó a su colega, quien volvió presto a Florencia. Otros dos comisarios los reemplazaron, pero no supieron qué partido tomar. Los Vitelli, orgullosos, arrogantes y altivos, no admitían que «civiles» discutiesen su manera de hacer la guerra. O tenían la confianza del gobierno florentino o ya no la tenían... Era delicado anunciarles a las claras que habían perdido esa confianza. Si se retiraban del asunto, ¿qué ocurriría? No era Rinuccio ni Appiano quienes podían conducirlo a buen fin.

Había que actuar de forma prudente. Todo acusaba a los Vitelli: el salvoconducto que habían facilitado al general enemigo, cuando el duque de Urbino había abandonado a los venecianos (a pesar de que era aquella retirada la que por suerte había puesto fin a la guerra del Casentino); su generosidad con un desertor florentino, Ranieri della Sassetta, a quien, después de pasarse a las filas de Pisa, habían apresado y devuelto la libertad, a pesar de las órdenes de la Señoría que quería que lo enviaran a Florencia para ejecutarlo. «No quiero ser el verdugo de un soldado valiente», exclamó entonces Vitelli. Lo cierto es que Florencia ya no quería confiar el mando a los sospechosos, pero, por otro lado, no podía continuar la guerra sin ellos: más valía, pues, suspender las hostilidades.

Un día, dos enviados de la Señoría, Braccio Martelli y Antonio Canigiani, llegaron al campo. En apariencia, para traer la soldada de los regimientos y preparar la evacuación. La Señoría, siguiendo el consejo de Maquiavelo, había decidido renunciar, por el momento al menos, a tomar Pisa; no se haría nada hasta que no se hubiera ajustado las cuentas a los Vitelli. Había que actuar con circunspección. Vitellozzo Vitelli había pedido un permiso, a buen seguro para salir de escena, pero la Señoría había rechazado la petición, alegando que su presencia era necesaria. Maquiavelo, que había vuelto a Florencia, desde donde dirigía las operaciones de cerco contra los condotieros, reunía contra ellos un expediente abrumador, que, al parecer, incluía cartas en las que aquéllos prometían hacer durar la guerra.

Cuando tuvo todos los documentos que inculpaban a los Vitelli, Maquiavelo dio a sus enviados la orden de actuar, «sin que el exceso de ardor haga ir más rápido de lo necesario, ni el exceso de timidez perder la ocasión favorable». No sin gran decepción, el secretario de la Cancillería se decidió a castigar a los condotieros. Durante su estancia frente a Pisa había aprendido a conocerlos bien y, aunque ya había perdido no pocas ilusiones —los Vitelli eran soldados de fortuna como los demás y no «príncipes»—, le disgustaba administrar contra hombres de guerra, no más culpables en definitiva que sus semejantes, la rigurosa justicia de los magistrados florentinos. Sin embargo, era necesario golpear fuerte y dar ejemplo, pues de otro modo no se tendría ninguna seguridad con los mercenarios que se empleara en el futuro.

Por tanto, Martelli y Canigiani invitaron a los dos condotieros a cenar. Sólo Paolo acudió a la invitación. Vitellozzo, enfermo, guardaba cama. Después de la cena amistosa, los magistrados florentinos y el general se retiraron para hablar de negocios a una habitación apartada.

Apenas habían entrado cuando aparecieron los esbirros de la Señoría y Martelli notificó a su huésped que era prisionero. Al mismo tiempo, envió a sus palafreneros a detener a Vitellozzo, pero, como aquel había desconfiado, encontraron el lecho vacío. Vitellozzo había saltado por la ventana y había huido. El destino de cada individuo, sin embargo, está escrito en los astros y no se puede escapar a él: Vitellozzo, que aquel día había escapado por los pelos a los verdugos florentinos, habría de ser más tarde una de las víctimas del «bellísimo engaño» de Senigallia, el «sublime» golpe de mano de César Borgia contra los condotieros infieles, y moriría entonces por el garrote de Don Michele, ejecutor de las grandes obras del duque de Valencia.

Se instruía el proceso de Paolo Vitelli los últimos días de septiembre. Los documentos que se habían presentado ante los jueces eran demoledores, de manera que se le condenó a muerte y se le ejecutó. El astrólogo que con tanta precisión había calculado el momento de la firma del contrato entre la ciudad y el condotiero, sin duda no había previsto aquel desenlace. Vitelli, por otro lado, se declaró no culpable durante todo el proceso y, hasta el momento en que el verdugo le cortó la cabeza, protestó de su inocencia. Varios cronistas de la época estaban convencidos de ello, Guicciardini entre otros, quien no obstante fundó aquella «inocencia» en una opinión bastante singular: a su juicio, formaba parte de la naturaleza y usos de los capitanes de fortuna velar por sus intereses, a menudo incluso en detrimento de los intereses de sus patronos. Buonaccorsi, por su parte, lo consideró «un hombre excelente»; Nardi afirmó que la sentencia había sido injusta. Maquiavelo, por el contrario, parece que no dudó de su culpabilidad, y el hecho de que el proceso se instruyese y la sentencia se ejecutase en pocos días revela que el tribunal parecía estar bastante seguro de su acto.

Traición es una palabra muy fuerte. Parece poco probable que Vitelli hubiese aceptado el soborno directo de los pisanos. Cabe pensar que, puesto que mantenía buenas relaciones con los franceses, a cuyo servicio estaba en el momento en que Florencia lo contrató, hubiera seguido la política francesa en los asuntos pisanos. El rey francés no quería comprometerse en aquella cuestión que tantos quebraderos de cabeza había dado a su predecesor. Su actitud hacia Pisa la determinaban sus relaciones con Milán y con Venecia: Pisa no era sino un peón en el gran tablero italiano. Le disgustaba, en fin, que los florentinos obtuviesen una victoria notable sobre aquel pequeño Estado que, desde hacía mucho tiempo, consideraba a Francia como su protectora natural. Así, se habría aleccionado a Vitelli para tener en cuenta los intereses franceses en aquel asunto; quizás, incluso, se le dieron instrucciones secretas para sabotear la guerra y su actitud el día del hundimiento de las murallas se explicaría, entonces, porque evitaba una solución radical. Fuese como fuese, pagó con su vida aquel doble juego. Así es como perecen todos los enemigos de la patria.

Esta aventura ejemplifica de una forma muy interesante las relaciones de los condotieros con las ciudades que les pagaban. Sin embargo, resulta sorprendente que los enviados pudiesen detener al capitán general del ejército en medio de su campo, entre sus propios regimientos, sin despertar sus protestas ni provocar una sedición.

Para comprenderlo hay que tener en cuenta las relaciones de los soldados de fortuna con sus capitanes. El regimiento de un condotiero como Vitelli lo conformaban elementos heterogéneos que pertenecían a distintas nacionalidades; así, la reputación de cada pueblo se debía a una virtud militar particular: los suizos eran famosos por su resistencia y disciplina, los españoles por su intrepidez, los bretones por su tenacidad y los alemanes por su habilidad como artilleros. Había también italianos, de todas las clases y categorías. No existía ningún vínculo moral entre el jefe y sus tropas, como tampoco entre el condotiero y el Estado al que servía; entre unos y otros sólo había relaciones puramente mercantiles, todo se reducía a una cuestión de dinero; el condotiero combatía por la ciudad que le pagaba mejor y el soldado, junto al condotiero que le ofrecía la mejor soldada.

Sin duda alguna también contaba el orgullo de pertenecer a un ejército célebre, de llevar los colores de Alviano, Colleone, Gattamelata, Piccinino, Colonna, Oliverotto da Fermo o Vitelli, pero en el momento en que, por ejemplo, el jefe caía en manos de un enemigo que iba a darle muerte, como en el caso anterior, el soldado consideraba absurdo defender a un hombre derrotado. Es probable que sí lo hubiera hecho en medio de una batalla, en el fuego de la acción, pero en este caso se desentendía. Es cierto, de todos modos, que el arresto de Vitelli se hizo con toda la discreción del mundo y es probable que su ejército se enterara al mismo tiempo de su arresto y de su ejecución. En tal caso, ¿para qué protestar? En definitiva, había en el campo otras tropas, las de Rinuccio y las de Appiano, que habrían presentado batalla a los hombres de Vitelli. ¿Enfrascarse en una pelea por un capitán al que ya habían cortado la cabeza? Era algo demasiado frecuente como para sentir inquietud. Por lo tanto, los soldados de Paolo Vitelli se desvincularon de él y fueron a ofrecer sus servicios a otros condotieros, que los consideraban hombres bien entrenados y adiestrados por buenos técnicos y los reclutaron sin dificultad.

El asunto de Pisa había costado caro a Florencia. La desgracia la persiguió incluso después de que se hubiera levantado el sitio. Las barcas en las que se habían colocado las piezas de artillería, demasiado cargadas al parecer, se hundieron en medio del Arno y en aquella época una bombarda o incluso un falcón eran un tesoro inestimable. Pero no fue aquél un tesoro perdido para todo el mundo: ironía del destino, fueron los pisanos los que sacaron del agua los cañones y los instalaron con gran regocijo en sus bastiones.

Pisa se había salvado; había reedificado tranquilamente sus muros, levantado la torre Stampace y fortificado sus baterías con los restos de la artillería florentina. Ante sí, no veía más que fortines donde la Señoría mantenía una pobre guarnición, en principio para vigilar los movimientos de los pisanos, pero de hecho para no confesar la humillación de renunciar por completo a la guerra. Aquella aventura desastrosa se saldaba con un gran déficit. Las arcas del Tesoro público estaban vacías, la popularidad de la Señoría muy mermada y el descontento del pueblo era enorme. Maquiavelo había salido del paso con honor e, incluso, con beneficio. Era él quien había dirigido las maniobras políticas y judiciales y, desde el punto de vista militar, había enviado informes tan inteligentes y penetrantes, había juzgado tan bien la situación que en adelante podía confiarse en él, incluso para criticar la conducción de una guerra. En tanto que diplomático, había actuado con una habilidad extrema, había cercado a los Vitelli sin que se dieran cuenta y conducido toda la investigación en un absoluto secreto, ese secreto que tan difícil era conseguir en los gobiernos democráticos. Marcello Virgilio estaba orgulloso de su alumno y los señores, satisfechos. «Este Maquiavelo —aseguraban— será un excelente embajador.»

CAPÍTULO SEIS

La capitana

En la ruta que seguían los venecianos para descender hacia el Casentino, se encontraba un pequeño estado independiente, uno de aquellos minúsculos Estados italianos formados, por lo general, por una ciudad y un grupo de pueblos. Éstos defendían con celo su independencia, muy orgullosos y susceptibles, a menudo, puesto que eran pequeños y, por lo tanto, les costaba que les tomaran en serio. Algunos de ellos, como el que nos ocupa, gozaban de una situación estratégica favorable, que los exponía a los ataques de los beligerantes pero que les valía también una cierta consideración; se buscaba su amistad y su apoyo, no tanto en razón de su importancia real como por el privilegio que tenían de poder bloquear una ruta o cerrar un valle. Este privilegio también los exponía a numerosas codicias, puesto que cada uno de los grandes Estados deseaba apropiarse de aquellos emplazamientos clave, pero, a la par, ese gran número de «codiciosos», que se espiaban y se contrarrestaban entre sí con cuidado, e impedían que uno de ellos tomara la iniciativa en detrimento de los demás, garantizaban su independencia.

Catalina Sforza, condesa de Forlì y de Imola, había conseguido de este modo preservar la autonomía de sus Estados, de entrada mediante una vigilancia que nunca descansaba, una energía digna del mejor hombre de guerra y, finalmente, gracias también a las rivalidades de Milán, Florencia, la Serenísima, los franceses y el Papa, que se vigilaban y se mostraban dispuestos a caer sobre el imprudente al primer gesto sospechoso. Florencia, en particular, cultivaba con celo la amistad de este amo mujer y, para complacerla, había dado al hijo de ésta, Ottaviano Riario, una *condotta* de quince mil ducados; no valía esta suma, pero era el mejor medio de conservar la amistad de su madre. Catalina Sforza, por su parte, a la que inquietaban las aspiraciones de César Borgia sobre la Romaña, deseaba estar en buenos términos con Florencia, a la que, por otro lado, intimidaba haciendo valer su parentesco con Ludovico el Moro, al que suministraba de buena gana soldados. Así pues, deseaba la continuación de la *condotta* confiada a su hijo —la primera sólo había sido por seis meses—, mientras que Riario, alegando que Florencia no había cumplido todas las promesas, aspiraba a recobrar su libertad.

Ottaviano Riario tenía pocas dotes políticas; no así su madre, quien poseía además una inmensa energía, una audacia que nada conseguía doblegar, una «virtud» que pocos hombres podían igualar y una especie de genio de «tirano» que, en aquella excepcional galería de retratos que era la Italia del siglo XV, hacía de ella la personalidad más extraordinaria de todas.

Sin duda tenía de nacimiento —puesto que uno nace hombre de Estado, no se hace— la mezcla de cualidades y defectos, el dinamismo, el desprecio por los hombres, la osadía en la empresa, la perseverancia en la realización, la falta de escrúpulos, la astucia, la brutalidad y el cinismo, en resumen, todos los rasgos, que definían al «gran hombre» de aquel tiempo. Era, sin lugar a dudas, un gran hombre por su naturaleza misma y, por otro lado, el destino le había impuesto pruebas capaces de desplegar su genio, endurecer su corazón, aguzar su mente y armar su voluntad. Como muchos de los grandes hombres de aquel siglo —el «siglo de los bastardos»— era hija ilegítima, de la unión adúltera de Galeazzo Sforza y Lucrezia Landriani. Su madre, que había tenido cuatro hijos de tres hombres distintos, y otros de los que se ignoraba por completo el o los padres, nunca se ocupó de ella; fue su abuela quien la crió, hasta el momento en que la recogió la esposa de su padre, Bona de Saboya, obtuvo la legitimidad y se casó con Girolamo Riario, conde de Imola y Forlì.

Ese Riario era sobrino del papa Sixto IV y, en calidad de tal, organizó la conjura de los Pazzi, en la que un sacerdote asesinó a Giuliano de Medici durante la misa, en el momento de la Entronación. Lorenzo el Magnífico logró escapar de la conspiración gracias a su osadía y su presencia de ánimo. Riario sólo era bueno en ese tipo de golpes de mano. Tan brutal y salvaje era, puesto que había heredado el carácter violento de su abuelo —un pescador ligur—, que no se le había podido hacer cardenal; Sixto IV lo nombró capitán general de los ejércitos pontificios y gobernador del castillo de Sant'Angelo. Tenía la custodia del Tesoro y el permiso de disponer de él a voluntad. Amo de la Romaña, ejerció una abyecta tiranía, ejecutando a la menor duda a los habitantes sospechosos de simpatía hacia los antiguos señores de Forlì e Imola y envenenando, con total impunidad, a los hombres que le molestaban y contra los que no podía aducir ningún motivo para lograr que los decapitasen o colgasen en los matacanes de los castillos.

Se casó a esa bestia feroz, obtusa y malvada, con una joven inteligente, refinada, educada en la corte más cultivada de Italia, quizás algo amargada por el recuerdo de su nacimiento ilegítimo, e impaciente por olvidarlo distinguiéndose a los ojos de los hombres. No era bella, pero su aspecto era muy distinguido, con su nariz corva, sus cabellos rubios y su largo perfil, tal como la pintó Piero di Cosimo; más tarde engordaría, su nariz se tornaría ganchuda y prominente su mentón, según aparece en la medalla de Niccolò Fiorentino, aunque en el reverso de la misma un ángel conduce el carro triunfal tirado por caballos alados. Frente a su marido conservó su dignidad, casi su independencia; nunca olvidó que era una Sforza, aunque a veces no recordase que el ancestro de los Sforza había sido un campesino convertido en soldado, y soldado feliz por un golpe de suerte. En tanto que Sforza, reprobaba la política en extremo antimedicea de su marido, que, según creía, lo conduciría a la ruina. No parece imposible que para ahorrarse a sí misma, a sus hijos y a sus Estados aquella ruina, consintiera, o participara, en el asesinato de Riario en el momento en que éste se situó al borde del abismo, dispuesto a arrastrarlos con él. Lo esencial era salvar al Estado.

Sin embargo, era de temer que, una vez muerto su marido, los gobernadores de los castillos que él había instituido se negaran a reconocer su autoridad. Por lo tanto, decidió que era en su lecho de enfermo cuando había que asegurar las plazas más importantes, en especial el castillo en Ravaldino, del que dependía la posesión de Forlì. Riario había colocado en Ravaldino un antiguo pirata de una brutalidad extrema al que tenía mucho miedo y debía dinero. Para garantizar su crédito, el pirata había exigido ser castellano de Ravaldino y Riario no había osado negárselo ni quitarle el castillo. Pero una vez el marido muerto, nada lo impedía, de manera que Catalina Sforza montó a caballo y galopó hasta el castillo de Ravaldino, en plena noche.

El centinela, alertado por las voces de los recién llegados, fue a despertar al pirata Melchiore, quien se guardó bien de abrir y se contentó con parlamentar desde lo alto de una torre. A pesar de que había llevado consigo los documentos que su marido había firmado, Catalina no pudo convencer al corsario, quien se limitaba a repetirle: «Si su marido está vivo, le devolveré el castillo a él mismo en cuanto me haya pagado lo que me debe; si está muerto, lo conservo para dárselo a sus hijos. A usted no pienso abrirle.» Catalina, así, regresó a Imola, donde trabó amistad con un antiguo gobernador de Ravaldino, al que Melchiore había reemplazado y que se había quedado en la *rocca* como comensal e, incluso, bufón del pirata. Siguiendo los consejos de la condesa, aquel hombre, que se llamaba Innocenzio Codronchi, se puso de acuerdo con un soldado y, una vez terminada la cena que compartió con Melchiore —en la que, como de costumbre, bebieron y bromearon mucho—, se asesinó con toda pulcritud al pirata a puñaladas y golpes de cimitarra.

Al conocer la noticia, Catalina, a pesar de que estaba encinta y a punto de dar a luz, saltó a lomos del caballo y de nuevo galopó hasta Forlì. Creía que encontraría las puertas del castillo abiertas y a Codronchi dispuesto a devolverle las llaves. Para su gran decepción, el puente estaba levado y cuando Codronchi acudió a su llamada le habló en el mismo tono que Melchiore algunos días antes. Sin embargo, Codronchi se mostró más amable e invitó a la condesa a cenar al día siguiente, a condición de que entrara en el castillo acompañada de un solo sirviente.

Todo ocurrió justo como Codronchi lo había dispuesto, de acuerdo con Catalina Sforza, que era quien lo había maquinado todo. Se había hecho de Codronchi un rebelde, a fin de que no se lo acusara de haber sido el sicario de la condesa. Por lo tanto, la resistencia de Codronchi, su rechazo a librar la plaza, no fueron más que pura comedia, una comedia cuyo escenario se había concertado con ingenio y cuyo diálogo participaba de esa especie de genio espontáneo que tienen los italianos para el teatro. El único acto serio fue el asesinato del pirata, en el que no hubo truco alguno, que le valió a la altiva hija de los Sforza la posesión de Forlì.

Como aquella posesión era cualquier cosa menos apacible, puesto que había en la ciudad un partido numeroso que apoyaba aún a los antiguos señores del país, los Ordelaffi, aquella mujer de veinte años, que acababa de traer al mundo un niño —aquel Ottaviano que habría de ser el condotiero de Florencia—, siempre a caballo, llegaba a la plaza pública y hacía colgar, decapitar o descuartizar a los descontentos cuyo único crimen había sido el de no aclamar lo bastante a los Riario. Su marido permanecía en Imola; nada sabía de todo aquello; su esposa no le había consultado. Ella era el hombre de la familia; actuaba por iniciativa propia, asumía con osadía sus responsabilidades y aceptaba todas las cargas del hombre de guerra y del hombre de Estado. No era cruel por naturaleza, ni por gusto, pero sabía que había que golpear fuerte para no tener que golpear a menudo. Se mostraba generosa, a sabiendas, y feroz cuando convenía a su política.

La joven viuda había vuelto a casarse, con Giacomo Feo, un primo de su difunto marido. Aquel apuesto joven, que era su amante desde hacía algún tiempo, se quejaba, sin embargo, de la irregular situación. Quería contraer matrimonio, puesto que era hombre de baja condición. Ella se resistía: ¿por qué procurarse un amo?, ¿para qué enredarse con un marido que, a buen seguro, querría intervenir en cuestiones de política y cometería errores? Conocía los defectos de Feo; sabía que era simple, fatuo, débil y orgulloso, pero, a pesar de todo, era incapaz de separarse de él y prefirió desposarlo a perderlo: era menor que ella y la había amenazado con buscarse a otra si no se casaban.

La boda no solucionó nada. El observador florentino de Faenza intuye, presiente, que aquello no iba a durar. Catalina tenía hijos que avivaban los celos de Feo, quien deseaba reinar, y solo. Era muy capaz de asesinar a su mujer y a los hijos para asegurarse el poder, y tomar la delantera a Catalina, la cual era igual de capaz, a su vez, de golpear la primera y hacerlo asesinar. A menos que la situación no se alargase hasta el momento en que el hijo mayor hubiera crecido lo suficiente como para darse cuenta de que, por su propia seguridad, era necesario que Giacomo Feo muriese.

El nuevo señor de Forlì se había ganado muchos enemigos. Fueron ellos los que lo arreglaron todo apuñalando al desgraciado joven en el camino, una noche, cuando volvía de caza. La calumnia acusó a Catalina de haber guiado la mano de los asesinos; se pretendió que, cuando menos, éstos habrían pensado complacerla obrando de aquel modo. Ella respondió al rumor general entregando al verdugo a todos aquellos que, en mayor o menor medida, habían tenido algo que ver en el crimen, y no sólo a los criminales: sus mujeres, sus ancianos padres y sus hijos, una veintena de niños de entre uno y diez años. Aquellos castigos, de una ferocidad inusitada, estaban destinados a acallar las malas lenguas. En cuanto a ella, cuando hubo llorado, gritado y gemido sobre el cadáver de Giacomo, declaró simplemente, a fin de que no quedase ninguna duda: «En nuestra familia arreglamos nuestros asuntos nosotros mismos, y si hemos de deshacernos de alguien no necesitamos una mano extraña para hacerlo.»

Apaciguado su dolor, como sus sentidos no lo estaban tomó un tercer marido. Su única debilidad, y su infortunio, era que sus amantes siempre acababan por reivindicar de forma abierta el título de esposo. Aquella vez, sin embargo, parecía que había hecho un matrimonio razonable, o razonando. Había elegido a un Medici, un Medici de la rama menor, Giovanni di Pier Francesco, quien, además de ser guapo e inteligente, añadía al prestigio de su nombre la ventaja de un acercamiento a Florencia. Como las antiguas constituciones de la ciudad prohibían la boda de los ciudadanos notables con hijas de nacionalidad extranjera, la República había adoptado a Catalina Sforza, a fin de respetar las leyes. Por lo tanto, se había convertido en florentina y, por tal razón, tiene el derecho de reclamar la protección de la República.

Al parecer, los años la volvieron más ponderada. Por otro lado, la calma reinaba en sus Estados y las masacres a las que se había librado tras la muerte de Feo habían quitado a los habitantes de Forlì las ganas de rebelarse contra su soberana. Los Ordelaffi eran historia: se colgó a sus últimos partidarios, pues el resto se había adherido, con sabiduría, al partido de la victoriosa. Por aquel entonces, no era sino una dama de edad madura, sin belleza ni ambición, que sólo pensaba en situar bien a sus hijos. Los que había tenido de sus dos primeros maridos no darían grandes frutos: habían heredado, en demasía, el carácter de los Riario y de los Feo como para hacer una carrera brillante. En cambio, el hijo de Pier Francesco de Medici habría de ser ilustre en la historia de los condotieros italianos, con el magnífico nombre de Juan de las Bandas Negras.

El futuro Juan de las Bandas Negras no era entonces más que un bebé y, por el momento, lo importante para Catalina era obtener una situación para su hijo mayor, Ottaviano. Fue por él por quien negoció con la República y obtuvo una *condotta* de quince mil ducados. Florencia consideraba esa suma demasiado elevada, pero tenía interés en mantener relaciones amistosas con la condesa de Forlì; ésta, en efecto, poseía un excelente ejército y un importante arsenal de municiones. Cuando Florencia hacía como si cicateara, ella, con una sonrisa, respondía que no le importaba que la Señoría rescindiera la *condotta*, porque el duque de Milán le había pedido tropas y le tomaría todos los soldados que ella quisiera. Entonces, Florencia se suavizaba, aceptaba el chantaje y pagaba, antes que ver a los hombres de Forlì y de Imola pasar al servicio de Ludovico el Moro. Aunque fuese dinero malgastado —y la Señoría nunca andaba sobrada—, ya que Ottaviano era un incapaz, se tenía más interés en pagarle por no hacer nada que en reclamar de él los servicios efectivos por los que se le había dado un sueldo.

«Te presentarás en Forlì, donde sabemos que se encuentran la ilustrísima señora Catalina y Su Excelencia, el señor Ottaviano, su hijo mayor. Tras haberles presentado tus respetos y las credenciales que debemos entregarte, tanto para los dos en común como para cada uno en particular, les expondrás el objeto de tu misión. Después de algún tiempo, sus agentes han hecho gestiones con nosotros para que consintamos de nuevo este año en renovar el contrato del señor Ottaviano; renovación de la que darás a entender que no nos sentimos obligados...» Ésas eran las instrucciones que Maquiavelo recibió un día de manos de Marcello Virgilio. «Montarás de inmediato a caballo y galoparás tan rápido como puedas...» era la fórmula tradicional que ponía a los embajadores en movimiento. Invitado a saltar a la silla de montar, Maquiavelo, muy orgulloso de su primera embajada, no dejó que se lo repitieran dos veces, pues estaba impaciente por conocer a aquella mujer extraordinaria de la que tanto le habían hablado y cuyos elevadas acciones le habían inspirado tanta admiración como sorpresa. ¿Era posible que una mujer poseyese tanta energía, voluntad, audacia, prontitud, decisión, astucia y crueldad, en una palabra, tanta virtud?

Deseaba llegar cuanto antes a Forlì, pero debía detenerse en el camino para tratar cuestiones de suministros militares en Castrocaro. Florencia esperaba balas, pólvora y nitrato de potasio.* Le habían indicado que el castillo de Castrocaro estaba muy bien surtido y que allí habrían de proveerle gustosos. Y Maquiavelo se dispuso a exponer al capitán general sus deseos y las necesidades de la República.

Pero lo cierto es que fueron largas negociaciones para un mediocre resultado. El capitán general —tras sopesar los *«Magnifici et excelsi domini, domini mei singularissimi»* que le habían enviado— «no está en situación de satisfacer las peticiones. Me ha respondido que las balas de cañón que había de todos los calibres las enviaron el año anterior para llevar a cabo el asedio de Vico, que la pólvora que habían dejado los franceses, en cantidad de quince o veinte libras, tan sólo, las destruyó hace dos años un rayo que caló fuego y cuya explosión derribó la parte de la ciudadela donde se había guardado». ¡Qué desagradable contra-

* El nitrato de potasio se emplea en la fabricación de explosivos. *(N. de la T.)*

tiempo! Tenían que ir a casa de los particulares para buscar lo que no se encontraba ya en el castillo, con mil dificultades y pérdidas de tiempo. «Después he enviado a buscar a Faragano para que me informase sobre el nitrato de potasio, siguiendo el encargo que me dio el intendente de Sus Señorías. Me ha respondido que no había más que cien libras, pero que, en la región, uno de sus amigos poseía unas seiscientas libras de pólvora, y aunque sea muy poca cantidad, he creído no obstante que debía enviarla a Sus Señorías [...]. Se ha pesado la pólvora y hay quinientas ochenta y siete libras. El carretero que la transporta se llama Tommaso di Mazolo. Satisfaréis sin demora el valor, porque se lo he prometido; por mi parte, he dado para los gastos del transporte una suma de ocho florines tres sueldos.»

Así era como pasaba su tiempo un embajador florentino. Una vez que hubo discutido el precio, verificado los pesos y protestado por las exigencias del *vetturino*, Maquiavelo volvió a montar su caballo y a galopar hacia Forlì. Llegó muy de mañana, pero no había que molestar tan pronto a una noble dama. Esperó buena parte del día a que se le concediera audiencia, lo que se produjo a las veintidós horas, es decir hacia media tarde, puesto que en aquella época el día comenzaba al ponerse el sol, para acabar al ocaso del día siguiente. Las horas variaban pues con las estaciones. Pero entonces era mediados de julio; el 17 de julio de 1499, para ser más exactos.

La partida sería difícil de jugar; se trataba de utilizar subterfugios, puesto que la condesa lo quería todo y no deseaba renovar la *condotta*. Las instrucciones de Maquiavelo le autorizaban a negociar a razón de diez mil ducados, mientras que Catalina pedía quince mil. No era cuestión de regatear: lo único que estaba en juego era el amor propio. La condesa tenía que aparentar que no *imponía* a su hijo a Florencia, lo que habría sido indigno de ella (aunque, en realidad, fue lo que hizo, apoyándolo con un chantaje); el embajador no debía darse por enterado, mientras daba a entender a su interlocutora que no lo había engañado, que sabía de sobra que necesitaba el dinero y que deseaba colocar a toda costa a su hijo, con el que no sabía qué hacer y al que, en contra de lo que pretendía, los milaneses no querían. Por lo tanto, se trataba de llevarla a aceptar la reducción de cinco mil ducados, sin contrariarla, sin romper las negociaciones. Y como por su parte Catalina conocía bastante a los florentinos y sabía que no habrían de perseverar en aquel asunto sólo para complacerla de no tener algún interés, tenía que aguantar, sin revelar a las claras sus propias necesidades y deseos, y fingir incluso una total indiferencia —«Milán estará más que contenta de reclutar a mi hijo...»—, pero no hasta la ruptura, sin embargo, puesto que no estaba del todo segura de Milán.

Aquello era lo que convenía a Maquiavelo. Nunca era tan feliz como cuando se veía inmerso en un embrollo diplomático, cuyos hilos había que desenmarañar, con prudencia y delicadeza, sin romper uno solo. Se hallaba ante un adversario poderoso y temible; Catalina poseía todas las cualidades del hombre de Estado, y su habilidad igualaba a su energía. Conocía todos los ardides; desde que reinaba, había tenido ocasión de aprender todas las trapacerías, astucias, trampas, perfidias, mentiras y dobles juegos que puedan existir. Lo había probado todo y un viejo diplomático no habría de descubrirle nada nuevo. Con sus conocimientos librescos y su poca experiencia en asuntos —hacía apenas un año que había entrado en funciones—, Maquiavelo hubiera sido para ella una víctima fácil de no haber tenido un genio, unas dotes prodigiosas, un instinto infalible y un sentido de la política tales que le habrían hecho el dueño del mundo, o al menos de Italia, si la suerte le hubiera hecho nacer con otra condición.

De este modo, los dos jugadores se observaban desde ambos lados del tablero mientras intercambiaban almibaradas amabilidades. Catalina atacó, y comenzó por quejarse de las vacilaciones de la Señoría: si Florencia no tomaba una decisión rápida enviaría a sus tropas a Milán. Para demostrar que no era una simple amenaza, condujo a Maquiavelo a la revista de los regimientos que partían para servir a los Sforza, quinientos hombres de infantería. «Dos días antes —anota Maquiavelo en su informe— también se había pasado revista a cincuenta ballesteros a caballo destinados por el mismo precio.» Por lo tanto, la condesa no mentía, las negociaciones con Milán eran reales y, si no se andaban con cuidado, todo el ejército seguiría idéntico camino. Más valdría pagar.

¡Volver a pagar! La Señoría hubiera preferido encontrar otra salida para conservar la amistad de la condesa, sin desembolsar demasiado dinero. Pero ¿cuál? Por otra parte, se necesitaban hombres para la guerra de Pisa, y también material... La respuesta de Catalina fue que no tenía material, ni pólvora, ni balas de cañón, pero sí tenía hombres. ¿Cuántos querían? Por supuesto, se pondrán de acuerdo acerca del número de soldados, pero no sobre la cantidad a pagar. La condesa pedía demasiado y la Señoría ofrecía demasiado poco. Los adversarios permanecieron en sus posiciones y se separaron sin haber llegado a un acuerdo.

Los días pasaban, sin traer acuerdo definitivo. Cuando uno de los tratantes avanzaba, el otro retrocedía; cuando uno aceptaba, el otro se desdecía. El dinero y el amor propio, también, estaban en juego, de manera que quien pareciera ceder perdería prestigio. Quizás ambos experimentaban el placer que todo buen jugador encuentra en una partida difícil, encantado de hallarse ante un adversario a la altura. Hubiera sido menos divertido de haber acabado demasiado pronto aquel juego. ¡Qué fineza en aquellas negociaciones, qué argucias psicológicas, qué escenas de comedia, con mil cambios totales de situación, mil diálogos ambiguos y mil falsas confidencias!

Para Maquiavelo era un juego apasionante, pero no le habían enviado a Forlì para jugar. La Señoría quería un resultado concreto, ventajoso e inmediato. Pero entonces Catalina Sforza puso sobre la mesa nuevas pretensiones: demandaba que Florencia garantizase la seguridad de sus Estados. Presionó a Maquiavelo para que escribiese a sus superiores sobre aquel tema; poco importaba que las negociaciones se prolongasen, «puesto que cuanto más se profundiza en los asuntos mejor se los comprende». Aquello sucedía el 24 de julio: hacía una semana que discutían. La condesa había prometido concluir el asunto el 23, pero todo volvía a retrasarse a causa de aquella solicitud imprevista.

En verdad era pedir demasiado. Maquiavelo se enfadó, con amabilidad y educación, como era habitual en él, pero con firmeza. «Ante ese cambio inesperado no puedo evitar experimentar cierto disgusto, y atestiguarlo con mis palabras y mi actitud...» Pero enfadarse con alguien como Catalina Sforza no tenía mucho sentido: era sólida como la *rocca* de Ravaldino.

Las negociaciones no condujeron a nada. Maquiavelo regresó a Florencia, irritado por su fracaso, encantado de haberse codeado con una personalidad extraordinaria, de haber tenido la buena fortuna de estudiar durante ocho días los movimientos de aquella curiosa inteligencia. ¡Qué lección para un aprendiz de diplomático los ocho días de conversaciones con uno de los seres más excepcionales de aquel tiempo en que parecía que todo el mundo fuese excepcional! Y cuánto aprendió de ella, de sus actos pasados, sus ardides y sus represiones despiadadas. Así era como había que gobernar si se pretendía mantenerse en el poder y legar a los herederos un Estado inquebrantable. «No es con *pater noster* —explicaba el viejo Cosme— como se gobierna bien un país.» Aquello era lo esencial: gobernar bien. Y Maquiavelo anotó en su libreta: «Todos los medios son buenos, con tal de defender la patria; si se trata de deliberar sobre su suerte, no hay que detenerse ante ninguna consideración de justicia o injusticia, de humanidad o crueldad, de vergüenza o de gloria; el punto esencial, que debe primar sobre los demás, es asegurar su salvación y su libertad.»

Así pues, no habría de juzgar según criterios morales, válidos en otras circunstancias, la vida y las luchas de Catalina Sforza. No le reprocharía en especial actos que, reprobables en un simple mortal, eran en un príncipe no sólo excusables, sino también loables. Y lo mismo haría con la crueldad: la tachará de censurable, pero ¿acaso un soberano tenía el derecho de rechazarla cuando era necesaria? Maquiavelo descubriría entonces la sutil ley de que el uso que se hacía de las cosas importaba más que la propia naturaleza de éstas: para él, la justicia, la liberalidad, la severidad y la crueldad no eran buenas ni malas en sí, sólo lo eran en función del modo en que se usaban, según las circunstancias y la «dosificación». Todo era cuestión de grado, de matiz, de oportunidad. El veneno curaba si era el médico el que lo administraba, pero mataba cuando el torpe lo vertía: lo mismo ocurría con todas las ideas, con todos los sentimientos... El uso que Catalina Sforza había hecho de la crueldad, no hacía mucho tiempo, ¿no era admirable, ejemplar? La manera en que se había apoderado del castillo de Ravaldino ¿no era una de aquellas estratagemas ingeniosas por demás que un hombre inteligente saboreaba como un buen despliegue de agudeza, fuerza y voluntad? ¿Cómo no aplaudir aquel gesto digno del Príncipe, del Príncipe ideal, del Príncipe soñado? Admirable Catalina Sforza, que había sabido pasar por tres matrimonios sin perder jamás su independencia, que había salvado su principado de la codicia de sus vecinos, que aún jugaba de forma tan prodigiosa con la República, la cual no era capaz ni de engañarla, ni de espantarla, ni de intimidarla; que jugaba también con micer Niccolò Machiavelli, enviado de la Señoría y uno de los hombres más inteligentes de aquel siglo, el hombre todo ironía, sutilidad y delicadeza, el hombre agudo por excelencia —su rostro, su mirada, su nariz lo eran también—, al que había dejado marchar decepcionado y colérico, pero contento de ella y de él en el fondo, puesto que ambos habían jugado de forma magistral la partida. Pero ¿qué diría la Señoría?

La Señoría dio su aprobación. Mientras despedía a Maquiavelo, la condesa de Forlì le había informado de que uno de sus embajadores partiría muy pronto para Florencia a fin de continuar las negociaciones, pues sólo estaban interrumpidas. Nada se había decidido, pero se estaba en buenos términos. Era eso lo que deseaba la Señoría; la condesa también, con toda probabilidad. El resto, la *condotta* del conde Ottaviano, las entregas de material, la garantía de seguridad, no eran más que los temas del debate, el argumento de la comedia. En definitiva, lo más importante en una comedia siempre ha sido el modo en que se ha interpretado. Ésta lo fue de forma magistral.

Los florentinos eran buenos jueces en esta materia. La manera en que el embajador había conducido las discusiones, que se reflejaban en sus cartas, la manera incluso en que aquellas cartas estaban redactadas, con una elegancia de estilo superior, seriedad y desapego, las hacía distintas de la correspondencia diplomática banal. Aquel hombre conocía bien su oficio y disfrutaba con él. A través de sus quejas se adivinaba el placer que le había procurado aquel torneo de inteligencias. En cualquier caso, no había sacrificado a aquellos goces del espíritu el objeto de su misión y había actuado como buen funcionario, como leal servidor del Estado y, a la vez, como hombre superior. Su amigo Buonaccorsi podía sin duda felicitarlo y asegurarle «que había cumplido con honor la comisión que se le había encomendado». Para los observadores superficiales, había fracasado, puesto que abandonaba Forlì sin haber obtenido nada concreto. Pero, hábil en leer entre líneas, había comprendido según los propios términos de la política florentina que, en ciertas circunstancias, no llegar a un resultado también podía ser una forma de tener éxito.

¡El bello asunto de desbaratar su juego, de mantener a toda costa sus pretensiones, de romper si éstas no se aceptaban! Un pasante cualquiera hubiera servido para aquel tipo de negociación. Maquiavelo sabía perfectamente que había que tranquilizar a la condesa, no tanto sobre la continuidad de la *condotta* como sobre la continuidad de las buenas relaciones entre Florencia y Forlì. Ésa era la razón por la que se había hablado de otro asunto, se había peleado por cinco mil ducados. Lo esencial era que se separaran en buenos términos. Catalina Sforza no necesitaba una garantía explícita, estaba segura de que el día en que Forlì e Imola se vieran amenazados por cualquiera, bien por los franceses o bien por César Borgia, Florencia, aunque más por interés que por apoyar a su «hija adoptiva», velaría para que su condado no cayera en manos del enemigo.

CAPÍTULO SIETE

Los franceses

«Los franceses son por naturaleza más intrépidos que robustos y hábiles; y si puede resistirse la impetuosidad de su primer ataque, se debilitan muy pronto y pierden valor hasta el punto de volverse tan cobardes como las mujeres. Por otro lado, soportan con dificultad las penurias y fatigas, acaban por desanimarse muy pronto y nada es más fácil entonces que sorprenderlos y abatirlos [...]. Por lo tanto, para vencer a los franceses es necesario protegerse de su primer ímpetu, y se puede estar seguro de vencerlos si se puede conseguir dar largas al asunto. Por eso César afirmaba de sus ancestros que los "galos comenzaban por ser más que hombres y acababan por ser menos que mujeres".»

Los florentinos no apreciaban demasiado a los franceses. Desde el paso de Carlos VIII, conservaban el recuerdo de aquel terrible hombrecillo que había entrado en su ciudad a lomos de su caballo, los dos protegidos con armadura, la lanza baja y la mirada aviesa. Florencia se había librado por poco de los horrores del saqueo y la destrucción. Si Savonarola no hubiera trastornado al rey de Francia con sus espantosas predicciones, éste habría asolado con sus tropas la ciudad.

No apreciaban a los franceses, pero les interesaba estar en buenos términos con ellos. Los franceses eran poderosos, poseían un ejército numeroso y aguerrido, una artillería considerable que llevaban más allá de los Alpes, que superaba dificultades inauditas para franquear las montañas nevadas con sus grandes bombardas. Desde hacía dos reinados, manifestaban una inclinación terrible por intervenir en los asuntos de Italia: Carlos VIII porque había heredado de su padre los derechos de los duques de Anjou a la corona de Nápoles; Luis XII porque había heredado de su abuela, Valentina Visconti, pretensiones sobre el ducado de Milán. El primero se había basado en la donación del rey René para tratar de expulsar a los españoles del sur de Italia; su sucesor veía a los Sforza como usurpadores y, además, no olvidaba la mala pasada que Ludovico el Moro había jugado a Carlos VIII llamándolo a Italia para expulsarlo después y obtener así el reconocimiento de sus compatriotas, a título de aquella «liberación».

Aquel ir y venir de los regimientos franceses en la península, desde los Alpes hasta Sicilia, alteraba la política de Florencia. Asimismo, le imponía resoluciones que una ciudad pacífica, y más preocupada por los beneficios comerciales que por las hazañas militares, detestaba tomar. En efecto, había que decidirse por estar a favor o en contra de los franceses, con todos los riesgos que comportaba semejante decisión. Gustaba poco tener a los franceses en contra, porque parecían capaces de conquistar Italia con sus caballeros y sus bombardas; así pues, parecía más prudente no tomar partido contra ellos de forma abierta. Pero, si se derrotaba a los franceses, ¿por quienes se tendría entonces a sus aliados italianos, aunque fuesen «neutrales», culpables de no haberse declarado contra ellos con suficiente vehemencia?

Existían buenas relaciones comerciales con Francia. Los banqueros y comerciantes florentinos tenían sus sucursales al otro lado de los Alpes, donde realizaban fructuosas operaciones. En varias ocasiones, le habían prestado dinero al rey. ¿Qué pasaría con los créditos y los intercambios comerciales si se manifestaba una franca hostilidad? Por desgracia, las cosas llegarían a un punto en que todos los Estados italianos, lo quisieran o no, deberían tomar partido a favor o en contra de los franceses. Algunos de ellos preparaban ya una especie de coalición, de liga, para preservarse de la invasión. Entrar en aquella liga significaba romper relaciones con Francia, pero hacer oídos sordos a las demandas de los «miembros de la liga» suponía exponerse a su venganza, si alguna vez los franceses fracasaban y volvían a atravesar los Alpes.

Los florentinos recriminaban a Francia las preocupaciones que ésta les causaba. Le echaban en cara sus ambiciosas pretensiones, sus manías guerreras que alteraban la paz de Europa. Esos buenos comerciantes consideraban desastroso que los franceses estuviesen gobernados por soberanos exaltados y quiméricos, alimentados con novelas de caballería y deseosos de imitar a los héroes de éstas. Mientras que Italia había alcanzado ya la racionalidad del Renacimiento, a Francia aún la empujaban los ideales de la Edad Media e, incluso, se adivinaba en ella un relativo resurgir del espíritu de caballería, bastante artificial, a decir verdad, superficial y *literario.* Aquellas simplezas bastaban, sin embargo, para inquietar a Europa, para mantener a los Estados extranjeros en pie de guerra y —lo que afectaba en especial a los sensatos políticos italianos, preocupados por no comprometerse— para instarlos a adoptar posiciones claras y francas, algo que detestaban por encima de todo.

Aunque se conociesen los defectos de los franceses e incluso sus debilidades para la guerra, mencionadas antes, no dejaban de tenerles miedo. Sobre todo, los florentinos, que no estaban implicados de manera directa en los asuntos de Nápoles o del Milanesado y que habrían querido que tales cuestiones se decidiesen al margen de su participación. Por desgracia, el embrollo de la política italiana era tal que si se movía un sólo peón en el tablero, el resto se ponía en movimiento. La neutralidad resultaba imposible y, a la larga, aquella medida de prudencia podía llegar a convertirse en un peligro. Cuando Luis XII retomó las ambiciones de su predecesor y atravesó los Alpes con sus escuadrones y su artillería, Italia se vio expuesta de nuevo a las atrocidades de la guerra y despertó en ella un violento rencor contra los responsables.

Por fortuna, desde los Alpes hasta Florencia la distancia era larga y sería difícil vencer a los milaneses, si es que llegaban a vencerlos. Por lo tanto, se disponía de tiempo para observar la naturaleza y el desarrollo de las operaciones, con el fin de ganar tiempo y, en la medida de lo posible, de decidirse sólo con conocimiento de causa.

Nada más ascender al trono, Luis XII se había afanado por afirmar que no renunciaría a ninguno de los derechos que había heredado de su abuela; quería, incluso, conquistar cuanto antes el ducado que le correspondía por esta sucesión. Aquel hombre «irritable y temeroso», como afirmó Maquiavelo —y lo conoció bien—, era a la vez tímido, indeciso, violento y abúlico; en resumen, un soñador al que apasionaba la acción, que se precipitaba, pues, a las aventuras con una especie de ceguera, en la que con toda probabilidad había más de falta de resolución que de osadía caballeresca.

Puesto que se había hecho popular por su política liberal, su ahorro y la disminución de impuestos, persuadió a Francia de que quería hacer la guerra a Italia; Francia no dudó en secundarlo y le acordó los créditos necesarios. Los franceses, siempre susceptibles y fáciles de exacerbar, estaban convencidos de que era su deber «vengar» la derrota que había sufrido Carlos VIII y su retirada un tanto precipitada. Mientras equipaban a la infantería y la caballería y hacían fundir bombardas de mayor calibre, Luis XII negociaba con los enemigos de los Sforza. Se había asegurado la simpatía de los venecianos, prometiéndoles una parte de sus futuras conquistas. Se había unido a Roma, subvencionando al hijo de Alejandro VI, César Borgia. Sus embajadores, en fin, demostraban a la Señoría que la victoria era una realidad y que a Florencia le interesaba perseverar en su política de amistad con Francia.

De hecho, las primeras hostilidades confirmaron el parecer de los diplomáticos. El ejército francés comandado por Trivulzio arrolló a las tropas de Ludovico, las cuales, ya por incompetencia ya por cobardía, pusieron poco brío en combatirlo. La población de Milán, asustada por aquellos reveses, responsabilizó de ello al duque y se sublevó contra él. El Moro perdió la cabeza: envió a sus hijos y su tesoro a Alemania y algunos días después tomó a su vez el mismo camino. A consecuencia de lo cual, los franceses entraron en Milán sin hallar la menor resistencia, y el 11 de septiembre de 1499 Luis XII instaló de manera oficial su estado mayor y su gobierno en la ciudad. El día de su entrada solemne, se vio precipitarse hacia él a los embajadores de los diversos Estados italianos que, hasta entonces, se habían mantenido a la expectativa y que, de repente, se habían convencido de que los franceses servían en verdad a la causa del derecho, la justicia, el honor y la libertad.

Los florentinos no fueron los últimos, se comprende, en presentar al vencedor los respetos de su admiración y afecto. Ya no se hablaba de los asuntos de Pisa, aunque hubieran sido los franceses los que incitaran a los pisanos a la rebelión y los que los apoyaran en su guerra de liberación contra Florencia. Todos los temas de discordia estaban olvidados. Por otro lado, aquel asunto era fácil de arreglar: que el rey de Francia se comprometiese a no prestar más ayuda a Pisa, y se le daría todo cuanto pudiese desear, esto es hombres y dinero.

Luis XII se mostró exigente. Reclamó novecientos hombres de caballería, tres mil infantes y cincuenta mil ducados. Quería también que los florentinos reclutasen por una elevada suma al condotiero Giuliano della Rovere, hermano del futuro papa Julio II, con el cual estaba obligado. En cuanto a los asuntos de Pisa, se volvería a hablar de ello cuando los franceses regresaran de Nápoles, tras la conquista. Aún quedaban cuestiones financieras bastante espinosas, deudas contraídas por el Moro y cuyo importe Luis XII quería que le restituyesen los florentinos. Suspirando, la Señoría aceptó esta nueva reivindicación y mandó a Milán un embajador para examinar las cuentas de Ludovico y determinar la cifra de los créditos en discordia.

Al partir hacia Alemania, el Moro había dejado sus archivos en desorden y, a pesar de que los inspectores florentinos trabajaron durante mucho tiempo en sus expedientes, ya se había dispuesto que Maquiavelo se uniera a ellos; éste ya se encontraba cerrando su equipaje y ensillando su caballo cuando se produjo un acontecimiento inesperado. Los milaneses que habían aplaudido la entrada de las tropas francesas, no tardaron en hablar mal de las exacciones de los ocupantes. Ludovico el Moro, que había recobrado ánimo y reunido a quinientos caballeros alemanes y a ocho mil infantes suizos, se presentó de improviso ante los ciudadanos y éstos lo aclamaron. Una parte de los suizos de Trivulzio, al reconocer a compatriotas suyos bajo los estandartes del duque y enterándose por ellos de que el Moro pagaba mejor que los franceses, se apresuraron a pasarse al otro bando. Por lo tanto, Trivulzio evacuó la ciudad, mientras dejaba una guarnición en el *castello*, con fama de inexpugnable.

El año tocaba a su fin; el siglo, también. En la primavera, los franceses decidieron intentar el gran golpe. La Trémoille se unió a Trivulzio con diez mil suizos, que esta vez no se habían alistado a título individual, sino que constituían regimientos cantonales y, con el asentimiento de su Confederación, servían bajo sus propios estandartes.

Cuando los suizos de Ludovico descubrieron sus amados estandartes, declararon de forma manifiesta que no combatirían al toro de Uri o a la gamuza de los Grisones. (Hay quienes aseguran que, además, estaban descontentos porque no se les pagaba con regularidad.) Los oficiales milaneses se esforzaron por retenerlos mediante promesas y súplicas, pero justo cuando la batalla iba a empezar, se les vio alcanzar, con armas y equipajes, las líneas francesas, donde se les recibió con grandes muestras de alegría.

En la práctica, la guerra había terminado. Ludovico el Moro se vistió de soldado y se ocultó entre un grupo de gentes de a pie, o se disfrazó de religioso, en opinión de otros. Pero el pobre hombre era demasiado conocido para poder ocultarse durante mucho tiempo. Y, sin duda, le traicionaron. La cuestión es que los franceses lo hicieron prisionero y lo llevaron al castillo de Loches, donde murió después de diez años de duro cautiverio.

Los florentinos se apresuraron en enviar al vencedor al embajador Tommaso Soderini, al que Maquiavelo acompañaba en calidad de secretario. A pesar de que hubiese cumplido de forma honrosa sus negociaciones con Catalina Sforza, creía que había que enviar al rey de Francia un embajador que «impusiera». La Señoría consideraba a Maquiavelo un buen empleado, nada más. En teoría, todos los ciudadanos *beneficiati* podían aspirar a los empleos, pero, en realidad, se reservaban los más importantes a los nobles, los notables y los florentinos ricos y distinguidos por el esplendor de su familia. Maquiavelo era un pobre diablo de origen modesto, sin dinero y de poca prestancia. Su rostro taimado, iluminado por ojos chispeantes de inteligencia, su aspecto endeble y su modesto atavío no le otorgaban aquella distinción, que los diplomáticos siempre han considerado eficaz. Soderini, si bien era menos inteligente que Maquiavelo, tenía buena presencia y hablaba bien: eso bastaba. Con tal que le asignaran un buen secretario, cumpliría a la perfección su misión. La idea era que Soderini hiciera las arengas oficiales y paseara por el campo real su noble estatura, mientras Maquiavelo discutía las cuestiones prácticas con los ministros y los oficiales del rey. Se podía contar con él también para observar, interrogar, escuchar y resumir lo que había aprendido así en preciosos informes, concisos, profundos, perspicaces y, algo que apreciaban también los florentinos, escritos en aquella lengua firme, sobria, elegante y nerviosa, a la que la Crusca* no podría hacer ningún reproche. Soderini era bastante inteligente para comprender que debía dejar a su secretario todo el trabajo útil; a él sólo se le pedía que fuese «representativo».

Las negociaciones iban a versar ante todo sobre la cuestión de Pisa. Durante su primera entrada en Milán, Luis XII había prometido ayudar a Florencia a reducir a los pisanos. Pero de todos es sabido lo que vale una promesa. Carlos VIII había adquirido los mismos compromisos, mientras instigaba en secreto a los pisanos a la resistencia y les enviaba refuerzos. El primer tratado había decidido que esta cuestión se regularía de regreso de Nápoles, pero entonces aquello parecía demasiado aleatorio. Por lo tanto, Soderini recibió la orden de obtener del rey la resolución inmediata del asunto de Pisa. Para ello un ejército francés, mantenido en parte a expensas de los franceses, en parte a expensas de los florentinos, se apoderaría de esta ciudad. Concluido el acuerdo, dicho ejército se puso en marcha, y Soderini lo siguió. Lo acompañaba su secretario, todo ojos y oídos, y encantado de respirar una vez más el olor de la pólvora y de ver maniobrar en el polvo dorado los bellos batallones

* Se refiere a la academia de la Crusca. Fundada en Florencia en 1582, fue de gran importancia para el desarrollo y depuración del idioma italiano. Su lema era: *Il più bel fior ne coglie* («Coge la más bella flor»). *(N. de la T.)*

suizos y gascones. Apasionado como era de la ciencia militar y la estrategia, Maquiavelo se alegraba de participar en el asedio; de entrada en calidad de patriota florentino, hostil por tradición a los pisanos, pero sobre todo en calidad de experto en materia de táctica y de poliorcética.

Parece que el número de soldados que los franceses habían enviado —cuatro mil suizos, dos mil gascones y quinientos lanceros—, junto con las tropas florentinas, que permanecían en los bastiones y en las obras de sitio tras la «traición» de los Vitelli, hubiese bastado para hacerse con la ciudad. Pero los pisanos se defendían bien y los franceses atacaban mal. Alegaban, como excusa, que estaban mal aprovisionados. El apetito de los suizos y de los gascones asustaba a los italianos, más sobrios y menos exigentes. Parecía imposible saciar a aquellos famélicos, al margen de cuantas provisiones se les suministrasen. La Señoría había enviado a este efecto a Luca degli Albizzi y Giovan Battista Ridolfi, pero de hecho era Maquiavelo quien se ocupaba de todo y aquella obligación era carga demasiado pesada para sus débiles hombros.

Estoy seguro de que los severos juicios que más tarde emitiría acerca de los franceses estuvieron motivados en las preocupaciones que lo agobiaron durante aquella guerra de Pisa. Reprobaría asimismo su avidez y prodigalidad. «El francés —escribiría— es, por naturaleza, ávido del bien ajeno, que a continuación gasta con igual derroche que si se tratara del suyo.» A pesar de todos los esfuerzos que se realizaron para alimentarlas bien, las tropas se negaron a actuar. Un día, incluso, en que la artillería había echado abajo una parte de las murallas, acontecimiento favorable sin duda para un asalto, su jefe, Beaumont, excusó su pasividad alegando, una vez más, que las provisiones eran insuficientes. Las disputas se acentuaron. Entre los italianos, se contaba que los franceses escondían el pan y el vino que recibían y, a continuación, clamaban que se morían de hambre. Con el apetito francés y la avaricia florentina en conflicto, era normal que el asedio de Pisa sufriese las consecuencias. Los gascones se habían ido y los suizos se rebelaban y amenazaban a sus oficiales.

Maquiavelo escribía a la Señoría cartas alarmistas: había que tomar medidas, enviar víveres, dinero. Pero los Señores no veían las miradas terribles de los suizos, no oían sus alaridos e insultos. Así las cosas, y como a las amenazas casi siempre las suceden los actos, los suizos se dirigieron a la tienda de campaña de los enviados florentinos y los hicieron prisioneros, así de simple. Los hicieron rehenes.

Hubo que pagar las soldadas atrasadas, incluso a regimientos recién llegados de Roma, que no tenían derecho a ello. Los soldados, tras haber cobrado el dinero, se dispersaron, dejando a los florentinos solos, en sus bastiones abandonados, a merced de un ataque de los enemigos, si es que llegaban a enterarse de lo ocurrido.

Y no debieron tardar en enterarse, y, puestos sobre aviso por sus espías, los pisanos atacaron los bastiones que hacía poco había construido Paolo Vitelli, rompieron las líneas florentinas y restablecieron la comunicación con Luca, su vieja aliada, la cual les envió también refuerzos.

Se quejaron a Luis XII, quien respondió con una carta evasiva, llena de bellas promesas, y envió al lugar de los hechos a Duplessis de Courçon, encargado de examinar la situación y de remitir informes. Franceses y florentinos se culpaban los unos a los otros. De buena gana, Luis XII habría dejado que las cosas evolucionaran sin intervenir, según los términos del tratado que obligaba a los florentinos a pagar veinticinco mil ducados por mes para el sostenimiento de las tropas, pero la Señoría consideraba que había invertido mucho dinero para lograr un resultado todavía peor, puesto que la victoria infundía de nuevo valor a los pisanos, pues ya sabían que no tenían nada que temer de los franceses. Luis XII había vuelto a Francia y se mostraba indiferente a los intereses florentinos. Sus generales en Italia se preocupaban poco de contentar a la República. Si quería obtenerse algo, había que solicitar al propio rey, discutir con sus ministros y analizar, en fin, si el que estaba enfrente era un aliado o un enemigo.

El apuesto Soderini parecía insuficiente para una misión tan delicada, de modo que se envió a Della Casa, quien tenía fama de inteligente. Por precaución, se le asignó de nuevo a Maquiavelo, quien durante los primeros meses había aprendido a conocer a los franceses y sabía cómo hablarles, cómo manejarlos. «Un francés al que se le pide un servicio piensa de entrada en el provecho que puede sacar de ello. Los primeros compromisos que se adquieren con ellos son siempre los más seguros. Que se encuentran en la imposibilidad de obligar, os abruman con promesas. Que están en condiciones de prestar ayuda, lo hacen a regañadientes, si es que lo hacen. Son de lo más humilde en la mala fortuna y muy insolentes en la buena. Son ligeros, cambiantes y mantienen su palabra como la mantiene un vencedor.»

El 28 de Julio de 1500, los enviados florentinos llegaron a Lyon, donde se les había indicado que encontrarían al rey, pero éste ya no estaba. Se reunieron con él en Nevers, ocho días después. Los había recibido el cardenal Georges d'Amboise, arzobispo de Ruán, quien controlaba la voluntad del rey. Maquiavelo comprendió enseguida que si se podía hacer amigo del cardenal o, al menos, interesarlo en los asuntos de Florencia, habría ganado la partida. Por desgracia, Maquiavelo no era más que un subordinado y Francesco della Casa, embajador titular, conducía las negociaciones, mientras que su secretario escribía las cartas y redactaba los informes.

La suerte quiso que el embajador cayera enfermo y regresara a Italia. Sin duda, lo sustituiría un notable, pero mientras esperaba la llegada de éste, Maquiavelo estaba tranquilo. En el ínterin, aprovechó para acercarse al cardenal, quien se sorprendió en un primer momento al descubrir tanta inteligencia en Maquiavelo y saber que era un simple secretario. Por su cultura, su brillante mente y su conocimiento de los problemas políticos, Maquiavelo interesó al prelado. Éste estaba encantado de llevarlo en su coche durante los incesantes viajes en los que la Corte iba de castillo en castillo y, entonces, hablaban sin boato ni testigos, podría decirse que casi como amigos, lo que permitía al secretario decir todo lo que quería.

Al ver que las ambiciones de César Borgia y el apoyo que le daba Alejandro VI preocupaban a los franceses, Maquiavelo aprovechó para pintar un cuadro muy negro de Roma y sus codicias, un retrato terrorífico del duque de Valencia; de pasada, hizo alusión a la intención que se adivinaba en César de convertirse en el amo de toda Italia. Si ese proyecto cristalizaba, ¿qué ocurriría con las pretensiones francesas sobre Milán y Nápoles?

Había descubierto el punto débil. Mientras cabalga de Melun a Blois, de Nantes a Tours, recorriendo la Bretaña, volviendo a Île-de-France, siempre por montes y valles, a caballo, en coche, bajo las lluvias de octubre, a todas horas falto de dinero, puesto que la vida era cara en Francia y recibía un salario miserable, Maquiavelo fue atrayendo hacia sus intereses al cardenal de Amboise. ¿Por qué pelearse con Florencia por una miserable cuestión de dinero, cuando lo que se dirimía era el futuro de Francia en Italia? Si por su intransigencia la corte de Francia perdía la simpatía de los toscanos, Florencia se aliaría con los Borgia; ¿acaso era aquello lo que deseaba? ¿No apoyaba Francia al duque de Valencia? Pues bien, vería las consecuencias de aquella imprudencia: sería el fin de su dominación en Italia...

Así discutían, aunque no siempre en tono cordial, puesto que un día el cardenal perdió los estribos y afirmó que «los italianos no entendían nada de asuntos militares». A lo que Maquiavelo replicó con acritud que «los franceses no entendían nada de asuntos políticos». Era un principio de Maquiavelo no mentir cuando se podía conseguir todo diciendo la verdad. Era cierto que los Borgia aspiraban a la hegemonía y ya trabajaban en ello. De entrada debilitando a Florencia, le explicó, puesto que se sabía que Florencia era amiga de los franceses. Contra Florencia dirigía las maniobras el duque de Valencia, las intrigas contra Bolonia, Ferrara y Mantua, aliadas de Florencia, los acuerdos con los venecianos, enemigos encarnizados de la República; el Papa se proponía traer de nuevo a Piero de Medici a la ciudad de donde le había expulsado para devolverle el poder de sus antepasados, Cosme y Lorenzo. El interés común de Francia y Florencia exigía que no permitiesen que César Borgia deviniese demasiado fuerte; una palabra del rey bastaría para detenerlo o, si aquello no frenaba su audacia, un acto de fuerza... A cambio, Florencia abriría con generosidad sus cofres, como en el pasado. Para un soberano, era muy provechosa la amistad de una ciudad rica.

Y durante aquel tiempo el secretario escribía a la Señoría que había que desconfiar del rey, puesto que era versátil, pero también pagar. «Recuerden lo que me ha dicho el cardenal, que había que pagar, ya como amigo ya como enemigo, y que se juzgarían vuestros sentimientos por hechos y no por vanos discursos.» No era extraño que las cartas en las que exponía largamente los problemas de alta política que resolvía acabasen con quejas y peticiones. También él necesitaba dinero; no era como aquellos embajadores, ricos y banqueros, que podían prescindir de su sueldo y sufragar sus propios gastos. Él era un pobre empleado, mal pagado, que no contaba con emolumentos para cubrir gastos de viaje ni de representación, y que desembolsaba sin cesar, para no hacer un papel demasiado malo. «Sólo le diré unas pocas palabras sobre la necesidad en la que me encuentro; ustedes saben que al partir sólo recibí ochenta ducados, que los gastos de correo me han costado treinta; tampoco ignoran que me vi obligado a proveerme de todo en Lyon y que tengo tres caballos que mantener; una posición semejante implica gastos que no pueden hacerse sin dinero.»

En su correspondencia de aquella época comenzaban a reflejarse aquellos lancinantes problemas de dinero que habrían de acosarlo durante toda su vida. Maquiavelo era pobre; en medio de los «grandes burgueses florentinos», tenía aspecto de menesteroso; se veía obligado a mendigar algunos ducados para no verse privado del todo, para vivir... Su sueldo era escaso y cuando se encontraba en misión en el extranjero, la Señoría, que tenía otras preocupaciones, olvidaba a menudo enviarle dinero. La Señoría desatendió de nuevo sus peticiones y volvió a reclamar: «Lo módico de mi sueldo, los gastos que me veo obligado a hacer, la poca esperanza que tengo de recibir nuevas ayudas, me ponen en serias dificultades.» Siempre dificultades, siempre aquellas quejas de empleado indigente, aquellas lamentaciones de un hombre al que se ha encargado las negociaciones más importantes y al que atormentan las preocupaciones más vulgares y ridículas.

Se quejó a la Señoría del pobre papel que se veía obligado a hacer junto a aquellos franceses magníficamente vestidos, con su exiguo traje de pana, gastado y arrugado; con su escarcela vacía, cuando necesitaba dinero para obtener informaciones, ofrecer banquetes, en los que las confidencias acudían solas a los labios, y mantener a espías y agentes secretos. Y Florencia le respondió que se las arreglara.

Eso hizo. Años después, cuando hiciera balance de su vida y volviera la vista a los años pasados, concluiría: «Nací pobre y aprendí a sufrir más que a disfrutar.» Por otro lado, sus placeres no eran de los que se compraban con dinero. Los sutiles gozos de la inteligencia que experimentaba hablando de política con hombres de Estado extranjeros no tenían precio. Se trataba de jugar sobre seguro. Luis XII, a pesar de su humor cambiante, era desconfiado y el cardenal de Amboise se mostraba un político sutil. No era fácil embaucarlos.

Pero la táctica de Maquiavelo no consistía en embaucar al adversario. Sabía que los éxitos así obtenidos eran precarios y sin futuro; la honestidad, después de todo, era más rentable. Pero la honestidad no había de excluir la astucia, a pesar de que los ingenuos creyesen lo contrario. Y aquel florentino que, como sus compatriotas, tenía un sentido exquisito para los matices, el cual había ido afinando en el transcurso de sus estudios de política, sabía, y no dudaba, que, además, entre la honestidad torpe y la habilidad mentirosa existían infinidad de grados. El verdadero diplomático era el hombre que inspiraba confianza a los soberanos con los que trataba y practicaba con ellos una táctica en la que la lealtad y la franqueza eran lo principal. Así, cuando escribió tiempo después para uno de sus amigos, aprendiz de embajador, las «reglas de conducta», situó en primer plano la honestidad, con lo que, como se ve, demuestra estar muy lejos de ese Maquiavelo maquiavélico que la imaginación popular perfila inmerso en todo tipo de imposturas y astucias.

La «gran política», que era su alegría y su ambición, no se avenía con las mentiras groseras. Para Maquiavelo, la verdad, por otro lado —¿qué es la verdad?—, se presentaba de mil maneras; la manera misma que uno tenía de vestirse le daba significados diferentes; más aún que hacer pasar una mentira por una verdad, resultaba hábil hacer creer al interlocutor que se mentía en el momento mismo en que se era sincero. Los torpes, sin embargo, no debían arriesgarse a semejante juego. Se requería una virtuosidad que pocos hombres poseían, y aquel que creyera brillar y servir útilmente a su país con semejante clase de subterfugios se iría a pique si, al igual que el aprendiz de brujo, desatara fuerzas que no era capaz de controlar, dirigir y contener.

En la corte de Francia apreciaban a Maquiavelo por la manera modesta que tenía de presentarse. Sabía escuchar, lo que era un gran mérito, y cuando el cardenal de Amboise se enfadaba, con una sonrisa lo allanaba todo. Para aquellas ocasiones, siempre tenía una anécdota, sacada de los antiguos o de los contemporáneos. Su inteligencia, en fin, era brillante y lo hacía irresistible. Una curiosa seducción manaba de aquel hombre endeble, feo y menudo. Y, sin embargo, no buscaba complacer. No le gustaban los franceses; reprobaba que aquellos extranjeros —¡bárbaros!— se mezclasen en los asuntos de Italia. Para aquel heredero de los romanos, era «bárbaro» cualquiera que habitase más allá de las fronteras naturales de Italia. No es que practicase la imbécil xenofobia de los hombres que se imaginan que nada está bien fuera de su propio país. Era demasiado agudo y cultivado para ignorar que cada pueblo tenía sus defectos y sus cualidades, que ninguno merecía una admiración sin reserva ni una reprobación absoluta. En suma, para él todos los pueblos eran equiparables, incluso los propios florentinos...

Pero Maquiavelo era un patriota italiano, y como tal su sensibilidad sufría con el espectáculo de los ejércitos extranjeros acampados en suelo nacional, con la idea de que los Estados vecinos mantenían las discordias para tener pretextos de intervención en Italia, a la que veían como una presa, que se disputaban con voracidad. Maquiavelo no odiaba a los franceses. Conocía sus vicios y sus talentos; los juzgaba sin parcialidad, aunque sin simpatía también, pero la simpatía no era condición necesaria de la justicia. Había estudiado sus costumbres y encontraba en ellos muchas cosas dignas de alabanza, el amor que tenían por su rey, por ejemplo, su simplicidad y aquel desarrollo de la pequeña propiedad que él analizó con la perspicacia de un economista moderno.

En el futuro, durante las numerosas misiones que realizaría en Francia, en 1504 y en 1510, no tendría gran cosa que modificar de sus *Re-*

tratos de las cosas de Francia. Dejaría de estar en buenos términos con aquel país porque, cada vez más, era para él un país enemigo. No compartía las ilusiones de Savonarola, quien se imaginaba que Carlos VIII iba a «liberar» a Italia; para Maquiavelo, el extranjero sólo aspiraba a oprimir, asolar y saquear; y el aliado, a ese respecto, solía conducirse de la misma manera que el enemigo: lo había visto con claridad en Pisa.

Es de lamentar que en lugar de encontrar frente a él al débil y colérico Luis XII, Maquiavelo no encontrara a Luis XI, un adversario digno de él, el prototipo mismo del hombre de Estado «maquiavélico», según la acepción que la opinión pública otorga a tal calificativo. ¡Qué bella partida habrían jugado juntos! En cambio, si Maquiavelo no siempre comprendió bien a los franceses, si algunas veces se dejó cegar por su desconfianza, rencor o resentimiento, los franceses, por su parte, se hicieron una imagen bastante ridícula del gran teórico de la política italiana. Así, hicieron un sistema de lo que para él era una mera adaptación a las circunstancias, un medio de sacar el mayor partido a las cosas. Extrajeron una doctrina de sus observaciones empíricas, descubrieron una religión de la duplicidad y la mentira en lo que tan sólo era una reacción natural de defensa. En definitiva, construyeron un sistema, cuando Maquiavelo era el hombre menos sistemático del mundo, y «codificaron» —la manía nacional de los franceses— un tratado de la autoridad que, para él, no tenía ningún valor absoluto.

De ahí el carácter excesivo y erróneo que alcanzaron en Francia la admiración y la denigración.* Se inventó de inmediato el «maquiavelismo» y se pretendió que Maquiavelo se parecía al retrato que de él se hacía. Napoleón, más clarividente, lo admiraba con sinceridad; Descartes se entristecía con su lectura: «Hay libros cuya lectura no es tan propia para alimentar la alegría como para sustentar la tristeza, en especial el libro de ese doctor de los príncipes...» Y Jean-Jacques Rousseau opinó: «Maquiavelo era un hombre honesto y un buen ciudadano...», lo que, a buen seguro, es lo más justo que pueda escribirse de él.

La llegada del reemplazo de Della Casa dejó en segundo plano al secretario que, en el ínterin, había discutido a solas con el rey y el cardenal. Por otro lado, el nuevo representante florentino, Pier Francesco Tosinghi, traía el consentimiento de la Señoría para la concesión de

* El autor, Marcel Brion, es francés, de ahí que haga especial hincapié en la expansión de la doctrina de Maquiavelo en Francia y aluda a la opinión de diferentes personalidades de ese país. *(N. de la T.)*

nuevos créditos. Luis XII había obtenido lo que quería, es decir, dinero. Florencia, a cambio, le había persuadido para que no favoreciera las empresas de los Borgia y, en particular, para que prohibiera al duque de Valencia cualquier acto de agresión contra la Toscana.

¿Cuál fue el papel de Maquiavelo en todo ello? ¿Por qué, en fin, siguiendo la detestable tradición de aquella Italia dividida, se servía de un Estado extranjero contra un príncipe italiano? Todo ello puede parecer contradictorio si se olvida que Maquiavelo era, a partes iguales, ciudadano florentino y patriota italiano, y que antes que de la unificación de toda la península se preocupaba de la salvación, seguridad y prosperidad de su ciudad. En la época en que se veía a César Borgia como un simple aventurero que alteraba Italia por la sola ambición e impaciencia de obtener un reino, como un conquistador cuyas intenciones sobre la Romaña eran perjudiciales para los intereses florentinos, Maquiavelo estaba contra César. Por otro lado, en aquel momento, César estaba conchabado con los franceses y podía decirse, incluso, que les servía, que les hacía el juego. «Con mi tribu estoy contra el extranjero —dice el proverbio árabe—; con mis primos, contra mi tribu; con mis hermanos, contra mis primos.» A pesar de su sentimiento unificador, Maquiavelo compartía el espíritu italiano que prefería la ciudad al país, el partido a la ciudad. César Borgia aún no era más que un debutante, una joven fiera lanzada a la arena política, con inmensos apetitos y una energía indomable. Maquiavelo no le conocía bien, no lo había observado de cerca. No sabía otra cosa que lo que se contaba de él. Y, además, la política era un perpetuo juego de equilibrio, de modo que si era necesario menguar a los Borgia para obtener de Francia una ventaja, tanto peor para los Borgia.

La ingeniosa iniciativa del secretario había triunfado sin reservas: Luis XII veía un rival en aquel César al que había colmado de favores. Para asustarlo, Maquiavelo había desenmascarado el proyecto de la unidad italiana y había extremado la vigilancia de aquel rey que pretendía ser, también él, un soberano italiano. Si los Borgia eran enemigos de Francia, él enemistaría a los franceses con los Borgia...

Después de aquellas excitantes aventuras, la tranquila Cancillería en el Palazzo Vecchio podía parecer monótona y fastidioso el trabajo que en ella se realizaba. Por fortuna, Maquiavelo no estaba nunca demasiado tiempo quieto. Habían estallado disturbios en Pistoia, guerras de clanes entre los Panciatichi y los Cancellieri. Estos últimos eran los dueños de la ciudad, mientras que sus enemigos, exiliados, vivían en el extranjero, desde donde fomentaban desórdenes. El secretario de la Cancillería marchó pronto a restablecer la paz en Pistoia, seriamente amenazada. No sin trabajo. Pero, apenas de vuelta a su despacho, los señores le hicieron llegar una carta, con el encabezamiento acostumbrado: «Montarás a caballo enseguida y partirás sin demora...» Una nueva misión. Pero ésta habría de suponer el momento decisivo en la vida de Maquiavelo, pues iba a poner frente a frente a los dos hombres que mayor interés tenían en conocerse: al autor de *El príncipe* y a César Borgia.

CAPÍTULO OCHO

Maquiavelo conoce al Príncipe

César Borgia era hijo de una famosa cortesana romana, la Vanozza, y del papa Alejandro VI. La familia de su madre no era destacable, pero sí lo era la belleza de ella y, como apuntaba el viejo cronista Tommaso Tommasi: «La dilatada experiencia le había dado tal grado de sabiduría para dirigir a quienes le gustaban con las artimañas de las cortesanas que era perfecta [...]. Hacía ver que era una arpía insaciable, pero se guardaba muy bien de mostrar a las gentes que era una grácil y encantadora sirena.» La sirena reinaba desde hacía mucho tiempo en el alma del cardenal Roderigo Borgia. Para los escritores de aquel tiempo, resulta un tema de bellos movimientos oratorios la alianza de una prostituta y un libertino pérfido y cruel, «que se ha vuelto indigno de vivir por sus vicios», en una palabra, un verdadero «lobo encantador». Sería competencia de los psicólogos explicar el carácter, el comportamiento y la política de César Borgia según la singularidad de sus orígenes. «Procede —explica Tommasi— de una semilla execrable y llena de ponzoña.» Los historiadores, más tarde, se complacieron también en cargar aquel retrato y lo pintaron con los colores más sombríos y crueles, ignorando que entre los hombres de aquel tiempo los vicios de César Borgia no eran excepcionales y que lo único excepcional en él era su genio. Por lo demás, no difería mucho de los otros tiranos y aquel «monstruo» no era siquiera el peor. Todas las *virtudes* que poseía —y no hay que entender aquí la palabra «virtud» en su acepción moral habitual, sino como sinónimo de energía, capacidad, aptitud y posibilidades— se expresaban en él en grado sumo. Era en verdad un ser único y, en el sentido en que Gobineau empleó este término, un verdadero «hijo de rey».

Por otro lado, lo habrían criado bien —al menos, cuanto era posible en semejante medio—, es decir, le habían permitido crecer a su aire, sin coacción. De este modo, su naturaleza se había desarrollado en la dirección en que la llevaban sus talentos e instintos. Nadie había intentado hacer de él un animal doméstico, un sujeto conforme, un personaje normal y corriente. Era atractivo, atrevido, inteligente, apasionado, de aspecto noble y seductor. El hijo favorito de su padre y el preferido de su madre, quien sin duda puso todo su empeño en formarlo según su ideal.

¿Cuál era este ideal? El de toda aquella época: un individuo, o lo que es lo mismo, un hombre que era plenamente él mismo, que desarrollaba al máximo las cualidades que le eran propias, sin preguntarse si la moral vulgar designaba con el nombre de defectos algunas de sus cualidades; un hombre para quien una personalidad era algo tan importante como una obra de arte y, por tanto, debía crearse con el mismo cuidado, aplicación y genio. Un hombre que no ocultaba nada que pudiera hacerlo grande. Era grande aquel que había llevado al máximo la eficacia de sus actos y sus deseos, que no se juzgaba en absoluto por la dimensión de los otros hombres, sino que se medía tan sólo según sus aspiraciones, ambiciones y apetitos. Era grande aquel que se había realizado, ya fuese artista o condotiero, hombre de Estado o entregado al placer. Los criterios morales no tenían mucho ascendiente sobre él, bastaba con ser grande.

Tommasi cuenta que su madre se ocupó de él durante sus primeros años, quien «siendo una fuente impura, no podía dar más que aguas turbias y muy malos documentos»; su padre no tenía mejores ejemplos que ofrecerle. Por lo tanto, nada forzaba ni coartaba el desarrollo de una naturaleza particularmente rica, impulsiva y pronta a las audacias, en la que no había rastro de timidez, temor o indecisión. Fue uno de los grandes méritos de aquella época el de no impedir en modo alguno la eclosión de las naturalezas más extraordinarias y de ofrecer a cada una la forma de vida en la que podría desarrollarse y realizarse a su antojo.

César Borgia no era un «producto» de la herencia, la educación o la época, aunque esos tres factores hubieran ejercido una acción poderosa en la formación y evolución de su personalidad; era sólo un individuo cuya individualidad no había sufrido ni presión, ni torcimiento, ni barrera. No todo el mundo se convertía en César Borgia, pero no todo el mundo nacía «hijo de rey». La fabricación de los sujetos en serie, el ideal del hombre-masa, el conformismo político, social o moral, nunca ha visto con simpatía el desarrollo de aquel tipo de individuos; el Renacimiento, por fortuna, se preocupó más de formar hombres que ciudadanos, permitiendo a cada cual cultivar sus aptitudes y singularidades, sin imponerle la carga de opiniones uniformes, ideas estereotipadas, gestos «taylorizados»* y sentimientos estandarizados. Aquella época ponía los mismos cuidados en formar un individuo como la nuestra en destruirlo. En ese sentido, quizá César Borgia fuese un resultado de su tiempo, pero ante todo era un individuo que se había modelado a sí mismo, sin otra preocupación que la de alcanzar su completa y perfecta realización. ¿Un monstruo? Si se quiere expresarlo así...

Estudió en Pisa, donde se distinguió sobre todo en historia y en derecho. Su padre le destinaba a la carrera eclesiástica, lo que —él mismo había dado el ejemplo— no debía contrariar sus instintos y ambiciones. Le concedió el tocado de cardenal, lo que era un bonito comienzo en las órdenes. Sin embargo, Alejandro VI conocía demasiado bien a los hombres para creer que la carrera eclesiástica convenía a César. Así pues, hizo que la abandonase y lo encaminó hacia la política. Luis XII, que tenía obligaciones hacia el Papa porque éste, muy oportunamente, había anulado su matrimonio con Juana de Valois para facilitar su matrimonio con Ana de Bretaña, recompensó al hijo del soberano pontífice que le había concedido la benéfica bula, acordándole el ducado de Valencia y la orden de San Miguel.

César Borgia se había convertido en un gran personaje, pero aquellos honores no tenían demasiada eficacia práctica. Lo que necesitaba era un principado. Parece que no era difícil conquistar uno en aquella Italia trastornada, pero no había vacante en ese momento y, aunque hubiese nombrado a César gonfaloniero de la Iglesia y capitán general de los ejércitos pontificales, grado que ponía a su disposición todas las fuerzas de la Santa Sede, Alejandro VI dudaba en entablar una guerra sólo para situar a su hijo. Venecia y Milán verían con malos ojos cualquier intento del Vaticano por aumentar su soberanía. Además, los enemigos hereditarios del Papa —cuando no poseían ellos mismos la tiara—, los Orsini y los Colonna, poseían los ejércitos más importantes y controlaban a un gran número de condotieros.

Así pues, la alianza francesa era una necesidad. Alejandro VI la obtuvo por su benevolencia hacia el rey; a cambio, cuando Luis XII invadió Milán, obtuvo la ayuda de las fuerzas francesas para invadir por su

* Alusión a Frederick W. Taylor (1856-1915), ingeniero y economista estadounidense promotor de la organización científica del trabajo («taylorismo»). *(N. de la T.)*

parte la Romaña. Se procuró la ayuda de los Orsini combatiendo a los Colonna y, luego, expulsó de su ducado de Urbino a Guidobaldo da Montefeltro; de este modo, se encontró a la cabeza de un territorio importante, bien situado desde el punto de vista estratégico y proveedor de soldados reputados; con semejantes bazas, podía hacer buen papel en la partida política.

Por desgracia, ese éxito también había atraído sobre él las miradas inquietas de Florencia. La embajada de Maquiavelo ante el rey de Francia había sido consecuencia de esas ampliaciones territoriales que perturbaban, con razón, a la República. Puesto que no quería dejar descontentos a los florentinos, que eran serviciales proveedores de fondos, Luis XII sostuvo con menos efusión la causa de su aliado. César Borgia sabía muy bien que no podía contar con los franceses, pues una vez que hubieran obtenido todo lo que querían del Papa, abandonarían a su hijo. Tampoco los Orsini eran aliados seguros. En definitiva, no existía ningún aliado de confianza; César no ignoraba que las ayudas que había obtenido eran precarias y revocables en el momento mismo en que sus socios hallaran una alianza más ventajosa que la suya. Sólo se podía contar con uno mismo, con el propio talento, la fuerza, la audacia y la energía, y sólo era posible mantenerse en el poder a expensas de una vigilancia perpetua y una desconfianza absoluta. Los Borgia no poseían esas grandes «alianzas de familia» que eran una especie de coalición. Alejandro VI casó de modo provechoso a su hija Lucrecia, pero eso no bastaba. El hombre que alza el vuelo se halla siempre solo y cada vez más cuanto más alto asciende. Así, los comienzos de César habían encontrado una hostilidad negligente; ésta se transformaría en una feroz animosidad el día en que destapara la ambición que ardía en él. Había que ser fuerte y basar la propia fuerza sólo en uno mismo. Antaño, un señor tenía su puesto asignado en el escalafón de la sociedad feudal, ayudaba y era ayudado. Pero en aquellos tiempos el hombre estaba solo. El individuo estaba librado a sí mismo, lo que le confería toda su nobleza, grandeza y libertad. *«E se tu sarai solo, tu sarai tutto tuo»*, decía Leonardo da Vinci. Estar solo significaba pertenecerse total y únicamente a sí mismo; según las circunstancias, aquella soledad era una fuente extraordinaria de fuerza o una terrible debilidad. Por lo tanto, había que estar solo y ser fuerte.

«Es tiempo de que Italia vea romperse sus cadenas. ¿Con qué demostraciones de alegría y reconocimiento no recibirían su liberación esas desgraciadas provincias que, desde hace tanto tiempo, gimen bajo el yugo de una dominación odiosa? ¿Qué ciudad le cerraría sus puertas, y qué pueblo sería lo bastante ciego para negarse a obedecerle? ¿Qué rivales tendría que temer? ¿Habría un solo italiano que no se apresurara en rendirle homenaje?» Italia aguardaba a su libertador. Las palabras enardecidas de Maquiavelo traían el eco de Petrarca. César Borgia conocía la gloria que esperaba al hombre que expulsase de la Península a los «bárbaros» y que devolviese la unidad y la libertad a aquel pobre país. Se sentía capaz de desempeñar aquel papel. *Aut Cesar, aut nihil.* O César o nada. Él será César.

Sus súbditos le querían. En el momento de los peores desastres, la Romaña seguía siéndole fiel. Poseía ese talento, tan raro, de saber hacerse temer y amar a la vez, y ambos le eran necesarios para reinar. Y cuando se había visto forzado a usar la violencia, para aplastar una sedición o acallar a los descontentos, había tenido la habilidad de castigar a continuación con una ferocidad extrema a los hombres que habían ejecutado sus crueles órdenes, como si ellos hubieran tomado la iniciativa. Tras apoderarse de la Romaña, cuando ésta estaba, según refirió Maquiavelo, «gobernada por una infinidad de pequeños príncipes, más ocupados en expoliar a sus súbditos que en gobernarlos», y que carentes a su vez de fuerza habían servido más para arrojarlos en el desorden que para hacerlos vivir en paz, César Borgia comenzó una represión extremadamente enérgica. Dio como gobernador a aquel país, destrozado por las disputas de los pequeños príncipes y devastado por los bandidos, a uno de sus lugartenientes, Ramiro dell'Orco, que sin duda se condujo como una especie de ogro hasta el día en que César, considerando que ya había hecho demasiado y que, en adelante, el país aterrorizado estaría tranquilo, decidió deshacerse de Ramiro. Una mañana, se encontró el cadáver del gobernador en la gran plaza de Cesena, cortado en dos; a su lado se hallaba el machete ensangrentado que había servido para la operación. Un soldado del duque montaba la guardia, de manera que era fácil adivinar de quién había partido la orden de ejecución.

Con esos medios, César se aseguraba una especie de popularidad, que no buscaba por placer, puesto que le preocupaba poco lo que el pueblo pensara de él, sino porque la necesitaba para mantener la paz en sus dominios: una represión constante le habría obligado a inmovilizar guarniciones y necesitaba tener siempre disponibles todas sus fuerzas para la «gran aventura». El miedo, una cierta admiración por su energía y su astucia, debían inspirar a sus súbditos una sumisión absoluta. Por instinto, los hombres reconocían en él al «hijo de rey» de Gobineau, al «superhombre» de Nietzsche, y obedecían sin rechistar. Como nunca era cruel sin razón ni tiránico sin utilidad, resultaba preferible a la mayoría de pequeños potentados italianos de aquel siglo, a los que guiaba una brutalidad caprichosa y un gusto extravagante por lo arbitrario. En César, la inteligencia dominaba todos los movimientos de la pasión. Unas veces esa inteligencia se valía del amor del pueblo, otras de su espanto; dos teclados distintos, para interpretar piezas diferentes, según fuesen las necesidades. Tanto para César como para Maquiavelo, el defecto mayor era la confusión, bien en el plano de los sentimientos, bien en el de las acciones. Según las circunstancias, convenía que a un monarca se le apodase el Amado o el Cruel, pero lo esencial era que éste no se limitara a interpretar uno solo de los dos papeles. Maquiavelo, en las inmortales páginas de *El príncipe* expuso de forma magistral los deberes del soberano en estas cuestiones:

«Cabe preguntarse si vale más ser amado que temido, o temido que amado. Creo que ambas cosas son necesarias, pero como no es fácil reunir las dos, cuando nos vemos reducidos a uno solo de esos medios creo que es más seguro ser temido que amado. Los hombres, hay que decirlo, son por regla general ingratos, cambiantes, taimados, tímidos y ávidos de ganancias. Mientras les hacéis el bien son enteramente vuestros, os ofrecen sus bienes, su sangre, su vida, y hasta a sus propios hijos, como ya he dicho, cuando la ocasión es lejana; pero si se presenta, se sublevan contra vosotros. Y el príncipe que, confiando en sus bellas palabras, omite prepararse para hacer frente a los acontecimientos, corre el peligro de perecer, porque los amigos que uno se hace a costa de dinero y no por las cualidades de la mente y del alma, raramente están a prueba de los reveses de la fortuna, y os abandonan en cuanto necesitáis de ellos. Los hombres, en general, son más dados a tratar con miramientos a quien se hace temer que a quien se hace amar. La razón es que esta amistad, que era un vínculo simplemente moral y una deuda, contraída de un favor, no puede resistir al cálculo del interés; en cambio resulta difícil deshacerse de la condena que inflige el miedo. Sin embargo, el príncipe no debe hacerse temer de manera que no pueda escapar al odio si no puede ganarse el amor, porque puede mantenerse en una posición intermedia.»

César Borgia difería de Maquiavelo en que prefería la alternancia a la moderación; lo que, en suma, era más práctico y garantizaba mejores resultados. Conocía el valor del terror como medio de educación y de gobierno. Sabía también que, en la mayoría de los casos, el temor bastaba, siempre y cuando en una circunstancia dada se hubiera evidenciado que era un temor justificado, y los habitantes de Romaña se lo agradecieron.

Por eso sus asuntos habían avanzado de forma considerable. El César «sin tierra» de antes se denominaba ahora, con orgullo, César Borgia de Francia por la gracia de Dios, duque de Romaña, de Valencia y de Urbino, príncipe de Andria, señor de Piombino, gonfaloniero y capitán general de la Iglesia. Sus conquistas no habían aplacado su ambición; al contrario, pues se volvía ahora hacia Bolonia, con el deseo aparente de expulsar a los Bentivogli, a pesar de la hostilidad de Florencia, a pesar de la prohibición expresa de Luis XII a petición de Maquiavelo. Después de lo cual, se apoderaría de Perugia.

Aquéllas serían las primeras etapas de su carrera hacia la hegemonía. Carrera rápida, puesto que no tenía tiempo que perder. Su poder se basaba en exclusiva en el hecho de que su padre estaba sentado en el trono de San Pedro, que disponía del poder inmenso, tanto material como moral, de la Iglesia y que las arcas pontificias estaban a su disposición; arcas que el Papa llenaba, de forma muy oportuna, con los bienes de los cardenales que habían dejado de gustarle y los de los nuevos que nombraba para sustituirlos. Cuando, después, aquellos recursos le faltaron, su prestigio y su autoridad se hubieran venido abajo de no haber sido porque antes había tenido la precaución de apuntalarlos mediante conquistas y adquisiciones, que le hicieran independiente de todos, incluso del Papa.

No convenía tener entonces al rey de Francia en contra, pero, llegado el caso, Luis XII vacilaría en reñir con el pontífice; por lo tanto, podía considerarse mero formulismo la prohibición de Luis de tomar Bolonia, a petición de los florentinos. Luis XII no llegaría a apoyar con las armas su veto. Quedaba la República, con la que había que utilizar la intimidación, al mismo tiempo que la astucia.

César Borgia despreciaba Florencia como despreciaba todas las democracias; desdeñaba a aquellos banqueros, usureros enriquecidos, comerciantes de lana y de seda que se tenían por hombres de Estado. Entre Florencia y él existía una hostilidad imposible de apaciguar; de entrada, porque Florencia estaba interesada en mantener el statu quo, mientras que César iba a trastornar y reorganizar toda Italia; además, porque aquel gobierno de «demócratas» pretendía obstaculizar su carrera y darle órdenes a él, al príncipe. De todos los príncipes italianos de aquel tiempo, César fue sin duda el que poseyó el sentimiento más intenso de la monarquía absoluta. En el fondo, no era más que un aventurero, pero tenía madera de gran rey. Pensaba como tal. Su fuerza se situaba a la altura de sus sueños y su voluntad, al nivel de sus apetitos. Llegado el día, habría de someter a Florencia, al igual que a todas las demás repúblicas italianas, a su capricho real. Pero, por el momento, Florencia se atravesaba en su camino y se mostraba obstinada por demás en el asunto de Bolonia.

César Borgia había hecho un «disparo de advertencia», al fomentar, con ayuda de Vitellozzo Vitelli, el hermano del condotiero que ejecutaron los florentinos, una revolución en Arezzo y en el Val di Chiana, ambos dependientes de la República. A raíz de aquella revolución, Vitellozzo y César se habían instalado en la ciudad, lo que les acercaba de manera peligrosa a Florencia. Por lo tanto, Florencia se quejó al Papa, quien dio una respuesta muy confusa, y a Luis XII, quien, conforme a los acuerdos tomados a raíz de la embajada de Maquiavelo en Francia, ordenó a los invasores que restituyeran los territorios ocupados. Para dar más fuerza a su sanción, Luis XII situó una guarnición francesa en Arezzo. Los florentinos consideraron que el oficial que la mandaba, Imbault, estaba en connivencia con César y exigieron que se le sustituyese; el rey colocó en su lugar al señor de Lanques, pero la situación no cambió. Era evidente que, aunque trataba con miramientos a la Señoría, Luis XII no quería irritar al duque de Valencia. Así pues, Florencia resolvió no volver a solicitar su intervención y tratar directamente con los Borgia.

«Nicolás, te enviamos ante Su Excelencia, el duque de Valentinois, con credenciales; te presentarás lo antes posible...» Así comenzaba el mensaje de los Señores al secretario de la Cancillería. Es de imaginar que Maquiavelo no tardó mucho en hacer su equipaje. ¡Conocer a César Borgia! Qué oportunidad para un curioso de la política y un admirador de los grandes hombres. La tarea que le habían encomendado no era fácil; el texto de su comisión la especifica con todo detalle: «Harás observar que, siempre animados por el mismo espíritu, queremos mantener el buen entendimiento con el Soberano Pontífice y con Su Excelencia, y seguir firmemente unidos al monarca francés, cuya amistad y protección nos obligan de manera necesaria a dar parte de lo que nos enteremos y a cumplir con los deberes de fieles aliados siempre que se trate de los intereses de ese príncipe y de aquellos de sus amigos, o Estados, que dependen de su poder. Dirás también a ese señor que estos motivos nos han determinado a enviarte con prontitud ante él, ya debido a la importancia del tema, que nos ha parecido exigirlo, ya para asegurarle de nuevo que ante los movimientos de nuestros vecinos, permaneceremos invariables en nuestras disposiciones, tanto por lo que se refiere a él como a ellos, y continuaremos viendo a los amigos de Francia como los nuestros y a no separar en absoluto su causa de la de la República. Nos parece oportuno que no vayas más lejos en esta primera audiencia...» Según la manera en que César Borgia escuchase este discurso y respondiese, según las medidas que tomase —en especial—, se vería cómo habría que orientar las entrevistas posteriores.

La Señoría confiaba en Maquiavelo para conducir las negociaciones de la manera más ventajosa posible. Como no podía preverse la reacción de César Borgia, se concedió al enviado cierta libertad; así podría tomar las iniciativas que considerase convenientes, aunque, claro, dentro del marco de las disposiciones que se le habían dictado. «Posees la suficiente experiencia para que no haya que trazarte un plan», le indican, pero añaden enseguida: «No te saldrás de esos límites.» Y para cubrirlo, añaden también: «Si el duque te hace peticiones posteriores, le dirás que vas a escribirnos y que esperarás nuestra respuesta.»

Con las credenciales en su cartera, Maquiavelo montó a caballo y galopó hasta Urbino, donde César Borgia tenía su corte. Extraña corte, donde reinaba una atmósfera inquietante. Se chismorreaba mucho, incluso existía una cierta agitación y, como en todas partes, había enanos, músicos, bufones, hombres de guerra y validos, pero ninguna de aquellas personas expresaba una sola palabra acerca de sus ideas, sus sentimientos o sus proyectos. Maquiavelo nada ganaría hablando con ellos, pues, al igual que su amo, aturdían con un torrente de palabras, pero luego, ya lejos de ellos, uno se daba cuenta de que no habían dicho nada; nada que los obligase, que los comprometiese o que permitiera adivinar qué se disponían a hacer. Todos tomaban como modelo a su jefe, todos imitaban su actitud, sus maneras y su comportamiento. ¿O bien eran sólo marionetas en su mano poderosa, sus sombras en la pared, reflejos de su temible personalidad? El silencio de César era tan grande que todos los que trataban con él estaban desorientados. Muy distinto en esto de su padre, que hablaba mucho pero nunca hacía lo que decía —lo que es otra suerte de habilidad—, César practicaba ese silencio turbador, inquietante, temible, siniestro incluso, cuando se conocían las ambiciones de aquel hombre y se adivinaban sus proyectos.

Los embajadores florentinos —el obispo de Volterra acompañaba a Maquiavelo para apoyarle con su prestigio— aguardaron hasta la noche para que les recibiese César Borgia, quien daba siempre sus audiencias a altas horas. Algunos de sus coetáneos opinaban que lo hacía a propósito, a fin de disimular los horrorosos y sangrantes granos rojos que cubrían su rostro; a fin de ocultarlo para no dejar entrever ninguno de sus pensamientos y sentimientos, creían otros. Al entrar en la pequeña estancia, mal iluminada por la luz tenue y titilante de las velas, Maquiavelo, con el corazón agitado, observó a aquel hombre que tenía en sus manos el destino de Italia. Era apuesto, con sus grandes ojos, ardientes y tristes, su boca fina y aquella singular asimetría de su rostro que era el reflejo de su personalidad compleja. ¿No habría quizás un melancólico detrás de aquel hombre de acción? ¿Un soñador detrás de aquel prodigioso realista? También lo vio así Maquiavelo y, una vez terminada la entrevista, según las costumbres de los diplomáticos, registró la conversación y anotó su impresión, la resumió en una frase: «Es muy solitario y muy secreto.»

Sin embargo, César había hablado durante dos horas de todo, a ratos amable, irónico o jovial. Por momentos, una sutil amenaza le hacía entornar los ojos, para que el brillo de éstos no le traicionase, y, de nuevo, daban comienzo las interminables cortesías y gentilezas. Reproches bastante incisivos habían hecho estremecer a los embajadores en el transcurso de aquella entrevista, pero en ningún momento se pusieron de relieve, no se insistió sobre las causas de fricción entre la República y el duque de Valencia. ¿En qué desembocó todo aquello? En nada. César jugó con ellos, interpretó una prodigiosa comedia para ellos, pero en definitiva se burló de ellos, puesto que salieron de aquella habitación sabiendo lo mismo que dos horas antes, cuando entraron. No sabían qué haría ni tampoco si haría algo. ¿Por dónde cogerle? Era un fuego fatuo en constante movimiento, al que no se osaba asir con demasiada firmeza, por temor a quemarse los dedos.

Los enviados de Florencia partieron de Urbino sin haber obtenido nada. La segunda audiencia —César dilatará la espera durante varios días— tampoco fue satisfactoria. «Todo esto no sirve para nada, no soy un comerciante...», respondió César y se negó negociar. Era un soldado, un hombre de acción; era sincero, no engañaba, jugaba limpio y, sin embargo, al resumir sus largos discursos, ¿qué hallamos? Protestas de amistad contradichas de inmediato por oscuros reproches, la afirmación de que sólo deseaba situaciones claras y, al mismo tiempo, continuas ambigüedades.

¿César era tan fuerte como se decía y como él daba a entender? Los embajadores florentinos fueron a interrogar a los dos Orsini, que estaban a su servicio. Volvieron aterrados: todo lo que César había dicho era cierto y todavía, según su costumbre, no había dicho nada. La verdad era ésta: «Estamos tan dispuestos a la guerra que el día en que nos pongamos en marcha estaremos delante de Florencia antes de que os hayáis dado cuenta. El rey de Francia no hará nada por los florentinos; para que no sea evidente, les enviará algunos soldados, pero se las arreglará para que éstos lleguen demasiado tarde y para que su ayuda no sea eficaz...»

Con el ánimo apesadumbrado, Maquiavelo abandonó Urbino y galopó hasta Florencia para dar cuenta a los Señores. Aquéllos fueron los preámbulos de las grandes negociaciones, que tuvieron lugar en junio. En el mes de octubre de 1502, el secretario de la Cancillería volvió a tomar el camino hacia Urbino, donde, en esa ocasión, habría de permanecer tres meses y medio, tiempo durante el cual se entrevistará con César veinticinco o treinta veces. ¡Qué conversaciones tan apasionantes! La situación había cambiado en cinco meses: César Borgia desconfiaba ahora de sus condotieros. Sabía que estaban a punto de abandonarlo, circunstancia ésta que modificaba sus relaciones con Florencia; sin embargo, la República dudaba en comprometerse con él. Las dos partes solicitaban la amistad de la República; los Orsini, que eran los instigadores de la conspiración de la Magione, y que atraían hacia sí a los principales condotieros del duque, también buscarían el apoyo de los florentinos. Habían hecho gestiones para ello y, bien mirado, César Borgia habría de encontrarse solo el día en que los Orsini, los hijos de Giovanni Bentivoglio, los Baglioni, Vitellozzo Vitelli y Oliverotto da Fermo lo abandonen. ¿El interés de los florentinos no era apoyarlos contra el enemigo común? Se contaba con la adhesión de Pandolfo Petruccio, señor de Siena, del duque de Urbino expropiado, de su madre, Giovanna di Montefeltro, gobernadora de Senigallia, y de Alviano, un gran hombre de guerra. Italia habría de agruparse contra el tirano, el usurpador....

Maquiavelo sabía que César nunca era tan grande como cuando estaba solo. La liga de los condotieros descontentos tenía todos los defectos de las asambleas populares: se discutía mucho y no se decidía nada. Eran demasiados para actuar de forma eficaz. Y, por añadidura, hablaban demasiado, explicaban sus proyectos a todo el mundo; ¿creían que César iba a dejar que le cogiesen desprevenido? César era hombre capaz de aplastar, como si se tratara de un juego, a aquellos pobres conspiradores que carecían de dotes políticas, audacia y resolución, que se exaltaban y se iban de la lengua en lugar de actuar. A Florencia no le interesaba aliarse con aquellos enredadores.

«Es una dieta de fracasados», comentaba César para referirse a la liga de la Magione, y se reía. No eran enemigos dignos de él semejantes necios e ingenuos. «No aprovecharon la ocasión de abatirme cuando era posible; ahora tengo conmigo al Papa y al rey de Francia, dos cosas que me inflaman tanto que haría falta otra agua para extinguirme.» Y el duque añadía que Florencia debía desconfiar de los Orsini, pues éstos habían jurado la perdición de la República.

¿A quién creer? ¿A los Orsini y sus protestas de amistad? ¿O bien a César? César, por otro lado, se mostraba proclive a las confidencias. Ante aquel florentino de ojos vivaces y rostro astuto, que lo observaba y escuchaba sin perder detalle de su expresión, sin obviar una sola palabra, hablaba a corazón abierto, como le hubiera hablado a un viejo amigo; por ejemplo, cuando le contó la toma del ducado de Urbino: «Fui demasiado generoso, fui un necio. Sólo ejecuté a tres personas que habían faltado al respeto al Papa. A las otras las perdoné. Una imprudencia, una estupidez.» Y luego le habló de los Orsini, de Vitellozzo: «Voy a hacerte una confidencia. Vitellozzo quiere vengar a su hermano, a quien vosotros matasteis. Se hizo llevar a la Magione en litera, tan enfermo como estaba, para ponerse de acuerdo con los Orsini. ¿Contra mí? ¡Ingenuo! Contra Florencia. Los Orsini se han confabulado de acuerdo con los Medici...»

Así se desarrollaban todas las entrevistas. César era un comediante de gran talento al que uno no se cansaba de ver interpretar los papeles diversos a los que lo obligaban su humor y las circunstancias. Hacía leer a Maquiavelo las cartas de los embajadores franceses a su padre. La «fortuna es verde», aseguraba, y, de hecho, la suerte lo sirvió de forma admirable.

Había conquistado a Maquiavelo. Sí, César Borgia era un superhombre, era un hijo de rey, era el salvador que Italia esperaba desde hacía tantos siglos. No se podía luchar contra el hombre que el destino enviaba. Que nadie se dejase engañar por las intrigas de descontentos e impotentes. César solo era más grande y fuerte que todos ellos juntos. Y, además, tenía la suerte de su parte, aquella milagrosa suerte verde, tan verde como el campo en primavera.

Maquiavelo había tomado partido por él. Era preciso que Florencia marchase junto a César Borgia. Juntos habrían de realizar grandes cosas y él, el secretario de la Cancillería, habría de ayudarle a culminar sus magnos proyectos. Pero Florencia aún tenía que dar su consentimiento. La República, como de costumbre, no tomaba el camino recto y se andaba con rodeos. Aquel gobierno de usureros y tenderos regateaba y cicateaba como si tuviera enfrente a un hombre cualquiera. No obstante, había que decidirse. O con César o contra él. En contra él hubiera supuesto ir contra Italia.

¿Serían capaces aquellos magistrados florentinos, aquellos electos por dos meses, de comprender a César como lo hacía Maquiavelo? ¿Serían capaces de anteponer a su civismo un verdadero patriotismo italiano? ¿Se liberarían algún día de sus particularismos mezquinos, de su mentalidad localista? Italia tenía por fin un jefe; un hombre que se convertiría en su jefe y que era digno de serlo; ¿dejarían escapar aquella ocasión?

Para prevenir los desaires de los Señores y evitar las susceptibilidades del pueblo soberano —«a santo de qué se inmiscuye éste; se le piden informaciones, no consejos...»— Maquiavelo se tornó humilde, se excusó por hablarles tan claro: «Que no se vea en ello arrogancia alguna, sólo una prueba de su devoción por Florencia.» Pero era Italia en la que ya pensaba, más aún que en Florencia, puesto que el interés de ésta quedaba subordinado al interés de aquélla o, mejor aún, el interés general y el interés particular era todo uno.

Florencia no hizo nada. Era necesario que los Diez deliberasen largamente sobre cada cuestión. Y luego había que consultar a los jefes de los partidos, sondear la opinión pública, nombrar comisiones y subcomisiones, antes de decidir —para evitar decidir— cualquier cosa. ¡Qué buena era la democracia! No había un solo hombre que se atreviese a tomar una sola iniciativa, a adquirir una responsabilidad. Se había nombrado a Soderini gonfaloniero vitalicio, pero aquello nada cambiaba, puesto que la constitución no le otorgaba poderes suficientes y, por otro lado, Soderini era un *bambino*, un ser indeciso, débil y fluctuante. Cuando Maquiavelo comparaba las intrigas del Palazzo Vecchio, los juegos de influencias que paralizaban al gobierno, las lentitudes, vacilaciones y retrocesos de aquella democracia que hablaba en nombre del pueblo al que temía, con el orden y la diligencia que reinaban en la corte de César Borgia, ¡qué miserable le resultaba aquella pretendida libertad inscrita en los estandartes de la República! Borgia era un jefe que decidía, que actuaba sin aceptar el consejo de los incapaces o necios que hacían un mérito de su nombre y una especie de infalibilidad de su anonimato. Velaba por todo, se ocupaba hasta de los menores detalles.

Nada se le escapaba. Maquiavelo lo había visto pasar revista: examinaba a cada soldado, uno tras otro, con minuciosidad, y si a alguno le faltaba un botón de polaina lo sabía. Leía todas las cartas, las que se recibían y las que se enviaban. Era infatigable; tenía genio, tenía fe en su destino, en su estrella, en su suerte verde. Era el jefe.

La Señoría estaba compuesta por pequeños burgueses florentinos, no por patriotas italianos. El sueño de César Borgia, admitiendo que lo hubiesen comprendido, les hubiera parecido ofensivo, la simple ambición de un príncipe italiano de lograr la supremacía sobre los otros príncipes italianos. Aquello era algo que podía aceptarse de un extranjero, pero no de un compatriota. Así, al defender los intereses estrictamente florentinos, la Señoría creía estar cumpliendo su deber, todo su deber. Por fortuna, Maquiavelo se había hecho muchos amigos y eran muchos los que valoraban el modo en que había negociado con Catalina Sforza y con el cardenal de Amboise; de no haber sido así, el tono de consejero que había adoptado y su audacia al dar opiniones que nadie le había pedido hubieran podido costarle caro.

Sin embargo, las confidencias de César Borgia no lo explicaban todo sobre sus proyectos. Muy a menudo, Maquiavelo tenía la impresión de que aquel hombre terrible jugaba con él como el gato con el ratón. ¿Cuáles eran sus verdaderas intenciones respecto de Florencia? ¿Sus manifestaciones de amistad y su deseo de paz eran sinceros o sólo pretendían adormecer la desconfianza del embajador y de la Señoría? Por inteligente y hábil que fuese, Maquiavelo se sentía perdido en un laberinto en el que una vez tras otra pasaba por los mismos caminos, incapaz de encontrar la salida. ¿César sólo pretendía ganar tiempo? ¿Qué esperaba? ¿El envío de refuerzos franceses? Y ¿qué haría con la «dieta de los fracasados»? ¿Perdonarlos? Sí, si los necesitaba, pero en adelante se sentiría poco seguro entre ellos. Y si los «fracasados», conscientes por fin del error que cometían al amenazar a César, se echaban atrás y hacían la paz con él, ¿cuál sería entonces la situación de aquella Florencia que en aquel momento sólo importaba al duque como contrapeso de los condotieros traidores?

Lo más desconcertante era aquella capacidad para el secreto combinada con aquel dejar hacer, aquella confianza súbita con la que César parecía abrir su corazón. Los momentos en que parecía abandonarse más ¿acaso no eran cuando más disimulaba, cuando mejor mentía? ¿Cómo distinguir la sinceridad de la impostura en sus conversaciones, llenas de sacudidas intermitentes, de súbitos silencios y largos monólogos? ¿Cómo discernir, a través de lo que decía y de lo que callaba, la verdad? Los secretarios del duque, con los que Maquiavelo se entrevistaba a menudo, Agapito y Spannochi, aumentaban todavía más la confusión. ¿Revelaban las intenciones reales de su amo después de beber o, también ellos, sólo actuaban?

Maquiavelo tenía la impresión de encontrarse en un teatro y de estar interpretando un papel en una especie de tragedia con toques de farsa, cuyo escenario ignoraba y donde sus réplicas, que avanzaban con cautela, se las dictaba la intuición que de repente tenía de lo que el interlocutor ocultaba o confesaba, sin que pudiera saberse si el propio interlocutor interpretaba dos papeles o tres, o más.

Al final, tras lentas y sutiles negociaciones, se llegó a un resultado concreto: César Borgia definió lo que esperaba obtener de la República, esto es, una *condotta.* Pero la República no precisaba condotieros nuevos; ya poseía todas las tropas que necesitaba. A César se le ensombreció el semblante. ¿Así pues, Florencia no quería su amistad? Florencia era la que estaba ahora en desventaja frente al Valentinois; era él quien tenía un justo tema de reproche y de rencor. Si se vengaba sería porque Florencia lo habría buscado. Puede que sólo hubiera planteado aquel proyecto de *condotta* para tener un pretexto. ¿Por qué querría entrar al servicio de la República? Era amo de Estados poderosos, tomaba lo que quería del Tesoro pontifical... ¿A qué intención misteriosa respondía, pues, aquella demanda?

Pero ¿cómo negarle algo a un hombre tan amable? Todas las cartas de Maquiavelo reflejaban las manifestación de amistad y de afecto con las que César lo colmaba. Estaba a la disposición de Florencia, sólo aspiraba a servir a la Señoría. Y todo el mundo caía en la trampa de sus palabras excelsas y almibaradas. Sólo era cuestión de concordia, de reconciliación. Se echaría un tupido velo sobre los viejos temas de disputa y, en adelante, se viviría en paz, en buena armonía y confianza mutua. ¿Por qué pelearse? La vida era tan corta... Por otro lado, César no era el ambicioso sin conciencia que describían sus enemigos; ya había conseguido todo lo que deseaba, no quería nada más. Los tiranos de Bolonia y de Perugia podían dormir tranquilos, pues no pretendía sus ciudades. ¿Los Orsini? Eran viejos camaradas, estaba dispuesto a reconciliarse con ellos. ¿Los «fracasados» de la liga de la Magione? Imprudentes, impulsivos, pero en el fondo buena gente aquellos condotieros. Su conjura había sido una chiquillada y parecía claro que habían renunciado a ella, puesto que corría el mes de diciembre de 1502 y hacía más de tres meses que habían comenzado a conspirar. De haber tenido malas intenciones ya las habrían llevado a cabo, puesto que, en definitiva, no eran niños y sabían muy bien que es peligroso amenazar a alguien cuando la amenaza no va seguida de la acción. Los cazadores lo saben por experiencia: si no pueden matar de inmediato a la fiera, evitan por encima de todo herirla, siquiera inquietarla. Por fortuna, sus temerarios conciliábulos no le habían quitado el sueño a César; no estaba furioso contra ellos, no había en él resentimiento. Si hubiese querido vengarse ya lo habría hecho. Por otro lado, ¿acaso no servían con fidelidad al duque? Lo cierto es que acababan de apoderarse de Senigallia, y su nombre...

¡Senigallia! «La ciudad está a tiro de piedra del pie de las montañas y a una milla más o menos del borde del mar. Cerca de la ciudad fluye un riachuelo que baña los muros del lado de Fano, y delante está el camino que viene de esta última ciudad de tal manera que, al llegar a Senigallia, se siguen las montañas durante bastante tiempo; una vez en el borde del río que riega Senigallia, se gira a la izquierda y se bordea éste durante algún tiempo, luego se atraviesa un puente que está enfrente de la puerta por la que se entra a la ciudad, no directamente, sino un poco de lado. Delante de esa puerta hay un pequeño arrabal y una plaza que bordea el muelle del río, que forma allí un recodo.» Aquél era el decorado. Maquiavelo, que cabalgaba en la escolta de César Borgia la mañana del 31 de diciembre, lo había abarcado todo de un vistazo, por hábito de observador. Sin embargo, no previó qué dramática obra maestra iba a desarrollarse en aquel escenario. Resultaba útil conocer la descripción que hacía Maquiavelo de aquellos lugares, saber de su topografía, para apreciar así, con precisión, el *bellissimo inganno*, como diría Paolo Giovio, esto es el «bellísimo engaño».

Encantado por la noticia de la toma de Senigallia, César Borgia quiso felicitar y dar las gracias en persona a los Orsini y a Vitellozzo, que habían logrado aquel buen golpe de mano. Y había llevado consigo a Maquiavelo para mostrarle un espectáculo que aquél sería capaz de apreciar y para tener un testigo, el testigo cuya opinión contaba para él. Todos los hilos agrupados y ajustados con paciencia durante días, semanas, meses, formaban la admirable tela. Una verdadera obra de arte. Una obra de arte política. Y aquella hermosa tela serviría para amortajar los cadáveres de los condotieros.

Pero éstos no estaban tranquilos. A pesar de las intenciones de amistad y los abrazos del duque, recordaban que éste casi nunca olvidaba los ultrajes. Les hubiera gustado sentirse seguros en su campo, en medio de sus tropas. Y César llegó con dos mil soldados de caballería y diez mil infantes. ¿Era así como se presentaba un hombre que venía en son de amistad a decidir los términos de un tratado de paz definitivo? Puesto que, según la intención del duque, aquel tratado debía firmarse en Senigallia mismo, los condotieros habían recibido la orden de reunirse con él. Por precaución, habían dejado en Senigallia la tropa de Oliverotto, mil infantes y cincuenta soldados de caballería, pero al resto habían tenido que volver a enviarlos para despejar la ciudad.

¿Es posible que César Borgia guiñase el ojo del lado de Maquiavelo para advertirle que estuviese atento y que observase bien lo que iba a ocurrir o es que conservaba aquella mente de gravedad melancólica y misteriosa que era el reverso de su prodigiosa actividad?

«Una vez preparado, el duque de Valentinois se puso en marcha hacia Senigallia. Cuando la cabeza de su caballería llegó al pequeño puente, se detuvo sin atravesarlo; una parte se alineó en el lado del campo y la otra en el lado del río, quedando entre ambas filas un espacio por el que la infantería desfiló y entró en la ciudad sin detenerse. Vitellozzo, Pagolo y el duque de Gravina fueron a caballo al encuentro del duque, acompañados por un pequeño número de soldados de caballería. Vitellozzo no llevaba armas; cubierto con una capa forrada de verde, parecía triste y abatido, como si presintiera la suerte que le esperaba. Su tristeza impresionó incluso a algunos de sus amigos, que conocían su valor y todo lo que había sido. Se pretende que, cuando abandonó su ejército para ir a Senigallia, se despidió y encomendó su familia y todas sus pertenencias a los jefes, y aconsejó a sus nietos pensar más en el valor de sus ancestros que en su grandeza.

»Una vez junto al duque, los tres lo saludaron con sinceridad y fueron recibidos con un aire risueño; enseguida, quienes tenían orden de hacerse con ellos se colocaron a su lado. Pero el duque, al no ver con ellos a Oliverotto, que se había quedado en Senigallia con su tropa, a la que ejercitaba en la plaza donde tenía su alojamiento, indicó a Don Michele, que se encargaría de él, que evitara que pudiese escapar. Enseguida, Don Michele se adelantó y al encontrar a Oliverotto le dijo que no era el momento de tener así sus tropas, fuera del cuartel, puesto que era de temer que las del duque quisieran ocuparlo, y le dijo que lo mejor era que las hiciera entrar y que le acompañara para reunirse con el duque. Oliverotto le hizo caso y se avanzó hacia el duque, quien lo llamó en cuanto lo vio. Después de haberlo saludado, Oliverotto lo siguió.

»Una vez en Senigallia, y ya en el alojamiento que se les había destinado, los cuatro prisioneros fueron conducidos a una habitación secreta, donde se les encerró. Enseguida el duque de Valentinois montó a caballo y dio orden de desarmar a las gentes de Oliverotto y de los Orsini. Las de Oliverotto fueron sorprendidas y expoliadas por completo, pero las de los Orsini y las de Vitellozzo, que estaban apartadas y que se temían la desgracia ocurrida a sus jefes, tuvieron tiempo para reunirse y, recordando su valor y aprovechando la disciplina en la que habían sido instruidas por los Orsini y los Vitelli, formaron un batallón cuadrado y salieron del país a pesar de los esfuerzos de los habitantes y del ejército enemigo. Los soldados del duque, descontentos por tener únicamente el botín de la tropa de Oliverotto, empezaron a saquear la ciudad de Senigallia y la habrían devastado por completo si el duque no hubiese detenido su audacia haciendo castigar a los más rebeldes.

»En cuanto ese movimiento fue aplacado y una vez llegada la noche, el duque pensó que era esencial deshacerse de Vitellozzo y de Oliverotto. Por lo tanto, los condujeron juntos a un lugar apartado, donde fueron estrangulados. No se cita de ellos ninguna palabra destacable ni digna de la grandeza de su pasado. Vitellozzo dijo que rogaba al Papa que le acordara la indulgencia plenaria por todos sus pecados; Oliverotto, llorando, acusó a Vitellozzo de ser la causa de todo lo que había hecho contra el duque. Se dejó con vida a Paolo Orsini y al duque de Gravina, hasta que el duque fuese informado de que el Papa había hecho detener en Roma al cardenal Orsini, al arzobispo de Florencia y al señor de Santa Croce. En cuanto hubo recibido la noticia, hizo estrangular a sus dos prisioneros en el castillo de la Pieve, el 18 de enero de 1503.»

Maquiavelo no había visto más que el primer acto de la tragedia. A las dos de la mañana, un secretario de César Borgia fue a sacarlo de la cama. El duque quería hablarle. César, alegremente, lo abrazó y le contó todo lo que acababa de pasar entre bastidores. Estaba exultante, como un pintor que, tras concluir su obra maestra, está impaciente por que la admire su amigo más querido, el más entendido. Maquiavelo se alegraba con él: era en verdad una obra maestra, ejecutada de forma admirable. En cuanto a las víctimas —¡pobres necios!—, les estaba muy bien empleado por haberse metido de manera tan estúpida en la boca del lobo. Hubiera sido una pérdida de tiempo compadecer a los torpes e imbéciles. Aquellas gentes habían recibido el justo castigo por su imprudencia y su ingenuidad; no habían eliminado a César cuando lo tenían a su merced, lo habían provocado en la Magione y luego se habían quedado muy tranquilos, como si un hombre así dejara pasar, sin pestañear, semejante provocación. ¡No se puede ser más tonto!

Aquélla era la única oración fúnebre que Maquiavelo consideró digna de las víctimas de Senigallia. Como buen político, admiraba el modo en que todo el asunto se había planeado, ejecutado y concluido. Un hombre inteligente sólo podía elogiar una estratagema lograda de manera tan magistral. Lo esencial era haberla logrado y haber hecho que fuese bella. Una estratagema, como un cuadro o una estatua, podía y debía ser «algo bello». No cabía un juicio moral: se trataba de política. El más fuerte tenía razón; la que le otorgaba su fuerza. Los condotieros habían perdido la partida porque jugaron mal; se empeñaron en una conspiración, pobres benditos, y luego se expusieron a merced del jefe contra el que conspiraban; había resultado fácil prever la suerte que les aguardaba. Si hubiesen sido tan inteligentes como César, y más rápidos, habría sido éste el que acabase en una fosa. La suerte verde era para quien la tomaba. Y, como afirmaba nuestro amigo Guicciardini, «es mejor que seamos nosotros quienes se lo hagamos a ellos que ellos nos lo hagan a nosotros».

El crimen, en sí mismo, no era bueno ni malo. Era justo, lo provocaba la necesidad, y cuando se realizaba con tal refinamiento y destreza, de necesario pasaba a ser bello; se elevaba al nivel de obra de arte, puesto que el arte estaba en todo, tanto en el crimen como en la pintura y la poesía. La obra maestra era la marca del genio. Era eso lo que distinguía a un hombre de genio, como César Borgia, de un político mediocre, aunque no carente de talento, como Gian Paolo Baglioni. También Baglioni, durante su guerra contra Julio II, habría de tener al enemigo a su merced, pero lo dejaría escapar. ¿Merecía elogios acaso su mansedumbre? Maquiavelo, que colmó a César Borgia de halagos sinceros y entusiastas por la «obra maestra» de Senigallia, sólo expresó reprobación y desprecio por el pobre Baglioni, culpable de haber actuado con los escrúpulos de un hombre honesto cuando el momento reclamaba una acción pronta, enérgica e implacable. Baglioni, refiere Maquiavelo, «tenía la ocasión de ganarse una reputación eterna, de eliminar a su enemigo en un instante y de apoderarse de la presa más codiciada. Puesto que todos los cardenales que estaban entonces con el Papa le habrían valido precioso botín. Pero este hombre que públicamente no se avergonzaba de ser incestuoso y parricida no supo, o, a decir verdad, no se atrevió a aprovechar la ocasión que se le presentaba de llevar a cabo una empresa donde todos habrían admirado su valor y su inteligencia, y que le habría inmortalizado, puesto que hubiera sido el primero en mostrar a los jefes de la Iglesia el poco caso que debe hacerse a las gentes que viven y reinan como ellos; hubiera, en fin, cometido un crimen cuya grandeza habría cubierto la infamia y lo habría situado por encima de los peligros que debían resultar de éste».

Maquiavelo ya no censuraría a César Borgia por haber hecho asesinar a su hermano, el duque de Gandia, cuyo cuerpo acabó en el Tíber. Todo acto estaba justificado, ya por la necesidad ya por la belleza. Y cuando ambas se daban juntas, como en Senigallia, la obra resultaba perfecta y, sin duda, digna de admiración. Ahora bien, César era un hombre que ejecutaba en el acto, sin vacilaciones ni remordimientos, todo lo que creía necesario; por lo que merecía la absolución; y como por añadidura, y además de su genio, era un italiano del Renacimiento, era necesario que añadiese el mismo arte a un acto tan simple como lo era una puñalada, por lo cual merecía el elogio y el respeto. Y ya que, en definitiva, aquel hombre era la estrella ascendente, el prototipo del superhombre y del hijo de rey, el amo futuro de toda Italia, el jefe, en una palabra, había que servirle con una devoción total y ciega.

César había puesto a la suerte de su parte. Sin embargo, su ascensión, rápida y violenta, se había desarrollado con todas las precauciones que habían de preservarlo de una caída. Aquel prodigioso hombre de acción era, al mismo tiempo, el calculador más frío, paciente y reflexivo. Tardó tres meses en planear el *bellissimo inganno* de Senigallia, pero de todos es sabido que las obras maestras no se hacen en un día. Los Orsini, aquellos enemigos poderosos, estaban muertos. El pueblo de Perugia lo aclamaba como jefe. Lo que quedaba de los Vitelli solicitaba el perdón y ofrecía a cambio todos sus bienes. El magnánimo César aceptó y recibió, por cuenta de la Iglesia, por supuesto, de la que era gonfaloniero. Para sí mismo no quería nada, no tenía ambición alguna, tampoco codicia. Era el servidor de la Iglesia y cuanto conquistaba era para ella.

Misión cumplida. Parecía que Italia hubiese reconocido a su amo. Amo por la audacia, la inteligencia, la energía y la virtud, esa suprema virtud en la que se basaban todas las demás, sin la que las demás no eran nada. Quedaban aún Petrucci y Baglioni, que no capitularían y que eran difíciles de atrapar. Y quedaba también el enemigo imprevisto, aquel con el que no se contaba: el azar, la fatalidad, que cambiaba de manera repentina el color de la «suerte verde».

Un día, el Papa invitó a cenar en su «viña» a algunos cardenales. Hombres ricos de los que quería deshacerse para heredar de ellos y vender muy caras sus dignidades a los mejores postores de entre sus sucesores. Una maniobra que, por tanto, parecía doblemente provechosa. A fin de que todo transcurriese con decoro y pulcritud, el plan era envenenarlos; morirían cuando ya estuviesen en sus casas y nadie sabría de qué. A tal efecto, se dispusieron dos jarras de vino, una para Alejandro VI y su hijo —César no quiso perderse la diversión— y la otra para los invitados.

Hacía calor. Antes de la comida, Alejandro VI pidió de beber. El sumiller, al corriente del asunto, estaba ausente en aquel momento; un criado tomó una jarra y llenó el vaso de César y el del Papa; con la otra, los vasos de los cardenales. Por la noche, Alejandro VI murió en medio de dolores atroces y César sólo sobrevivió porque poseía un temperamento de hierro y su energía podía incluso con los venenos más terribles. Para salvarlo, su médico hizo destripar una mula y lo metió en las entrañas, todavía calientes, del animal. Bien gracias a aquel remedio, bien a su indomable voluntad, lo cierto es que César se salvó de morir aquel día. Pero mientras se debatía entre la vida y la muerte, los acontecimientos proseguían su curso, sin él, al margen de él, contra él. Sus enemigos recobraban valor, los cardenales se reunían en cónclave a fin de elegir un nuevo papa.

¿Qué sería de César bajo el reinado del sucesor de Alejandro VI? ¿Seguiría siendo el jefe de los ejércitos, conservaría el título de gonfaloniero de la Iglesia, podría continuar disponiendo del Tesoro pontificio? Las intrigas bullían alrededor del cónclave, mientras César yacía en su lecho de enfermo. Cuando le anunciaron la elección de Pío III, se encogió de hombros: un anciano y un incapaz. Pero Pío III sólo reinó durante veintiséis días y hubo que elegir otra vez papa. Para entonces, César ya estaba restablecido y en plena posesión de sus facultades. Puesto que su destino dependía de la elección que se hiciera, era preciso que él fuese el amo del cónclave.

Las cosas habían cambiado y César ya no era el hijo todopoderoso de un padre infalible y omnipotente, sino un aventurero del que las gentes desconfiaban y al que todavía se trataba con miramientos porque se le temía. Cuando dejasen de temerle... Desposeído de una gran parte de su prestigio y su autoridad, César comprendió que no estaba en sus manos hacer nombrar al papa de su conveniencia, que sería necesario un golpe de audacia: quitar de en medio a los candidatos que le molestaban, poner cerco al cónclave. No se atrevió; no podía. Su cuerpo, destruido por el veneno, el famoso veneno de los Borgia, se movía con dificultad, su mente había perdido la lucidez, la osadía y la determinación. Tergiversaba, contemporizaba, él, que no hacía mucho calculaba en un instante y actuaba con todos los recursos del genio, con toda la seguridad del instinto.

El éxito no dependió de él; había tomado, creía, todas las precauciones, ¿quién podía prever el irónico vuelco del destino, el necio error de un criado? Sabía que estaba a merced de un cambio de papa, pero Alejandro VI era fuerte y, a pesar de sus excesos, hecho para vivir mucho tiempo. César se había precavido de antemano contra todos aquellos peligros. «En primer lugar —refería Maquiavelo—, destruyó la familia de todos los señores a los que había despojado, a fin de quitarle al futuro papa el pretexto para despojarle a él; en segundo lugar, se ganó a todos los gentilhombres de Roma a fin de contener al papa por medio de éstos; en tercer lugar, se hizo con todos los que pudo del Sacro Colegio; y en cuarto lugar resolvió conquistar todos los Estados, toda la soberanía y todo el poder que pudiera antes de la muerte de su padre, a fin de resistir a un primer ataque.»

Aquella política a largo plazo en la que se había aventurado requería su tiempo, varios años al menos, y apenas había tenido algunos meses para establecer los fundamentos. «Los fundamentos eran buenos, puesto que la Romaña le fue fiel y le esperó durante más de un mes, adonde fue, aunque medio muerto, a salvo a Roma [...]. Si en el momento en que Alejandro VI había muerto él no hubiera estado enfermo, todo le habría resultado más fácil. El día en que Julio II fue nombrado, me dijo que había pensado en todos los obstáculos que podían aparecer a la muerte de su padre y que tenía remedio para ello, pero que no había previsto que él mismo estaría en peligro de muerte.»

Aquellos días perdidos decidieron su futuro y, también, su caída. Incapaz de hacer elegir a un papa de su conveniencia, sostuvo, como gran jugador que era, al cardenal della Rovere, aquel que también había sido el desdichado rival de Alejandro VI y que había guardado del fracaso un rencor feroz contra los Borgia. ¿Por qué lo favoreció? Por un acto de suprema habilidad, a fin de que el nuevo papa le estuviese agradecido y le permitiera conservar su cargo de gonfaloniero.

Pero un error de psicología siempre se paga caro y si César había creído que el antiguo pescador de Albissola iba a ser capaz de reconocimiento, estaba equivocado: Julio II consideró que no le debía nada a

César Borgia, cuyo padre le había arrebatado la tiara no hacía mucho, en el momento en que contaba con lucirla en su cabeza. No necesitaba de aquel aventurero que, además, era ahora otro «fracasado». César, pues, nada podía esperar de Julio II. Sin embargo, el duque de Valentinois presumía y alardeaba de una inquebrantable confianza, una gran esperanza. Maquiavelo lo veía siempre con el mismo rostro sonriente, como si ningún peligro lo amenazara. Creía en su estrella. Se decía que la suerte no abatiría de un revés a César Borgia. Pero a pesar de toda su seguridad, a pesar de todos sus buenos proyectos, de los que daba parte a sus allegados —y Maquiavelo era uno de ellos—, se percibía nacer en él un sentimiento nuevo que hasta entonces nunca había conocido y que, poco a poco, iba apoderándose de él: el miedo.

Sí, César Borgia tenía miedo: estaba perdido. Con una mirada lúcida y triste, a buen seguro, puesto que había puesto grandes esperanzas en aquel hombre, Maquiavelo asistía a la decadencia rápida del Príncipe. Los observadores más superficiales lo hallaban voluble, indeciso, suspicaz, pasmado, despistado y fuera de sí; *«uscito del cervello»*, murmuró Bentivoglio, el protonotario, a Maquiavelo. Y Maquiavelo, para definir con pocas palabras la impresión extraña que ofrecían el carácter y el comportamiento de César, escribió a la Señoría que parecía un hombre que «da vueltas por dentro».

Sus amigos lo habían abandonado; sus secretarios, incluso el fiel Agapito, se habían ido a alquilarse a otros amos, pues César Borgia estaba *acabado*. Qué dolorosa decepción para Maquiavelo, que tanto lo había admirado, que tanto había esperado de él. César aún hubiera podido salvar la situación; los cardenales se peleaban, las ciudades se agitaban. Seguía siendo temible, más aún si cabe, puesto que se ignoraban sus proyectos y no se sabía dónde estaba. Las tropas pontificias seguían estando a su disposición y, además, contaba con sus españoles, que se dejarían matar por él, que sólo esperaban una señal para abalanzarse sobre el cónclave.

Pero no dio la señal: un resorte de su mecanismo interior se había roto. Maquiavelo observaba con una curiosidad apasionada la disgregación de aquella individualidad maravillosa que se fragmentaba, que se descomponía. Un pronunciamiento le había asegurado el poder. Podría haber pedido auxilio a los franceses o firmar rápido el tratado con Florencia. El veneno había destruido aquella indómita energía que ninguna fuerza humana parecía capaz de doblegar. ¿Qué pensaba hacer? Nadie lo sabía. Se decía que quería irse a Génova, reunir a los capitanes que había dejado en manos de comerciantes y, a continuación, reanudar la guerra. Pero ¿cómo iba a conducir sus ejércitos, si ni siquiera era ya capaz de montar a caballo?

Maquiavelo lo miraba pasar, echado en su carroza, el rostro enjuto y desencajado por la angustia, los grandes ojos henchidos de nostalgia y turbados por una expresión indefinible. Había perdido el control de sí mismo. No era dueño de sí. Ya no era el amo de su cuerpo ni de su mente. Un andrajo, sí, un andrajo al que la incertidumbre desgarraba y que, en lugar de actuar, vacilaba, titubeaba. Luis XII, al que requirió, se desentendió: Francia no deseaba comprometerse en una causa perdida. Petrucci y Baglioni buscaban el momento favorable para rematar al enemigo herido. Todo dependía, pues, de lo que hiciese el Papa. Si mantenía a César Borgia en sus funciones de gonfaloniero de la Iglesia, estaría salvado; si el Papa lo abandonaba, estaría perdido.

¿Qué había sido de los bellos días de Cesena y Senigallia? En aquel tiempo un papa no le habría dado miedo. Ahora, en cambio, estaba en manos de Julio II, el implacable enemigo de los Borgia. La presunción con la que gritaba aún su esperanza y su confianza ya no engañaban a Maquiavelo. Eran las palabras de un hombre con el agua al cuello que quería que lo creyesen todavía fuerte. Pero ya no lo era. Una lástima... César Borgia podría haber realizado grandes cosas; ¡sólo tenía veintisiete años! Una lástima... La suerte se había declarado en su contra. Como buen italiano supersticioso, Maquiavelo sabía que el hombre al que la suerte le daba la espalda era un hombre perdido. No le gustaban los hombres que no tenían suerte, porque estaban condenados al fracaso, y los fracasos no le interesaban. No es que tuviese el abyecto deseo de estar siempre con el más fuerte, en absoluto, pero consideraba el éxito como el signo visible de la excelencia. El que fracasaba era aquel que no merecía ganar, que no sabía ganar, que no tenía el talento necesario para ganar. Y si, a pesar de sus dotes, de su talento y de su genio, un hombre fracasaba, porque la fatalidad le había golpeado, entonces había que apartarse de él, alejarse con horror, como de un leproso o un apestado, como de un maldito o un condenado, y también porque el trato con la mala suerte era malo, contagioso quizá.

No tenía más que esperar el curso de los acontecimientos y observar qué ocurría. ¿Qué haría Julio II? Maquiavelo conocía demasiado bien a las partes interesadas y lo que estaba en juego para albergar alguna ilusión. Un necio perdonaría. Julio II, que se había visto milagrosamente liberado de los dos Borgia, por un error en el que le hubiera gustado ver la mano de Dios, no iba a dejar escapar tan buena ocasión de acabar con aquella raza maldita.

Y no lo hizo: el Papa había hecho detener a César en Ostia, donde se había refugiado, quizá con la intención de ocultarse en un navío. ¿Dónde ocultarse? Puede que en el Nuevo Mundo aún pudieran hacerse grandes cosas. Llovía sin cesar y bajo los aguaceros de aquel noviembre siniestro conducían a César a Roma. «El tiempo nos informará de su destino futuro, pero no debéis ocuparos más de sus proyectos ni de sus esperanzas», escribía Maquiavelo a la Señoría. Con la misma impasibilidad gélida proseguía: «Los infantes que había llevado con él vuelven a Roma uno tras otro. Los gentilhombres que le acompañaban volverán con seguridad a su casa. Don Michele y las otras tropas, que han tomado la ruta de Toscana, no llegarán a su destino.» Después de haber definido con indolencia, en algunas frases, la trágica caída del Príncipe, añadía: «El tiempo no parece dispuesto a mejorar; a decir verdad, hemos tenido dos días menos malos, pero hoy es más horroroso que nunca.»

Y aquello era todo: nunca más se ocuparía de César Borgia. Aquel príncipe que quería ser «César o nada» ya no era nada. Durante aquel tiempo, Roma estaba convulsa; se instruía el proceso de la familia Borgia. Las gentes a las que habían expoliado multiplicaban los gritos de venganza y las reivindicaciones pecuniarias. Alejandro VI ya no estaba y César tenía que hacer frente a la tormenta solo. Se esperaba que el cardenal de Amboise, que aún le protegía débilmente y que representaba en el Vaticano la opinión francesa, hubiera abandonado la Ciudad Eterna para saldar la cuenta del duque de Valentinois.

¡Él, dejarse llevar ante un tribunal, aceptar que lo interrogasen y juzgasen aquellos «gatos forrados»!* Acabar sus días en un calabozo del castillo de Sant'Angelo. ¡No! A César aún le quedaban fuerzas suficientes para escapar a la jauría que quería despedazarlo.

«Que vaya adonde Dios quiera, cuanto antes mejor.» El libro de los altos hechos del Príncipe se escribiría más tarde y se daría como modelo a innumerables generaciones de aprendices de político. «Si quiere examinarse la conducta del duque, se verá todo lo que hizo, y todo lo que había hecho para poner los fundamentos de su futuro poder. Ese examen no será superfluo, puesto que no puedo dar a un príncipe nuevo

* En francés, *chats-fourrés,* nombre dado por Rabelais (1494-1553) a los magistrados, por alusión a su traje adornado con armiño. *(N. de la T.)*

nada mejor que las acciones y el ejemplo a seguir de éste. Si, a pesar de todas esas medidas, no consiguió triunfar no fue culpa suya, sino el efecto de la mala fortuna, que lo persiguió de forma constante.»

Su nombre quedaría para la posteridad y el propio Maquiavelo, que había asistido a su caída, guardaría en el fondo de su corazón simpatía y admiración por aquella víctima de la fatalidad. En un principio, la decepción y la irritación lo dominaron; pertenecía por completo al presente, a lo actual, a lo inmediato. Había demasiados acontecimientos interesantes como para perder más tiempo con César Borgia, que pertenecía al pasado. Pero más tarde, cuando regresara a su memoria la gran aventura de aquel príncipe que había soñado con ser el unificador de Italia, cuando escribiera, con calma y con la cabeza fría y lúcida sus recuerdos, recordaría al hombre más grande de cuantos conoció y le haría justicia. Nos legó libros llenos de su memoria, sus actos y sus ejemplos. Pero ahora se apartaba de él con cierto rencor; le consideraba un hombre que no había mantenido sus promesas, que había frustrado sus más fervientes anhelos. Después, habría de mostrarse más ecuánime. «Reuniendo todas las acciones del duque, no puedo reprocharle haber faltado a nada y me parece que merece que se le proponga, como yo lo he hecho, como modelo a todos aquellos que, mediante la fortuna o las armas ajenas, han llegado a la soberanía con grandes miras y mayores proyectos.» El mayor elogio, en fin, en la pluma de Maquiavelo, la aquiescencia póstuma, muchos años después de la muerte de César, el saludo del discípulo agradecido por todo lo que le enseñó, el homenaje supremo al Maestro: «Su conducta no podía ser diferente...»

Qué podía importar ya que, sumando una imprudencia a otra, César Borgia, confiase en la palabra de un ilustre hombre de guerra y fuese a Nápoles para ponerse a merced del Gran Capitán, don Gonzalo de Córdoba. ¿Qué importaba que el Gran Capitán, infiel a la fe jurada —quizás había aprendido él mismo de César Borgia que en ciertos casos aquello no era una falta sino un rasgo de habilidad—, lo enviase a España y lo encerrase en el alcázar de Medina? ¿Qué más daba, finalmente, que César Borgia de Francia, duque de Valentinois, de Romaña y de Urbino, príncipe de Andria, gonfaloniero de la Iglesia y capitán general de los ejércitos papales, escapase de su calabozo y que, enrolado con nombre falso en un oscuro regimiento español, fuese a morir, de la manera más tonta, ignorado de todos, en el asedio de una pequeña ciudad, por una causa que no era la suya y que nada le interesaba? El Príncipe sobrevivió a César Borgia. Maquiavelo conservaría toda su vida la imagen de aquel hombre de mirada ardiente y triste y haría de él, no sin justicia, el arquetipo del superhombre en política. Y cuando más tarde, en el transcurso de los siglos, los teóricos y doctrinarios se peleasen en nombre del «maquiavelismo» por o contra Maquiavelo, en el fondo, sería de César Borgia de quien se trataría, de su gran aventura, su gran ejemplo y su gran lección.

CAPÍTULO NUEVE

El papa soldado

Sentado en el trono de san Pedro, Julio II podría realizar el gran sueño de su vida: hacer la guerra. Para él no era una necesidad sino un placer. Aquel anciano de actividad desbordante y salud a toda prueba, que agota a sus secretarios y a sus escuderos sin experimentar la menor fatiga, se entregaría gozoso a su pasatiempo favorito. ¿Pasatiempo? No, la guerra era la gran ocupación de Julio II, su razón de ser, su oficio. Era soldado como otros papas eran santos o teólogos: por vocación y con pasión.

Había mucho que hacer, en efecto. De entrada, arrancar las últimas raíces de la autoridad de los Borgia. Luego, someter al poder omnímodo de la Iglesia a los príncipes italianos que ponían en práctica una adhesión culpable a su independencia y a la autonomía de sus Estados. Con una mano en el pergamino de la Donación de Constantino y la otra en la empuñadura de la espada —y me refiero aquí a la Donación de Constantino por mera formalidad, pues el Papa, que sabía que era mucho más eficaz la espada, la obviaba—, Julio II también se presentaba como liberador y unificador de Italia. Y no tanto por patriotismo como por ambición y deseo de someterlo todo a la omnipotencia de la Iglesia —a mi juicio era menos italianófilo que Savonarola, Maquiavelo y César Borgia, por no hablar de Dante y Petrarca—, por amor propio y también para acrecentar al máximo la riqueza, la extensión y el poder de la Santa Sede, lo que viene a ser lo mismo, en definitiva, puesto que él y la Santa Sede eran lo mismo.

«El espíritu del glorioso Alejandro fue llevado con el coro de las almas bienaventuradas para que pudiera disfrutar, por fin, de reposo. Tres de sus fieles y queridas acompañantes se apresuraron a seguir sus pasos:

la Lujuria, la Simonía y la Crueldad.» Ésta fue la oración fúnebre que Maquiavelo le dedicó a Alejandro VI. ¿Sería más indulgente con el sucesor del envenenador envenenado? «Entonces, el papa Julio, sin poder poner freno a su alma feroz, desplegó al viento las banderas sagradas. Lleno de su cólera habitual, vertió de entrada su veneno sobre todos aquellos que se habían apoderado de las ciudades de su dominación.»

¡Qué interesante esta «alma feroz»! El aficionado a los destinos excepcionales no había de decepcionarse. Salido de la nada, el pescador de Albissola había llegado al pontificado supremo por una sucesión de casualidades afortunadas y de rasgos de genio, intrigas y violencias, audacias y servilidades. No era un vulgar ambicioso el hombre que había sabido vencer a César Borgia y que, pese a su edad avanzada, emprendía la conquista de Italia. ¡Fuera los bárbaros! Tal era el lema y la consigna que dio a los suyos. Los bárbaros eran los franceses, los españoles y los alemanes. Los españoles porque estaban en Nápoles; los franceses porque entorpecían todo el juego de la política interior, desde lo alto de su bastión milanés; los alemanes porque aquel apetito que tenían del Mediodía, aquella nostalgia del sol y aquel amor feroz por Italia los impelía de forma periódica a atravesar los puertos y a afluir a las llanuras lombardas o vénetas. Era bárbaro, en definitiva, todo lo que no era italiano. Italia para los italianos. Italia se haría sola. Julio II era hombre capaz de realizar tan vasto proyecto.

Sería largo, y él era viejo... Fijémonos en César Borgia, quien pensó que si Dios le daba vida habría de ser el amo del mundo y murió con sólo veintisiete años. Pero allí estaba Julio II, hundido en su silla, los ojos brillantes, la boca apretada, el mentón tembloroso, las manos aferradas a los brazos de la silla, irritable e irritado porque el pintor le había rogado que se sentase y le había obligado a posar para su retrato. Andaba, corría. En todos los pasillos, se oía el golpeteo de su bastón y cuando los otros no iban tan rápido como él con el bastón les acariciaba las pantorrillas o el espinazo. Aquel bastón. Con él golpeaba la mesa los días de gran furor, cuando quería romper algo para desahogar su rabia o, simplemente, para intimidar a su interlocutor, puesto que sabía enfurecerse adrede y calmarse cuando hacía falta. No dejaba a nadie en reposo; saltaba al andamio de la Capilla Sixtina, se peleaba con Miguel Ángel, quien amenazaba con enviarlo todo al diablo, y entonces aquellos dos colosos discutían como dos estibadores portuarios. «Te echo», le gritaba; pero si Miguel Ángel le tomaba la palabra y se iba, el Papa corría tras él para que regresase. ¡Había sido una broma! Las gastaba terribles y su ira se parecía a un huracán. A aquel temperamento adolescente añadía una gran frescura perceptiva y la energía, la voluntad y la decisión de un hombre de veinte años, todo ello junto a la experiencia de un viejo condotiero y la sabiduría insuperable de un político curtido en todas las argucias. Gran comedor, gran bebedor, amante y buen conocedor del vino, no apreciaba el dinero ni el lujo para sí mismo. Su mayor placer era la acción. ¿Casto? Quizá; no tenía tiempo para entregarse al «celo». ¿Piadoso? En sus ratos de ocio.

Parece que Guicciardini lo juzgó bien cuando alabó su «amplia y gran mente, aunque impaciente e iracundo, de humor huraño y liberal». Si no hubiera sido hombre de Iglesia, qué buen condotiero habría sido con aquel temperamento. ¡Y qué rey! ¿Oponerlo a Fernando de Aragón y Luis XII de Francia? Cosa de niños. Él era un hombre de genio, y casi universal, como debía ser. Buen entendido en arte, apasionado de lo excelso, protegió a Miguel Ángel y a Bramante y descubrió a Rafael. Un constructor exaltado; un poco peligroso también, puesto que echaba abajo los viejos y venerables edificios para reemplazarlos por monumentos de su gusto. Sus proyectos estaban a la medida de su genio; quería que su tumba fuese grande, casi tanto como una catedral; era lo justo. Si los emperadores romanos las habían tenido, ¿por qué no él? ¿Acaso no lo merecía?

El advenimiento de aquel titán pondría patas arriba toda la política italiana, tanto interior como exterior. Por eso los embajadores observaban de forma atenta, con una curiosidad aguzada en extremo por la impaciencia y con temor, los primeros movimientos del nuevo pontífice. Los venecianos que, por tradición, eran los más lúcidos, lo juzgaron bien: «Este papa es atinado y sagaz —escribían—; es un perro viejo de sesenta y cinco años; además de una vieja enfermedad, padece de gota, sin embargo tiene buen aspecto y es agotador. Nadie puede con él, presta oídos a todos, pero hace lo que le parece; se muestra reservado por lo que se refiere a su paladar y a otra cosa, puesto que tiene intención de vivir con la mayor moderación.» Una breve frase, en fin, lo retrataba y advertía a la Serenísima de lo que podía esperarse de él: «Este papa quiere ser el dueño y el señor del juego del mundo.»

Florencia lo observaba a su vez, puesto que también ella se veía envuelta en la gran barahúnda y corría un gran riesgo de perder su libertad. Pensándolo bien, Julio II era más temible aún que César Borgia. A aquél se le podía seguir el rastro y adivinar, según sus actos pasados, el desarrollo lógico de sus actos futuros. Julio II era un torbellino, una tempestad. Sin motivo aparente, aquel tornado era capaz de desatarse para después calmarse. Aquel formidable enredador no observaba las reglas del juego; movía los peones a la buena de Dios, según su capricho, pero sus caprichos siempre eran inteligentes y acababan en éxito. Daba la impresión de ser un maravilloso improvisador. Probablemente más calculador de lo que parecía, adoptaba aquella apariencia de tifón sólo para mayor desconcierto de sus amigos y enemigos. Era más prudente y razonable de lo que quería hacer creer, más disimulado aún que César Borgia, pero procuraba que nadie se diese cuenta. La fuerza del oso, los reflejos del tigre y la agudeza del zorro: éstos eran los elementos esenciales de su naturaleza; corría y gritaba para ocultar mejor lo que hacía y pensaba.

Situado ante el tablero, se preguntaba hacia quién dirigir su primera jugada. ¿Hacia los franceses? No, aún tenían demasiados aliados en Italia. ¿Los españoles? Perdería su tiempo. ¿Venecia? Cierto que había que neutralizar a Venecia, pero con habilidad, sin implicarse uno mismo. Por fortuna, los franceses y los españoles estaban allí: podría sacar partido de su detestable presencia en Italia para servir los intereses de la Santa Sede y zanjar, de entrada, la cuestión de la Romaña, pendiente desde la desaparición de César Borgia. Los venecianos se habían aprovechado de ello para instalarse: la zona ofrecía posiciones estratégicas importantes y proporcionaba soldados reputados. Los pequeños tiranos habían recuperado la confianza tras la caída de los Borgia y reconquistado su independencia. Había que comenzar, pues, por limpiar la Romaña.

El tratado de Blois firmado por Luis XII y por el archiduque Felipe el 22 de septiembre de 1504 había puesto fin a las hostilidades entre Francia y España. Julio II negoció aquella paz a fin de que, una vez reconciliados, franceses y españoles se dirigiesen contra Venecia. Utilizar a los «bárbaros» contra un estado italiano en apariencia contradecía las intenciones profundas de Julio II. Sin duda, pero como gran hombre que era no temía las contradicciones ni el cambio súbito de opinión cuando el interés lo dominaba. Poco importaba que los extranjeros se marchasen o no, bastaba con que Venecia se asustase y no se atreviera a dar un paso.

Para guardarse las espaldas, aquel buen estratega lo organizó todo a fin de no tener sorpresas por parte de la propia Roma. Contentó a la nobleza romana devolviéndoles los bienes a todos aquellos a quienes Alejandro VI había desposeído. También reconcilió a los Orsini y a los

Colonna al aliarse con las dos familias; casó a su hija con Giordano Orsini y a su sobrina con Marcantonio Colonna. Eliminado aquel obstáculo, podía ya aventurarse en la gran empresa que le haría dueño de dos principados ricos, poderosos y animados de un peligroso espíritu de independencia: Perugia y Bolonia. Actuaba, como era habitual en él, con un ímpetu extraordinario; cuando el enemigo todavía no había tenido tiempo de descubrir la amenaza que se cernía sobre él, el pontífice soldado ya había entrado en campaña.

Disponía de las fuerzas de la Iglesia —el ejército de los Clefs—, de las que Francia le había prestado, puesto que Luis XII no se había atrevido a rechazar su petición, bastante conminatoria, y también de algunos regimientos de condotieros famosos, como el marqués de Mantua, Gonzaga, los Este de Ferrara y Montefeltro, quienes había vuelto a tomar posesión de Urbino. Pretendió que su sobrino por alianza, Marcantonio Colonna, le acompañara también, pero parecía imposible: Colonna estaba al servicio de Florencia, que lo había reclutado y le había asignado un sueldo.

¿Florencia consentiría privarse de su condotiero durante el tiempo que durase la guerra? La Señoría se mostró poco dispuesta, pues si más tarde la guerra se orientaba del lado de Florencia, sería desastroso haber cedido aquel capitán al enemigo. Cuando Julio II entraba en guerra, nadie sabía hasta dónde habría de llegar, dónde se detendría. Amenazó Bolonia, muy próxima a Florencia; además, en cierta medida, Florencia siempre había considerado el destino de Bolonia vinculado al suyo propio.

Julio II se puso en marcha el 26 de agosto, con su cballería y sus estradiotes. Había exigido que también el Sacro Colegio lo acompañase, de modo que llevaba con él a veintiséis cardenales, cabalgando por caminos polvorientos, en los fuertes calores del verano italiano. ¿De qué podían servirle aquellos dignos prelados? De nada, es obvio; pero en Roma podrían haber conspirado contra él. Así podría vigilarlos y controlarlos.

Florencia se hallaba en un buen aprieto: Julio II no era un hombre al que se le pudiese decir que no, pero por otro lado la República deseaba conservar a Colonna. Así pues, se trataba de no responder ni sí ni no. Y para ello recurrió de nuevo a micer Nicolás Maquiavelo, secretario de la Cancillería.

No lo habían nombrado embajador, a pesar de los servicios prestados. Tampoco le habían subido el sueldo. Seguía siendo un funcionario subalterno, mal pagado, sin prestigio y sin autoridad. Resultaba más ventajoso emplearlo tal cual, puesto que llamaba menos la atención; además, si fracasaba o cometía un error resultaría más fácil condenarlo. La humildad de su posición era una garantía de sus buenos servicios. Por otra parte, de haberlo ascendido a buen seguro se habría vuelto orgulloso y ambicioso. No convenía que un «buen funcionario» tuviese aquellos defectos. Por lo tanto, se mantenía a Maquiavelo en su oscura situación y, al mismo tiempo, se le confiaban las misiones más delicadas. Y, para satisfacer la vanidad de los soberanos a quienes lo enviaban, hacían que lo acompañase uno de aquellos grandes burgueses florentinos, pomposos, distinguidos y representativos que, ellos sí, merecían el título de embajador. Maquiavelo seguía con discreción la estela de aquellos grandes personajes y mientras éstos «figuraban» él actuaba, aunque en la sombra. Era atento y curioso, y se mostraba lleno de admiración por aquel prodigioso anciano metamorfoseado en condotiero. Esta vez, no obstante, Maquiavelo estaba solo, pues no le habían enviado un embajador oficial. Por otro lado, debía presentar al Papa las excusas de la Señoría por aquel retraso y anunciar la próxima llegada del embajador. Pero ¿cuál era su papel? Tenía que transmitir un simple mensaje. Diría al Papa que los florentinos estaban muy contentos de que Julio II proyectase conquistar la Romaña y que se mostraban por completo dispuestos a ayudarlo; así pues, en cuanto el Papa les diese aviso del comienzo de las hostilidades, ellos harían lo conveniente.

Las hostilidades ya habían comenzado. Maquiavelo se reunió con el Papa en su campamento de Civita Castellana, el mismo día en que éste había entrado en campaña con su ejército. ¡Y qué gran ejército! Cuatrocientos caballeros, los suizos de la guardia, los estradiotes de Nápoles, cuatrocientos lanceros franceses e infantes; según Julio II, «mi escarcela llena». La guerra comenzaba bien. Los venecianos, intimidados, prometieron su apoyo si les dejaban Faenza y Rimini, pero el Papa se rió de sus enviados: tomaría lo que quisiese.

Perugia era una ciudad poderosa, muy bien defendida por su situación natural, asentada sobre una especie de acrópolis con bellas fortificaciones. Baglioni, otras veces capaz de resistir con éxito y utilizar los asaltos del enemigo, se asustó ante el extraordinario espectáculo que ofrecía aquel papa de sesenta y cinco años que se ponía al frente de su ejército. ¿O es que aquel hijo obediente y sumiso a la Iglesia no se atrevió a tomar las armas contra el Soberano Pontífice?

Semejantes escrúpulos resultaban sorprendentes en Baglioni, un rudo soldado con rostro de viejo pirata. Pero lo extraordinario siempre sorprende y lo imprevisto intimida. Desconcertado por la repentina arribada de aquel adversario, con sus cardenales, sus caballeros con armadura y sus estradiotes albaneses, Baglioni decidió capitular. Acudió a negociar con el Papa, al que encontró en Orvieto. Éste le indicó que debía entregar la ciudadela y la ciudad, y entrar a su servicio; a cambio, se le perdonaría el pasado; pero si decidiera dar un paso en falso en el futuro, pagaría con su vida. Baglioni asintió, con ánimo apesadumbrado. Ni siquiera pensó en oponer resistencia: entregó Perugia sin combate, antes incluso de que Julio II sitiara la ciudad, y —al parecer— lo hizo con agrado, sin un solo movimiento de defensa.

Maquiavelo estaba sorprendido. ¿Baglioni era tan débil, tan necio, o acaso ocultaba un proyecto mucho más sutil tras su aparente docilidad? Julio II era menos suspicaz. Experimentó tanta alegría con la idea de ser dueño de Perugia que quiso entrar en la ciudad enseguida. El capitán del ejército lo había dispuesto todo para ocuparla con prudencia: debían situarse cincuenta soldados en cada puerta, quinientos en la plaza de la ciudad y el grueso del ejército acompañaría al Papa. Pero éste, impaciente, alteró todos los planes y, llevando consigo a sus veinticuatro cardenales —que daban tumbos sobre sus mulas— y a sus estradiotes, fue directo a meterse en la boca del lobo.

El duque de Urbino se desesperó. Maquiavelo no entendía nada: ¿a qué esperaba Baglioni? Las fuerzas peruginas se habían concentrando cerca de la puerta por la que el Papa acababa de entrar; bastaba con cerrarla, pues, para que Julio II cayese en la ratonera, separado de los suyos, a merced del adversario. Si se trataba de una trampa, qué golpe tan maestro. Pero el tirano de Perugia, con los brazos caídos y boquiabierto, se contentó con contemplar el desfile de los cardenales. Y Julio II se instaló en el palacio, comportándose al momento como jefe de aquella ciudad que con tanta facilidad podía aún expulsarlo o hacerlo prisionero. Pero Baglioni no hizo nada. Baglioni estaba acabado.

Sin duda, Pandolfo Petrucci de Siena era otro tipo de hombre. Tras su fina figura, sus maneras sencillas, su frugalidad y su aspecto de buena persona, ocultaba una naturaleza temible. Baglioni era un hombre débil, a pesar de sus aires de matamoros. En cambio Petrucci, que se las daba de pequeño burgués, era un gran político y un osado aventurero. Era el hombre de los golpes de mano desesperados: había tomado Siena, la inexpugnable, con trescientos hombres de su facción, mientras estaba proscrito, y había dejado en la plaza de la Señoría el cadáver de su suegro, Niccolò Borghese, con quien estaba en desacuerdo. Lo definía un rencor tenaz, una venganza lenta, una palabra amable y un gesto generoso. Su política interior había vuelto a traer la paz y la prosperidad a una ciudad tradicionalmente desgarrada por las guerras de los partidos y las venganzas de los clanes. Conociendo la tiranía impopular y temiendo los peligros de la democracia, había inventado una forma de gobierno muy hábil, resucitada de los romanos, y que Bonaparte recuperaría más tarde en su provecho: el consulado. Había en Siena tres cónsules, uno a sueldo de Petrucci, otro de una necedad fuera de toda duda y el mismo Petrucci. Nada podía temer en aquellas condiciones.

Petrucci poseía una bella naturaleza de príncipe, por eso Maquiavelo le profesó con frecuencia su simpatía. Hacia Baglioni, por el contrario, sólo mostró ironía y desprecio. De buena gana lo hubiera enviado al Limbo, «donde están los *bambini*», con el veleidoso Soderini. ¡Cómo había podido dejar escapar la oportunidad de capturar al Papa y al Sacro Colegio! Le habría resultado tan sencillo... Pero de haberlo hecho, ¿qué habría pasado? Dueño del Papa, dueño de los cardenales, Baglioni habría sido el dueño de la situación. ¡Y qué rescate hubiera obtenido de todos aquellos ilustres personajes! ¿A qué se hubiera arriesgado? ¿A la excomunión? Maquiavelo no hacía demasiado caso de aquellas sanciones platónicas a largo plazo, que golpeaban a un hombre en su alma y no en su cuerpo. Baglioni había dejado escapar su gran ocasión: no era más que un necio.

Entonces, ¿admiraba a Julio II? Sí, pero con reservas. Aquel anciano poseía la temeridad ciega de la adolescencia; era encantador y simpático, aunque quizás un día aquello pudiese jugarle una mala pasada. Confiaba demasiado en su suerte; sin embargo, había que reconocer que ésta lo había servido de forma admirable hasta la fecha. La audacia de Julio II no era de la misma naturaleza que la de César Borgia. Ambos se lanzaban a las empresas más peligrosas, pero mientras que el duque sólo lo hacía después de haber sopesado todos los riesgos, valorado todas las eventualidades y puesto de forma metódica el máximo de posibilidades de su parte, el Papa no reflexionaba, no calculaba, se limitaba a arremeter contra su obstáculo, los ojos cerrados, la barba erizada, seguro de derribar la barrera con la sola fuerza de su impulso. La fortuna, que suele amar a los hombres que no calculan demasiado, abatió a César Borgia a los veintisiete años y condujo a Julio II hasta la extrema vejez, en medio de victorias y de éxitos.

El día que entró en Perugia con aquella imprudencia absurda, lo

Nicolás Maquiavelo. Colección particular.

Girolamo Savonarola, por Fra Bartolomeo.
San Marcos, Florencia.

César Borgia. Colección particular.

Luis XII protegido por Carlomagno, por Jacques Besançon. Libro de las horas de Carlos VIII de Francia. Biblioteca Nacional, Madrid.

Alejandro VI, por Bernardino di Betti, il Pinturicchio.

Julio II, por Tiziano según un original de Rafael. Palacio Pitti, Florencia.

León X con dos cardenales, por Rafael. Galería Palatina, Florencia.

Clemente VII, por Sebastiano del Piombo. Museo Capodimonte, Nápoles.

Maximiliano I, por Joos van Cleve. Museo del Prado, Madrid.

Federico Gonzaga, por Tiziano.
Museo del Prado, Madrid.

Francisco I, por Jean Clouet.
Museo del Louvre, París.

Carlos V en Mühlberg, por Tiziano. Museo del Prado, Madrid.

Medalla de Nicolás Maquiavelo, por Pietri. Museo Lázaro Galdiano, Madrid.

que debía perderle lo salvó. Baglioni se quedó tan estupefacto ante semejante gesto que no se atrevió a reaccionar. Por eso, en adelante, Maquiavelo dejó de interesarse por él. «No puede creerse que se haya abstenido por bondad o por escrúpulo; ningún sentimiento piadoso o religioso podía albergar el corazón de un hombre tan horroroso que abusaba de su hermana y que, para reinar, había masacrado a sus primos y sobrinos. De lo que se concluye que los hombres no saben ser ni perfectamente buenos ni criminales con grandeza, y cuando un crimen presenta algún carácter de dignidad o magnanimidad, no saben cometerlo.» Criminal sin grandeza, Gian Paolo Baglioni no era, pues, más que un capitán al servicio del Papa, dependiente de la buena voluntad de quien, como pago a su retirada de Perugia, le había ofrecido la advertencia de que al primer despropósito lo haría ejecutar.

Julio II recibió a Maquiavelo el 28 de agosto. La audiencia no tuvo nada de solemne: el Papa estaba a la mesa y tomaba el postre. No parecía fácil discutir asuntos con un hombre que se encontraba almorzando, en medio del ruido de platos y botellas, del ir y venir de criados y coperos. El Papa, sin perder bocado, escuchó las confusas excusas de la Señoría. «No podemos privarnos en la actualidad de los servicios de Colonna —alegó Maquiavelo, en nombre de sus superiores— sin peligro de desorganizar nuestro campo de Pisa, en el que éste se encuentra. Cuando las empresas del Papa estén más avanzadas, ya veremos...»

Aquellas instrucciones las había recibido Maquiavelo antes de la entrada del Papa en campaña. Pero ahora el embajador tenía frente a él a un ganador. Por eso Julio II respondió con fogosidad y algo de aspereza que los florentinos tergiversaban siempre y que, en aquella circunstancia, esperaban que los refuerzos franceses no llegasen y que el Papa actuase con indulgencia... Que micer Niccolò constatase por sí mismo cómo iban las cosas: había allí quinientos gentilhombres franceses con sus escuderos y el rey de Francia había anunciado que iría en persona a combatir al lado del Santo Padre. En cuanto a la indulgencia, ¿quería preguntarle Maquiavelo a Baglioni lo que opinaba al respecto?

Tras despedirlo con estas palabras, el Papa concedió a Maquiavelo una nueva audiencia, el mismo día, a la hora de la cena. Y se mostró tan categórico como a mediodía. Que Florencia se apresurase a tomar una decisión, puesto que él no iba a esperar. Que quien no estaba con él, estaba en su contra. Con él, Florencia obtendría gloria y provecho. En su contra... sólo un loco se atrevería a plantar cara a Julio II.

Maquiavelo no había avanzado más. Puso de manifiesto su despecho en su informe a la Señoría, en el que aseguraba que el Papa era intratable, que era imposible discutir con un hombre tan intransigente, que ni siquiera hallaba placer en las finezas de las comedias diplomáticas. «Mi papel se limita a escuchar a todo el mundo y a indicar a cada cual que tiene razón.» Maquiavelo tenía, además, otra razón de descontento: una vez más, lo habían dejado sin dinero. Había gastado cuanto tenía y su bolsa estaba vacía. En varias ocasiones, había pedido los adelantos prometidos; se había endeudado y, si no devolvía el dinero, no le darían más crédito.

Como los caminos no eran seguros, a la Señoría se le ocurrió confiar la bolsa de ducados a un escultor que, precisamente, se disponía a partir para dirigirse al campamento pontificio. Era el artista preferido del Papa, que lo estimaba por su genio áspero y fogoso, por su extraordinaria imaginación, por su mal carácter también, puesto que el Papa sentía predilección por las naturalezas enérgicas y rebeldes que sabían plantarle cara. Se llamaba Miguel Ángel Buonarroti.

Hubiera sido interesante que el proyecto de los señores hubiera prosperado y que Miguel Ángel se encontrara con Maquiavelo. Qué gran tema para una «conversación imaginaria» de Walter Savage Landor. Por desgracia, el encuentro no tuvo lugar: el escultor había aplazado su viaje. Se confió el dinero, pues, a un mensajero ordinario. ¿Qué habría resultado, por otro lado, de aquel encuentro? Maquiavelo, como ya he apuntado, era bastante indiferente a las cosas del arte, algo que parece excepcional en aquella Florencia donde todo el mundo se entusiasmaba por la belleza. Una bella conjura, un bello crimen, una bella intriga, una bella página de la historia le interesaban más que una estatua o un cuadro. Por esa razón, Miguel Ángel contaba menos para él que un condotiero o que un hombre de Estado. Por su parte, Miguel Ángel era sin duda insensible a la política, normal en un artista que tenía otros intereses y preocupaciones. Es probable que la naturaleza de Maquiavelo, calculadora, fríamente reflexiva, pragmática y utilitaria, tuviera poco atractivo para aquel temperamento íntegro, impulsivo, generoso y violento. Su amor a la libertad y el sentido de lo antiguo no eran iguales en el escultor del busto de Bruto y en el comentarista de Tito Livio. Sin embargo, hubiera resultado interesante ver cara a cara al artista de rostro rudamente modelado, nariz quebrada y grandes manos, finas y vigorosas, y al «intelectual», todo aristas, cuyo espíritu tallado en facetas era pura lucidez, sutilidad, clarividencia y desdén.

Una vez más, Miguel Ángel acababa de pelearse con el Papa. Aquellos dos hombres, igual de impetuosos, tiránicos, orgullosos y susceptibles, se enfadaban y se reconciliaban de forma periódica. Por regla general, el motivo de sus enfados era, de un lado, la impaciencia del Papa en reclamar que su «encargo» se ejecutase sin demora y, del otro, el mal humor del escultor, quien entonces le respondía que no se hacía una estatua como se firmaba una bula. Así las cosas, siempre estallaba una gran disputa y Miguel Ángel recogía sus cosas y partía para Florencia, donde los enviados del Papa iban a buscarlo, cuando no lo alcanzaban por el camino. Pero se reconciliaban pronto. Julio II, porque necesitaba de Miguel Ángel para las «grandes obras» con las que quería ilustrar su reinado y que sólo el florentino era capaz de ejecutar; el escultor, porque se alegraba de encontrar en su «patrón» un genio a su medida, un hombre que poseía el sentimiento de la grandeza y cuyas exigencias, incluso cuando resultaban irritantes, lo estimulaban y lo honraban.

Durante aquel tiempo, Maquiavelo galopaba en el séquito del Papa, de Civita Castellana a Perugia, de Perugia a Urbino. Julio II iba de éxito en éxito; éstos no hacían otra cosa que volverle más autoritario e impaciente. Que los florentinos tuviesen cuidado de no dejar pasar el momento favorable para negociar; si tardaban, quizá sería demasiado tarde. El rey de Francia se había aliado con él contra Venecia, abiertamente. Y el Papa se dirigía contra Bolonia.

La ciudad de Bentivoglio, que presentía la amenaza y dudaba en correr los riesgos de la guerra, envió embajadores para discutir las cláusulas de la capitulación. Bentivoglio no era más intrépido que Baglioni, y Julio, con su «naturaleza feroz», atemorizaba a todo el mundo. Por otro lado, poseía aquella magnífica facultad, tan útil en un príncipe, de olvidar la palabra dada y considerar nulos los términos de un pacto una vez pasado el peligro. Así, al hacer posible un acuerdo con los enviados de Bentivoglio, borraría negligentemente del tratado concertado con ellos las obligaciones que le estorbaban. ¿Una falta de probidad? No. «He entrado en guerra para liberar las ciudades italianas de sus tiranos y hacerlas entrar en el patrimonio de la Iglesia; sería culpable hacia Dios si no empleara todos los medios disponibles para alcanzar ese objetivo.»

Sintiéndose cubierto por la «santidad» de su misión, Julio II se reía de todas las objeciones y reproches. En aquella partida no había lugar para escrúpulos pueriles. Así, utilizó la alianza francesa, a pesar de que estaba resuelto a expulsar a los franceses de Italia cuando fuera lo bastante fuerte para hacerlo. (Y cuando cayese enfermo, en su delirio, gritaría: «¡Fuera los franceses! ¡Muerte a los franceses!», y revelaría así su sentimiento real, permanente, profundo.) Pero por el momento, se contentó con invitar a los enviados de Luis XII a una gran revista que pasaba en Cesena. Esto nos recuerda las revistas a las que César Borgia llevaba a Maquiavelo; revistas detalladas, en las que el duque se detenía delante de cada soldado, probaba la cuerda de su arco, examinaba su carcaj y desenvainaba su espada. Julio II no era tan minucioso; se paseaba frente a las tropas empuñando el bastón, el mismo con el que se apoyaba cuando estaba cansado, que levantaba para amenazar o para golpear cuando alguien o algo lo irritaba.

¿Florencia seguía sin decidirse a enviarle a Marcantonio Colonna? Que mirase bien micer Niccolò las magníficas tropas que él tenía allí: muy pronto ya no necesitaría a Colonna ni la ayuda de Florencia. Y Maquiavelo, que entendía de soldados, al menos tanto como Julio II, admiraba el número y el bello porte de aquellos regimientos. Trescientos suizos, mil seiscientos infantes, seiscientos caballeros. ¿Alguien creía que Bentivoglio haría frente a tan poderoso ejército?

Siguiendo los consejos de Maquiavelo, quien había comprendido la advertencia, la Señoría se dio cuenta, en fin, de que la presencia de Marcantonio Colonna no era tan necesaria como creía. El condotiero romano recibió la orden inesperada de partir de inmediato para reunirse con el Papa. Debía salir sin demora, en cuanto Guicciardini se hubiera aprovisionado de algunos buenos quesos, de varios toneles de vino de Puliciano y de Trebbiano, y de las mejores peras que pudiera encontrar, y tenía que hacer llegar al Papa, al que todos sabían sibarita y goloso, todas aquellas exquisiteces. Florencia esperaba hacerse perdonar así sus tardanzas y sus dudas.

Julio II estaba decidido a acabar con Bentivoglio. Le hacía falta Bolonia. Quería que Miguel Ángel erigiera en la ciudad una estatua colosal de su soberana figura, con la mano en la espada. Bentivoglio se mostraba resignado a ceder la ciudad a condición de que el Papa entrara sólo con su guardia suiza. Julio II, por su parte, desconfiaba de Bentivoglio; lo que Baglioni no había osado hacer quizás el boloñés pudiera intentarlo. Como si aquella proposición hubiera sido un sacrilegio, Julio II respondió con una bula redactada en términos terribles, en la que tachaba a Bentivoglio de rebelde y de enemigo de la Iglesia, lo mismo que todo aquel que le prestase ayuda. Así pues, guerra de exterminación contra aquellos infieles y su absolución para los que combatiesen a los boloñeses y destruyesen su ciudad. El saqueo y la masacre, en este caso, serían vistos como obras piadosas, del agrado del Papa y de Dios.

Aquella bula incendiaria privó a Bentivoglio de la ayuda de los franceses, con los que había hecho una alianza, y que hasta entonces se habían esforzado por mantenerse al margen del conflicto entre el Papa y Bolonia, pues no querían comprometerse con ninguno de los adversarios. Llamados de nuevo a sus deberes de hijos mayores de la Iglesia, los franceses se apresuraron a enviar al Papa ocho mil soldados comandados por Charles d'Amboise; aquel refuerzo llegó al campamento pontificio al mismo tiempo que Marcantonio Colonna con las tropas florentinas.

Era evidente, ahora, que Bentivoglio había perdido la partida. Habría podido resistir algún tiempo, pero con ello sólo hubiera conseguido una derrota más cruel y con mayor número de víctimas. Los boloñeses se lo hicieron entender con bastante rudeza y lo echaron de la ciudad, tras lo cual enviaron embajadores al Papa para que devolviesen a éste las llaves de las puertas. Pero cuando vieron los regimientos de Charles d'Amboise, cambiaron al instante de opinión: el Papa y sus tropas podían entrar en la ciudad, pero no los franceses, pues de lo contrario Bolonia entera se alzaría.

A Julio II le disgustaba la idea de que los «bárbaros» saqueasen una ciudad de raíces tan italianas como Bolonia y que los suizos o los gascones de D'Amboise sacasen provecho de la operación. De modo que, para contentar a los boloñeses tanto como para reservar a sus propios soldados el beneficio de la victoria, invitó al capitán francés a retirarse. Ya no lo necesitaba; la rendición de Bolonia y la repentina diligencia de los florentinos para complacerlo eran consecuencia, probablemente, de la aparición de los ocho mil lansquenetes. Ahora que éstos ya habían realizado su tarea, le repugnaba haber de pagar el sueldo de aquellos «malditos franceses», cuya exterminación deseaba y que ya no le eran útiles. Por lo tanto les pagó una indemnización y los devolvió a su país.

Hecho esto, el 11 de noviembre, mientras sonaban todas las campanas, escoltado por sus condotieros y sus cardenales, el triunfador entró en Bolonia. Habría de continuar su marcha victoriosa de ciudad en ciudad durante cinco meses más, hasta el día en que entró como un emperador romano, por el Ponte Molle, y celebró su «triunfo» en Roma, el 27 de marzo, un poco cansado de tantos esfuerzos. Maquiavelo no lo acompañaría hasta allí: por fin, la Señoría ya había nombrado al embajador cuya plaza ocupaba él interinamente. Se trataba de Francesco Pepi, uno de aquellos oscuros dignatarios que ocupaban las altas funciones del Estado. A Maquiavelo no le quedó más opción que tomar el portante y retirarse con modestia. Pepi sería quien recibiese todos los honores de la reconciliación solemne entre Florencia y el Vaticano. Sería él quien estuviese presente el día en que las tropas pontificias atravesasen el territorio de la República y los enviados florentinos fuesen a recibirlas con los regalos acostumbrados, vinos y frutas. El Papa abrazaría entonces con suma cordialidad a los representantes de la República en una atmósfera de concordia y alegría.

¿Y Maquiavelo? Maquiavelo estaba entonces sentado a su mesa, en su despacho de la Cancillería, donde, cada vez que se ausentaba, reinaba y crecía el desorden. De nuevo atendía solícito las mezquindades de la política local, él, que había discutido con Julio II y con César Borgia. Pero así era la vida. ¿Que contaría de su misión ante el papa soldado? Una experiencia instructiva, sin duda, pues también Julio II era un hombre de gran talla, pero menos interesante para un observador como Maquiavelo que un príncipe como César Borgia. Podría decirse que de César Borgia el historiador florentino lo había aprendido y admirado todo. El carácter «ejemplar» de su vida no quedaba disminuido por su caída final, puesto que fue el destino el que lo abatió. César Borgia seguía siendo muy grande a pesar de todo; una especie de titán fulminado, de Prometeo. Julio II era más desconcertante. Todo sobresaltos, cabezonerías y cambios bruscos de opinión, el Papa era la otra cara del duque de Valentinois. Los rasgos que Maquiavelo apreciaba tanto en éste, es decir, su habilidad paciente, su destreza como sutil tejedor de intrigas, sus dotes de gran político y de gran estadista, le faltaban al tempestuoso Papa. Este último tenía, eso sí, una energía indomable, una jovialidad eterna, un instinto infalible y un genio de la improvisación tan desarrollado, en fin, que era capaz de transformar en éxito cualquier acontecimiento en el que otro hubiera fracasado.

Pero a Maquiavelo, a quien le gustaban los seres armoniosos, le aturdía percibir en Julio II una especie de «monstruo» que lograba las cosas con la fuerza de la intimidación y del infundio, un favorecido de la fortuna que ponía todo a su favor, un extraordinario «caprichoso» de la política y de la guerra que enredaba las reglas del juego, que sólo hacía lo que le daba la gana y que, por si fuera poco, tenía éxito. Maquiavelo amaba el desarrollo lógico y racional de los planes de César Borgia, su gran lucidez de arquitecto; en Julio II, por el contrario, todo era ilógico e irracional, todo obedecía a una peligrosa impulsividad que hubiera sido desastrosa si aquel hombre no hubiese sido un ser tocado por la fortuna. Giovanni Bellini lo pintaría de pie en su esquife, desplegando la vela hinchada, empujando por los vientos favorables, irresistible, glorioso y magnífico, todo un triunfador. Tal era la fortuna de Julio II, que lo protegía incluso en los momentos más trágicos. En una ocasión en la que estaba enfermo, cuando sus familiares, creyéndole moribundo, comenzaron a desvalijar su casa y los cardenales discutían ya acerca de la elección de su sucesor, saltó del lecho con gallardía y asustó a los ladrones, que lo tomaron por un fantasma, y aterrorizó a los ambiciosos. Otra vez, mientras estaba en guerra contra los franceses, éstos dispusieron una emboscada para atraparlo, pero escapó de forma providencial. Y así fue siempre, en todas las circunstancias de su vida. Lo glorificaron los mayores artistas de su tiempo: Bramante, Rafael y Miguel Ángel. Asentó el poder del dominio temporal de la Iglesia sobre sólidos cimientos. Y todo ello sólo mediante la fuerza de un genio caprichoso de adolescente, una combatividad ingenua y una fantasía casi infantil.

Podía admirarse a aquel tipo de hombres, pero no se les podía citar como ejemplo para la posteridad. Por un Julio II que tenía éxito con semejantes métodos o, mejor dicho, con semejante falta de método, todos los demás fracasaban. Un caso extraordinario, por lo tanto excepcional, que en eso debía quedar: en excepción; una magnífica individualidad, pero estéril en suma en el plano de lo eterno y de lo general, puesto que no podía darse como modelo a los aspirantes a dictador para los que Maquiavelo escribía. Un maravilloso y feliz «aficionado», a quien la suerte sonrió, probablemente porque confiaba y se abandonaba a ella casi a ciegas. Maquiavelo creía en la suerte: fue ella la que abatió a César Borgia. Pero también desconfiaba de ella, y antes que a los elegidos de esta inconstante diosa prefería a los que ponían toda su esperanza en su propio genio y no solicitaban el favor de la suerte ni temían sus rigores; prefería a alguien como el Caballero de Durero,* que seguía su camino con una especie de indiferencia heroica, a pesar de la Muerte, a pesar del Diablo y a pesar de las trampas que le tendían aquellos maliciosos acólitos de la Fatalidad. Por los «monstruos» experimentaba curiosidad; pero la devoción la guardaba para los verdaderos príncipes, los «hijos de rey», los «superhombres» prometeicos.

* Se refiere al grabado de Alberto Durero (1471-1528) *El Caballero, la Muerte y el Diablo*, en el que el artista quiso simbolizar, a través de la figura del caballero, la enérgica y activa determinación de los cristianos. *(N. de la T.)*

CAPÍTULO DIEZ

Maquiavelo hombre de guerra

Aunque Maquiavelo no poseía el insaciable apetito de Julio II por las conquistas territoriales ni su ambición por hacer de la Iglesia, de entrada, el primer Estado italiano y, luego, el único, después de haber englobado a todos los demás, sí compartía con él otra pasión: la pasión por la guerra y el amor por las cuestiones militares. Aunque ésta no se manifestaba de igual modo en ambos hombres. Uno amaba de la guerra las ardientes cabalgadas, el movimiento, la acción, las emboscadas que se preparaban al adversario y las que se tenían que evitar también. La guerra era galopar al alba, llevando tras de sí el estruendo de los caballeros acorazados de hierro, los batallones de infantes corriendo por las laderas, deslizándose a través de los bosques; eran los escuadrones desplegando en la planicie su cruel carrusel. Para el otro, era un juego refinado, uno que el hombre tranquilo también puede jugar: una partida de ajedrez. A uno le gustaban los soldados vestidos con esplendor, los penachos al viento, los pífanos chillones y los largos tambores, el acero reluciente y los bellos caballos. Para el otro, un regimiento era un peón en el tablero y un soldado un elemento casi abstracto, una cifra en el desarrollo del *kriegspiel.** En los dibujos que ilustran su *Arte della Guerra*, representó a hombres y batallones con signos tipográficos. Así, la «theta» griega es un cañón, la *T* mayúscula el condestable de la batalla, la *D* mayúscula el jefe de batallón, la *z* una bandera y la *s* la música. Los dispuso sobre el papel como un niño que se divierte con sus soldados de plomo, pero él redujo al ser vivo a una letra: el soldado armado con una

* Juego de simulación militar, nacido en Prusia en el siglo XVIII, que utiliza figurillas y un tablero. *(N. de la T.)*

pica no es más que una *o*, el soldado de caballería ligera una *e*, el caballero acorazado una *r*, y así sucesivamente. A pesar de ello, las combinaciones militares que Maquiavelo creó con las letras resultan de una gran viveza. Y es que para él el arte de la guerra era un arte vivo y la estrategia una ciencia viva.

No era una ciencia nueva. Los antiguos la habían practicado con mucho talento y en esta materia, como en todas las demás, había que remitirse a ellos para hallar criterios de excelencia y de perfección. La historia romana abundaba en ejemplos que un capitán moderno podía seguir de forma útil; Maquiavelo, cada vez que la ocasión se presentaba, aprovechaba para ofrecer como modelo a sus coetáneos unas veces a los estrategas griegos y otras —la mayoría— a los romanos. «Os repito que los Antiguos hacían todo con la mayor sabiduría y mejor que nosotros, y si erramos algunas veces en los otros asuntos de la vida, en la guerra erramos siempre.»

¿No era peligroso creer de este modo en la superioridad absoluta y constante de los antiguos, cuando ahora tantos elementos nuevos entraban en juego en la guerra? La artillería, por ejemplo. Después de todo, a pesar del uso de las armas de fuego que algunos condotieros reprobaban y condenaban —Vitelli llegaba incluso a cortar las manos de los artilleros y arcabuceros enemigos a los que hacía prisioneros, para castigarlos por usar aquellos instrumentos desleales—, a pesar de los cambios que el cañón había introducido en la táctica de la caballería y la infantería, no había tantas diferencias entre las guerras de antaño y las de entonces. Por lo tanto, las enseñanzas de los antiguos seguían siendo perfectamente válidas, y el hombre del siglo XV o del siglo XVI, por moderno que se sintiese, seguía necesitando de las enseñanzas de sus antecesores.

En muchos aspectos Maquiavelo podía presentarse como un *teórico* de la guerra y puede que su opinión fuese dudosa en ese punto, pero los propios «prácticos», Alviano, Picinnino, Baglioni, Sforza, Gattamelata, Colleone, Braccio di Montone, Malatesta y Petrucci, llevaban consigo sus libros en campaña y leían, o se hacían leer, los excelsos hechos de los antiguos. No sólo para incitar su emulación y azuzar su amor propio, sino también para encontrar en ellos enseñanzas útiles.

La naturaleza del terreno no había cambiado desde la época de los romanos. La naturaleza del hombre, tampoco. Los elementos esenciales de los ejércitos eran siempre los mismos: soldados de infantería ligera y pesada, caballería pesada y ligera; artillería «de cuerda» en los romanos y artillería de pólvora en los modernos. El corazón de un soldado y sus músculos seguían siendo parecidos, al igual que sus apetitos, ambiciones y temores. Podía aprenderse el arte de la guerra en los libros y podían escribirse libros para enseñarlo a los demás.

Por el hecho de que Maquiavelo hubiese aprendido de entrada esta ciencia en los libros, no hay que deducir que ésta fuese en él libresca, pues uno de los grandes méritos de este hombre, cuya erudición nunca hizo de él una rata de biblioteca, era la facultad que tenía para transformar en algo vivo todo lo que guardaban los libros. Y, sin duda, otra de sus virtudes fue el empeño que siempre demostró por verificar sobre el terreno la exactitud de lo que referían los historiadores y los analistas.

No era un estratega de salón este enviado florentino que participó con los Vitelli en el asedio de Pisa, que durante varios meses cabalgó hombro con hombro junto a César Borgia, que discutió de efectivos, rendimiento y material con Catalina Sforza, la «capitana», que escuchó las soflamas de Julio II y, siguiendo su dedo delgado y marchito que apuntaba a la planicie, miró evolucionar en la bruma del alba a los suizos, los gascones y los albaneses. La fortuna le había prestado buen servicio pues, tras quince años de vida laboriosa, extensas lecturas y meditaciones teóricas sobre la guerra, lo había puesto en contacto con los mejores generales de su tiempo, le había permitido oír sus lecciones, mejor aún, verlos manos a la obra, y distinguir su técnica particular, su método, su procedimiento y su estilo. Se tratase de César Borgia o de Juan de las Bandas Negras, de Niccolò da Tolentino o de Boldrino da Panicale, cuyo cuerpo hicieron embalsamar sus lugartenientes y ante el que cada mañana aparentaban recibir las órdenes, tan grande seguía siendo el prestigio del gran soldado incluso después de muerto —o Carmagnola, o aquel Alberico da Barbiano que era en su «arte» un innovador tan grande y original como Bramante, Paolo Uccello, Masaccio y Piero della Francesca lo eran en el suyo—, cada uno de aquellos artistas de la guerra había tenido su propia manera de expresar su genio y de crear su obra; podemos, sin temor a equivocarnos, llamar a eso un estilo. Y la gran ventaja de Maquiavelo fue haber añadido la experiencia práctica adquirida en el campo de la batalla a los conocimientos teóricos extraídos de las bibliotecas.

La fortuna quiso también que aquella época fuese la de las transformaciones profundas en el arte y la técnica de la guerra. No sólo debido a que el material cambiaba, a que el empleo de la artillería ofrecía nuevas posibilidades y planteaba, por lo tanto, problemas imprevistos, sino también como consecuencia de las alteraciones que tenían lugar en la vida de las sociedades. La guerra del Renacimiento no se parecía a la de la Edad Media. Ésta dependía aún de los dos factores primordiales de la época, esto es, la caballería y la feudalidad. La guerra era el hecho de la nobleza, y el vasallo servía al soberano con sus propios vasallos y con los hombres de éstos. No era una cuestión de patriotismo, sino sólo de fidelidad al señor, fidelidad que por otro lado no excedía las costumbres feudales, que fijaban el número de días de servicio debidos por el vasallo; de manera que éste, al expirar el tiempo de servicio obligatorio, regresaba sin más a casa con sus soldados, incluso si su señor se encontraba en ese momento en plena operación estratégica.

Para remediar esas incertidumbres que eran siempre consecuencia del servicio feudal, y para dejar de depender de sus nobles, que le ayudaban con más o menos lealtad, más o menos fidelidad, Luis XI de Francia creó un ejército profesional, un ejército que obedecía de forma única y directa al rey, que estaba a su disposición durante la paz y durante la guerra, independiente, por lo tanto, de las levas señoriales, siempre hipotéticas. A este ejército de oficio, con las armas a punto en todo momento, del que se podía disponer de un día para otro, bastaba con transformarle la mentalidad para hacer de él un ejército nacional, es decir, para darle un objetivo que no fuera sólo la paga y la esperanza del botín; en pocas palabras, para darle un ideal. Crear el sentimiento patriótico significaba armar moralmente a aquellos soldados, que de mercenarios pasaban a ser voluntarios, consagrados en cuerpo y alma a esa entidad cuya existencia se les revelaba: la patria.

Si en Francia el proceso de evolución había conducido del ejército profesional al ejército nacional, en Italia las cosas habían ido de otro modo. La Edad Media había conocido en especial las milicias comunales, formadas por los habitantes de la ciudad, que abandonaban las herramientas de su profesión para tomar las armas en cuanto la campana los llamaba a batalla. Ya hemos visto como consecuencia de qué especialización se habían creado los ejércitos profesionales, compuestos por mercenarios; una creación que tenía la ventaja de no paralizar la vida comercial al sacar a los individuos de los campos, los comercios o los talleres para llevarlos a los caminos, con la pica al hombro. También hemos visto que el ejército profesional creó, como consecuencia, al capitán profesional, al condotiero. Aquellos especialistas de la guerra, soldados y generales, fueron en un primer momento algo útil y económico, pero pronto se convirtieron en invasores y acabaron por alterar la vida política de Italia. La ascensión del condotiero hasta los tronos más ilustres y eminentes fue el resultado directo e inevitable de aquel estado de cosas que parecía urgente modificar.

Algunos de aquellos condotieros se habían especializado más aún, convirtiéndose sobre todo en artilleros, como el duque de Urbino, Federigo da Montefeltro, y el duque de Ferrara, Alfonso d'Este. Éstos, famosos por su habilidad en el manejo de las armas de fuego, habían creado importantes fundiciones de cañones, y el material perfeccionado y numeroso del que disponían los hacían buscados por demás. Los más grandes artistas de aquel tiempo, apasionados a su vez por ese aspecto del oficio militar más que por el espíritu de batalla propiamente dicho —salvo Cellini, que era un aventurero y que tenía la mentalidad de un lansquenete—, se interesaron en las cosas de la guerra. Francesco di Giorgio añadía a su talento de pintor, escultor y arquitecto una extraordinaria habilidad para construir máquinas de guerra y fortificaciones y fabricar piezas de artillería. Era un innovador en aquel arte nuevo, como también lo era Leonardo da Vinci, con más fantasía aún y con aquella paradójica y fantástica imaginación que plasmaba en todas sus creaciones. Ingeniero militar al servicio de César Borgia, durante varios años, Leonardo siguió al duque de Valentinois en sus expediciones. Dibujó mapas geográficos de las regiones en las que César soñaba con llevar la guerra, con una sorprendente precisión en el trazado de los detalles topográficos. Consolidó las fortificaciones de Piombino en 1502, como Francesco di Giorgio lo había hecho el año anterior, y las fortificaciones de Senigallia, la ciudad del *bellissimo inganno.* Estuvo junto a César en la conquista de Urbino y de Camerino, en Senigallia también, y parece más probable que Maquiavelo conociera en aquella época al pintor de la Gioconda. No dejó noticia de ello, por supuesto, pues nunca el nombre de un artista apareció en sus escritos. ¿Es posible que no se sintiera atraído por la majestuosa prestancia y el deslumbrante genio de aquel hombre universal? Atraído sí, e interesado, pero no cautivado. Maquiavelo era única y exclusivamente un *homo politicus*, y eran las cosas de la política las que le apasionaban con exclusión de todas las demás.

¿Por qué, pues, se interesó por la guerra? Porque ésta era para él una extensión de la política. No le gustaba en sí misma, no la estudiaba de manera gratuita. Para Maquiavelo —y lo afirmó de manera explícita—, la formación militar debía incluirse en la educación de un hombre de Estado. En su opinión, los príncipes de su tiempo «no piensan que en tiempos antiguos todo príncipe celoso de mantener su autoridad practicaba con cuidado todas las reglas que acabo de prescribir, y se aplicaba constantemente en endurecer su cuerpo contra las fatigas y en fortalecer su alma contra los peligros. Alejandro, César y todos los grandes hombres de aquellos tiempos combatían siempre en primera fila, marchaban a pie, cargados con sus armas y sólo abandonaban su imperio con la vida, puesto que querían vivir y morir con honor. Quizá podía reprocharse a algunos de ellos un ardor demasiado grande por dominar, pero nunca blandura alguna ni nada de lo que enerva y degrada a la humanidad. Si nuestros príncipes pudieran aprender y convencerse de estos ejemplos, adoptarían sin duda otra manera de vivir y, de este modo, cambiarían a ciencia cierta la fortuna de sus Estados».

Con los artistas, pues, que no se interesaban —o se interesaban poco— por la política, Maquiavelo no tenía demasiados temas de conversación. Indiferente a la arquitectura, la pintura y la escultura, al parecer tampoco le interesó demasiado la música. Sus distracciones no eran de un orden elevado; incluso en la edad madura fueron impropias de su edad. Aventuras licenciosas, cartas subidas de tono, borracheras y alborotos, tales parece que fueron sus distracciones cuando dejaba de lado los asuntos serios. No está claro que conociera a Miguel Ángel en aquella época; sí conoció, sin lugar a dudas, a Leonardo da Vinci; pero parece que éstos tuvieron a sus ojos menos importancia que un capitán de fortuna o que un secretario de embajada. Obvió la existencia de ambos y no mencionó sus nombres. Ni siquiera le interesó Leonardo como ingeniero militar o experto en fortificaciones, algo que, en principio, habría debido valerle una cierta atención indulgente.

¿A quién frecuentaba en Florencia? A sus camaradas de despacho y, en especial, a su viejo amigo Biagio Buonaccorsi, el confidente de sus calaveradas, el destinatario de las cartas burlescas y obscenas, con las que aquel curioso hombre se deleitaba cuando disponía de tiempo libre. Conversaba también con los eruditos, los humanistas y todos los que pudiesen hablarle de los antiguos. Por lo demás, parece que fue un buen marido y un padre atento, a pesar de su libertinaje. Un aficionado al arte, no, de ninguna manera. Un intelectual, en el sentido más estrecho y limitado del término, por desgracia; sordo a lo divino y ciego a esa otra cosa divina que es el arte, sólo se interesaba por la política.

La curiosidad que mostraba por el arte militar, el único que existía a sus ojos miopes, era pues un elemento de su pasión por la política, como ésta lo era del arte del hombre de Estado. Pero cuando una cosa le interesaba, se entregaba a ella con pasión. Así, estuvo encantado, a pesar del trabajo que lo abrumaba ya, de que la Señoría le encargase la reorganización de la milicia florentina al regreso de su misión ante Julio II. Sus ideas al respecto habían llamado la atención de los florentinos, que constataban, por otro lado, el peligro de abandonarse a los condotieros. La idea de volver a las milicias comunales de la Edad Media inspiraba, en suma, la reforma cuyos planes se le pedía establecer.

Para la Señoría se trataba de un trabajo bastante simple, que consistía en el reclutamiento de soldados en los países dependientes de la República. Para Maquiavelo, en cambio, esta cuestión no era más que uno de los aspectos del problema general, que era el de la composición y conducción de los ejércitos. La tarea que le encomendaron, bastante prosaica puesto que se trataba de saber cuántos hombres se pediría a cada podestá, cuánto se les pagaría, cómo se sufragaría su manutención y quién los adiestraría, entraba en el marco de su vasta ciencia militar. La formación de la milicia florentina devino, en definitiva, un apéndice de su obra *El arte de la guerra* y pudo plasmar en ella sus proyectos, realizar la aplicación práctica, mientras que en los otros ámbitos fue un teórico.

En la última página de *El arte de la guerra*, con un deje sincero de tristeza, se lamentó de no haber tenido la ocasión de poner en práctica sus ideas; el destino no le había acordado siquiera la felicidad de ser el consejero técnico de un príncipe capaz de dejarse guiar e instruir por él. «Me quejo del destino, que habría debido negarme el conocimiento de esas importantes máximas o darme los medios de practicarlas, puesto que ahora que he llegado a la vejez ¿puedo esperar tener alguna vez la ocasión de llevar a cabo esta gran empresa? Por lo tanto, he querido comunicaros todas mis reflexiones, a vosotros que sois jóvenes y de alto rango, y si os parecen de alguna utilidad, algún día, en tiempos más felices, podréis aprovechar el favor de vuestros soberanos para aconsejarles esta indispensable reforma y ayudar en su ejecución.» Vistas así, sus diversas obras militares parecen la expansión nostálgica y melancólica de un soldado fracasado que, en las campañas a las que asistió, siempre desempeñó el papel pasivo de espectador, que en todas las guerras fue testigo y no actor, que concibió grandes, ingeniosas y fértiles ideas y que nunca tuvo la oportunidad de ponerlas en práctica. Nunca hubo un gran capitán que no fuese un gran hombre de Estado. Un observador, un crítico, un historiógrafo, el hombre que registró los hechos, los comentó, los clasificó y los conservó, un hombre que escribió la historia, en fin, y nunca un hombre que la hizo.

Previó los reproches que habrían de dirigirle si se aventuraba en el terreno de los «especialistas» y, por ello al comienzo de su libro sobre el arte de la guerra se justificó, parando con habilidad las flechas que, sin duda, habrían de dispararle: «No ignoro —reconoció con modestia— que es temerario escribir sobre un oficio que nunca se ha ejercido; no creo sin embargo que puedan hacérseme grandes reproches por osar ocupar, únicamente sobre el papel, un puesto de general del que muchos otros se han hecho cargo en la realidad con una presunción mucho más insigne. Los errores que puedo cometer al escribir pueden ser rectificados y no habrán perjudicado a nadie; pero las faltas de esos otros no son percibidas más que por la ruina de los imperios.» De este modo, y tras lanzar su dardo a los desdichados generales, con cierta acritud de intelectual, Maquiavelo desplegó todo el prestigio de su ciencia militar.

Como ya he referido, ésta se nutrió a la vez de la lectura y la observación, pero la observación lo venció, en el sentido de que ella controló, verificó, homologó y ratificó lo que le había enseñado la cultura. La constitución de la milicia, que le ocupó buena parte de los años 1506 y 1507, satisfizo su gusto por el detalle preciso, por la aplicación de las medidas exactas, por el hecho práctico. Puesto que los Nueve, de los que él era secretario de Cancillería, le habían dado carta blanca, cargaba con la tarea y toda la responsabilidad; el trabajo lo abrumaba, pero sentía la extraña y exquisita satisfacción de actuar a su aire, según lo que creía más conveniente para el interés del Estado. Nadie lo controlaba ni lo criticaba; estaba sólo ante la enorme correspondencia que generaban el reclutamiento de los soldados, su armamento, su transporte, su alimentación y su equipamiento. Su despacho se había convertido en un verdadero despacho de reclutamiento donde se amontonaban las listas de las compañías, los inventarios de suministros, los pedidos y las facturas. Se ocupaba tanto del material como de los hombres, de la artillería y de la intendencia. Era a la vez el responsable de llevar las cuentas y de pagar, y el encargado del almacén, el contable y el armero. De vez en cuando, abandonaba su mesa, siempre repleta de papeles, para ir a azotar a algún desertor o para llevarse por la fuerza a los insumisos.

Algunos podestás hacían oídos sordos. Entonces recorría los pueblos y los grandes burgos, estimulaba el celo de los indiferentes y asustaba a los rebeldes con las cuerdas y los cuchillos que llevaban consigo Don Michele, el destacable verdugo que la República había heredado a la desaparición del duque de Valentinois, y sus ayudantes. Era necesario que organizase la represión, y si ésta corría el riesgo de provocar desórdenes más graves había de ser diplomático y arreglar las cosas sin disgustar demasiado a las autoridades locales, pero sin debilitar, tampoco, la milicia. Era a él a quien los capitanes solicitaban los efectivos que precisaban y también a quien los alcaldes negaban las levas prescritas. Y cuando por fin ya todos estaban vestidos, calzados, tocados, armados y montados, se enviaba a los nuevos reclutas a ejercitarse al campo de Pisa, donde cada día había escaramuzas. Entonces había que alojarlos, para lo cual se construían campamentos de casetas, pagarles —e ingeniárselas para que los bandidos del camino real no sorprendiesen en ruta a los agentes del Tesoro—, suministrarles pan, vino y carne, y satisfacer las mil y una reclamaciones de los capitanes, que nunca estaban contentos, que se consideraban perjudicados, desfavorecidos y sacrificados. Además, había que inculcar a todas aquellas buenas gentes la noción de lo que se denomina patriotismo, la devoción por la tierra, la ciudad y la colectividad, para impedir que los agentes de reclutamiento de las otras compañías al servicio de los Estados vecinos los corrompiesen y los hiciesen desertar una vez que ya se los había adiestrado, equipado y armado, con el coste que aquello implicaba.

Pero también los pequeños detalles resultaban apasionantes para Maquiavelo, quien se entregaba con todo su corazón y toda su inteligencia a esta tarea. Su correspondencia y notas de viaje de entonces reflejaban esta preocupación por las «cosas pequeñas», que también se hizo patente en *El arte de la guerra.* Para ser exactos, Maquiavelo era un hombre para el que no había cosas pequeñas. Así, discutía con minuciosidad los menores detalles técnicos de la excavación de las fosas, de las rejas de las puertas de las fortalezas, de la forma de las sillas de montar («las sillas de montar con arzones y estribos, desconocidas de los antiguos, procuran a los jinetes de hoy un asiento a caballo mucho más firme que antaño, y creo que la ofensiva de un pesado escuadrón de caballería es mucho más difícil de sostener de lo que lo era el de la caballería antigua...»), de la maniobra en caracol o de la forma idónea de las cureñas de los cañones. ¿Eran preferibles los radios curvados de las ruedas de las cureñas francesas o los radios rectos de las ruedas de las cureñas italianas? Los primeros, sin duda. Cuando escribía sobre estas cuestiones lo hacía con la autoridad y la competencia del artillero, del carrocero, del carpintero: «Sería un error creer que con ello los franceses sólo han querido dar más belleza a sus ruedas, puesto que poco importa la belleza cuando se trata de la solidez. Cuando la cureña está cargada, soporta de manera equilibrada en ambos lados, o se inclina a uno o a otro; si soporta de manera equilibrada, cada rueda aguanta el mismo peso y no está excesivamente cargada; si se inclina, todo el peso de la cureña recae sobre una rueda, y si los radios de ésta son rectos pueden romperse fácilmente, puesto que se inclinan con la rueda y ya no soportan el peso verticalmente. De este modo, cuando el carro soporta de manera equilibrada, los radios que están menos cargados son más fuertes, y más débiles cuando al estar inclinada la cureña, están más cargados. Es todo lo contrario para los radios curvados de las cureñas francesas. Cuando sus cureñas se inclinan y apoyan sobre una de las ruedas, dichos radios, de ordinario curvados, se ponen rectos y soportan todo el peso verticalmente; y cuando la cureña marcha de manera equilibrada y éstos están curvados, sólo soportan la mitad del peso.»

Como hemos visto, para Maquiavelo la guerra era un juego intelectual, una partida de ajedrez. Pero el movimiento de las figuras, las combinaciones tácticas dependían, de hecho, de todos aquellos elementos banales, incluso prosaicos, que el buen jugador debía conocer para no cometer errores. Sabía que en realidad la intendencia desempeñaba un papel tan relevante como el estado mayor y que un soldado mal alimentado perdía la mitad de su potencial. De ahí, su escrupulosa atención, dividida entre las grandes ideas generales y los ínfimos detalles materiales. El gran capitán era aquel que cuidaba del calzado de sus hombres tanto como de su arcabuz o de su moral. Y todo eso es lo que conformó su tratado sobre la formación de la milicia florentina, sus «provisiones» para la infantería y la caballería, su «arte de la guerra», en fin, repletos de esos consejos útiles, modestos si se quiere, que también habría de ofrecer en el ámbito de la ciencia diplomática a su amigo y discípulo Rafaele Girolami, nombrado embajador del rey de España ante el emperador. La carta a Girolami era un pequeño breviario para uso de los embajadores, al igual que sus tratados militares eran breviarios para uso de los capitanes, y *El príncipe*, breviario inmortal de todos los hombres de Estado; sus *Discursos sobre la primera década de Tito Livio*, menos conocidos y practicados, contenían todavía más enseñanzas y experiencia.

De este modo cuchicheaba al oído de Girolami: «Un hombre honesto ejecuta puntualmente las órdenes que ha recibido, pero también se necesita habilidad. Para cumplir bien una comisión política, hay que conocer el carácter del príncipe y de sus dirigentes y unirse a aquellos que puedan procurarnos fácilmente audiencias, puesto que no hay nada difícil para un embajador que tiene la escucha del príncipe; pero sobre todo le importa hacerse estimar, y si regula de este modo sus acciones y discursos, conseguirá que se le considere hombre de honor, liberal y sincero. Éste último punto es esencial, pero descuidado con demasiada frecuencia. He visto a más de uno perderse de tal manera en la mente de los príncipes, debido a su duplicidad, que han sido incapaces de conducir la negociación más insignificante. Sin duda, algunas veces es necesario cubrir el propio juego, pero debe hacerse sin despertar ninguna sospecha, y estar preparado para responder si se es descubierto.» Lo que prueba que el «maquiavelismo», con el que se honra al creador de estos sabios consejos, no consistía en un empleo sistemático de la duplicidad, la falsedad y la mentira, sino más bien en la alternancia de la sinceridad y el disimulo, según que las circunstancias requiriesen de una o de otro.

Así pues, el Maquiavelo hombre de guerra concedía tanta importancia a los «botones de las polainas» como el Maquiavelo diplomático se la otorgaba a recopilar las menores informaciones y utilizar todo lo que una conversación fortuita podía enseñarle, aunque en apariencia fuese insignificante. Pero cuando se situaba por encima de los simples detalles técnicos abarcaba el conjunto de la cuestión —cualquiera que fuese la materia que tratase— con una amplitud de miras y un espíritu de síntesis que, en verdad, reflejaban la mirada del genio. De este modo, juzgó con gran acierto el futuro de aquella arma por completo nueva que era la artillería. El uso de las armas de fuego obligaba a los capitanes a modificar el orden de batalla y las evoluciones tradicionales de los infantes y de los caballeros. La lentitud del disparo, los largos preparativos que exigía el situar en posición de tiro las bombardas y el rápido desgaste de los cañones impedían que esas armas desempeñaran un papel decisivo en la batalla. Eran de utilidad, sobre todo, en los asedios. Pero en la campaña rasa, era bastante fácil eludirlas. «Los golpes de la gran artillería, la mayoría de las veces, no son concluyentes. La infantería tiene tan poca altura, y esta artillería es tan difícil de manejar, que por poco que levantéis el cañón el golpe pasa por encima de la cabeza; si lo bajáis, no llega y da en el suelo. Pensad también que la menor desigualdad del terreno, el matorral más pequeño, la más ligera elevación entre vosotros y la artillería inutiliza todo su efecto. En cuanto a la caballería, y sobre todo a caballería pesada, más alta y compacta que la caballería ligera, es más fácil alcanzarla.» De ahí las formaciones de batalla imaginadas por Maquiavelo y reproducidas en su libro, destacables por su movilidad, flexibilidad y menor vulnerabilidad.

¿Había experimentado él mismo, en el terreno, las ventajas de estas formaciones? Parece poco probable. Para mandar la maniobra de un batallón se necesitaban conocimientos prácticos que él no había podido adquirir ni ejercer. Dueño del *kriegspiel* sobre el papel, Maquiavelo debía mostrarse bastante torpe en los ejercicios en los que, en cambio, destacaba un simple suboficial de infantería. Los condotieros con los que discutía de estrategia se divertían algunas veces al «ponerle entre la espada y la pared», y la leyenda cuenta que Giovanni de Medici, el hijo de Catalina Sforza, el famoso Juan de las Bandas Negras, se divirtió un día a su costa al confiarle un regimiento de tres mil hombres que evolucionaban en la planicie, para que lo hiciera maniobrar a su manera. Según relató Bandello, que es quien recogió la historia, Maquiavelo sudó tinta durante dos horas sin obtener otra cosa que un desorden espantoso; tras lo cual tomó el mando Juan de las Bandas Negras, quien, con sólo algunas órdenes y algunos redobles de tambor, rectificó la maniobra y dirigió sin dificultad los movimientos de la compañía.

Esta punzante demostración de la superioridad del «práctico» sobre el «teórico» en esta materia no impide que las conclusiones de Maquiavelo supusieran un progreso considerable por encima de la mentalidad de su tiempo. En el caso de la constitución del ejército, por ejemplo, las ventajas de elegir a los infantes entre los campesinos y a los soldados de caballería entre los habitantes de ciudad, y sus observaciones acerca de la edad de los soldados, su aptitud física y su entrenamiento, eran cuestiones que los condotieros sabían de forma instintiva, pero Maquiavelo las precisó y codificó, a fin de instruir de manera adecuada a los profanos, a los «civiles» que nada entendían de los asuntos militares.

Se propuso interesar a aquellos profanos, a aquellos civiles, en las leyes que regían la composición y manutención de un ejército porque necesitaba el apoyo de la opinión pública para la reforma que preconizaba, de la que los condotieros habrían de ser las primeras víctimas. Su deseo de crear un ejército nacional excluía cualquier elemento mercenario, que se alquilaba al mejor postor y que no aportaba a la guerra más que un espíritu de lucro. Maquiavelo fue el inventor del patriotismo italiano o, mejor dicho, quiso despertar en el pueblo ese sentimiento que hasta entonces había sido privilegio exclusivo de algunas de las mentes más brillantes, de algunos de los corazones más generosos. El italiano del Renacimiento sólo conocía un patriotismo local, su mentalidad era localista. Transformar aquel sentimiento estrecho, exclusivo y excluyente, en un patriotismo nacional, siempre fue una de sus más ardientes esperanzas. Puesto que quería una Italia unida, comprendió la necesidad de dotarla de un ejército nacional y de sustraerla a la injerencia de los extranjeros, tanto en el vasto ámbito del gobierno de los Estados como en el, más modesto, de la composición de los ejércitos.

En el desarrollo de las diversas campañas a las que asistió, Maquiavelo pudo constatar los numerosos defectos de los ejércitos profesionales —las *condotte*—, que, después de todo, no eran más que una solución cobarde, avara y perezosa. Para ahorrar a sus súbditos hacer la guerra y para ahorrar a sus finanzas la manutención de un ejército permanente, los Estados italianos se habían puesto en manos de aventureros y de extranjeros. Algunos condotieros eran hombres de gran valor, pero servían sin distinción a una u otra república. Al vender sus servicios, actuaban como aquellos comerciantes que se esfuerzan en dar lo menos posible al mayor precio. Su insolencia, su arrogancia, su mala fe y su avidez superaban la mayoría de las veces su conciencia profesional, salvo quizás en alguien como Carmagnola, que era hombre honesto, o como Federigo de Urbino, en el que esta virtud rayaba en la debilidad.

César Borgia se había dado perfecta cuenta de ello: el día en que comprendió que sus condotieros se disponían a traicionarlo, constituyó un ejército «nacional», reclutado entre sus súbditos romañoles, que le eran devotos en cuerpo y alma. Por su parte, Maquiavelo exponía que los suizos habían alcanzado una superioridad militar indiscutible gracias, precisamente, a su ejército nacional. La misma razón que había convertido a los romanos en los amos del mundo, pues en esencia nacional había sido su ejército, ya que, a pesar de los numerosos auxiliares que empleaban, soldados de caballería árabes y germanos, honderos baleares y cretenses y «artilleros» griegos, el núcleo, la legión, lo formaban sólo latinos. De este modo, también en esto Maquiavelo justificaba la necesidad de remitirse al ejemplo de los antiguos. Enardecido por la lectura de Tácito, Tito Livio y César, Maquiavelo se entusiasmó con aquellos legionarios menudos, morenos y de cabeza redonda, que maniobraban junto a las viñas de los centuriones, que bebían vinagre y se alimentaban con bizcochos secos, que habían llevado su espada corta y su escudo cuadrado por todos los caminos del mundo conocido.

Había que regresar al ejército nacional, pues era el único que poseía una «moral» y un alma, y, puesto que estaba formado y mandado por ciudadanos, esto es, por hombres apegados a la tierra, la defendía con los lazos del afecto, la devoción y el patriotismo.

En esto, como en tantas otras cosas, Maquiavelo nos recuerda aquellos hombres de la Revolución Francesa que, tiempo después, proclamaron que la patria estaba en peligro y ordenaron el reclutamiento masivo. También la patria italiana estaba en peligro en la época de Maquiavelo. Los españoles, que ocupaban el reino de Nápoles, violaban el territorio nacional, y lo mismo los franceses, que ya tenían Milán, pero siempre querían más, y el emperador Maximiliano, quien, por aquel entonces, hacía grandes preparativos para ir a Italia. ¿Su única intención era la de hacerse coronar en Roma? O bien, prosiguiendo la política de sus predecesores suevos, ¿pretendía restaurar la omnipotencia del Imperio en la península?

Todos aquellos acontecimientos, todos aquellos peligros imponían que Italia se hiciera fuerte y se uniera para hacer frente a los «bárbaros». En esto Maquiavelo pensaba como Julio II, pero no por los mismos motivos. Mientras que uno aspiraba a aumentar de manera indefinida el prestigio de la autoridad de la Santa Sede, al otro lo animaba tan sólo aquel sentimiento patriótico, un tanto anacrónico —en el sentido de que era muy raro en los hombres de aquel tiempo— y excepcional en Italia, donde los particularismos locales, divisiones, envidias y susceptibilidades favorecían la intervención extranjera.

Se esforzó por inculcar ese patriotismo en sus contemporáneos, de entrada dándoles como ejemplo a sus ancestros, los romanos, quienes gracias a él alcanzaron la omnipotencia; demostrándoles, a continuación, que su interés lo exigía, que a menos que transformasen sus instituciones militares, los Estados italianos perecerían. Y como la transformación de las instituciones militares implicaba profundos cambios en las ideas, costumbres y hábitos, era una metamorfosis radical, en suma, la que quería imponer a sus conciudadanos.

¿Consiguió convencerlos? De entrada, se aplicó en persuadir a los dos Soderini, el gonfaloniero vitalicio y el cardenal, cuya cooperación reclamó. Quiso implicar también al propio pueblo, a los magistrados que lo representaban, a la conciencia colectiva y la «opinión pública». Se esforzó por crear un movimiento de opinión y, con este fin, organizó frecuentes paradas, en el transcurso de las cuales aquella nueva milicia florentina que él había reclutado, equipado, armado y adiestrado con gran esfuerzo e ingentes gastos desfilaba por las calles y maniobraba en las plazas. Esas manifestaciones que interesaban al pueblo, al que apasionaban los espectáculos gratuitos, son un claro ejemplo de los esfuerzos que realizó por Maquiavelo para dotar a su ciudad del ejército nacional que le faltaba. A partir de entonces la patria ya no habrían de defenderla los suizos, los gascones o los españoles. Los propios florentinos, mejor dicho, los toscanos, puesto que el ejército se reclutaba en las ciudades y los pueblos tributarios de Florencia, iban a proteger la Toscana del enemigo extranjero.

Aún no era un ejército nacional italiano: no se podía ser tan exigente. El paso del patriotismo provincial al nacional sería largo y difícil, y el ejército nacional italiano sólo sería posible el día en que toscanos, lombardos, napolitanos y venecianos se considerasen italianos y pensasen como italianos. A la espera del día lejano en que Italia fuese para todos los habitantes de la Península una realidad geográfica, política, social, moral y psicológica, y yo añadiría, incluso, sentimental, lo más urgente era prevenirse y aplicar el sentimiento patriótico a la «pequeña patria».

La creación de la milicia nacional suponía el primer paso para liberarse de la tutela de los extranjeros; no más soldados extranjeros, no más jefes extranjeros. *Firenze farà da sé.* Estas pretensiones se cumplieron en lo referente a los soldados, muchachos reclutados en la campiña toscana, no sin esfuerzo, después de largos viajes e interminables correspondencias con los podestás. Pero no se cumplieron, aún, para los jefes. Parece sorprendente que Florencia, animada por ese noble deseo de depender sólo de sí misma y de sus hijos, confiase una vez más el mando de su ejército nacional a un extranjero.

¡Y qué extranjero! Un español, un aventurero que la Señoría recogió entre los restos del ejército de César Borgia. El hombre para todo del duque de Valentinois, el ejecutor de las grandes obras, el verdugo que con sus propias manos había puesto la soga alrededor del cuello de las víctimas de Senigallia: Don Michele. Éste, a quien se conoce mejor como Michelotto, tras haber ascendido a la dignidad de capitán general de las tropas florentinas, se puso a la cabeza de la milicia. ¿Una paradoja? No, una vieja tradición, de la que sería difícil despojarse, hacía que se prefiriese al extranjero antes que al conciudadano, por temor a que éste se vanagloriase o se aprovechase de su nueva dignidad. Podrían haber elegido a Antonio Tebalducci Giacomini, que era un buen soldado, un técnico valeroso que había vencido a Alviano en 1505 y que, por añadidura, pertenecía a una vieja familia florentina. Pero no, prefirieron a aquel español corrompido, que había ido a parar a prisión tras la caída de César Borgia debido a los horribles crímenes que había cometido. No iba a resultar tarea fácil cambiar a aquellos florentinos...

De hecho, el problema del jefe no acuciaba por el momento, puesto que Florencia no estaba en peligro; las maniobras en Pisa formaban parte de la rutina diaria. Quizá se esperase también que la fama de fría e implacable crueldad del feroz Michelotto, que lo acompañaba allí adonde iba, tuviese una feliz influencia en la disciplina de la milicia, ya que ésta no estaba compuesta por soldados de oficio, curtidos en la vida militar, sino por campesinos que habían cambiado el arado por la pica y el arcabuz. Maquiavelo sabía que el patriotismo no sería un elemento suficiente para asegurar la homogeneidad y solidez del ejército y, menos aún, su docilidad, su obediencia inmediata y ciega. Quizá, pues, la mirada dura de Michelotto, su mala lengua, sus reniegos castellanos y su prontitud en hacer uso del puñal, podían ser más eficaces que todas las cualidades de Giacomini. Maquiavelo era, por otro lado, quien sostenía con todas sus fuerzas la candidatura de Don Michele frente a una oposición tenaz y hostil; al parecer, se temía que Soderini quisiese valerse de Michelotto para ejercer la tiranía.

¿Soderini emular a César Borgia? Maquiavelo sabía que no había nada que temer. El día en que Soderini muriese, escribiría un epigrama feroz en el que mostraría al antiguo gonfaloniero expulsado del Paraíso por los ángeles y del Infierno por los demonios. «¿Soderini? ¡Que se vaya al Limbo, donde están los niños!» El Consejo de los Ochenta necesitó tres votaciones sucesivas para obtener la mayoría necesaria que permitiese la designación de Don Michele. Hecho esto, Maquiavelo se apresuró a enviarlo a las puertas de Pisa, donde los «milicianos» marcaban el paso, y de la noche a la mañana las operaciones adquirieron un ritmo más vivo y los nuevos soldados se batieron con más valor.

¿Por qué? ¡Ah!, Maquiavelo conocía bien a los hombres: bastaba con darles un jefe al que temiesen más que a los pisanos.

CAPÍTULO ONCE

El emperador entra en escena

«Hoy, estamos gobernados por príncipes que, de forma natural o accidental, tienen las cualidades siguientes: tenemos un papa prudente, grave y respetado, un emperador ligero y cambiante, un rey de Francia irritable y temeroso, un rey de España desordenado y avaro, un rey de Inglaterra rico, audaz y ávido de gloria; tenemos suizos brutales, victoriosos e insolentes; y en cuanto a nosotros, los italianos, somos pobres, ambiciosos e infames. Por lo que respecta a los otros príncipes, no los conozco.» La brevedad magistral de estas imágenes dibuja un claro retrato de los grandes soberanos de aquel tiempo; así resulta fácil reconocer a Enrique VIII de Inglaterra, a Luis XII de Francia y a Fernando el Católico. En cuanto al emperador, era Maximiliano I, aquel Maximiliano cuyos movimientos Italia observaba con desconfianza e inquietud, esforzándose por adivinar sus intenciones y prever sus pasos.

Con un hombre como aquél resultaba difícil prever e imposible adivinar. No porque fuese discreto por demás, como César Borgia. Al contrario: gesticulaba y gritaba mucho; pero ese torbellino de aspavientos y gritos también le servía para no descubrirse ante los otros, como los dioses del Olimpo se ocultaban de la mirada de los hombres tras la niebla. Y así, puesto que ninguna lógica gobernaba sus actos, no podía deducirse de lo que hoy hacía lo que tenía intención de hacer mañana. La incoherencia, el orgullo, la ambición enfermiza, la frivolidad y la inconstancia lo hacían esquivo. Lo protegían sus defectos como a otros sus cualidades.

Maximiliano escapaba de los ojos de quienes pretendían seguirlo, de las manos de quienes trataban de asirlo, mediante esa versatilidad que conformaba su debilidad interna, pero que, al mismo tiempo, desgastaba a sus enemigos, quienes se agotaban en vano pisándole los talones en aquella carrera en zigzag en la que despistaba, desconcertaba y dejaba atrás a sus perseguidores. Pero en todo ello no había cálculo; esta política, que hubiera sido genial de haberla guiado la razón y la sabiduría, en él no era más que la consecuencia de la incertidumbre y la incapacidad para elegir; y como su alma estaba dominada por un hambre de gloria insaciable, como se le sabía poseído por un apetito de conquista al que nada podía resistirse, resultaba preocupante, y con razón, contemplar sobre el tablero de la política europea al dueño del Sacro Imperio romano germánico, al sucesor de Carlomagno, de los Otones y de los Hohenstaufen, seguir la marcha irregular e imprevisible del «loco».

Por fortuna, el Imperio ya no era el de antaño. La desaparición del feudalismo lo había privado de sus recursos más eficaces. El despertar de los nacionalismos había desmembrado aquel gran cuerpo debilitado por su propio gigantismo. Dividido y despedazado, el Imperio sólo guardaba ya la sombra del poder y la ilusión de la autoridad. Los reyes, los príncipes, los obispos y las ciudades se habían emancipado con un impulso feroz en pro de su autonomía y el Imperio, anacrónico y anticuado, sólo conservaba una fachada espléndida, tras la cual se ocultaban los cascotes de todo lo que antaño había constituido su grandeza, su poder y su prestigio. En realidad, Maximiliano ya no era más que el archiduque de Austria y ésta contaba poco en la Europa moderna.

Se le conocían ambiciones desmesuradas. No ocultaba que anhelaba restablecer la antigua hegemonía del Imperio, resucitar la gloria de los Otones, y, no sin estupefacción, sus familiares se habían enterado de que también se proponía añadir la tiara a la corona imperial. ¿Era la ensoñación de un joven caballeresco, quimérico y ahíto de novelas de aventuras? No. Había empezado por sondear a los cardenales, para conocer cuántos le serían favorables, ya que sabía lo mucho que habría de pagarles por sus votos. Por lo tanto, no era un proyecto en el aire ni la fantasía de una imaginación algo enfermiza, la misma que le hacía aspirar a la canonización: «Quiero ser santo —escribía a su hija—, a fin de que vos me dirijáis vuestras plegarias cuando haya muerto.» Existía un principio de ejecución. Se hacía llamar ya *Pontifex Maximus*, sin temer el ridículo; y, de haberse atrevido, o de haber sido más rico, habría hecho grabar aquel título en las nuevas monedas.

Intoxicado por la historia y la literatura, parecía que Maximiliano soñaba con imitar a los Barbarrojas, a los Enriques. En tanto que señor de Suabia, se consideraba el heredero de Federico I. ¿No había aspirado también éste a ser el amo de la Iglesia? Pero aunque quería seguir los pasos del gran Hohenstaufen, Maximiliano de Austria olvidaba que ya no contaba con el imperio suevo de antaño. Era esto lo que tranquilizaba a los italianos. Maximiliano poseía la dignidad imperial; pero carecía de la fuerza. Como todos los archiduques de Austria, siempre andaba mal de dinero y en busca de medios fabulosos para procurárselo. Por otro lado, era incapaz de ahorrar y de una prodigalidad absurda, tanto en la pobreza como en la riqueza. Por ello su codicia era insaciable, a tal punto, aseguraban los italianos, que si las hojas de los árboles de Italia se hubieran convertido en ducados, tampoco aquello le hubiera bastado.

Maximiliano no era un monarca del Renacimiento. Seguía todavía completamente anclado en la Edad Media, con sus ideas de cruzada y sus fantasías de caballero andante. No comprendía que los tiempos de la hegemonía imperial ya habían acabado. No sería papa hasta que hubiese liberado el Santo Sepulcro: los sueños de un niño. Maximiliano era un niño terrible, un niño peligroso, puesto que a fuerza de jugar al papa, al emperador Carlomagno y al cruzado, acabaría por prender fuego a Europa.

Por fortuna, existía el Imperio, y éste lo frenaba. Para guerrear hacía falta dinero y sus súbditos no se lo daban. Los príncipes, los señores eclesiásticos y las ciudades libres rechazaban con intransigencia su demanda de créditos militares. Era el único en desear tan grandes aventuras; sus vasallos, de los que dependía, no las querían y se lo hacían saber. El Imperio aborrecía la guerra y rechazaba todo lo que aquel pastor de quimeras solicitaba, fuesen hombres o dinero. Ésta es la razón por la cual en alguna ocasión el pobre monarca había tenido que empeñar las joyas de la Corona, y otras veces incluso, cuando la indigencia lo acuciaba demasiado, se había alistado como condotiero al servicio de otro Estado. Sin abandonar, no obstante, sus sueños de gloria y hegemonía.

Era eso, probablemente, lo que le hacía mirar con codicia Italia; era un país rico, opulento y débil, y su conquista parecía fácil. Se adueñaría de los principados antagonistas, uno tras otro, y una vez en Roma... El Papa debía de estar ciego si imaginaba que el vencedor se contentaría con recibir de manos del Soberano Pontífice la corona imperial —ése era el objetivo declarado del viaje que proyectaba—; cuando tuviese la corona, reivindicaría la tiara. Puede que también contase con apoyarse en las fuerzas militares de los Estados italianos para reconquistar el Imperio, que se le escapaba, y para hacer la guerra a Francia.

Maximiliano no podía ver con buenos ojos las empresas de Luis XII en Italia. Había entre Francia y el Imperio una hostilidad ancestral, tradicional, que se remontaba quizás a la época en que, en las personas de Teodorico y de Clovis, se habían opuesto dos concepciones políticas, la monárquica y la imperial. A la voluntad francesa de la concentración sobre sí misma y de la consolidación interna, el Imperio oponía su insaciable «voluntad de poder», su dinamismo agresivo y su ambición sin límites. Esos dos ideales se confrontarían en el siglo XIII en el conflicto entre Luis IX el Santo y Federico II, y luego en el XIV habrían de enfrentar también a Francisco I y Carlos V. La hostilidad radical entre la monarquía francesa y el Imperio germánico tenía, pues, algo de fatalidad histórica que se repetía a lo largo de los siglos y que el destino de los pueblos, más aún sin duda que la voluntad de los hombres, transformaba en guerras periódicas.

La monarquía francesa también había contado con algunos enamorados de las quimeras —Carlos VIII, probablemente—, pero las aspiraciones de los reyes sobre Italia reposaban en principios legales, en sucesiones regulares, y no en el inmenso apetito de conquista propio de los emperadores germánicos. Los derechos que Luis XII había heredado de su abuela, Valentina Visconti, eran indiscutibles desde el punto de vista jurídico. Las ambiciones de Maximiliano, bien al contrario, sólo se alimentaban de los antiguos sueños de los emperadores medievales; su fundamento era caduco y los hechos lo negaban. También parecía absurda la pretensión de hacer revivir el imperio de antaño, tanto como lo hubiera sido la de resucitar el cadáver de un gigante muerto después de varios siglos.

Por lo tanto, la intención de Maximiliano era, sin duda, cortar los caminos de Italia a su rival, impugnar sus conquistas, disputarle los principados que ambos codiciaban. Se atribuían, en fin, los preparativos del emperador a su deseo de ir en auxilio de los genoveses, a los que los franceses oprimían y cuyos intentos de liberación habían castigado con una severidad brutal. Maximiliano podía invocar bastantes motivos legítimos a fin de justificar su «bajada» a Italia, para que los propios italianos no se inquietaran.

Italia, sin embargo, estaba preocupada y escuchaba sin benevolencia los rumores de guerra procedentes del norte. Aquel viaje traía nefastos recuerdos, puesto que a lo largo de la Edad Media las codicias imperiales habían desgarrado Italia en facciones hostiles, cuya animosidad aún no se había extinguido del todo. La pelea de güelfos y gibelinos, que había ensangrentado y empobrecido la península durante siglos, había sido obra de los emperadores. Incluso en el siglo XVI, aunque ya no existía «güelfismo» ni «gibelinismo», hablando con propiedad, aquella ancestral rivalidad sobrevivía a buen seguro tras otros nombres y otros aspectos, de manera que la aparición del emperador podría bastar para despertar aquellas antiguas guerras civiles de las que Italia había tardado tanto en liberarse.

Cualquiera que fuera el objeto de la «visita» anunciada por Maximiliano, las consecuencias sólo podían ser catastróficas; no existía precedente de que un emperador hubiese ido a Italia para otra cosa que no fuera para desgarrarla y saquearla. Aleccionados por las enseñanzas del pasado, las repúblicas y los principados estaban sobre aviso; ya era bastante doloroso ver el suelo latino mancillado por los franceses y los españoles como para que los *imperiales* también acudieran.

A los preparativos de Maximiliano —que no era lo bastante hábil para darles una apariencia pacífica— Italia respondió aumentado sus dispositivos de defensa. Puede que el futuro conflicto se limitara sólo a los franceses y a los germánicos, pero cuando dos pueblos se peleaban en el territorio de un tercero era imposible que éste no sufriera en absoluto. Aun cuando el único objetivo de Maximiliano hubiera sido la expulsión de los franceses —algo que, a su juicio, los italianos habrían de agradecerle—, esto no se hubiera hecho sin perjuicio para el pueblo que ponía el campo de batalla. Por otro lado, ese ejército de ocho mil soldados de caballería y veintidós mil infantes, que la Dieta de Constanza le había otorgado después de muchas vacilaciones y debates, no era la sencilla escolta de un emperador que va a recibir la corona. Como para equipar y mantener este ejército sólo le habían dado ciento veinte mil florines, era probable que muy pronto no tuviera ni un céntimo, antes incluso de que hubieran transcurrido los seis meses en que estaba autorizado a utilizar su ejército.

Pero las miras de Maximiliano no estaban puestas tan lejos. Sólo el presente contaba, lo inmediato. Por lo tanto, se procuró una buena artillería y dividió sus fuerzas en tres cuerpos: dos dirigidos sobre Italia, uno que, por Trento, debía alcanzar Verona, y el otro invadir el Friul por la Carintia; y el tercero, que amenazaba Francia de manera directa, marcharía sobre Besançon, desde donde atacaría la Borgoña.

¿Qué hacían los italianos mientras tanto? Julio II observaba los movimientos del emperador, contento de que lanzara incursiones contra Venecia. Por ardientes que fuesen sus deseos de liberar Italia de los bárbaros, al Papa no le desagradaba servirse de las dificultades en las que se encontraría la Serenísima para volver a quitarle, sin hacer ruido, las provincias que poseía indebidamente, según pretendía, y que debían retornar a la Iglesia. El deseo que tenía Maximiliano de devenir papa divertía mucho a ese salvaje Rovere: si el austríaco se imaginaba que era fácil ser papa, ¡en Italia...!

Venecia pensó desviar el golpe que la amenazaba acercándose a los franceses. Los Estados, en suma, se servían de la ayuda de un extranjero contra otro extranjero. Era lo que Italia llamaba *fare da sé*. La Serenísima, informada por sus agentes del itinerario de Maximiliano, aunque el secreto estuviese bien guardado y él dijera a todos, por ejemplo, que no irían más allá de Botzen, envió a sus condotieros al encuentro de los imperiales para cortarles el paso, a Pitigliano a Verona y a Alviano al Friul. Por su parte, Luis XII fortificó la Borgoña y, aceptando la mano que le tendían los venecianos, les envió a Trivulzio, a la cabeza de cuatrocientos lanceros y cuatro mil infantes. Lo que hubiera sido insuficiente, por otro lado, puesto que los tres condotieros juntos no estaban en igualdad de condiciones con los imperiales. Por su parte, Roma no se movilizó. Puesto que no se sentía directamente amenazado, Julio II no quería realizar ningún acto que se entendiese hostil: le parecía mejor mantener la ficción de una visita «amistosa» y actuar en consecuencia. Así, mientras Venecia hacía marchar sus soldados, Julio II se contentaba con enviar un legado al encuentro del emperador para darle la bienvenida y, sobre todo, para descifrar sus verdaderas intenciones.

¿Qué haría Florencia? La República se hallaba perpleja. Atenta a elegir siempre el partido ganador, calculaba de entrada las posibilidades de los adversarios, aunque con Maximiliano resultase muy difícil establecer pronósticos verosímiles. A Florencia no le molestaban los daños que los imperiales podían infringir a los venecianos y a los romanos, pero de abrazar la causa de Maximiliano se hubiera granjeado la enemistad de los franceses. Después de las invasiones de Carlos VIII, la política de la Señoría tendía a mantener una especie de neutralidad cada vez que Francia estaba implicada, a fin de no tenerla en contra ni verse obligada, en compensación, a prestarle ayuda en sus operaciones militares. Ésa era, a título personal, la actitud del gonfaloniero —ahora vitalicio— Soderini, quien se esforzaba por incular en los magistrados florentinos esa francofilia que sus adversarios le reprochaban.

En definitiva, Maximiliano ponía a Florencia entre la espada y la pared al reclamarle cincuenta mil florines como participación en los gastos de la coronación en virtud de un viejo derecho imperial, desde hacía mucho tiempo caído en desuso y, por otro lado, inaplicable. Pagar aquella suma era ponerse en contra a los franceses; rechazarla era granjearse la cólera de Maximiliano. Puesto que la República sabía de su frivolidad, ligereza e inconstancia, decidió esperar a conocer con exactitud sus proyectos, antes de responder a la demanda del emperador. Si éste anulaba de manera repentina su viaje italiano —y era muy capaz de ello—, acceder a su petición hubiera sido un riesgo. Cincuenta mil ducados era una gran suma; el Tesoro florentino la habría desembolsado con pesar; pero, incluso a falta de dinero, las buenas palabras habrían comprometido a Florencia con el Imperio y disgustado a sus adversarios.

¿Cómo podría conocer Florencia los proyectos de Maximiliano? Enviando a su lado a un diplomático inteligente, hábil, sutil e ingenioso, aunque no exactamente a su lado: para no comprometerse, tampoco entonces. Y era conveniente que un agente secreto acompañara al legado; de este modo, se beneficiaría de todas las informaciones que recogieran los enviados pontificios, que eran siempre los mejor informados.

Soderini propuso que se delegase para esta misión a Maquiavelo. Era un hombre de excepcional talento y ya había dado prueba de sus aptitudes. La oposición puso mala cara; se sabía a Maquiavelo leal a Soderini y se tenía la sospecha de que el gonfaloniero seguía una política de intereses personales. No, a Maquiavelo no. Se envió, pues, a Francesco Vettori, pero éste se dejó intimidar por Maximiliano y comunicó a la Señoría que era conveniente pagar de inmediato los cincuenta mil ducados, porque de lo contrario el emperador no volvería a recibir al embajador florentino. Soderini objetó entonces a los enemigos de Maquiavelo que ésas eran las consecuencias cuando en la elección de un embajador se valoraba más la situación social que los verdaderos méritos. Maquiavelo no se habría dejado aleccionar así.

El asunto, que un gobierno fuerte habría resuelto en un instante, pasó de asamblea en asamblea, de comisión en comisión. Y todo porque la democracia florentina, que sospechaba que Soderini aspiraba a la «dictadura», lo combatía en sus agentes. Se decidió, por fin, hacer llegar a Vettori instrucciones muy precisas y explícitas sobre la conducta a seguir frente al emperador. Pero Soderini se opuso: enviar un mensaje escrito hubiera sido muy imprudente. La discusión volvió a comenzar y se debatió cuál sería el mensajero capaz de dar instrucciones orales. Como el asunto era delicado, ya que esas órdenes debían ser secretas, se necesitaba un hombre capaz de explicar al embajador las intenciones profundas de la Señoría, de indicarle la línea de conducta a seguir.

¿Dónde encontrar un mensajero semejante, que fuese a la vez fiable, inteligente y hábil, en resumen, capaz de actuar en aquellas circunstancias como un verdadero diplomático? (¿Acaso Vettori no lo era?) Soderini sugirió el nombre de Maquiavelo, pues estaba determinado —aunque no lo explicó— a hacer que éste permaneciese junto a Vettori y a confiarle la parte activa de la misión, dejando para Vettori la dignidad, el título y las vanidades de embajador. Librado a sí mismo, Vettori haría tonterías; si Maquiavelo lo acompañaba, se salvaría la situación. Se discutió de nuevo, pero al final se llegó a un acuerdo y se envió a Maquiavelo.

De este modo, nuestro hombre partió una vez más. De entrada, camino de Siena, para reunirse con el legado en el mes de agosto y, en diciembre, como el emperador seguía sin llegar, camino de Alemania. En esta ocasión no llevaba despachos en su valija, pues era de todos sabido que los franceses eran capaces de registrar a los viajeros, incluso si eran diplomáticos, cuando atravesaban la Lombardía. Por lo tanto sólo llevaba un mensaje oral para Vettori: rechazar en principio la petición de los cincuenta mil ducados; ofrecer treinta mil, y sólo convenir en la primera cifra si de verdad no podía hacerse otra cosa. Nada de pagar de inmediato; pagos escalonados, que no comenzarían hasta el día en que el emperador hubiese entrado en Italia.

Pero la verdadera misión de Maquiavelo no se limitaba a este comunicado. También debía vigilar a Vettori, suplantarlo con discreción, en la medida de lo posible, discutir con los ministros imperiales y por encima de todo observar, escuchar, mirar e informar a Soderini de todo lo que advirtiese. Su tarea sería, en suma, la del diplomático y la del agente secreto a la vez. Era tanto más delicada puesto que debía controlar al embajador, detenerlo, impedir que cometiese errores y, si ello ocurriera, repararlos.

Había que ser Maquiavelo para conseguirlo. De haber tenido ambiciones vulgares, le habría ofendido el hecho de estar siempre en segundo plano y de ver a los otros recoger el fruto de sus esfuerzos, pero para él ¿qué significaba un título, una dignidad? Lo que contaba era la acción y la eficacia. Siempre le trataban como funcionario, pero lo esencial era que le confiasen una función interesante, incluso si ésta exigía de él una humildad y una discreción que a otros ofendería. Maquiavelo ignoraba la vanidad; sólo poseía esa forma activa y dinámica de orgullo que es principio de energía. La vanidad es el vicio de los débiles; el orgullo, la virtud de los grandes y los fuertes. No eran humildes ni modestos los hombres de aquel tiempo, ni hipócritas; eran conscientes de su valor y lo confesaban incluso con cierta altivez. En aquel tiempo, uno no estaba obligado aún a hacerse perdonar la superioridad a fuerza de zalemas y sumisión. Todos se conocían bien, sabían lo que valían, tanto el artista como el capitán de fortuna o el hombre de Estado. Y algunas veces eran los primeros en rendir homenaje a su genio porque lo consideraban el elemento divino que habita en el hombre y porque desconocerlo hubiera sido ofender a esa divinidad que llevaban en ellos. El orgullo de un Pico della Mirandola ofreciéndose para discutir con cualquiera de «todo lo que puede saberse», el orgullo de un Miguel Ángel, de un Leonardo da Vinci o de un Cellini, en aquella época la virtud de los fuertes.

Maquiavelo la poseía y, por esa razón, saboreaba el irónico destino que le daba la acción y el poder, mientras le dejaba la máscara del subalterno. Llevaba las riendas de una negociación, manejaba a los hombres y las ideas. ¿Qué más pedir? Poseía el poder real, aunque no sus signos externos. Pero le importa poco, pues podía desarrollar su talento de gran político y eso le bastaba.

¡Y qué maravilloso viaje! Debió de haber pasado frío, puede que en más de una ocasión se quejara de helarse al galopar así por los caminos del norte. Debió de entristecerle estar lejos de los suyos, lejos de Mona Marietta, su mujer, y de sus hijos, aquel día de Navidad del año 1507, en que hizo parada en Ginebra; sin embargo, iba de descubrimiento en descubrimiento. Estudiaba pueblos nuevos. De aquellos suizos y alemanes, que hasta la fecha sólo conocía tras la apariencia de soldados de fortuna, estudió su comportamiento, advirtió sus defectos y sus cualidades. En cuatro días atravesó Suiza, de Ginebra a Constanza, y aun así pudo trazar un cuadro exacto y completo por demás de la constitución política de aquel país y, lo que es mejor, exponer la situación de Suiza respecto de Francia y del Imperio. Había encontrado a un friburgués inteligente y bien informado del que había aprendido miles de cosas apasionantes. Aquel hombre que conocía bien a sus compatriotas le había dicho que «el rey de Francia tenía demasiado dinero como para que se tomara partido contra él, y que aunque el rey de los romanos tuviera menos, tampoco podía rehusarse servirle. Todo el mundo piensa que mientras el emperador tenga dinero, tendrá a los suizos...».

La gran preocupación de la Confederación era, al igual que la de los italianos, tratar con tiento al mismo tiempo a Francia y al Imperio y estar en buenas relaciones con los dos enemigos. En Schaffhouse, se unió a dos genoveses que regresaban a Italia y éstos le contaron sus impresiones de Alemania. «Me dijeron a su vez que su ciudad pagaba al rey [al rey de los romanos, es decir, a Maximiliano] ciento cincuenta mil escudos y que le suministraba soldados; que ese príncipe había llegado a un acuerdo con los Fugger, que le habían avanzado cien mil escudos por unos créditos que él les había transferido; finalmente, que pactaría con los suizos, a los que sólo utilizaría contra Francia.» Maquiavelo lo escuchaba todo, y anotaba y clasificaba en su memoria tanto las distintas informaciones como las fuentes de donde procedían. Después de los genoveses, conoció a dos milaneses, «a los que encontré en la iglesia», y luego al compositor Airège, cuya mujer era florentina.

Maquiavelo era el perfecto viajero: se interesaba por todo y disfrutaba hablando con los habitantes del lugar o con los extranjeros que encontraba en las posadas. No sólo para cumplir su misión, sino sobre todo para satisfacer su curiosidad personal, que era inmensa. Seleccionaba las informaciones, las contrastaba con otras, las verificaba y las corregía. Además, no se fiaba de lo que pudieran contarle los desconocidos; así, cuando escribía a la Señoría las informaciones precisas y detalladas sobre los proyectos del emperador, procuraba añadir que procedían, por ejemplo, «de un hombre de setenta años cuya prudencia todo el mundo estima». De este modo, al relatar lo que había oído, se aseguraba de no equivocarse y no engañar a los demás.

Tenía el hábito de la prudencia y la circunspección, puesto que era hombre acostumbrado a navegar por las aguas turbulentas y agitadas de la política interior florentina. Sabía cuán necesario era tomar precauciones. Había que temerlo todo de todo el mundo. Tal como había imaginado, lo registraron al atravesar la Lombardía, lo desvistieron y lo inspeccionaron de la manera más indiscreta, y leyeron y rompieron en mil pedazos todas las cartas que llevaba consigo. De ahí la necesidad de poseer una buena memoria. En la corte del emperador, le aguardaban otras molestias policiales, pero sin duda estaba prevenido. Nada lo sorprendía de la malicia de los hombres y, de antemano, estaba preparado para defenderse. Pero, a decir verdad, su humilde función de secretario de Vettori le permitía pasar inadvertido y escuchar muchas declaraciones que probablemente nunca debieron de llegar a oídos del embajador. Fue así como un enviado saboyano, Disviri, tratándole casi como a un camarada, se entregó a preciosas confidencias. «Quieres saber en un instante —le contó Disviri— lo que a mí tanto esfuerzo me costó descubrir en dos meses; puesto que aquí o hay que ser informado de las decisiones tomadas o interpretar los resultados por los preparativos. A lo primero es muy difícil acceder porque esta nación es muy secreta, y porque el emperador emplea la misma discreción en todos sus asuntos, de tal suerte que, incluso cuando quiere cambiar de alojamiento, no envía a nadie por delante, si no es cuando ya está en camino, a fin de que no se sepa de antemano adónde irá.»

A pesar del secretismo que rodeaba los movimientos del emperador, misterio que con razón irritaba y preocupaba a Italia, Disviri había constatado muchas cosas interesantes de las que hizo partícipe a su nuevo amigo. «En cuanto a los preparativos, parece que son enormes; llegan tropas de infinidad de lugares; se encuentran dispersadas por un gran espacio y habría que tener espías por todas partes para poder conocer la verdad con exactitud. Para equivocarme lo menos posible, cuanto puedo asegurarte es que el emperador se dispone a emprender tres ataques, uno sobre Trento, el otro sobre Besançon, desde donde atacará la Borgoña y, finalmente, un tercero sobre Carabassa, adonde irá por el Friul. Según las disposiciones surgidas de la última Dieta, llegan muchas tropas a Constanza que a continuación se diseminan por los alrededores y puedo garantizarte, para finalizar, que se llevan a cabo grandes movimientos cuyos resultados sólo pueden ser muy importantes, puesto que determinarán la paz o la guerra entre ambos reyes.»

¿La paz o la guerra? Era eso lo que había que saber, con exactitud, antes de acatar un compromiso y, en cualquier caso, éste sólo se asumiría en último extremo, cuando no hubiese otra salida. De nuevo en Botzen, Maquiavelo estaba impaciente por ver a Maximiliano; un curioso personaje más a añadir a su galería de «celebridades».

Maximiliano era mucho menos intimidante que César Borgia, con su ardor triste, o que Julio II, con sus cóleras y protestas. De buena presencia, vigoroso, aunque algo feo, era interesante y agradable, amable y hospitalario. Era un Habsburgo típico, de gran nariz, belfo y de mentón prominente. Si hubieran tenido tiempo libre para hablar de tácticas y estrategias, Maquiavelo y el emperador hubieran descubierto pronto una pasión común: el arte de la guerra. Pero dicho arte Maximiliano pretendía ponerlo en práctica como caballero, a la antigua usanza, mientras que Maquiavelo era a todas luces «moderno». Maximiliano era partidario de las grandes cargas de caballería, de las operaciones espectaculares. De la guerra le gustaba su faceta teatral y legendaria y hubiera querido que ésta se pareciera a lo que relataban los cuentos de hadas, las canciones de gesta y las novelas de caballería. Sin embargo, podría ser útil a Maquiavelo discutir con él del empleo de la artillería, de las mejores formaciones de batalla y de las ventajas respectivas de los montañeses de Appenzell y de los Grisones.

Pero por desgracia, había que hablar de dinero; aquél era el motivo por el cual estaban allí los embajadores y el emperador no esperaba otra cosa de los florentinos. Para él, los toscanos eran socios capitalistas, como los Fugger de Augsburgo o los banqueros de Brujas y de Amberes, nada más. Por otro lado, no era Maquiavelo quien hablaba, sino Vettori. El secretario, que ya había aleccionado a su superior, se contentaba con mirar, escuchar y observar los gestos del emperador, para descubrir, tras lo que decía, aquello que ocultaba y callaba. Maximiliano iba vestido de forma ostentosa, como de costumbre, como hombre a quien el dinero costaba poco y que, cuando lo había recibido, se apresuraba en gastarlo como si le quemara en las manos. No iría muy lejos a ese paso. De los seis meses de guerra que la Dieta le había concedido, ya habían transcurrido tres; si pretendía obtener resultados antes de la expiración del plazo, tendría que darse prisa.

La entrada de Maximiliano en Trento se desarrolló con gran solemnidad. Como si ya lo hubieran coronado emperador, hizo que un rey de armas portase su espada desenvainada por delante de él. Precedido por los heraldos, llegó al Duomo, donde en el transcurso de la misa el obispo de Gurk, Mathias Lang, canciller imperial, pronunció un discurso significativo, en el que se ponía de manifiesto que el único objetivo del emperador en Italia era Roma, donde habría de recibir la corona de manos del Santo Padre. Los hechos, sin embargo, contradecían aquellas magníficas afirmaciones. Sus tropas marchaban sobre Italia y devastaban todo a su paso. La caballería imperial acababa de tomar los siete pueblos de Vicenza, tributarios de Venecia. El margrave de Brandeburgo había amenazado Roveredo, aunque luego, en el momento de apoderarse de ella, por alguna razón inexplicable había vuelto sobre sus pasos.

¿Cómo prever el desarrollo de las operaciones? El ejército imperial ejecutaba tal serie de marchas y contramarchas que hasta el observador más sagaz estaba desconcertado. ¿Era algo premeditado, para despistar a los espías? ¿O acaso lo único que ocurría era que Maximiliano sembraba el desorden en todo lo que tocaba, y su pretensión de conducir él mismo el ejército daba al traste con los planes de sus generales? ¿Tenían siquiera un plan? Cabría dudarlo al ver la incoherencia de sus movimientos. Pero su avance era rápido y sus ataques eficaces. De haber seguido sus intereses, en lugar de ir de aquí para allá, según su capricho, habría puesto a los venecianos en serias dificultades. Así fue como después de tomar Cadore, con sus once mil infantes y sus cuatrocientos caballeros, se desinteresó de manera repentina y partió para Innsbruck. No disponer de dinero conllevaba aquellas cosas. Dado que ya no tenía ni un florín para pagar la soldada, fue a pedir dinero a los banqueros tiroleses y a ofrecerles como garantía sus joyas; claro que, mientras tanto, los venecianos contraatacaron y Alviano volvió a tomar Cadore.

Así pues, por negligencia o por frivolidad, o incluso por su escasez de recursos, Maximiliano iba perdiendo poco a poco cuanto había ganado. Los mercenarios de los Grisones lo habían abandonado porque no cobraban lo suficiente; ello significa dos mil hombres menos. Además, siguiendo su inoportuno ejemplo, el resto de los regimientos suizos, por la misma razón, se había dispersado. ¿Qué hacer, por otro lado, con el miserable ejército que le había concedido la Dieta? Si los Estados alemanes no le daban más, nunca podría conseguirlo. Abrumado por las preocupaciones económicas, incapaz de proseguir sus éxitos, pues los venecianos tenían más soldados que él y disponían de recursos ilimitados para contratar a los mejores regimientos y a los capitanes más famosos, obligado a controlar sus gastos —¡cosa que detestaba!—, Maximiliano hubo de recurrir una vez más a la generosidad de sus súbditos. Convocó una nueva Dieta, en Ulm, y allí se fue a mendigar subsidios a los príncipes y obispos, mientras su ejército seguía peleando con los venecianos en el Trentino.

Vettori y Maquiavelo se quedaron en Innsbruck. Esperaban conocer el desarrollo de los acontecimientos. ¿Qué resultaría de todo ello? Maximiliano parecía muy resuelto a proseguir la guerra contra los venecianos y los franceses. En ese caso, ¿cuál sería el final de la contienda? Maquiavelo, tras comparar las fuerzas de los adversarios y medir sus posibilidades, constató que ninguno de los dos ejércitos había obtenido un resultado decisivo. Por otro lado, el emperador contaba con la inestimable ayuda de Alemania, que lo respaldaba. Si, en lugar de escatimar, Alemania se resignaba a aportar cuanto hacía falta para conducir de forma activa operaciones fructuosas, venecianos y franceses podrían verse en un aprieto. Y Maquiavelo concluía: «Alemania es poderosa; si quiere vencer puede hacerlo. ¿Pero lo querrá?» En pocas palabras, ¿aceptaría todos los riesgos que comportaba la política de Maximiliano?

Para saberlo, hubiera resultado interesante ir a Ulm, escuchar a los príncipes alemanes, estudiar el carácter de las deliberaciones, adivinar, según la atmósfera que reinase en la Dieta, cuál era la opinión pública y qué estaban dispuestos a hacer los representantes de los Estados alemanes. En Innsbruck sólo se recibían informaciones insuficientes, contradictorias o erróneas. Impaciente por constatar sobre el terreno lo que ocurría, Maquiavelo apremió a Vettori para partir hacia Ulm; pero Vettori estaba enfermo. Los rigores del invierno alemán no le sentaban bien a aquel florentino. La perspectiva de volver a recorrer los caminos no lo seducía demasiado; además, ya habían vagabundeado demasiado desde que seguían los pasos del emperador. Vettori prefirió que Maquiavelo fuera solo y, por su parte, al secretario de la Cancillería no le disgustó en absoluto la idea de partir sin su «superior», aunque éste, poco inoportuno, le dejase escribir todos los despachos y cumplir solo, a excepción de las ceremonias oficiales, las funciones de embajador.

Consultada, la Señoría dio su aprobación y también prometió enviarle lo que precisase para su viaje, puesto que Maquiavelo se había quejado de nuevo de que su escarcela estaba vacía. «Maquiavelo necesita con urgencia dinero», podía leerse al final de todas las cartas firmadas por Francesco Vettori. También en este detalle se reconoce que fue él quien las escribió, así como por la insistencia con la que el supuesto Vettori reclamaba que lo dejasen a su lado: «No pienso que por nada en el mundo debáis hacerlo regresar; ruego a sus señorías que permitan que permanezca conmigo hasta que el asunto esté del todo terminado, porque su presencia es necesaria aquí [...]. En todos los casos, estoy persuadido de que no escatimará esfuerzos ni peligros por amor a la República.»

En el momento de ponerse en camino, Maquiavelo recibió de Ulm el aviso de que la presencia de los enviados florentinos no era bien recibida en aquel momento. Sin duda Maximiliano desconfiaba de lo que pudieran contar los embajadores a sus gobiernos respectivos si asistían a las sesiones de la Dieta o si recibían ecos directos. Por lo tanto, se advertía a los diplomáticos que debían permanecer en Innsbruck hasta nueva orden. Exasperado por el contratiempo, Maquiavelo hubiera querido obviar la prohibición. ¿Por qué no ir a Ulm de incógnito? No se resignaba a verse obligado a permanecer en Innsbruck, cerca de aquellas abrumadoras montañas que lo aburrían, puesto que la naturaleza salvaje y el aire libre le gustaban tan poco como el arte, mientras que quizá en Ulm se decidiera la suerte de Italia. Una dieta era similar a un concilio en el sentido de que en ambos se hallaba reunida una profusión de personalidades interesantes, se conocían las noticias de todo el mundo, se sentía latir al corazón mismo de la «gran política», de la política europea, y se veía hacer la historia, la historia viva, palpitante y no inerte o desecada en las páginas de los libros, como las plantas de un herbario.

Vettori le aconsejó prudencia: Maquiavelo era demasiado conocido para que nadie en Ulm advirtiese su presencia. ¿Un disfraz? Los policías lo desenmascararían de inmediato: con aquel fino rostro florentino, tan delicado y sutil, no podría pasar desapercibido. Resignado, pues, a la inacción, Maquiavelo se contentó con recoger los rumores dispersos. «Se dice que...» Eran las noticias de la guerra, que proseguía gracias a fortunas diversas; eran los rumores de las deliberaciones de Ulm; y todo ello incierto, impreciso y exasperante. ¿Cómo componer todo un cuadro con aquellos elementos incompletos, cómo llegar a un conocimiento exacto de los acontecimientos, cómo deducir, cómo prever? A medida que los meses pasaban, la indecisión aumentaba. La guerra no acababa nunca, con su alternancia de victorias y fracasos para ambos contendientes. La guerra se hacía eterna con sus gastos enormes, sus lansquenetes ávidos, sus capitanes de fortuna ambiciosos, su despilfarro y su inútil destrucción. Y mientras los meses se sucedían, Maximiliano constataba que Alemania se iba haciendo más y más sorda a sus peticiones de subsidio; Venecia, por su parte, comprobaba que la ayuda francesa resultaba insignificante. La Serenísima tenía mucho miedo de haber hecho el juego a los franceses en aquel asunto, sin ventaja para ella. ¿No habría de resultarle más productivo concertar la paz?

También Maximiliano deseaba la paz, pero una paz sin victoria hubiera sido humillante para su amor propio. Una tregua era otra cosa. De hecho, una tregua de tres años, como la que discutían en aquel momento los plenipotenciarios del emperador y los de la Serenísima, era lo más parecido a la paz. Por lo tanto, podía dar su consentimiento, sin remordimientos ni escrúpulos. «He esperado un día más antes de enviar esta carta —escribía Maquiavelo a la Señoría— por si hubiera algo nuevo en las conferencias que se celebran para la tregua; ayer por la tarde nos enteramos de que acababa de ser concertada por tres años, entre el emperador, de un lado, los venecianos y los franceses del otro, y entre sus aliados respectivos, pero solamente los de Italia, que cada parte está obligada a nombrar en los tres meses siguientes a la tregua. Se pretende que sólo se habló de los aliados italianos para excluir al duque de Gueldre. Ésta fue publicada ayer en el campo de los alemanes, y se asegura que sólo tuvo lugar entre el emperador, los venecianos y sus aliados, sin hacer mención de Francia.»

Era verdad: no se había consultado a los franceses. Sin duda, los venecianos temían que sus aliados, que tenían menos interés en la paz, puesto que la guerra no tenía lugar en su propio suelo, pusieran trabas. Y el propio Maximiliano, quien consideraba tener una cuenta pendiente con Luis XII, quería por ese medio reservar su libertad de acción contra Francia. Indignados porque se les hubiese dejado de lado en las negociaciones y en la firma de la tregua, los franceses montaron en cólera contra la Serenísima. Quizá también era lo que esperaba Maximiliano: dividir a los aliados. Sabía —y no dudaba— que Luis XII no habría de perdonar nunca la ofensa y, de hecho, a partir de aquel día Francia rompió su amistad con Venecia para seguir una política a todas luces antiveneciana, cuya cumbre sería la Liga de Cambrai, concertada a instancias del Papa, para la aniquilación de los venecianos.

La propia Florencia salía sin haber sufrido daños de la peligrosa aventura, gracias a la habilidad de Maquiavelo, que había hecho que las cosas se eternizasen, discutiendo sin cesar las reivindicaciones del emperador, cuestionando lo que ya se había resuelto y regateando sobre el valor de los ducados a pagar, puesto que no todos tenían el mismo «peso». Florencia había conseguido que la tormenta pasara sin verse implicada en uno u otro campo. Nunca había roto con el emperador; nunca había mostrado simpatía por los venecianos, a los que, por otro lado, detestaba y a los que hubiera deseado ver aniquilados; no se había comprometido a favor de Francia, a pesar de sus compromisos anteriores y de la francofilia de Soderini; en resumen, se había servido de rodeos y de dobleces, algo que aunque no era muy noble había resultado de gran provecho, porque había conseguido así mantener su independencia y permanecer al margen del conflicto.

Una vez obtenido aquel resultado, el embajador florentino estaba ansioso por volver a su casa. Maquiavelo habría prolongado de buena gana su estancia en Alemania, tan instructiva para él, pero estaba enfermo —sufría de piedras en el riñón— y los cuidados de Mona Marietta, la dulce esposa, le faltaban en aquel país salvaje. Marietta, por otro lado, le escribía cartas emotivas, llenas de ternura y melancolía, que aumentaban su tristeza, nostalgia y añoranza. Había todavía muchas cosas que aprender en esa región de la que no había conocido más que el exterior, pues no había traspasado nunca el umbral de Alemania, Botzen e Innsbruck. ¿Con qué pretexto habría permanecido lejos de Florencia? Una vez lograda la paz, los embajadores no podían sino volver lo antes posible.

Los seis meses que había pasado lejos de su casa habían sido muy fecundos en cuanto a informaciones de todo tipo. Maquiavelo no había entrado en el corazón de Alemania, pero había tratado con alemanes de todas las provincias y de todas las condiciones. Por lo tanto, conocía bien a aquel pueblo y el retrato que más tarde haría de él, a partir de sus recuerdos y notas, sería de una gran viveza y exactitud. A su regreso a Florencia, envió su informe a la Señoría: *Rapporto delle cose della Magna*, que completó sus interesantes, detallados y sutiles despachos, escritos con la misma tinta y el mismo espíritu, tanto si estaban firmados por Maquiavelo como por Vettori. Más tarde, ampliaría ese informe en un retrato paralelo al que hizo de los asuntos de Francia: los *Ritratti delle cose dell'Almagna.*

Desde luego, no olvidó a Tácito ni a César, pero la descripción que hizo de los germanos modernos era muy viva y perspicaz, llena de rasgos exquisitos de la psicología más sutil. Muy distinto era el diario de viaje de Vettori, que revelaba la mediocridad de aquel embajador, ocupado sólo en aventuras picarescas y curiosas anécdotas licenciosas. Mientras su «superior» se deleitaba con semejantes tonterías, Maquiavelo, el subalterno, adquiría un conocimiento de Alemania bastante sorprendente para un hombre que no hablaba la lengua y que sólo había permanecido allí seis meses; además, una parte de la estancia había transcurrido en Suiza. En pocos días comprendió tan bien la Confederación que los historiadores suizos modernos consideran excelente el retrato que hizo de ella. Alemania era más compleja, pero Maquiavelo había sabido captar los rasgos esenciales del carácter nacional. Bosquejó a grandes rasgos la síntesis de su ser y su devenir. Trazó, en fin, un retrato de Alemania, en su generalidad y en su duración, que haría honor al historiador más avisado.

Y no exento de simpatías, por otro lado, puesto que había en aquel país muchas cosas que le gustaban, sobre todo la calidad de sus soldados. Al autor de *Del arte de la guerra* le complacía destacar que la caballería alemana tenía buenos caballos y estaba bien armada, y que si casi siempre llevaba la peor parte en los encuentros con la caballería italiana o francesa, no era por falta de bravura, sino sólo porque las sillas que usaban eran demasiado pequeñas, sin apoyos ni arzones, detalle técnico que su ojo perspicaz había advertido de inmediato, que hacía que pudiese derribarse a los jinetes a la primera arremetida. Los infantes, por su parte, le parecían hombres apuestos, «muy distintos en eso de los suizos, que son pequeños, feos y sucios». Sobre la constitución política de Alemania, el poder de los comunes, la indisciplina de los príncipes y sus recursos financieros, emitió los juicios más exactos y atinados. En cuanto al emperador, opinaba: «No existe y nunca ha existido, creo, príncipe más despilfarrador; eso es lo que hace que siempre se halle necesitado y que, cualquiera que sea la situación en que se encuentra, nunca tenga suficiente dinero. Su carácter es muy inconstante; hoy quiere una cosa y mañana ya no la quiere. Rechaza cualquier consejo y cree lo que cualquiera le dice; desea lo que puede tener y se hastía de lo que no puede obtener. De ahí las resoluciones contrarias que le veo tomar a cada instante. Por otro lado, posee un gran espíritu guerrero; sabe conducir y mantener un ejército en orden y hacer reinar la justicia y la disciplina; sabe soportar mejor que nadie las fatigas más penosas; lleno de valor frente al peligro, no es inferior como capitán a cualquiera de este tiempo.»

Somos conscientes de lo que significa semejante elogio en boca de Maquiavelo. Pero Maximiliano no había dicho su última palabra, por otro lado, y a pesar de la tregua del 6 de junio de 1508, la paz en Italia no estaba garantizada.

CAPÍTULO DOCE

Ligas y concilios

La tregua concertada para tres años duró seis meses. En diciembre de 1508, la guerra comenzó de nuevo. Y esta vez fue Julio II quien la instigó y organizó. Aquel político genial quería liberar a Italia de cualquier injerencia extranjera, pero para conseguirlo, por paradójico que pueda parecer, recurría a los ejércitos extranjeros y estimulaba la ambición y la codicia de los Estados rivales, instándolos así a un conflicto cuyas consecuencias, pensaba, habrían de ser desastrosas para todos los beligerantes. En su opinión, cuando Francia y el Imperio se hubieran agotado de combatir entre sí, estarían demasiado débiles para amenazar a Italia y, aprovechando esa circunstancia, Julio II, erigiría la unidad italiana que soñaba, bajo la dominación de la Santa Sede.

Por el momento, aún se estaba en los preliminares y al belicoso papa le parecía más urgente deshacerse de los Estados italianos, que habrían supuesto un obstáculo para sus proyectos, que expulsar a los «bárbaros»; el turno de éstos llegaría más tarde, cuando se hubiera acabado con Venecia.

Venecia era la gran enemiga de Julio II porque poseía provincias que la Santa Sede consideraba suyas y porque se negaba con obstinación a abandonarlas. Sólo se expulsaría a los venecianos por la fuerza. Venecia, en fin, conservaba los particularismos más tenaces e intransigentes. Por su situación geográfica, que orientaba su destino hacia el mar y las aventuras externas, por su vocación de conquistadora y comerciante, se había mantenido siempre al margen del «concierto» italiano. Por lo tanto era urgente acabar con el poder y la soberbia de la Serenísima, aunque fuese con ayuda de aquellos detestados «bárbaros», a los que después se echaría al otro lado de las fronteras, cuando ya no se necesitara de ellos.

De momento, su ayuda era indispensable. Roma, por sí sola, no podía hacer nada contra Venecia. Ése era el motivo de que Julio II hubiera tolerado las ambiciones de Maximiliano, a pesar de la arrogancia con que éste reivindicaba la tiara: simplemente, porque el Imperio era un instrumento con cuya ayuda se abatiría a Venecia. Así pues, le había disgustado la tregua de junio de 1508, ya que la Serenísima seguía siendo fuerte y amenazadora. Por lo tanto, el ardoroso pontífice aspiraba a reanudar las hostilidades, pero con más posibilidades de éxito esta vez. Puesto que Venecia era tan fuerte que ningún Estado llegaría a vencerla por sí solo, reuniría la coalición de todos sus adversarios —en caso necesario, la crearía— y dirigiría contra ella todos los odios, rencores y codicias, que despertaba con habilidad en el espíritu de los hombres de Estado.

Esta coalición, que habría de unir temporalmente al Imperio, Francia, España y la Santa Sede contra la Reina del Adriático, sería la célebre Liga de Cambrai. Hábil a la hora de disimular, Julio II había ocultado a todos que Venecia era el enemigo común. Se unían, según afirmaban, con el propósito de organizar una nueva cruzada. El turco era el adversario contra el que Europa unida debía dirigir sus golpes. Ello permitía preparar las escuadras y combinar las acciones marítimas que debían privar a Venecia de su principal fuerza: su flota. Los miembros de la Liga, sin embargo, aún cuando envolvían en misterio sus proyectos ante aquellos que no participaban, ya se habían puesto de acuerdo sobre los objetivos de la guerra y el reparto del botín. El emperador recibiría las provincias que había atacado el año anterior: el Friul, Verona, Padua y Vicenza, España, las costas del Adriático lindantes con el reino de Nápoles y Francia, el ducado de Milán, Bérgamo, Brescia y Cremona. Julio II, por su parte, se quedaría el resto, a la espera, claro, de reconquistar el botín que les cedía a sus aliados.

Con motivo de la coalición, los viejos adversarios se habían reconciliado. El rey de España y el rey de Francia se habían abrazado, y Luis XII había aceptado hacer marchar sus tropas junto a las de Maximiliano. Francia olvidaba sus pretensiones sobre Nápoles y su hostilidad tradicional contra el Imperio. Todo el mundo dejaba de lado sus antiguos litigios y sus justas quejas para cooperar en esta obra saludable: la destrucción de Venecia. Por otro lado, el Papa no desperdiciaba la ocasión de valerse, asimismo, de los anatemas de la Iglesia: lanzó la excomunión contra la Serenísima y sus aliados eventuales, acordó la plena absolución a todos los que tomaran las armas contra ella e, incluso, les autorizó a reducir a los venecianos a esclavos si lo querían, y podían.

Sin embargo, Venecia no era tan fácil de vencer como imaginaban los miembros de la Liga. Se necesitó todo el ardor de Julio II y hasta la colaboración de las fuerzas cósmicas —puesto que un rayo derribó la fortaleza de Brescia y destruyó las reservas de pólvora del arsenal— para que la Serenísima se aviniese a un compromiso. De nuevo, el Senado veneciano se las ingenió para indisponer entre sí a los miembros de la Liga, y obtener una paz separada, con la intención de sembrar la discordia entre sus enemigos.

La posición de Florencia era delicada: requerida por el Papa, que cuando mandaba no admitía negativas ni dudas; por Francia, tradicional aliada de la Toscana; por Maximiliano, que esperaba, en esta ocasión, reanudar las negociaciones relativas a los cincuenta mil ducados, la República no se decidía. Detestaba a los venecianos y tenía el mayor interés en acabar con el poder de su rival en el comercio interior y exterior, pero se decía, con mucha razón, que los miembros de la Liga acabarían con el adversario sin que ella se mezclara en el asunto. La posición más ventajosa era la neutralidad, por lo que se esforzaba en pasar desapercibida para evitar tomar partido, y cuando se la presionaba demasiado alegaba que la guerra de Pisa reclamaba todas sus fuerzas militares y que no podía prescindir de ningún regimiento, ni siquiera por un objetivo tan noble y generoso como era la cruzada contra Venecia.

Y era cierto. La guerra de Pisa, que hacía muchos años que duraba, aún no se había resuelto. La República, a decir verdad, no ponía demasiado empeño en ello y las cosas seguían más o menos tal como habían quedado tras el fracaso de los Vitelli. La ocasión, perdida el día en que se habría podido tomar la ciudad a través de la brecha abierta en sus muros, no había vuelto a presentarse. Los pisanos habían consolidado sus murallas, las habían reforzado con una segunda línea de defensa interior, y el papel de los florentinos se había limitado a ejercer un bloqueo ilusorio por completo, que no impedía a los pisanos aprovisionarse y comunicarse a sus anchas con el exterior. El campo de Pisa había acabado por no ser más que una especie de terreno de entrenamiento donde los jóvenes reclutas de la milicia florentina iban a ejercitarse en la guerra y a poner a prueba sus fuerzas en escaramuzas sin trascendencia. Era tanto más difícil llegar a una solución porque, desde la invasión de Carlos VIII, los franceses intervenían en los asuntos de Pisa, ya para protegerla ya para alquilar a los florentinos una precaria ayuda militar que, además, se hacían pagar muy caro.

Si no se ponía orden, todo podía continuar de este modo por tiempo indefinido. Así las cosas, la actividad guerrera de Maquiavelo implicaba, aparte de la organización de la milicia, un plan de operaciones contra Pisa. Lo había concebido en la época en que examinaba con Paolo y Vitellozzo Vitelli las posibilidades que tenían de reducir a los pisanos. Desde entonces —y de aquello hacía ya casi una década—, no había tenido tiempo para consagrarse por completo al plan. Sus misiones ante Catalina Sforza y Luis XII, los meses que había pasado junto a César Borgia y Julio II y su embajada en Alemania lo habían mantenido alejado de Florencia demasiado tiempo para que pudiese emprender esa gran obra que debía ser la derrota de los pisanos. Nadie excepto él hubiera sido capaz de llevarla a cabo. Los miembros de la Señoría estaban asaz ocupados en la política, sobre todo en la interior, y no podían pensar en ello. El jefe de la milicia, el verdugo Don Michele, no tenía las cualidades de un general sino la mentalidad de un suboficial. Por tradición, Florencia recelaba de cualquier hombre que pudiera aspirar a la dictadura; ese miedo hacía que desconfiara de los jefes de valía y prefiriera favorecer a los mediocres, de los que no tenía nada que temer, antes que a los hombres brillantes, cuya ambición habría comprometido la saludable hegemonía de la mediocridad. También se acusaba, algunas veces, al débil Soderini de preparar la «tiranía»; pero lo cierto es que el pobre y honesto hombre hubiese sido del todo incapaz de ejercerla, y, por añadidura, era una persona de principios y respetaba demasiado la constitución para intentar un golpe de Estado. A Maquiavelo se le perdonaban su talento y sus éxitos porque se le sabía exento de cualquier ambición personal; sin embargo, por precaución se lo mantenía en puestos subalternos, donde era útil y no podía resultar peligroso. Una vez más, los demócratas se disgustaban por su adhesión a Soderini y acusaban a ambos de atentar contra el perfecto igualitarismo mediante la culpable asociación del prestigio y el genio.

Gracias a la organización que le había dado Maquiavelo, la milicia florentina ya era capaz de figurar con honor en un campo de batalla. Puesto que los asuntos con Maximiliano estaban en orden, podía por fin consagrar a la guerra de Pisa su nuevo tiempo libre. La Señoría, benévola, le dio su autorización, a condición, por supuesto, de no recibir ayuda y de lograrlo con sus propios medios, pues los despachos tenían otras preocupaciones. Mejor que mejor, puesto que Maquiavelo era uno de esos hombres de acción que soportan mal las trabas impuestas, con el pretexto del control, por los ineptos e imbéciles. La guerra no es asunto de la democracia; Maquiavelo, que había sido uno de los «comisarios militares» que la Señoría había enviado para vigilar a los Vitelli, lo sabía.

La República había sospechado que los Vitelli traicionaban y aquel recelo fue legítimo, pero se hubiera mostrado igual de desconfiada, puntillosa y exasperante ante un buen y fiel servidor. Así pues, dándole carta blanca, los magistrados florentinos colmaban su deseo más ardiente. Sin duda conseguían con ello que él solo cargase con la responsabilidad de un eventual fracaso. Pero no lo habría: Maquiavelo triunfaría allí donde tantos condotieros de renombre habían fracasado.

Nunca recorrió tanto los caminos como en esa época. Tenía que adiestrar el mayor número de hombres posible, equipar una artillería capaz de derribar las murallas de Pisa, prever el alojamiento y aprovisionamiento de todo un ejército, a pesar de que no existía despacho de reclutamiento ni servicio de intendencia y de que él solo debía organizarlo todo, a pesar de la resistencia más o menos confesa de los podestás, la negligencia de los despachos y la indiferencia de los «servicios» que delegaban sobre él todo el trabajo. Por lo que había de multiplicarse e ir de acá para allá, mientras buscaba pólvora y forraje, velaba por la buena vestimenta de los ejércitos y organizaba los convoyes de víveres y el envío de refuerzos. Estaba en el frente, donde dirigía las operaciones, y también en la retaguardia, donde realizaba el trabajo de los despachos. Supervisaba la construcción de los bastiones, verificaba la puntería de los cañones, instruía a los oficiales en la mejor manera de disponer los batallones a fin de que éstos fuesen menos vulnerables, sin dejar por ello de mantener una delicada correspondencia con Francia, que se preocupaba al ver que renacían las hostilidades por parte de Pisa. Debía ser, a la vez, diplomático e ingeniero, reclutador y experto en poliorcética. Además, ideaba estratagemas: al descubrir un día que el mejor medio de lograr que Pisa pasase hambre y, de este modo, se rindiese era «cortar» el Arno, mandó construir a Antonio de San Gallo, el gran arquitecto, una presa que desviase las aguas del río.

Sorprendidos por la enérgica rapidez con que la guerra se conducía ahora, los pisanos se inquietaron y pidieron la paz. Fue Maquiavelo de nuevo, aquel factótum de la administración florentina, quien se dirigió a discutir con sus plenipotenciarios a Piombino. Se trataba de saber si los pisanos deseaban de verdad la paz o si sólo querían ganar tiempo entablando negociaciones engañosas. Todo indicaba que los pisanos estaban en las últimas: puesto que ya no podía recibir refuerzos, ni por mar ni por tierra, de su aliada Luca y la habían abandonado los Estados europeos, enfrascados en la guerra contra Venecia, Pisa estaba cercada y con la seria amenaza de perecer de hambre. Sus tropas, compuestas por milicias urbanas, agotadas, no podían esperar refuerzos.

Los pisanos, sin embargo, querían negociar su rendición. Ofrecieron de entrada ceder a los florentinos los campos de alrededor y conservar la posesión de su ciudad fortificada. Maquiavelo se indignó y les dio la espalda. ¿Acaso lo tomaban por un niño? Se había dado perfecta cuenta de que entre los plenipotenciarios pisanos no había unidad de criterios. Unos representaban a la ciudad, los otros al campo; por lo tanto, estos últimos obstaculizarían el propósito de los habitantes de la ciudad, que gustosos habrían sacrificado a los campesinos. A menos que todo ello no fuese, una vez más, una comedia con la que distraer a los florentinos.

Dos veces Maquiavelo rompió las negociaciones y montó a caballo para abandonar Piombino, dos veces los pisanos le retuvieron cuando estaba en la silla de montar y le suplicaron que les escuchara. No había tiempo que perder en debates inútiles. Se le reclamaba en Florencia y estaba impaciente, sobre todo, por ver lo que pasaba en el campamento, qué tonterías hacían las tropas en su ausencia. Después de aquellos dos intentos falsos, como los pisanos seguían sin decidirse, partió al galope, seguro de que esta vez no lo retendrían. Pisa comprendió que debía rendirse. En poco días, Maquiavelo fue a reprender a los panaderos de Pistoia, que tardaban en enviar el pan prometido, luego apareció en el campo de Mezzana, ordenó a la artillería un bombardeo general y un violento ataque de infantería, de manera que, en menos de un mes, los pisanos se resignaron a la rendición sin condiciones que se exigía de ellos.

El 24 de mayo, los plenipotenciarios pisanos llegaron al campamento y aquella misma tarde partieron para Florencia, acompañados de Maquiavelo. El 31 se firmó el tratado de paz y Maquiavelo regresó a Pisa, a galope tendido, para supervisar la ejecución. A su llegada a Mezzana se vio rodeado por un enorme número de pisanos que salían de la ciudad e iban a mendigar pan. El bloqueo había sido eficaz: el hambre había podido más que el valor y la obstinación de los asediados. Maquiavelo hizo repartir víveres a los más necesitados, envió a los otros a la ciudad y, una semana después, tras haber consultado a los astrólogos para conocer la hora y el día propicios para la entrada en Pisa, las tropas toscanas, precedidas de Maquiavelo y de los comisarios de la Señoría, entraron en la ciudad. Este acontecimiento memorable ocurrió el 8 de junio, a las trece horas, momento considerado fasto por los supersticiosos florentinos. A pesar de lo que pensara, el propio Maquiavelo cedió a las decisiones de los astrólogos y a las súplicas de su amigo, Lattanzio Tebaldo, que le recomendaba esperar al menos hasta las doce y media.

Maquiavelo se mostró generoso en su victoria. No sólo no molestó a los vencidos, sino que les hizo traer víveres, ropa y todo lo que precisaban los sitiados desde hacía tanto tiempo. Prohibió el pillaje, restituyó los bienes confiscados, restableció las exenciones antiguas y los privilegios comerciales, de tal manera que, aparte de su autonomía, los pisanos no habían perdido nada.

Mientras, gracias a Maquiavelo, la incierta e interminable guerra de Pisa acababa en triunfo, la Liga de Cambrai proseguía sus éxitos. La avanzada francesa, comandada por Trivulzio, había arrollado a Alviano en el cruce del Adda algunos días antes y hecho prisionero al gran soldado. La victoria de Agnadelo había puesto a disposición de los franceses Crema, Cremona, Peschiera y Bérgamo. En adelante, Luis XII, que había alcanzado sus objetivos de guerra y conquistado los territorios que el secreto acuerdo de los miembros de la liga le atribuía, podía dormirse en los laureles. Julio II se había apoderado de la tan codiciada Romaña: ¡la Romaña de César Borgia! Por su parte, los generales imperiales dejaban maltrechos los ejércitos de la Serenísima en el Friul e Istria. Y ya el espíritu «unánime» de la Liga se desmigajaba.

En efecto, para los miembros de la Liga sólo se trataba de una cuestión de interés, y una vez satisfecho éste, el ardor belicoso se apagaba. Al Papa le hubiera encantado ver a sus aliados cruzar de nuevo las fronteras ahora que ya no necesitaba de ellos. Venecia estaba empobrecida, desmembrada y humillada; la Romaña había retornado al Patrimonio. ¿A qué esperaban aquellos bárbaros para volver a su casa? Por entonces, Julio II ya preparaba el comienzo de una nueva guerra, que no afectaría a Venecia —ya nada podía temerse de ella— y que enfrentaría a los dos principales miembros de la Liga, esto es, a Maximiliano y a Luis XII. No iba a ser difícil lanzarlos uno contra otro, pues eran enemigos natos. Todo los empujaba a combatirse, tanto sus intereses como sus caracteres y tradiciones. El Papa, pues, sólo tenía que echar leña al fuego para que éste ardiese. Y el emperador, que como era habitual en él no tenía ya ni un céntimo, se volvió hacia Florencia para pedirle el dinero que ésta le había prometido en Innsbruck.

En aquellos años, Maximiliano era aliado de los franceses, y por lo tanto, para negarse al pago de los cincuenta mil ducados, Florencia no tenía otra cosa que alegar que su avaricia natural. Pero en aquel momento, cuando el Imperio había pasado a ser el enemigo declarado de Francia, la amistad que la unía a ésta la colocaba en una situación embarazosa si se le ocurría subvencionar al enemigo de Francia, su propio aliado. Pero Maximiliano, por otra parte, era poderoso y resuelto —al menos lo parecía—, y además era amigo del Papa: otra razón que desaconsejaba desairarlo. En esta situación, ¿cómo conservar al mismo tiempo la amistad del imperio, de la Santa Sede y de Francia?

La Señoría recurrió de nuevo a Maquiavelo; sólo él podría sacarlos del apuro. Maquiavelo conocía bien a Maximiliano y a los alemanes, sabía cómo había que actuar y qué ardid funcionaría con ellos. Puesto que la victoria de Pisa le devolvía a la ociosidad —el pobre hombre necesitaba mucho descanso— era él quien debía ir a negociar con el Emperador.

Maquiavelo se olvidaba del descanso cuando le ofrecían una misión interesante. «Montarás a caballo enseguida y te apresurarás...» ¿Cuántas veces había leído ya esas inveteradas palabras en el encabezamiento de toda «comisión»? Muchas, sin duda; pero siempre desencadenaban un estremecimiento de placer e impaciencia en aquel hombre para quien la acción era la mayor alegría; aquel hombre que caía de nuevo en borracheras y líos de faldas en cuanto se le libraba a sí mismo, y al que un llamamiento de los señores despertaba con brusquedad; al hombre que abandonaba sin previo aviso la mesa y el lecho, y corría a la cuadra para ensillar su caballo.

La Señoría ya había enviado dos embajadores ante el emperador, un Soderini y un Guicciardini, pero aquellos «grandes personajes» no conocían a Maximiliano ni la corte alemana tan bien como el secretario. De forma imprudente, quizá, ya habían aceptado desembolsar al emperador los cuarenta mil ducados que pedía —habían logrado rebajar la cantidad inicial en diez mil, puesto que el espíritu de regateo no abandonaba nunca a los enviados de aquella república de comerciantes y banqueros— a cambio de «su amistad y su protección». Cuarenta mil ducados a entregar en cuatro pagos, el primero a comienzos de octubre, el segundo en noviembre.

Puesto que hacía falta un pretexto para justificar el envío de Maquiavelo al lado de los embajadores, se le encargó llevar el importe del segundo pago; aunque de manera oficiosa debía, según la costumbre, observar, mirar, escuchar y dar cuenta. Así pues, se fue a Mantua y a Verona, y abrió los ojos y aguzó el oído a fin de recoger tanto las habladurías y «cotilleos» como las informaciones serias y verificables, y de confirmar las informaciones recibidas, atento sobre todo al hecho que dominaba la situación, es decir, la hostilidad creciente entre Maximiliano y Luis XII, la posibilidad de un cambio profundo de alianzas que destruiría el equilibrio establecido por la Liga de Cambrai.

Una vez cumplida esta breve misión —no le llevó más de dos meses— Maquiavelo volvió a ocuparse de su querida milicia y solucionó un conflicto de fronteras que había surgido entre Siena y Florencia. Y, como siempre, continuó preocupado por el grave problema que planteaban las intrigas de Julio II: ¿cómo seguir siendo fiel al mismo tiempo a la amistad del emperador y a la amistad del rey de Francia?, y en caso de tener que hacer una elección, ¿por cuál decidirse?

Indeciso por naturaleza, y siempre deseoso de actuar en bien de los intereses de la República, Soderini no sabía qué partido tomar. La guerra parecía inevitable. El Papa entraba en acción con una avidez feroz y se esforzaba por incitar al clero francés a rebelarse contra el rey, con el pretexto de que éste se confesaba enemigo de la Iglesia. Era fácil de prever que Julio II, terco, obstinado y contento de batallar, no soltaría a su enemigo antes de haberlo reducido a voluntad. Para ello ¿era necesario renunciar a la alianza francesa, que era uno de los elementos fundamentales de la política florentina y que ya había costado tan cara al Tesoro? Pero si todo el mundo se unía contra Francia ¿no sería demasiado imprudente tomar partido por ella, más aún puesto que el Papa ya había agrupado sus tropas en la frontera florentina y despedido al condotiero Marcantonio Colonna, ayer todavía al servicio de la República?

Soderini era un hombre honesto, bastante independiente de los partidos y más proclive a servir al bien público que a favorecer a las facciones. Ésa era la razón de que, cuando se había querido nombrar un gonfaloniero vitalicio, siguiendo el modelo del dux de Venecia, él hubiera sido el elegido. Ni la ambición ni la codicia tenían demasiado ascendiente sobre él. En esencia hombre bueno y de principios, quizás en exceso, Soderini era una personalidad bastante excepcional en aquella oligarquía florentina que tenía todos los defectos de la democracia y todas las aspiraciones de la dictadura. Él no favorecía a sus parientes y amigos en detrimento de la justicia. Sinceramente devoto de la patria, dispuesto a sacrificarle sus intereses personales, se preguntaba si, habiendo sido hasta entonces partidario de una política de alianza con Francia, no debía cambiar de opinión si ello era provechoso para la República. Maquiavelo sentía aprecio por él, puesto que le reconocía virtudes *romanas*; pero, por desgracia, carecía de los vicios sin los que, en política, tales virtudes se convertían en debilidades y eran causa de inferioridad. Se le acusaba de carecer de energía y de ser poco decidido, a buen seguro porque su propia honestidad lo conminaba a la reflexión y a la duda, y también porque su desvelo por respetar el bien y la justicia le impedía los golpes de audacia que, no siempre demasiado conformes con la moral, sí procuraban el éxito a los hombres de Estado menos timoratos. No era un «príncipe» ni un «hijo de rey» aquel concienzudo administrador sin brillo, que mantenía los principios de un buen ciudadano en el momento en que habría sido necesario pasarlos por alto en interés del Estado. Maquiavelo lo despreciaba un poco por ello y por su incapacidad para situarse por encima de los criterios morales. No era un gran político, pero sí un hombre que podía hacer el bien a condición de dejarse guiar por un consejero astuto.

La amistad de Soderini con Maquiavelo, la fidelidad a su «asociación», era en él una prueba de inteligencia: puede que careciese de genio, pero al menos sabía reconocer a los hombres que lo poseían y utilizarlos de la mejor manera. Por eso se apresuró a enviar a Maquiavelo a Francia a fin de tranquilizar al rey, que hubiera deseado que la República se pusiese de su lado sin reserva y sin demora. Antes de arrastrar a sus aliados, y a él mismo, a una empresa quizá desastrosa, que Luis XII reflexionase de nuevo...

Ésa fue la misión que recibió Maquiavelo. El texto de la misma resultaba sorprendente: todo Soderini se hallaba en el documento, con su buena voluntad —que a menudo reemplazaba a la voluntad, sin más—, su ingenuidad y sus ilusiones. ¿Un «bambino»? Sí, había algo de niño en aquel viejo hombre de Estado, que hacía que se ganase tantas simpatías como recelos. Después de haber tranquilizado a Luis XII respecto de la fidelidad de Florencia y habiéndole comunicado el deseo que tenía Soderini, al igual que su hermano, el cardenal, de ver la influencia francesa dominar Italia, le expuso sus consejos. De entrada, no enfadarse con el Papa; «quien come papa, muere». En cuanto al emperador, o bien había que aplastarlo de inmediato o bien reconciliarse con él, ofreciéndole Verona, por ejemplo. Y frente a los venecianos había dos alternativas: una guerra rápida con grandes medios o una guerra de desgaste. El señor de La Palisse, que por aquel entonces era el compañero de batalla de Bayard en esa guerra de Italia, no lo habría dicho mejor.

¿Cómo acogería Luis XII aquellas palabras? Maquiavelo lo había adivinado, por eso no tenía demasiada prisa por reunirse con el rey; cuando llegó ante él, encontró a un monarca de rostro severo, de voz dura e imperiosa. «Señor secretario, no estoy reñido ni con el Papa ni con ningún otro poder; pero como es muy frecuente que hoy uno sea amigo y mañana enemigo, exijo que, sin más demora, sus señorías declaren lo que tienen intención de hacer y emprender en mi favor, en caso de que el Papa o cualquier otro soberano atacara o quisiera atacar mis Estados en Italia. Confío en que no tenga inconveniente en enviar de inmediato un correo para que yo reciba enseguida su respuesta; que me la den de viva voz o por escrito, poco importa, pero quiero saber quiénes son mis amigos y quiénes mis enemigos...» Sin demora, de inmediato: justo las palabras que a Florencia no le gustaba escuchar cuando lo que le interesaba era ganar tiempo y retrasar cuanto pudiese el gesto que habría de comprometerla.

Aunque afirmase no estar en guerra contra el Papa, Luis XII movilizó todas sus fuerzas y preparó el arma que, según creía, le permitiría aplastar a su enemigo. Al responder al gesto del Papa, que intentaba apartar de él al clero francés, Luis XII, a su vez, llevó el debate al terreno religioso y organizó un concilio. Era una cuestión pendiente desde hacía mucho tiempo: ya las cartas de Savonarola apremiaban a Carlos VIII a reunir a los cardenales para deponer a Alejandro VI y elegir un nuevo papa. Aunque Savonarola y Carlos VIII hubiesen muerto, el nuevo rey perseveraba en la idea del concilio como un argumento capaz de hacer ceder a la Santa Sede. Y aunque fuese bastante escandaloso ver emplear en un debate estrictamente político aquel tipo de medios, Luis XII no tenía demasiados escrúpulos si con eso creía obtener la victoria.

No era una amenaza vana. El rey había consultado a los doctores de la Sorbona y a los canonistas franceses, y éstos lo habían aprobado. Aduciendo que Julio II, en el momento de su elección, había prometido reunir el concilio antes de dos años y no lo había cumplido, los cardenales franceses, dóciles a la política del rey, afirmaban que había faltado a su palabra y que era justo destituirlo. El día en que Luis XII tuviera un papa que le fuera adicto, sería el dueño de Italia. Por eso realizaba los preparativos del concilio con tanto ardor y prontitud como los del ejército. Ya se había redactado el texto de las cuestiones que debían tratarse, se habían enviado invitaciones a los cardenales extranjeros, y se había citado al propio Papa.

Al principio, Julio II fingía divertirse con aquel concilio, que él llamaba el «conciliábulo», pero no era hombre que soportara sin replicar una injuria o una provocación. Devolvió golpe por golpe convocando, por su parte, un concilio que debía reunirse en Letrán y nombrando nuevos cardenales, que le eran por completo devotos, a los que ordenaría proclamar la decadencia del rey de Francia y la *guerra santa* contra aquel mal cristiano. Maquiavelo se divertía mucho con los debates teológicos que ello provocaba en el entorno del rey y con los pequeños concilios preparatorios que se celebraban en Blois, Tours y Orleans, a la espera de la gran asamblea plenaria.

A fin de que ésta alcanzara toda su eficacia y esplendor, era preciso que se reuniera en la misma Italia. Un concilio francés habría carecido de autoridad y prestigio; situando a tiro de piedra de Roma el congreso que debía derrocar a Julio II, se obtendría una victoria absoluta y, a la vez, más espectacular. Pero ¿dónde reunir a los cardenales? No era cuestión de celebrar el concilio en una ciudad dependiente de Venecia, de Nápoles o de Roma, ni tampoco de Milán, que no era segura. Por lo tanto sólo quedaba la Toscana; por eso Luis XII se apresuraba a pedir a sus amigos florentinos el permiso para elegir una ciudad de su territorio donde reunir a los cardenales.

Florencia no podía eludir aquella petición ni contemporizar. Luis XII exigía una respuesta inmediata. Proponía Pisa. Desde la victoria de Maquiavelo, Pisa estaba subordinada a Florencia; la decisión correspondía, pues, a la Señoría. Resultaba imposible andarse con rodeos durante mucho más tiempo, había que decir sí o no, en el plazo más breve posible; aquel monarca puntilloso consideraría el menor retraso una falta de diligencia que, sin duda, irritaría su susceptibilidad. ¿Habría que reñir por esto con el Papa?

Los florentinos tuvieron un momento de esperanza cuando Julio II cayó enfermo. Ese intrépido anciano, se decía, había abusado de sus fuerzas. No volvería a levantar cabeza. Ya sus criados comenzaban a saquear el palacio, y en la habitación misma donde reposaba se trasladaban los muebles y se vaciaban los cajones, cuando volvió en sí. Mientras Prospero Colonna, emulando a Cola di Rienzo, llamaba al pueblo a las armas, gritando «¡libertad!», Julio II ya había saltado del lecho y reunía a sus guardias. Tampoco esta vez la muerte podría más que él. Florencia recibió un mensaje conminatorio, que amenazaba a toda la Toscana de interdicción si acogía el concilio francés.

Pero éste ya se había instalado en Pisa: Florencia no se había atrevido a oponerse. Luis XII no admitía negativas y Soderini nunca habría consentido en emplear la fuerza. Por lo tanto, Florencia podía alegar, aparentando verosimilitud, que se había visto obligada moralmente, que los franceses habían actuado sin su consentimiento y que ahora era demasiado tarde para impedir el concilio. Excusas tan confusas no hacían mella en el terrible Rovere. Julio II replicó ejecutando su amenaza y pronunciando el interdicto contra Pisa, donde se reunían los herejes, y contra Florencia que, soberana de Pisa, la había dejado hacer.

La blandura con la que se había actuado, en esta circunstancia, había indignado a todo el mundo: a Luis XII, que cansado de esperar una adhesión explícita había desistido, y a Julio II, que con razón a partir de entonces debía contar a Florencia entre sus adversarios. Para compensar esta debilidad, Soderini respondió con vigor a las sanciones pontificias. Se ordenó a los sacerdotes que continuaran celebrando la misa, como si el interdicto fuese nulo, y se amenazó con graves sanciones a aquellos que se negaran; para convencerlos mejor, se les advirtió que si alguna vez el Papa hacía la guerra a los florentinos, se castigaría al clero a pagar ciento veinte mil florines. Al mismo tiempo, la Señoría recurría esta injusta sanción ante el propio concilio, sin precisar si el concilio verdadero era para ella el de Pisa o el de Letrán.

Aún había un medio de salir de aquel apuro en apariencia inextricable, y ese medio era un tanto «maquiavélico». En lugar de combatir el Concilio de Pisa, al Papa le sería más provechoso fingir que reconocía su validez y enviar a sus delegados para que asistieran a las sesiones, con la intención de promover un desorden provechoso. Luis XII no desconfiaría; creería haber puesto de rodillas a su adversario, mientras que éste sólo se doblegaría para volver a levantarse más fuerte y amenazador. Participando él mismo en los trabajos del concilio, enviando a los cardenales fieles y estableciendo núcleos de hombres suyos, a Julio II le resultaría fácil *sabotearlo* y, en caso de no obtener una decisión favorable, complicaría tanto los debates que nunca se llegaría a ninguna decisión. Mientras tanto, Maquiavelo actuaría para desplazar la sede del concilio y, una vez que éste hubiera abandonado el territorio toscano, lo que pasara en él no tendría el menor interés para los florentinos.

Tal como se había previsto, el cambio de actitud del Papa detuvo las deliberaciones de los cardenales. La sesión de apertura se había realizado el 1 de septiembre; ante ese nuevo hecho, se decidió aplazarlo hasta el 3 de noviembre. Esos dos meses bastaron para hacer la estancia en

Pisa insoportable a los cardenales, que exigieron entonces trasladarse a otro lugar.

Maquiavelo llegó a Pisa el 3 de noviembre y encontró la ciudad agitada. La atmósfera amenazaba tormenta. Las autoridades de la ciudad habían prohibido la entrada a los soldados franceses, que escoltaban a los cardenales, y amenazado a Odet de Lautrec, que los mandaba, con hacer uso de las armas si desafiaban esa prohibición. Los cardenales no eran muchos, por otro lado; sólo cuatro de ellos y quince prelados habían asistido la antevíspera a la reunión preparatoria.

Surgieron numerosos obstáculos cuando se intentó celebrar en la catedral una misa solemne de apertura. El clero se negó en redondo a prestar su iglesia y, como se le ordenaba cederla, replicó que si se quería podía hacerse uso de la violencia para ocuparla, pero que entonces no encontrarían una sola casulla ni una sobrepelliz ni un cáliz ni un candelabro. Maquiavelo se frotó las manos; las cosas marchaban de maravilla. A vuelta de gestiones, discusiones y negociaciones, la misa solemne pudo celebrarse dos días después del día prescrito; sin embargo, esto no había aclarado la situación. Se producían trifulcas entre los pisanos y los criados de los cardenales franceses, los habitantes no disimulaban su hostilidad hacia los extranjeros e, incluso, algunos oficiales franceses habían resultado heridos en el transcurso de una riña. Por lo tanto, el proyecto de Maquiavelo parecía el único capaz de arreglar las cosas. «Llevad el concilio adonde queráis —les notificaba—, a Francia o a Alemania; podréis vivir a vuestro antojo, podréis hacer lo que queráis en medio de una población dócil y amable. Aquí, no cosecharéis más que problemas.»

No había otra salida. Después de una semana de vacilaciones, discusiones y disturbios en las calles, los cardenales se separaron y aplazaron la reunión hasta el 13 de diciembre. Pero no volverían a Pisa: se encontrarían en Milán.

Una vez más, gracias a Maquiavelo, quien había manejado a las gentes de la Iglesia con el mismo acierto que a los políticos y a los soldados, Florencia ganaba la partida. Había incitado con tanta habilidad la mala voluntad de la población y sembrado tanto desorden que la partida del concilio parecía la única solución satisfactoria. Por lo que concernía a Florencia, el problema estaba resuelto; ahora les tocaba a los milaneses componérselas con los cardenales. Poco le importaba que el concilio hallase en Lombardía las mismas dificultades y molestias que en Toscana, que el clero milanés manifestase su hostilidad con enojos, inercias y vejaciones, al igual que el clero pisano; lo importante era que la batalla hubiese cambiado de terreno. Por lo que se refería al concilio, Florencia había salido a flote. Ahora, se trataba de hacer lo mismo con las batallas que enfrentaban a los franceses con sus enemigos.

No sería tan fácil. No se hacía desaparecer la guerra con un hábil juego de manos y algunas *combinazioni.* Luis XII lo había dicho con una severa claridad: quien no está conmigo está contra mí. Y el Papa había expresado otro tanto. Por poco inclinada que estuviese a tomar partido, Florencia ya no podía negarse y aquel debate desencadenó violentas disputas en el seno de las asambleas públicas. Los enemigos de Soderini aprovecharon la confusión para hacer recaer la responsabilidad sobre el gonfaloniero, acusado de haber atraído la desgracia sobre la ciudad con su política favorable a los franceses. Hacía mucho tiempo que no se desencadenaba la tormenta: sería sorprendente que la oposición no aprovechara aquella tempestad que se avecinaba ahora para derrocar a Soderini y situar en el poder a la facción rival. Incluso a los Medici, ¿por qué no? Su prestigio era grande y su popularidad iba en aumento. Hacía ya demasiado que se veía al mismo hombre en el poder y aquello irritaba al pueblo. Estaban ya hartos de oír que se llamaba a Soderini «el Justo» y estaban contra él por no tener otros reproches que hacerle que su honestidad y su equidad.

Desde su regreso de Francia, Maquiavelo había encontrado la situación política extrañamente agitada. Soderini tenía muchos enemigos y éstos redoblaban sus esfuerzos para derrocarlo. Sus días estaban contados. Como no se le podía achacar ninguna falta real, se pretendía que quería «ponerse por encima de los demás». Esta acusación, que no hacía mucho había bastado para desterrar a Cosme de Medici, nunca erraba su efecto en aquel pueblo de igualitarismo desconfiado. Se descubría en Soderini, en fin, una ambición criminal: puede que pretendiese, con ayuda de sus amigos franceses, establecer la dictadura.

Maquiavelo estaba incluido, en tanto que amigo de Soderini, en los rencores y sospechas de los adversarios. ¿Cómo perdonar a ese humilde secretario de Cancillería las halagüeñas misiones que se le habían confiado? ¿El celo con el que organizaba el ejército no era acaso la prueba de su connivencia con Soderini? Preparaba «pretorianos» al servicio del dictador. Lo inculpaban de todas sus victorias, diplomáticas y militares, como si se tratara de crímenes. ¿Dónde se había visto un funcionario que tomase tales iniciativas, que reformase todo según su idea, que se metiese en cuestiones de guerra y de paz? Los propios servicios que había prestado a la República le designaban como hombre peligroso.

Maquiavelo no tenía tiempo que perder en refutar esas quejas estúpidas y en justificarse ante la opinión pública. La guerra inminente exigía que se pusiera en estado de defensa el territorio toscano, que se cercioraran de las alianzas provechosas. El ejército debía ser capaz de hacer frente a los beligerantes, tanto si se trataba del Papa como del rey. Y aquella sería una guerra distinta de la de Pisa.

En pleno invierno, Maquiavelo recorrió los caminos para reunir nuevos regimientos, inspeccionar los castillos y fortalezas, sondear a los príncipes vecinos e intentar adivinar sus sentimientos hacia Florencia, sus intenciones ante el próximo conflicto. Verificó la solidez de las murallas de Arezzo, reclutó soldados de caballería ligera en el Valdarno y el Valdichiana, cuyos habitantes le parecían apropiados para ese empleo, y, una vez reunidos, los condujo él mismo a Florencia, por temor a que se dispersasen o extraviasen por el camino. Luego, volvió a partir de inmediato para Mónaco, donde firmó un tratado de amistad con Luciano Grimaldi. Puesto que temía una mala pasada por parte de los sieneses, logró de Pandolfo Petrucci la renovación de la tregua por veinticinco años. Infatigable, acosado por las preocupaciones, corrió de una tarea a otra, olvidó su cansancio, tan feliz estaba de actuar, de desarrollar su talento y sus dotes, que se prodigó sin protestar e hizo el trabajo de los diplomáticos, los capitanes y los secretarios. Siempre llevaba toda la carga, sólo confiaba en sí mismo y recelaba de la negligencia de sus secretarios, de la pereza de sus subordinados, de su mala voluntad y su mala fe. Para saber de su devoción por la cosa pública, bastaba con verlo cabalgar sin descanso, atascarse en los caminos llenos de baches y chapotear en los nevados, para discutir con potestás lugareños, ladinos y solapados, para negociar con los campesinos los contratos de trigo y de forraje, para comprar pólvora, armas, caballos, paño, zapatos... Para, finalmente, hacer el recuento de aquellos que a la hora del peligro estarían al lado de Florencia o contra ella.

¿Por qué hacía todo aquello? Por ambición personal, murmuraban sus enemigos, para apoyar el pronunciamiento de Soderini. No, sabía que Soderini era incapaz de un acto enérgico; además, él mismo no tenía otra ambición que la de realizarse. En definitiva, era un patriota en el sentido en que lo eran los antiguos romanos, es decir, devoto en cuerpo y alma de su ciudad, de su patria. No, sin duda, de la pandilla de políticos turbios, burgueses ociosos o proletarios rencorosos que, con demasiada frecuencia, conformaban la Florencia real, la Italia real, no esa Florencia y esa Italia ideales cuya imagen llevaba en el corazón y que esperaba ver un día convertirse en realidad. Podría decirse que amó su patria a pesar de su patria incluso, a pesar de todas las decepciones que le causaba, de toda la rabia y el hastío que su necedad, su maldad o su bajeza, despertaban en él. Patriota a pesar de su inteligencia y su lucidez, Maquiavelo miraba siempre más allá del presente, pues por encima de todo lo que éste tenía de mediocre y vil, consideraba las grandezas futuras, cuyos cimientos él trataría de establecer.

El conocimiento de la historia y la experiencia de los acontecimientos no lo habían conducido a la indiferencia y al escepticismo. Su lucidez no había aniquilado su fervor; es más, creo que lo alimentaba y reforzaba, y que en lugar de desesperar de los hombres, al verlos tal como son, redoblaba su ardor por transformarlos y mejorarlos.

Y aún había en él otra cosa —y que los necios lo llamasen ambición y egoísmo si no veían nada más—; había un deseo apasionado de realizarse, de llevar a su mayor grado de eficacia, grandeza y belleza, la *virtù* que albergaba en su corazón y en su mente. Ser uno mismo, plena y totalmente. Realizarse, sin reserva alguna, sin término medio. Alcanzar la perfección de la obra maestra que era para él la individualidad humana. Combatir sin descanso, puesto que «ser un hombre es ser un combatiente». Ser un individuo perfecto y completo, como los grandes hombres que había conocido; como César Borgia, Catalina Sforza y Julio II. E igualar a los grandes hombres del pasado, a los Catones y Escipiones de la antigüedad, a todos aquellos «grandes ciudadanos» a los que tanto deseaba parecerse.

Ése era el ideal de Maquiavelo: un ideal a la vez cívico y personal; el ideal de la abnegación absoluta por la ciudad y de la absoluta realización de su personalidad. No eran cosas contradictorias, pues ya lo había demostrado. Mientras el secretario se prodigaba así al servicio de Florencia, Soderini por su parte preparaba su defensa. Reunía sus libros y expedientes y delante del Consejo, armado con todas las piezas en su apoyo, rendía cuentas de su administración. El censor más escrupuloso no hubiera podido hallar falta alguna en aquella contabilidad impecable. Ni un florín que no se hubiese gastado en pro del bien público, ni un atropello, ni una injusticia, ni un acto de favoritismo. Más hábil y concienzudo que sus predecesores, él había ahorrado... El Consejo aprobó las cuentas y expresó a Soderini su satisfacción. Sus enemigos habían perdido la partida.

Aunque no aún, pues lo que no habían conseguido con medios legales podían hacerlo de forma indirecta. Decepcionados por el éxito que acababa de obtener el gonfaloniero, sus adversarios más encarnizados decidieron poner fin a todo aquello de un modo más expeditivo. Lo más sencillo sería asesinar a Soderini, propuso Prinzivalle della Stufa a Filippo Strozzi; disponía para ello de varios espadachines ejercitados y si, por casualidad, las cosas se ponían feas, contaba con el respaldo de Marcantonio Colonna y del Papa. Por lo tanto, no había peligro alguno.

Filippo Strozzi era un hombre prudente. Desconfiaba de Prinzivalle y de su ardor intrigante. Y, además, nunca podía saberse si se tenía delante a un agente provocador. De manera que rechazó los ofrecimientos del «bravo» y lo echó a la calle, y luego fue a contárselo todo a Soderini, pero, eso sí, en cuanto Prinzivalle estuvo fuera del alcance de los esbirros de la Señoría.

Una semana después de la sesión del Consejo, que le había dado *quitus*, Soderini se presentó ante la Asamblea el día que ésta se disponía a nombrar a los gonfalonieros de compañías. Con la voz ahogada en llanto, contó el intento de asesinato del que había estado a punto de ser víctima y aprovechó, una vez más, para justificar los actos de su gobierno, dejar clara su honestidad, independencia e imparcialidad. Lo que estaba en juego era el propio gobierno de Florencia. Detrás de los asesinos estaba la revolución —o la reacción—, en cualquier caso las fuerzas del desorden y la anarquía. Si el pueblo ya no confiaba en él, que lo dijese, y él, Soderini, cedería el poder a otro más digno.

Esta peroración logró el aplauso de los presentes; el Consejo acordó la confianza a Soderini y votó por añadidura una ley de excepción para la defensa de las libertades republicanas, que hasta entonces Soderini había propuesto en vano. La torpeza de Prinzivalle había jugado a favor del gonfaloniero, que veía ahora la confirmación e incluso el reforzamiento de sus poderes.

Sin embargo, aquello no era más que una calma temporal, pues la guerra se acercaba de manera peligrosa a Florencia. Los franceses habían conseguido ya de entrada grandes victorias. Gaston de Foix, su jefe, había obrado prodigios, había tomado Brescia y vencido a los confederados en Rávena, y luego había muerto. Los confederados habían recibido refuerzos y ya los franceses retrocedían. Florencia se aferraba con obstinación a su neutralidad, no queriendo disgustar a Luis XII ni al Papa, con la esperanza todavía de poder seguir al margen de las hostilidades hasta el momento en que se decidiera, sin riesgo de equivocarse, por el partido vencedor. Por añadidura, aquélla era una guerra seria y no una guerrilla, una danza de condotieros en la que a los gestos seguían las acciones. Florencia había suministrado a los franceses los trescientos hombres de armas a los que estaba obligada; no podía hacer más. Los franceses, por otro lado, se hallaban ante un adversario poderoso y temible. España, Venecia y el Papa, por una singular inversión de alianzas, eran hoy los «confederados». La confederación oponía dos mil cuatrocientos lanceros a los mil de los franceses, y dieciséis mil infantes a sus catorce mil. En ambas partes, en fin, había generales famosos: en la de los confederados, los Colonna; en la de los españoles, Pedro Navarro y Ramón de Cardona; y en la de los franceses, Trivulzio y aquel Herodes de veintidós años, Gaston de Foix.

Las batallas que libraban franceses y españoles eran sangrientas por demás, a diferencia de las maniobras de los condotieros. Se hablaba de catorce mil muertos en la batalla de Brescia. Se decía que los españoles llevaban con ellos musulmanes que masacraban a todo el mundo, incluso a mujeres y niños. Por eso a los enemigos de Soderini les era fácil pretender que el interés público quería que se obedeciese al Papa, el cual conminaba a los florentinos a adherirse a la Liga. Si se negaban, si tardaban incluso, se verían arrastrados por la derrota de los franceses. La situación se complicaba más debido a que los confederados apoyaban a los Medici. Si salían victoriosos, la «tiranía» se instalaría otra vez en Florencia. Los Medici, es decir, el cardenal Giovanni, que sería papa con el nombre de León X tras morir Julio II, y su hermano Giuliano, mucho más simpático al pueblo que el libertino y mediocre Piero, otro de los hermanos, respondieron a aquel gesto desembolsando diez mil ducados en la caja de la Confederación.

Se creía, además, que los españoles tenían intención de modificar el mapa político de Italia y de situar príncipes de su conveniencia. Por lo tanto, todo apuntaba contra Soderini y Maquiavelo: los antiguos *Palleschi*, que preparaban el regreso de los Medici; los demócratas, que les reprochaban un exceso de autoridad; los cobardes, a quienes la noticia de las victorias españolas hacía temblar; los ambiciosos, que esperaban la caída del gonfaloniero para tomar el poder; los pescadores en aguas revueltas, en fin, a quienes la honestidad de Soderini había estropeado sus manejos y malversaciones.

Siguiendo los consejos de Maquiavelo, Soderini proseguía sus negociaciones con el Papa. Éste había hecho saber a los florentinos, de manera oficiosa, por supuesto, y con gran secreto, que no le gustaban los españoles y que no quería favorecer el regreso de los Medici. Sólo esperaba una ocasión para expulsar de Italia a las tropas de Navarro y de Cardona, y humillar a los arrogantes hijos de Lorenzo el Magnífico, cuya ambición le molestaba. En tales condiciones, era importante, al parecer, no romper con la Santa Sede, puesto que ésta parecía dispuesta a condenar a los españoles, con los que se había aliado sólo por exigencias de la guerra.

Maquiavelo tenía mucho que hacer. Consejero diplomático de Soderini, dirigía sus pasos y lo conducía con prudencia por el azaroso laberinto en el que el gobierno florentino se movía a tientas. Se ocupaba también del ejército, con más tesón que nunca, puesto que el peligro se aproximaba y era necesario proteger Florencia. Los españoles actuaban con una ferocidad tal que no perdonaban siquiera una ciudad neutral. Por lo tanto había que aprestarse a resistir cuando su ejército entrara en el territorio de la República. El secretario de la Cancillería, sobre cuyos hombros recaía todo el peso de la política interior y exterior, no aparecía más que de tarde en tarde por su despacho. Durante todo el año, sin descanso, galopaba de ciudad en ciudad, y exhortaba a los vasallos y vecinos de Florencia a tomar las armas para resistir a los españoles. Fue a Siena, a Montepulciano y a Pisa; en pleno mes de diciembre, recorrió toda la Romaña para reclutar tropas. Requería a los condotieros, elegía a los jefes de la milicia, reclutaba, armaba y equipaba, de todo se ocupaba, pasaba revista a los infantes, verificaba las monturas de los soldados de caballería ligera, inspeccionaba las fortificaciones, contaba las piezas de artillería, las reservas de víveres, las provisiones de pólvora y de balas de cañón. Al mismo tiempo, atendía los asuntos de Florencia, apoyaba a Soderini, le traía partidarios y llevaba la voz cantante en la República; mientras recorría a caballo todo su territorio, ideaba estratagemas de guerra, hacía construir carros de combate, premiaba a los fundidores de cañones e impulsaba la instrucción de los artilleros. Había reforzado en particular la plaza de Firenzuola y sus alrededores, porque creía que los españoles pasarían por allí, y exhortaba a la Señoría a nombrar capitán general de la milicia a Jacopo Savelli, un hombre íntegro, valeroso e inteligente, independiente, por añadidura, y por encima de todas las querellas de partidos.

En el mes de julio de ese año de 1512, contaba con un gran ejército y una buena artillería. Había llegado el momento. Ramón de Cardona, seguido del cardenal de Medici, se presentaba en las fronteras, pidiendo paso libre. Reclamaba, además, que se depusiese a Soderini y se nombrase un nuevo gobierno que no fuese partidario de Francia. Los Medici, por su parte, sólo pedían la autorización para volver a Florencia, a título de simples particulares. Para dar más fuerza a esta petición, el cardenal Giovanni había llevado consigo dos cañones, todo lo que poseía, de hecho, en artillería. Además, los españoles no eran ricos, Cardona exigía dinero: cien mil ducados.

Todo ello era inaceptable. Maquiavelo instó a Soderini a que se negase, ya que a su juicio el ejército florentino era superior al de los españoles. Para calmar los ánimos, aconsejó al gonfaloniero que hiciera prisioneros a los partidarios más rebeldes y amenazadores de los Medici, hizo suscribir al Gran Consejo cincuenta mil ducados para la defensa de la ciudad y obtuvo un nuevo voto de confianza que consolidaba los poderes de Soderini. Así pues, todo parecía estar en perfecto orden. Florencia obedecería a su jefe y había en Prato un ejército capaz de hacer frente a los generales confederados.

Sobre el papel, sí, el ejército florentino era imponente, pero si se miraba más de cerca, distaba de ser tan perfecto como creía Maquiavelo. Por primera vez, se había equivocado en sus cálculos. Engañado por el valor de su «sistema», estaba convencido de la superioridad de los ejércitos nacionales sobre los de oficio; pero, aunque quizás aquello fuese cierto desde el punto de vista teórico, lo cierto es que en la práctica el ejército florentino carecía de cohesión, estaba compuesto por campesinos mal adiestrados y por los elementos más bajos de la plebe urbana. La artillería era mala y malo su empleo. Además, carecía de un jefe: el viejo Luca Savelli, al que se había dejado a la cabeza de las tropas, no tenía disposición ni conocimientos estratégicos. Cosa más grave aún eran los sabotajes, imputables sin duda a los partidarios de los Medici y a los agentes secretos que el enemigo mantenía en la ciudad, que paralizaban el armamento y el aprovisionamiento. La pólvora para cañón se perdía o se echaba a perder por el camino, las municiones no llegaban a tiempo, en Prato se vieron obligados a quitar el techo de plomo de una iglesia para fundir deprisa y corriendo las balas que hacían falta. La moral era baja. La milicia, mal dirigida, mostraba poco ardor en el combate; se podía incluso temer que abandonase a la primera refriega.

Todo eso, Maquiavelo, tan lúcido de ordinario, no lo veía. La milicia era su «hijo» y, como tantos padres, era ciego a sus defectos. En definitiva, no podía estar en todas partes al mismo tiempo, y, desde que había partido, todo lo que había edificado con gran trabajo se hundía, se descomponía. Lo mismo ocurría con la «popularidad» de Soderini, pues, en gran medida, se había cimentado sobre la impopularidad de los Medici, en ciertas clases de la población. Si el viento cambiaba de dirección, Soderini se encontraría solo frente a sus adversarios políticos coaligados contra él.

A mediados de agosto, Cardona envió un nuevo ultimátum, esta vez no pedía más que tres mil ducados, pero como contrapartida rogaba que se consintiera en enviarle con urgencia cien cargas de pan para sus soldados, que se morían de hambre. Soderini, que siguiendo las cifras de Maquiavelo se jactaba ante el Consejo de poder alinear dieciocho mil hombres delante de Prato contra el ejército de Cardona, que contaba con una tercera parte, volvió a negarse; los dos cañones del cardenal no le asustaban.

De esos dos cañones, uno estalló en cuanto los confederados comenzaron a bombardear Prato, pero el otro consiguió abrir una brecha por la que los españoles entraron en la ciudad. Eran viejos soldados de oficio, aguerridos y acostumbrados a las privaciones, salvajes y crueles; también había entre ellos árabes de una extrema brutalidad. Los reclutas florentinos huyeron en lugar de defender la brecha y eso fue una catástrofe. Hubo cuatro o cinco mil muertos. El ejército español devastó la ciudad, violó a las mujeres, incendió las iglesias y —según el relato de los cronistas de la época— convirtió los monasterios en prostíbulos.

Esta derrota sacudió el ánimo de los florentinos, que perdieron de golpe toda confianza en su ejército, y devolvió la esperanza a los partidarios de los Medici, que se precipitaron a casa de Soderini y, con el puñal en su garganta, exigieron su abdicación. Entre los rebeldes figuraban representantes de las mejores familias de la ciudad, los Rucellai, los Capponi, los Albizzi, los Vettori y los Valori. Prácticamente, los Medici eran los dueños de la ciudad. La opinión pública se declaraba a su favor; la popularidad de Soderini, el reconocimiento que se le debía y la confianza que se tenía en él, se habían desvanecido con los primeros fracasos militares.

Soderini acogió a los sediciosos con una gran dignidad. Hizo llamar a Maquiavelo, el único hombre de palacio en quien podía confiar en el momento en que todo el mundo lo traicionaba, y lo envió a casa de Francesco Vettori a pedir su hospitalidad. Vettori consultó de entrada a los *Palleschi*, a fin de saber si podía aceptar sin atraer sobre su casa la cólera de los vencedores, y luego, tranquilizado, abrió su puerta al antiguo gonfaloniero. La Señoría y los Consejos se habían reunido a toda prisa para nombrar un nuevo gobierno, pero, puesto que la mayoría temía la tiranía medicea, se acordó conservar a Soderini. En una magnífica escena de tragedia bufa, el mismo Vettori que acababa de ofrecer hospitalidad al gonfaloniero se puso de rodillas, los brazos en cruz, e imploró a los magistrados la revocación: «Si no lo hacéis, los malvados acabarán con él de inmediato.» Para salvar la vida de Soderini, se lo destituyó. Misión cumplida: la revolución se llevaba a cabo dentro del orden y la legalidad.

Y para que la cosa no se eternizara, siempre en interés del gonfaloniero, ese fiel *amigo* lo llevó con él hasta Siena, haciendo un escudo de su cuerpo, afirmaba, en caso de que lo atacaran por el camino. Así desapareció Pietro Soderini de la escena política. No había nada que reprocharle. Hacía mucho tiempo que Florencia no tenía un jefe tan abnegado, honesto y concienzudo. Sólo podía loarse su integridad, rectitud, imparcialidad e independencia. Finalmente se habían deshecho de él: ¡el desorden iba a comenzar de nuevo!

Su partida dejó el campo libre a sus enemigos. También aquel día había sido demasiado débil, demasiado confiado. Al alejarlo de Florencia, Vettori y Valori le quitaban la última posibilidad que tenía de volver a recuperar el poder. Nadie, en adelante, sería capaz de oponerse a la restauración de los Medici. El voluble pueblo la deseaba y estaba del todo dispuesto a aclamar a aquellos mismos hombres que ayer odiaba. Soderini ya no contaba. No se sabía qué había sido de él, pero eso a nadie preocupaba. Todas las miradas se volvían hacia el astro ascendente, hacia la familia principesca a la que se había expulsado de manera vergonzosa dieciséis años atrás. *Sic transit.* Y Soderini, aleccionado acerca de lo que podía esperarse de un pueblo al que uno se había consagrado en cuerpo y alma durante toda su vida, vagaba por los caminos. Se lo vio en Loreto, cerca de la casa milagrosa de la Santa Virgen, pero su hermano, el cardenal, le advirtió que su vida estaba en peligro y huyó entonces en secreto a Ragusa. También ahí los habitantes, quizá por temor de albergar al proscrito, lo instaron a irse, en su propio interés, por supuesto. Al final, Soderini fue a parar a Castelnuovo, con los turcos. Y éstos fueron más generosos, le dieron asilo y allí permaneció hasta el día en que murió, prácticamente olvidado de sus conciudadanos. Los únicos que se acordaron de él fueron Guicciardini, que no lo trató con demasiada consideración, Nerli, quien le reprochó no haber sabido ser ni malo ni bueno y haber confiado en exceso en que las cosas «se arreglarían» por sí solas con el tiempo, y, finalmente, Maquiavelo, quien en cuatro versos bufonescos y crueles lo ejecutó, enviando al Limbo a aquel «niño» que no había sabido ser un hombre.

CAPÍTULO TRECE

El retorno de los Medici

La misma tempestad que había arrastrado al gonfaloniero no debía dejar a salvo a su secretario.

Maquiavelo había aprobado, secundado y apoyado demasiado la política de Soderini como para que la ingratitud de la que éste había sido objeto no lo afectase también a él. Tenían las mismas convicciones, las mismas esperanzas; compartían los mismos enemigos. Éstos habían de golpear sin distinción a todos los que habían colaborado con Soderini, y el primero en recibir sería aquel liberal impenitente, aquel adversario de la tiranía, cuya inteligencia e ironía resultaban inquietantes. En cuanto a él, podemos imaginar cuán doloroso debió resultarle ver de nuevo en el poder a los «tiranos», bajo la protección de las picas y los arcabuces españoles, en los «furgones del extranjero».

La gran esperanza que había puesto en una Florencia y en una Italia libres parecía irrealizable. Más que nunca los extranjeros se habían instalado en suelo italiano y Florencia, la misma que los franceses se habían contentado con atravesar en 1494, la ocupaban ahora los castellanos de Cardona y sus adláteres musulmanes.

Para dar un aspecto de legalidad a ese cambio de régimen, se había constituido deprisa y corriendo un nuevo gobierno a cuya cabeza se había colocado a Francesco Vettori. Maquiavelo lo conocía bien por haber estado más de una vez en embajada con él, igual que lo conocía Soderini, quien por prudencia lo había hecho acompañar en cada ocasión por el sensato y hábil Maquiavelo. A Vettori, que había sido uno de los artífices de la caída del gonfaloniero, no se le podía acusar expresamente de haber trabajado para los Medici. Por lo tanto, en aquella circunstancia, representaba un elemento de transición entre el gobierno democrático, que acababa de caer con Soderini —a pesar de lo que se hubiera dicho, Soderini había defendido con lealtad la democracia—, y la tiranía, que sin duda los Medici no tardarían en restablecer. La misión de Vettori era lograr que unos tuviesen paciencia y que los otros se tranquilizasen; detrás de él, el cardenal Giovanni y su hermano Giuliano se preparaban para entrar en escena. En suma, Vettori llevaría a cabo sin desorden, con una afectación incluso de legitimidad, la transmisión de los poderes a los representantes de aquella familia a la que se había condenado al destierro hacía casi veinte años. Al lado de Vettori, que lo cubría con su prestigio y su honorabilidad, actuaba un gobierno provisional de veinte miembros, compuesto por jóvenes que habían amenazado de muerte a Soderini para arrancarle su dimisión y que eran devotos de los Medici. En cuanto a éstos, no reclamaban —por el momento— otra cosa que el derecho a regresar a Florencia y a vivir con tranquilidad, como simples particulares, como el resto de ciudadanos. No se podía ser más moderado.

En realidad, sólo alguien que no conociese a los Medici podría haberlos creído capaces de semejante comedimiento. Los descendientes del viejo Cosme y de Lorenzo el Magnífico no se resignarían nunca a «entrar en vereda». Habían sido príncipes y dueños de la ciudad, de manera que no tardarían en querer recuperar esa autoridad de la que se creían injustamente desposeídos.

Cuando hablaba de sus tres hijos, Lorenzo el Magnífico solía decir que el primero era bueno, el segundo sensato y el tercero loco. El loco era aquel mediocre Piero contra quien se había desencadenado la cólera de Savonarola y que, desde su expulsión, no había dejado de intrigar al lado del Papa, de los franceses y de los españoles y de mendigar su ayuda, hasta el día en que se ahogó en el Garigliano. Aunque más que un loco, era un mediocre y un necio, un glotón y un libertino que sólo abandonaba la mesa para correr a los prostíbulos o encerrarse, días enteros, en su habitación con validos y cortesanas. No había nada en él que le valiese la simpatía de los florentinos ni que justificase su apego. Incluso sus partidarios lo despreciaban y sólo apoyaban su causa porque, en realidad, era la suya y porque contaban con la restauración para sacar a flote sus negocios. Piero era insostenible, indefendible; no poseía ninguna cualidad que mereciese la benevolencia y la obediencia de los florentinos.

Giovanni y Giuliano eran distintos. Giuliano había heredado algo del carácter de aquel tío cuyo nombre llevaba, el bello Giuliano, un apasionado de los torneos y la poesía, de continuo enamorado, de continuo ocupado en ensoñaciones caballerescas, al que los esbirros de los Pazzi habían dado muerte en la catedral, y que, por haber muerto tan joven, había atravesado el cielo del Quattrocento como una especie de astro etéreo, titilante y luminoso. Así, el joven Giuliano poseía algo del encanto de su tío; como él, era caprichoso, quimérico, soñador y un poco inestable, pero también bueno, amable y generoso.

El cabeza de familia, a todas luces, era el cardenal. Inteligente, cultivado, curtido en la política, había hecho en la Iglesia una carrera muy brillante y se veía en él al futuro sucesor de Julio II. Rico, magnificente, de aspecto noble, simpático al pueblo sin sacrificar nada de su dignidad, parecía merecer por todo ello volver a ocupar el lugar que la muerte de Lorenzo había dejado vacío, el mismo en el que no había sabido estar el desdichado Piero, por sus vicios y su necedad. Era fácil de prever que las tradiciones de Cosme el Viejo revivirían en su bisnieto y que, si conseguía llegar al poder, ejercería una autoridad severa —la misma que los amigos del desorden llamaban «tiranía»—, para el mayor bien de la ciudad, que sólo hacía uso de la «libertad» para abandonarse al juego funesto de los partidos y las facciones.

Parecía poco probable que el cardenal se contentase con el modesto papel de «buen ciudadano» que reclamaba, pues, desde siempre, allí donde se instalaba un Medici, hablaba como amo y actuaba como jefe. En el séquito de Giuliano y del cardenal había también otros tres Medici, pero poco relevantes, poco curiosos de la política y, en todo caso, dóciles al cabeza de familia, ya que sabían, por otro lado, que trabajaba en interés de todo el linaje, que se podía confiar en él y que se encontraría provecho en seguirle y obedecerle. Estos tres eran un hijo ilegítimo de Piero, Lorenzo, al que se otorgaría el ducado de Urbino y que sería *Il pensieroso** de Miguel Ángel; un hijo natural del segundo Giuliano, Ippolito, que sería —también él— cardenal, y un hijo natural del primer Giuliano, Giulio, que por el momento sólo era caballero de Rodas y prior de Capua, pero al que muy pronto coronarían la mitra y luego la tiara, con el nombre de Clemente VII.

Cinco Medici a los que situar, subvenir y enriquecer era, en pers-

* El autor hace referencia a la escultura, bautizada por Vasari como *Il pensieroso*, que Miguel Ángel realizó de Lorenzo el Magnífico en actitud pensativa. Se encuentra en la capilla Medicea, de la iglesia de San Lorenzo de Florencia, y está considerada una de las obras maestras escultóricas del artista. *(N. de la T.)*

pectiva, una pesada carga para Florencia. Tanto más porque los españoles habían dejado vacías las arcas de la ciudad, con sus subvenciones, indemnizaciones, asignaciones o, simplemente, «regalos», los cuales habían costado a Florencia más de ciento cincuenta mil ducados. Los Medici, sin embargo, se mostraban muy discretos y moderados; esperaban con humildad en Prato que se les permitiera volver a Florencia. Los *Palleschi*, a instancias de Francesco Albizzi, promovieron entonces el entusiasmo popular, fueron a buscarlos con el consentimiento del populacho y los acompañaron en su regreso triunfal al palacio de la Via Larga, que no hacía mucho se había hecho construir Cosme y que Lorenzo el Magnífico había embellecido.

Para conceder más autoridad a su «restauración», el propio Cardona los acompañó y presidió, sentado en el sillón del gonfaloniero, la sesión del Consejo que organizaba el nuevo gobierno y devolvía los títulos, bienes y privilegios a los desterrados. Se decidía confiar a una comisión de cuarenta y cinco miembros el cuidado de «reformar» una vez más la constitución; era fácil adivinar que, sencillamente, esta reforma volvería a dejar las cosas en el estado en que estaban antes de la revolución de 1494. Un serio problema se planteaba entonces a los liberales y a todos los que habían participado en aquella revolución o la habían aplaudido: ¿tenían que mirar con malos ojos al nuevo gobierno y combatirlo o, por el contrario, adscribirse a él?

Pero no tuvieron que cavilar por mucho tiempo, pues la reacción popular decidió por ellos: se desterró a los hombres que, precisamente, más se habían comprometido en la revolución. Claro que el destierro nunca era algo grave: bastaba con aceptarlo con resignación y aguardar el momento en que la balanza se desequilibrara en contra de los nuevos vencedores y en favor, de nuevo, de los vencidos. Sin embargo, se apresó y torturó a algunos de ellos, entre otros al mismo Francesco Vettori, a quien los Medici debían una parte de su éxito. No se le perdonaba haber ayudado a Soderini a huir. Vettori, sin embargo, supo dar pruebas de su afecto a la casa gobernante, lo que le valió salir de prisión y merecer la gracia del cardenal.

Maquiavelo estaba preocupado. Las proscripciones y revocaciones habían comenzado a golpear a los funcionarios que se sospechaba eran fieles a la «libertad». Podía, afirmando sus convicciones, tomar posición contra la «tiranía», adherirse a la oposición y combatir a los Medici, pero ¿de qué le habría servido? Habría perdido su puesto, lo habrían expulsado de Florencia —admitiendo que conservara la vida y la libertad— y, entonces, habría llevado una vida miserable de proscrito, arrastrando consigo su amargura y su rencor por las cortes extranjeras. «¡Cuán amargo es el pan del extranjero y qué penosas de subir las escaleras en casa ajena!...» Los personajes más distinguidos daban el ejemplo de la «adhesión»; el cardenal Soderini, hermano del gonfaloniero, se había pronunciado a favor de los Medici y de este modo había escapado a la proscripción que afectaba a todos los demás miembros de la familia. Virgilio Marcello, el funcionario humanista que trabajaba con Maquiavelo en la Cancillería, había hecho otro tanto. Ni uno ni otro se consideraban deshonrados por ello y nadie se lo reprochaba. Puesto que los Medici habían triunfado, ¡vivan los Medici!

Es muy probable que esta actitud esté en desacuerdo con el ideal de la virtud antigua —incluso a nosotros nos hubiera gustado verle más firmeza y dignidad—, pero Maquiavelo era un italiano del Renacimiento, no un romano de pura cepa. En el momento de tomar partido, su intransigencia cedió, pues le pareció inútil obstinarse. La propia inteligencia le ordenó pasarse al bando vencedor, no sólo en el propio interés, sino también en el de la colectividad.

A Maquiavelo no le gustaban los vencidos. No por apego grosero al provecho que pudiera sacarse de la victoria ajena sino porque el fracaso era una mancha en la carrera de un hombre. Había servido a Soderini como buen funcionario, con todo su corazón y toda su inteligencia, pero en realidad era a Florencia a quien servía, era a Italia. No creía mucho en las ideas estereotipadas, no poseía la superstición de los partidos, era, por encima de todo, un hombre libre, es decir, un individuo resuelto a no obedecer las consignas de cualquier colectividad que pretendiese atentar contra su independencia. Quería elegir en plena libertad, en pleno conocimiento de causa. Además, era demasiado inteligente para amar a ciegas eso que otros llamaban «convicciones» políticas, sabiendo como sabía que en política, más aún que en cualquier otra cosa, todo es relativo y que no existe nada absoluto. Las palabras referidas a la democracia o la tiranía no habrían de engañarlo. Su clarividencia y su ironía se habían desembarazado pronto de aquellas nociones, de la aureola mágica que conservaban éstas a los ojos del pueblo. Las había visto demasiado a menudo servir de pretexto y de tapadera a las peores malversaciones y a los abusos de poder más escandalosos como para conservar vivas aún sus ilusiones acerca de la libertad y la democracia. Se dice que las ideas dirigen a los hombres, pero éstos las utilizan a su antojo y las adaptan a su deseo, capricho o interés. La misma palabra libertad había encubierto los excesos de la anarquía y la arbitrariedad de la tiranía de las masas. Existían democracias tiránicas y tiranías liberales. Las ideas no valían, en suma, más de lo que valían los hombres que inscribían aquellas palabras en sus bandas o en sus banderas.

Estaba claro que Maquiavelo no tenía nada de fanático ni de partidario. El fanatismo era, con demasiada frecuencia, el signo de la necedad, la ignorancia y la estrechez de mente. En cuanto a los partidos, exigían una obediencia ciega, un servilismo sin reserva; en suma, lo que reclamaba un tirano. Tirano por tirano, prefería el Príncipe al Demos. Tanto más puesto que si el Príncipe traicionaba su misión era más fácil suprimirlo que sacudir el autocratismo ciego y despreciable de la masa.

¿Acaso, pues, Maquiavelo no tenía convicciones? Tenía ideas, que no es lo mismo. Creía que ciertas formas de gobierno eran, en teoría al menos, mejores que otras. ¿Más justas o más eficaces? Conviene ponerse de acuerdo sobre lo que se denomina «mejor». Sus ideas eran fruto de su cultura y experiencia. Una y otra no le habían dejado demasiadas ilusiones acerca del valor de las palabras, del contenido de los «principios» y, sobre todo, del empleo que los hombres políticos hacían de unas y de otros. ¿Cuántas veces había visto que las aspiraciones más generosas servían para enmascarar las más sórdidas muestras de codicia? ¿Cuántas veces ideas nobles y justas habían encubierto los peores abusos, las injusticias más innobles? Las ideas valían lo que valían los hombres y éstos no valían gran cosa...

Maquiavelo opinaba que si se permanecía fiel a las «convicciones», a las «ideas», no era tanto por ellas como por uno mismo; la lealtad era para con uno mismo, para con la propia dignidad, de manera que traicionarse y renegar de uno mismo suponía faltar a esta fidelidad. Y su argumentación proseguía más o menos en estos términos: ¿en qué está comprometido mi honor para que yo persevere en una opinión que la reflexión me ha mostrado errónea, o que, con ayuda de la experiencia, he visto servir de pretexto a imbéciles o a hombres deshonestos para explicar y justificar sus malas acciones? «El necio es el hombre que no cambia nunca.» ¿De qué servirían el estudio y la observación si no nos aportaran conocimientos exactos y, sobre todo, si no nos liberaran de los prejuicios, supersticiones o mentiras colectivas; si, en resumen, no nos aleccionaran acerca del valor de los pensamientos y sentimientos, acerca del comportamiento de los hombres y la traición de los «principios» en nombre del interés?

Así pues, la libertad no era para Maquiavelo otra cosa que el ejercicio del juicio y la facultad de elegir, en toda circunstancia, lo que uno creía lo mejor, para sí mismo y para los demás, según si se era proclive al egoísmo o al altruismo. La libertad era, en esencia, el derecho a cambiar de ideas si se habían reconocido como falsas o malsanas las que se habían adoptado. Era el derecho a rechazar la disciplina de los partidos y la camisola de fuerza de las colectividades. Era el mayor privilegio del individuo y, como tal, la única garantía de su verdadera individualidad. Era, en definitiva, el derecho a apartarse de la democracia si ésta mostraba su impotencia y su incapacidad para resolver las dificultades presentes, es decir, era el derecho a adscribirse a los Medici, no por cobardía, porque eran los más fuertes, sino con inteligencia, porque, convertidos de nuevo en los amos de Florencia, era a ellos a quienes incumbiría la política interior y las relaciones con el extranjero. ¿Eran ellos más mediocres que los miembros de la Señoría o que el gonfaloniero a quien había servido los últimos quince años? ¿Harían ellos una peor política interior y exterior? ¿Serían sus actos más deshonestos o sus pensamientos menos inteligentes? Sin duda, no. Entonces, ¿por qué no unirse a ellos? El pueblo florentino no sería más desgraciado si se le quitaba la ilusión que tenía de gobernarse a sí mismo. ¿Acaso los franceses, los alemanes o los españoles eran menos libres y menos felices que los florentinos por el hecho de que sus gobernantes fuesen reyes?

Tales eran las reflexiones de Maquiavelo, mientras seguía preguntándose qué decisión tomar. Si adoptaba una posición hostil a los Medici, éstos le quitarían su empleo, pondrían en su lugar a otro funcionario que, sin duda, haría su trabajo peor que él y, en definitiva, sería el interés público el que sufriese las consecuencias. Si lo despedían se quedaría en la miseria. Y no era agradable, pero no era a ella a quien más temía: sufriría más por la inutilidad, por la privación de todas aquellas actividades que eran su alegría y su razón de vivir. ¿Qué sería de él si se alejaba de la política? ¿Cómo soportaría la amarga ociosidad del proscrito?

Hasta la edad de treinta años se había contentado con aquella «ociosidad laboriosa» que practicaba entonces. El estudio y la observación le bastaban. Pero había pasado el tiempo y Maquiavelo necesitaba ahora esa vida activa que llevaba desde hacía quince años, las misiones diplomáticas, las negociaciones con los soberanos, la preparación de la guerra y la conducción de las operaciones militares. ¿Que sería de él el día en que se le liberase de todas aquellas tareas abrumadoras, de las que algunas veces renegaba, pero que le eran tan necesarias? Tenía sólo cuarenta años: era demasiado pronto para retirarse, cuando quedaban todavía tantas cosas por hacer. Si los Medici tenían a bien mantenerlo en su empleo y permitían que prosiguiese con su actividad vital, estaría del todo dispuesto a colaborar con ellos en la administración del Estado, para el bien de la colectividad. ¿Aceptarían los Medici?

Un hombre como Maquiavelo no se rebajaba a suplicar o a mendigar. Resulta significativa la carta que aquel funcionario que temía que lo despidiesen escribió al cardenal Giovanni: no se valía de sus antiguos servicios, no defendía su causa de buen empleado, no era humilde ni servil, no ofrecía siquiera sus servicios; daba consejos.

Estaba convencido de que así era como había que hablar a hombres inteligentes. Si los Medici comprendían lo que él valía y cuánto les convenía emplearlo, no necesitarían que él se afanase en darles muestras de afecto; su interés sería la prueba de su fidelidad. Cuando leyesen su carta, verían que él no era un empleado enloquecido por el miedo al despido, dispuesto a todas las bajezas y acomodos para conservar su empleo. Era la carta de alguien que los trataba de igual a igual. Así hablaba y escribía un hombre libre de verdad. Si los Medici lo comprendían, si estaban de su lado, obviando los prejuicios y ataduras del espíritu de su partido, y confiaban en él, tanto mejor para ellos...

¡Y con qué delicadeza ofrecía sus consejos! Se decía que los Medici se estaban preparando para hacerse restituir los bienes confiscados. Muy bien, pero en la actualidad aquellos bienes eran de otros y sería una nueva injusticia despojarlos ahora a ellos. ¿No sería mejor pedir al gobierno que reemplazara mediante una indemnización aquellos bienes perdidos? Curiosa proposición la de Maquiavelo, pues existe sin duda una gran diferencia entre una indemnización y una restitución... Maquiavelo no tenía nada de cortesano y su tono, en este caso, era en verdad el de un hombre libre.

Lo era mucho más aún, cuando, en otra carta en la que abordaba un asunto todavía más espinoso, ofrecía consejos sobre la actitud que los Medici debían mostrar con Soderini. Soderini, ¡la «víctima propiciatoria» que expiaría todas las faltas cometidas por el gobierno popular! En opinión de Maquiavelo, aquellos que ahora acusaban y calumniaban lo hacían con la sola intención de complacer a los Medici o al pueblo. Por lo tanto, eran sospechosos y sus acusaciones contra el antiguo gonfaloniero no debían tomarse al pie de la letra.

Para un hombre que quiere ganarse la benevolencia de los nuevos señores, ésta era una singular manera de complacerlos. Había que ser un príncipe de verdad, un hijo de rey, para aceptar aquellos consejos, casi amonestaciones, de un empleado al que tenían muchas cosas que reprochar y al que, de buena gana, hubieran echado. Henchido de dignidad, Maquiavelo se dirigía a lo que podía haber de grande en sus nuevos «patrones». Quizá también quisiese probarlos y saber si eran dignos de él, si merecían que los sirviese. En el modo en que éstos respondiesen a sus cartas, se vería si eran grandes en realidad.

El cardenal de Medici era inteligente, pero quizá no lo era lo suficiente para comprender lo que significaba la «adhesión» de un hombre como Maquiavelo. O puede que se hubiese sentido herido por el tono a la vez deferente y altivo de aquellas cartas, por la ironía soberana que se disimulaba apenas, por las palabras de igual a igual, cuando aquel pequeño empleado, que se había comprometido con Soderini, no podía esperar otra cosa, en el mejor de los casos, que el despido. ¡Cómo se atrevía aquel orgulloso chupatintas a ofrecer sus consejos a los nuevos amos de Florencia!

La dignidad de Maquiavelo no le habría permitido dar a su sumisión una apariencia de capitulación; si se adscribía sería como gran señor, con un punto de condescendencia casi, como si consintiese, por el interés de la patria, en inclinarse ante hombres a los que no estimaba ni admiraba. Su ironía, que consideraba la situación deliciosamente cómica y paradójica, eliminaba de su gesto todo lo que éste pudiese tener de humilde y respetuoso. Se veía claro que se reía de los otros y de sí mismo y que, al querer ante todo salvaguardar su honor y el respeto puntilloso que tenía por sí mismo, ofrecía su colaboración en un tono de desafío, casi de provocación.

Al menos eso fue lo que entendió el cardenal. No tenía suficiente ingenio para divertirse con la situación tanto como Maquiavelo ni era lo bastante «gran señor» para reconocer un gesto de gran señor. Sólo percibió una burla fría y despectiva, y se sintió ofendido por la suficiencia de aquel subalterno que pretendía dirigir a sus amos. Y, a buen seguro, si había intención de injuria en el ofrecimiento de servicios de Maquiavelo, él no podía evitarlo. Su carácter independiente y batallador lo empujaba siempre, incluso en los momentos de mayor peligro, a desafiar a los hombres que podían causar su destrucción. Ahora su situación, su medio de sustento, dependían del cardenal y él arriesgaba todo aquello, la seguridad, el placer de permanecer en activo y un salario modesto pero seguro, por la alegría de realizar un bello gesto, digno de un aristócrata de la libertad, de humillar a un Medici, de afirmar la superioridad del hombre de genio sobre los príncipes de la Iglesia y los comerciantes enriquecidos.

Los Medici no respondieron a sus cartas por escrito, pero sí lo hicieron mediante un decreto, aprobado por unanimidad el 7 de noviembre de 1512, en el cual se despojaba a Maquiavelo de todo empleo. También a su compañero de despacho, Buonaccorsi. No así a Marcello Virgilio, que era primer secretario de la República y a quien no se podía reprochar ningún acto «político». Éste permanecía en funciones. Diez días después, una nueva decisión de la Señoría, esa Señoría ridícula y usurpadora compuesta por los *Palleschi*, que se habían hecho con el poder, completó el primer decreto y prohibió al secretario despedido poner los pies en el palacio durante un año, como si se temiera que fuera a visitar a sus antiguos colegas y les influyera con iniquidad.

Una extraña medida concluyó ese «destierro en el interior». A fin de que Maquiavelo no pudiese emigrar y llevar al extranjero su descontento y su rencor, se le prohibió abandonar el territorio de la República durante ese mismo plazo de un año en que se le prohibía entrar en el palacio. A la vez que se le imposibilitaba ser perjudicial, tanto en el interior como en el exterior, se le mantenía al alcance de la mano, se podían vigilar sus actos, sus pasos, escuchar sus palabras e interpretar sus gestos.

Los Medici entendían mal la ironía; acababan de dar prueba de ello. Preferían privarse de los servicios de un funcionario incomparable, como era Maquiavelo, antes que sufrir su desprecio condescendiente. ¿A quién recurrir la decisión de la Señoría? ¿A las asambleas? Éstas estaban en manos de los Medici; además, el pueblo, siempre pronto a aclamar a los amos del momento, sobre todo cuando la sombra de las lanzas españolas los acompañan, estaba decidido a no oponerse. Por pasividad, por cobardía, por interés, sobre todo, se aceptaba el regreso de aquella familia detestada, que con tanta alegría se había expulsado bajo el reinado de Savonarola y de su Cristo Rey. Pero Savonarola estaba muerto y el nombre del monarca celestial se borraba poco a poco de las rodelas y los escudos de armas de la ciudad. Ricos y escoltados por los escuadrones extranjeros, los Medici no encontraban obstáculos.

Quedaban sin duda algunos descontentos, libertarios de pro, adversarios intratables a los que no habían logrado desarmar. Éstos se agitaban en la sombra y, a buen seguro, conspiraban. Eran los que sentían que el cambio de régimen los había situado justo en el punto de mira y que, amenazados de proscripción o de algo peor, se preparaban para golpear los primeros, según la fórmula siguiente de Guicciardini: «Si nosotros no se lo hacemos, será él quien nos lo haga.» Maquiavelo no estaba vinculado a ellos en modo alguno; los tenía por hombres ilusos, temerarios y quiméricos. La dominación de los Medici se había implantado de nuevo, con el consentimiento del pueblo; los españoles tenían guarnición en Florencia; Julio II estaba enfermo y se creía que el cardenal Giovanni le sucedería muy pronto. Un pronunciamiento fracasaría de forma inevitable y su único resultado sería el de provocar represalias contra los medios liberales de la ciudad.

Algunos jóvenes exaltados por la idea de libertad, animados de un romántico ardor, o que tenían todo que temer de los Medici en calidad de parientes o amigos notorios del gonfaloniero proscrito, se agitaban. Había entre ellos un tal Boscoli, impulsivo y de corazón ligero, que, inspirado por los nobles ejemplos de Bruto y otros tiranicidas, soñaba con sacudir el odioso yugo. La idea hubiera quedado, sin duda, en fase de proyecto, pero aquel conspirador novato había cometido la imprudencia de escribir en una hoja de papel el nombre de quienes consideraba fieles a la libertad y a los que podría recurrir el día propicio para la revolución.

Era una chiquillada. La cosa no podía ir demasiado lejos y es probable que el complot nunca hubiera superado ese estadio preliminar si Boscoli no hubiera cometido la necedad de perder el comprometedor papel. Un sienés, Barnardino Coccio, de visita en casa de los Lenzi, que eran parientes de Soderini, recogió la hoja que se le había caído del bolsillo a Boscoli y la llevó de inmediato ante los Ocho.

Al prestigio y a la autoridad absoluta de los Medici sólo les faltaba la tradicional conjura, que justificase las medidas de rigor y excusase las represalias. El mismo día en que se presentó la denuncia del sienés en el despacho de la Señoría, comenzó la instrucción. Estaba claro que la casa de los Lenzi era el lugar de encuentro de los conjurados, cuyos nombres figuraban en esa lista. Se empezó por detener a Boscoli y a su amigo Capponi, y se los torturó.

Esos niños valientes confesaron su deseo de devolver la libertad a Florencia, pero disculparon a todos aquellos cuyos nombres figuraban en la lista; no eran sus cómplices, afirmaron, sólo partidarios en cuyo apoyo confiaban, en el caso de que su pronunciamiento hubiera tenido éxito. Esos hombres eran en su mayoría funcionarios, personalidades distinguidas, conocidas por sus sentimientos liberales y, en general, demasiado prudentes y razonables para haberse dejado arrastrar en aquella pueril aventura.

El proceso de Boscoli y de Capponi se juzgó con prontitud y la sentencia se ejecutó sin demora. Se cortó la cabeza a los desdichados jóvenes, que murieron con un valor y una serenidad dignas de la antigüedad. Su amigo Lucca della Robbia nos legó el relato de sus últimos momentos. Su confesor, conmovido también, reconoció haber llorado durante ocho días; tanta era la admiración y amistad que había concebido por aquellos nobles adolescentes, cuando, antes de su suplicio, los había confortado con el auxilio de la religión.

La policía no tuvo en cuenta las declaraciones de los rebeldes y detuvo, al mismo tiempo que a ellos, a todos aquellos cuyo nombre figuraba en la lista fatal, incluido Maquiavelo.

Lo conocemos ya demasiado para suponer que se había adherido a una empresa tan absurda, condenada al fracaso, debido tanto a las circunstancias como al carácter de los jóvenes exaltados que habían tomado la iniciativa. Participar en semejante tipo de chiquilladas hubiese sido cometer una necedad y arruinar una causa estimable. Así pues, era cierto que a aquellos hombres, a los que Boscoli veía como aliados, no se les había consultado. Al menos a Maquiavelo. Todos manifestaron su inocencia, afirmando que ignoraban la conjura y que nunca habían conspirado con los desleales. Pero también a ellos se los apresó y torturó, al mismo tiempo que a los jefes de la conspiración, para arrancarles una confesión.

Maquiavelo no tenía nada de héroe. Era un hombre de mala salud, de poca resistencia física, un «intelectual» afinado por los trabajos de la mente, irritado por verse implicado contra su voluntad en un asunto estúpido, del que no sabía nada y que habría condenado de haberlo conocido. La tortura le asustó. Sin embargo, la sufrió con una gran entereza de alma y cuerpo, y no confesó nada; no había nada que confesar por otro lado, ya que se enteró de la existencia del complot por el expediente de la instrucción. Sin embargo, había dado tantas pruebas de su liberalismo y de su apego a las instituciones democráticas bajo el gobierno de Soderini, que su misma devoción para con el gonfaloniero lo hacía sospechoso. Quizá, también, aprovecharían gustosos la ocasión para deshacerse de un testigo molesto del que, con razón, se temía su clarividencia y su aguda inteligencia.

Cuando se vio encerrado en las *Stinche*, las prisiones de Estado famosas por su hediondez y de las que, con mucha frecuencia, no se salía vivo, Maquiavelo pensó que había llegado su última hora. «Tengo alrededor de las piernas un par de cadenas y seis vueltas de cuerda alrededor de los hombros. Las paredes están cubiertas de una miseria enorme, tan bien nutrida que parece una nube de mariposas. Nunca hubo en los bosques de Roncesvalles y de Cerdeña una infección semejante a la de mi delicado asilo, con un ruido tal que parece que Júpiter y todo Montgibel disparan rayos contra la tierra: se encadena a uno, se desherra al otro, golpeando cuñas y clavos remachados; otro grita que está demasiado elevado del suelo; lo que más guerra me dio, fue que, cuando por fin pude dormirme al llegar la aurora, oí que cantaban por mí: ¡ruegan por vos!»

Bromea, como en ese famoso soneto macarrónico, escrito en las *Stinche*, pero a pesar del tono de burla y de la exageración *burchiellesca* de la descripción, la famosa prisión, reservada a los presos políticos, los que recibían peor trato y cuya vida corría serio peligro, era bastante terrorífica. Se comprende que hiciera todos los esfuerzos posibles por salir y dirigiera súplicas a Julio II y a Giuliano de Medici para mendigar su intercesión. Quería escapar de allí a cualquier precio y, aunque la autenticidad de los tres sonetos se discute —los más fervientes admiradores de Maquiavelo se niegan a admitir que se humillara hasta el extremo de implorar la misericordia de sus enemigos—, es evidente que su orgullo y su independencia se vieron sometidos a pruebas muy duras a causa de su reclusión en las *Stinche*, la experiencia de la tortura y la perspectiva de una suerte semejante a la de Boscoli.

Resulta fácil imaginar a Maquiavelo diciéndose, con un pragmatismo irónico, cínico y burlón: «Si el diablo en persona me saca de aquí, bendito sea el diablo.» Las *Stinche* no eran el lugar conveniente para un hombre como él, cultivado y erudito, gran político y militar. Estaba dispuesto a suplicar a todos los demonios del Infierno, incluido su viejo amigo Belfegor, cuyas graciosas aventuras contó, si todos los santos del Paraíso no venían en su auxilio.

Cuando las puertas de la prisión se abrieron, Maquiavelo lanzó un suspiro de alivio. «He estado a punto de perder la vida, pero por fortuna Dios y mi inocencia me han salvado», escribió en Vernaccia. De inmediato regresó a su casa, junto a la dulce Marietta y a los niños, y relató sus desventuras a su compañero de embajada, Francesco Vettori, entonces en misión en Roma. «Gracias a Dios, nuestros males se han terminado por fin. Por otro lado, espero no verme expuesto a los mismos peligros. De todos modos, seré más prudente, y hay que esperar que el gobierno, liberado de sus sospechas, se muestre más liberal.» Se oye el eco de la intensa satisfacción con la que abandonó aquel lugar maldito y regresó a sus queridos estudios. Los Medici no tenían nada que temer de él.

Sin embargo, no era un favor particular al que debía su libertad. Salió de prisión cuando se abrieron las puertas, tanto para los culpables como para los inocentes, algunos días después del advenimiento del cardenal Medici al pontificado supremo. Julio II se había resignado al fin a entregar a Dios su alma indomable. Antes de cerrar los ojos, tuvo la intensa felicidad de ver todos sus sueños cumplidos. Los franceses se habían batido en retirada, y en su derrota habían dejado en sus manos Parma, Piacenza, Módena y Reggio. Maximiliano, contento de tomar posesión de Peschiera y de Legnago, se había acercado al Papa y secundado el Concilio de Letrán. Se habían repartido de tal modo el ducado de Milán que apenas le quedó gran cosa al hijo de Ludovico el Moro. El feroz Rovere, el infatigable artesano de la grandeza de la Iglesia, podía ya descansar. Se acostaba en un lecho de laureles. Los remolinos que había levantado amainaban. No había obtenido una victoria total, pero en definitiva, gracias a él los Estados Pontificios eran ahora más grandes y fuertes que antes de su coronación. Podía estar contento de sí mismo. Tanto en lo espiritual como en lo material, su pontificado había sido glorioso, saludable y benéfico. Así pues, sin debilidad, remordimientos ni escrúpulos, podía dormir en la paz del Señor; el buen obrero había realizado su tarea con lealtad.

Giovanni de Medici era el gran favorito, aunque tuviese apenas cuarenta años. Desde hacía mucho tiempo se le miraba como al delfín, y estaba casi seguro de recibir la tiara, siempre que lograse ganarse a algunos adversarios, cardenales franceses, por ejemplo, y al cardenal Soderini, hermano del gonfaloniero proscrito, que no perdonaba —con razón— a los Medici por la caída de su hermano. Regalos bien colocados, promesas hábiles, el compromiso de hacer volver del exilio al gonfaloniero y la boda de una Soderini con un Medici apaciguaron las cóleras y hostilidades. La elección del cardenal Medici al trono de San Pedro se hizo sin gran resistencia por parte de sus rivales.

El primer acto del nuevo pontífice fue recibir las órdenes, ya que ni siquiera era diácono. Cumplida de inmediato esta formalidad, el 15 de marzo fue consagrado con el nombre de León X y coronado al día siguiente. Fiestas asombrosas, aunque propias de las fastuosas tradiciones de esta familia, saludaron su advenimiento. Hubo desfiles en las calles con alegorías paganas en carrozas, como en el tiempo del Magnífico, iluminaciones y fuegos artificiales. Los Medici eran tan ricos que podían ofrecer al pueblo las diversiones más deslumbrantes y para ellos no suponía empobrecerse gastar cien mil ducados en girándulas, cohetes, flores y cabalgatas. El 1 de abril una amnistía general acordada por el nuevo papa en don del gozoso advenimiento, vació las *Stinche* y Maquiavelo volvió a ver con júbilo la luz del día.

La advertencia había sido severa; había que volver a estar en gracia a todo trance, si no volvería a estar a merced de algunos necios conspiradores. No le molestó, pues, que su adhesión se hiciese pública, con el fin de desanimar a aquellos que creyesen poder implicarlo en una aventura como la de Boscoli. Era cierto que admiraba la firmeza de alma que los jóvenes habían mostrado en los suplicios, pero juzgaba con severidad su empresa. La intención no justificaba el resultado y no bastaba que los moviese una idea generosa cuando habían actuado con tal torpeza que el fracaso había sido inevitable. Que un conspirador perdiese un papel comprometedor era de una necedad criminal e imperdonable. Si como hombre Maquiavelo se conmovía y apreciaba la grandeza de aquellos jóvenes tiranicidas dignos del mayor de los respetos, como político los reprobaba, condenaba su imprudencia y hallaba justo su castigo. Justo no porque hubiesen querido atentar contra la vida de los Medici, lo cual era perfectamente loable, sino porque habían llevado mal aquel asunto; era en tanto que torpes, y no en tanto que criminales, que los juzgaba punibles. Al igual que Savonarola, eran culpables de ignorancia, presunción e imprevisión. No habían calculado sus posibilidades, no habían considerado bien sus disposiciones, habían cometido una imprudencia —lo que era más grave que un crimen— y habían actuado, como Fra Girolamo, como idealistas incurables y pésimos conocedores de la naturaleza humana. Como si el entusiasmo y el sentido de la justicia reemplazaran al saber, la razón, la habilidad, la finura y la sutileza...

El poder de los Medici era un hecho y uno no se rebelaba contra un hecho. Bien al contrario, tenía que utilizarlo y explotarlo para su mayor ventaja. Y Maquiavelo procuró sacar de aquel hecho el mejor partido. Puesto que los Medici eran ahora los amos de Florencia, convenía estar a su servicio o, de lo contrario, resignarse a desaparecer en la sombra.

Maquiavelo no se resignó, pues su despido tenía consecuencias demasiado graves para que lo aceptase con agrado. Sin su trabajo, la miseria habría de entrar en su casa. Y con ella la ociosidad y el aburrimiento que la acompañaban, puesto que cuando se ha llevado durante casi quince años una vida activa como la suya, uno muere al llegar a la jubilación. También se cerniría sobre él la amargura de ver sus talentos desaprovechados, sus dotes inutilizadas, su genio despreciado por los mismos que deberían tener el mayor interés en servirse de él. Lo entristecía la perspectiva de los excesos mediocres en los que habría de perder su tiempo o de las aburridas jornadas en el campo, lejos de los asuntos, lejos de las noticias, lejos del palacio donde se hacía la política y donde había sido tan feliz de entrar; lejos de Florencia, en fin, puesto que no habría de soportar permanecer en una ciudad en la que ya no fuera nada.

Por lo tanto, no sería una cobardía por su parte su insistencia en querer volver al servicio bajo las órdenes de los nuevos amos, sino más bien una especie de valor cívico; se trataba tanto de Florencia como de sí mismo y Florencia necesitaba de él. «Sirvo.» De buena gana tomaría esa palabra por divisa. No pedía sino servir. Estaba hecho para servir y sufría por la falta de actividad como un magnífico, precioso y noble instrumento que se cubre de moho en cuanto deja de usarse. Sólo él conocía lo bastante bien los asuntos de Florencia y de Europa para dirigir con prudencia los destinos de la República. Los Medici tenían el dinero y la fuerza, pero eso no bastaba: Maquiavelo creía en la superioridad y en la eminencia del talento. Y era su talento el que ofrecía, con generosidad, teniendo en menos sus opiniones políticas y sus convicciones, con la esperanza siempre ardiente de ver surgir al príncipe, aquel príncipe ideal y perfecto que César Borgia no pudo ser, que quizás un joven Medici sería con la ayuda de Maquiavelo, el «hacedor de príncipes».

CAPÍTULO CATORCE

El diplomático en el campo

«Vivo en mi ciudad y, no obstante, desde los últimos infortunios sufridos, no creo con todo haber estado ni veinte días en Florencia. Hasta ahora me he divertido en tender trampas para los tordos con mis propias manos; me levantaba antes del alba y disponía mis varitas untadas con liga e iba cargado con un paquete de jaulas a la espalda, al igual que Geta cuando volvía del puerto cargado con unos libros de Anfitrión. De ordinario cogía dos tordos, pero nunca más de siete. Así es como pasé todo el mes de septiembre. Por tonta que parezca, he echado de menos esta distracción, para mi gran pesar, y así es cómo he vivido desde entonces: me levanto con el sol, voy a uno de mis bosques, que estoy haciendo talar, donde paso dos horas examinando el trabajo hecho la víspera por el leñador y hablando con los trabajadores, que siempre andan en dimes y diretes entre sí o con los vecinos...»

Maquiavelo se había convertido en un campesino. Ahora sus ocupaciones eran las de un propietario rural, muy atareado y ocioso a la vez, que se levantaba al alba para atrapar los tordos que después le cocinaría Monetta Marietta, que reprendía a sus leñadores si se detenían durante mucho tiempo, que inspeccionaba los frutos otoñales y el huerto, sin perder detalle, como antes, en tiempos de su gran favor y sus importantes misiones. Pero ahora con quienes compartía mesa y conversación era con los campesinos.

¿Se interesaba de verdad por la vida y los trabajos del campo? Se diría que sí. En sus cartas a Vettori se refería a sus bosques con una complacencia en absoluto afectada. «Podría deciros sobre esos bosques mil cosas bellas que me han ocurrido, ya con Frosino da Panzano, ya con otros que se interesaban en ellos. Frosino, en particular, había enviado a buscar una cierta cantidad de cargas [de leña] sin decirme nada, y en el momento de pagar quiso quedarse diez libras que pretendía haberme ganado, hace cuatro años, jugando a *cricca* en casa de Antonio Guicciardini...» Éstas eran las preocupaciones del hombre que hacía poco discutía de política de alto nivel con el cardenal de Amboise, con Mathias Lang, el canciller de Maximiliano, con Julio II y con César Borgia. El hombre que había hecho ejecutar a un condotiero infiel, que había mirado maniobrar sus bellos regimientos, que había escudriñado las intenciones secretas de Catalina Sforza, se enfrascaba ahora en sórdidas discusiones con sus trabajadores y sus vecinos. Y sin duda, capaz como era de interesarse y complacerse con todas las cosas, saboreaba con una especie de satisfacción irónica la metamorfosis que había hecho de este hombre de guerra y de estado un hombre de campo.

O fortunatos nimium, cantaba Virgilio. ¡Si fuera cierto! La villa de Maquiavelo se hallaba lo bastante lejos de la ciudad para que pudiera disfrutarse, con toda tranquilidad, de esa paz bucólica. Estaba en el lugar llamado Sant'Andrea, en Percussina, a siete millas toscanas de Florencia, a tres millas de San Casciano, en Val di Pesa. Las gentes del país llamaban a esta casa el *Albergaccio*, lo que suena bastante peyorativo; sin duda la residencia era decrépita y modesta, e incómoda para vivir. Hasta entonces, Maquiavelo nunca se había preocupado de su propiedad ni pensado que se vería obligado a residir en ella. Habitante apasionado de la ciudad, necesitaba de las conversaciones en la calle, las plazas, la Loggia y los patios del palacio. Necesitaba de la presencia de los hombres, y de hombres semejantes a él, que se interesasen por las mismas cosas que él. ¿De qué hablaría con aquellos lugareños con los que se encontraba durante el crepúsculo en la humilde taberna de aldehuela? «En la hospedería, encuentro de ordinario al hospedero, un carnicero, un molinero y dos horneros de cal; me encanallo con ellos el resto del día, jugando a *cricca* y a tablas reales, estallan mil disputas y a los arrebatos se añaden las injurias, la mayoría de las veces nos acaloramos por un cuarto, y el ruido de nuestras peleas se hace oír hasta en San Casciano.» ¿Exageraba? ¿Quería, con una especie de placer cruel, divertir a sus amigos con el relato de sus aventuras imaginarias y como buen literato que siempre fue lo único que pretendía era componer una epístola macarrónica? No lo creo. Sin duda era menos bucólico de lo que decía. Nos cuesta imaginar a Maquiavelo, tan inteligente, tan intelectual, llevando consigo algún volumen de un elegíaco latino, para leerlo echado cerca de un bosquecillo umbroso. Y, sin embargo, ésa era la imagen que daba de sí mismo, cargado con sus jaulas de reclamo y sus libros, buscando un rincón fresco al lado de una fuente, abriendo su Dante, su Petrarca, su Tibulo o su Ovidio, escandiendo los bellos versos al murmullo de las aguas corrientes, feliz quizá con esas «distracciones» que el destino le procuraba.

Por desgracia, para él los trabajos rústicos, los placeres de la égloga, sólo eran una manera de matar el aburrimiento que lo consumía, la impaciencia que lo corroía, el hastío que le repugnaba. Hastío de sí mismo y de los demás, rencor amargo contra la fatalidad que le había sumido en aquel infortunio. Encontraba una trágica y dolorosa satisfacción en encanallarse y embrutecerse. Se flagelaba por aquella mediocridad, se embriagaba con aquella necedad, se saciaba de abyección, tratando de hacer más cruel aún la degradación en la que había caído. «Así es como, hundido en esta innoble existencia, intento impedir a mi cerebro enmohecerse, de este modo doy rienda suelta a la malignidad de la fortuna que me persigue; estoy satisfecho de que haya utilizado este medio para pisotearme y quiero ver si no tendrá vergüenza de tratarme siempre de este modo.» El tono ahora era distinto. Después de la chanza, a la manera bufona de los narradores toscanos, su voz se había vuelto amarga, triste, carente de ánimo. Se creería estar oyendo al deán Jonathan Swift; ese humillado saboreaba su humillación, se embriagaba con ella como con un vino envenenado. Se servía de ella para exacerbar su desprecio por los hombres. Y luego, por fin, llegaba la noche y, entonces, abandonaba la taberna donde había discutido a voces con sus compañeros de encuentro. Un poco ebrio quizá de chianti o de trebbiano, embrutecido por los reniegos o las necias ocurrencias, ensordecido por los gritos de aquellos rústicos que aullaban mientras golpeaban la mesa con sus grandes puños, volvía al Albergaccio. La pequeña casa estaba en silencio. Los niños dormían ya. Se oía el murmullo de las aguas tranquilas y del viento en los árboles. Sin duda no se rezagaba para contemplar el cielo cubierto de estrellas ni la paz de los campos de flores. Entraba en su pequeño gabinete de trabajo, pues era allí donde estaban los libros admirables, los maestros, los mejores amigos, aquellos que siempre estaban dispuestos para proporcionarle alegría, sabiduría y belleza. Se cambiaba y echaba sobre un escabel las ropas de la jornada, manchadas de barro y de vino. «Me pongo la ropa de corte o mi traje y, vestido con decencia, entro en el santuario de los grandes hombres de la antigüedad.»

Allí sí se hallaba entre los suyos. Ellos eran, en verdad, sus coetáneos, sus iguales, sus semejantes. Entraba en el mundo que en realidad era el suyo. Todas las vilezas del día se borraban gracias a aquel momento de intimidad con sus pares. Allí encontraba los caminos de la esencial sabiduría, le llegaban las voces inmortales de la verdad, y en compañía de los «grandes hombres» de antaño —puesto que, en adelante, estaría apartado de la sociedad de los grandes hombres de su tiempo— volvía a ser él mismo, volvía a ser aquel Niccolò Macchiavelli desconocido de los leñadores y de los gorrones de taberna, el amigo de César Borgia, el adversario de Luis XII y de Maximiliano de Austria, el verdadero Maquiavelo. Y con solemnidad, aseado, desembriagado y ataviado con sus mejores vestiduras, accedía al templo de la cultura.

«Me sustento con ese alimento hecho únicamente para mí y para el cual he nacido. No temo conversar con ellos y pedirles cuentas de sus acciones. Ellos me responden con bondad; y durante cuatro horas escapo al tedio y olvido todas mis penas y mi pobreza, y la muerte no podría asustarme; me transporto con ellos, todo entero.» Bienaventurada facultad la de aquel lector que poseía la llave de aquel mundo maravilloso. Todo estaba olvidado: las preocupaciones del día, los aguijones de la ira, la tristeza y el rencor no podía alcanzarlo en ese reino mágico. Sobrevolaba el mundo de los hombres en aquel silencio nocturno y se evadía de la tierra hostil. De nuevo le pertenecía el universo, ese universo de la cultura, donde respiraba con desahogo. No amaba la naturaleza lo suficiente como para sentirse del todo a gusto en el campo y era demasiado hombre de gabinete como para divertirse durante mucho tiempo enligando los palitos para atrapar a los tordos o regañando a sus aparceros. Aquello podía resultarle divertido e interesante algunos días —a todos nos entretiene al principio todo lo que es nuevo—, pero la profunda mediocridad de aquellas ocupaciones, para las que sin duda no estaba hecho, acababa por aburrirle, cansarle, asquearle. Hubiera muerto de tristeza y de hastío de no haber tenido sus cuatro horas de felicidad cada noche, su baño de ciencia e inteligencia, cuando su pequeña lámpara brillaba junto a los libros antiguos, cuando el rumor de los siglos pasados, ecos ahogados de las arengas del Foro, de los pasos de los legionarios, del tumulto amortiguado de batallas y discursos lo rodeaba como el zumbido de las abejas y se mezclaba con la queda respiración de la casa dormida.

Que nadie se engañase; él no engañaba a nadie, ni a los destinatarios de sus cartas ni a sí mismo. Cuando repetía para Vettori los chismes de Florencia, él, que sólo hablaba de alta política —y si amenizaba con una anécdota licenciosa sus graves palabras, era para no parecer un docto maestro—, volvía a oírse ese tono amargo, esa ironía chirriante que de tanto agriarse se carga de veneno. «La mujer de Girolamo dell'Garbo ha muerto y su marido ha estado tres o cuatro días aturdido, como un pez fuera del agua. Pero ya se ha repuesto del todo y quiere a todo trance volver a casarse, y cada noche en el banco de los Capponi, no hablamos de otra cosa que de esa nueva boda. El conde Orlando ha vuelto a quedarse prendado de un joven de Ragusa, y ya no podemos disfrutar de su compañía. Donato ha abierto otra tienda, donde hace empollar a las palomas; corre todo el día de la antigua a la nueva y parece un imbécil. Va ya con Vincenzo, ya con una beguina, ya con uno de los mozos, ya con otro; sin embargo, no he visto que se enfureciese contra Riccio...» Todo ello le parecía bueno antaño, cuando, para aquellos hombres ocupados en graves asuntos de Estado, esas pamplinas tenían el carácter de una broma. Pero además contaba: «En cuanto a mí, si alguna vez río, si alguna vez canto, es porque sólo tengo esta voz para exhalar mis dolores y mis lágrimas.» Como Fígaro, quizá, se apresuraba a reírse de las cosas para no verse tentado de llorar.

Otro se hubiera alegrado con aquellas vacaciones y, después de tantas fatigas, habría disfrutado del descanso. Tenía sus bosques, su jardín, su *podere*. Podía ir a Florencia tan a menudo como quisiera, a condición de no poner los pies en el palacio de la Señoría, pero ése era, precisamente, el paraíso perdido, el jardín del Edén, de donde, pecador, se le había expulsado. Y cuando no iba a Florencia, podía contemplar de lejos el brillo de los campanarios y ver el *cupolone** de Brunelleschi. Oía las campanas armoniosas del Duomo y, en definitiva, su exilio era más dulce que el de Ovidio entre los escitas. Pero, a pesar de todo, ¡aquello era el exilio!

Habría de ser para él la oportunidad de disfrutar un poco de su familia, a la que había visto muy poco durante todos aquellos años empleados en recorrer los caminos, siempre en misión diplomática o en los campos de batalla. Sus cinco hijos eran, sobre todo, bocas que alimentar y ahora que no cobraba un sueldo, en su casa vivían con mucha estrechez. Bernardo, el mayor, tenía diez años, y había otros tres niños y una niña; además, Mona Marietta estaba embarazada de nuevo. Pero para Maquiavelo los niños habían crecido sin que hubiese tenido tiempo

* Alude Brion a la gran cúpula, obra de Filippo Brunelleschi (1377-1446), que corona la catedral de Florencia, uno de los símbolos indiscutibles de la arquitectura renacentista. *(N. de la T.)*

para ocuparse de ellos; Marietta era dulce, buena y tierna. Le escribía cartas muy bellas cuando estaba en el extranjero, las cartas de una mujer enamorada, de una madre feliz. «Podéis imaginaros lo contenta que estoy; no tengo reposo ni de noche ni de día. El bebé está bien y se parece a vos. Es blanco como la nieve, pero su cabeza parece de terciopelo negro y es velludo como vos. Y porque se os parece, me resulta bello, y es vivo como si hiciera un año que está en el mundo, creo que ya tenía los ojos abiertos antes de nacer, y pone toda la cara del revés. La pequeña no se encuentra bien. No olvidéis volver muy pronto...» Todo aquello era bello y bueno, y lo disfrutaba plenamente cuando hacía escala por algunos días en la casa familiar, que entonces le parecía un remanso de paz a aquel viajero ensordecido por los griteríos de las cortesanas y asqueado de la bazofia de las posadas. Pero esa felicidad del hogar resultaba cansada, a la larga, y aquel impenitente mujeriego estaba impaciente por volver a recorrer, con sus amigos, las tabernas y casas públicas.

Maquiavelo nunca fue lo que se llama un «hombre de interior»; la política le absorbía demasiado para ello. Se había acostumbrado, además, a distraerse de sus trabajos serios coleccionando amoríos y calaveradas con Buonaccorsi e incluso con Vettori, que tan embajador como era buscaba las aventuras y no temía liarse con prostitutas de baja estofa. Así pues, el campo y el hogar eran también prisiones para aquel nómada a quien le hubiera gustado permanecer libre de toda atadura y consagrarse a su única pasión, la política. Y si se malgastaba así en aventuras amorosas era para estar a salvo de las grandes relaciones sentimentales, de las profundas tiranías del corazón. Amaba a sus hijos y a su mujer, era solícito también con sus sobrinos y se esforzaba por establecerlos bien, pero sólo había que pedirle ese afecto a flor de piel. No era capaz de dar más.

Era demasiado lúcido para no constatar que la falta de actividad lo estaba destruyendo, que el aburrimiento lo consumía, que se había estancado en aquellas tareas campestres de las que, por más que dijese, su corazón estaba ausente. ¡Qué pena que los Medici no hubiesen comprendido el valor de la colaboración que él les había ofrecido! ¡Qué lástima que aquellos torpes dejasen inutilizados tantos talentos preciosos! ¿Había alguien capaz de reemplazarlo en el palacio de los Señores? No sería el mediocre Michelozzi, su sucesor en la Cancillería, quien sería capaz de hacer lo que él hacía. Por otro lado, toda su obra se estaba viniendo abajo. Se despedía a la milicia nacional —ya que los regimientos españoles debían bastar para proteger a los Medici— y se licenciaba a los oficiales que él había nombrado. Todo lo que había edificado, en materia militar, no era sino ruinas. Y, a decir verdad, la milicia no se había comportado de manera brillante en el campo de batalla; pero un ejército nunca era perfecto de inmediato. Si le hubieran dado más tiempo para madurar y conducir a buen término su reforma militar... Y la política exterior, ¿quién se ocupaba ahora de ella? ¿Quién acompañaba a los embajadores para impedirles hacer tonterías y quién escribía en su lugar los despachos repletos de informaciones preciosas?

Los años pasaban. De tanto en tanto, Maquiavelo trataba de interesar en su suerte a algún gran personaje y daba un tímido paso hacia los amos del momento. Hubiera querido volver a estar en gracia. Sin duda, no se trataba ahora de ofrecer sus consejos al cardenal con un tono de irónica deferencia y de burlona provocación: semejantes audacias ya no son oportunas.

Sin embargo, no eran años perdidos. Había retomado sus manuscritos y recopilado sus notas. En aquellos papeles estaba la experiencia de toda una vida, la miel de la ciencia libada en los campos de batalla, las cancillerías y las cortes extranjeras, en los libros y las palabras de los grandes hombres con los que se había entrevistado. Todo lo que no había tenido tiempo de acabar y redactar durante su vida activa, mientras había ido sin cesar de ciudad en ciudad, siempre a caballo, iba a escribirlo ahora, con toda tranquilidad.

Los años pasaban. Aburridos años, inactivos, puesto que para un hombre como él estar inactivo era permanecer clavado en el mismo lugar, semana tras semana, mes tras mes. Se consolaba reviviendo los días fecundos de antaño. Intentaba reconstituir la atmósfera febril y embriagadora del campo de batalla, cuando dio forma a *El arte de la guerra*, la obra que nunca tuvo tiempo de terminar, y cuando dibujó sus planos de formaciones de combate, en los que representó con una cifra o una letra a piqueros, arcabuceros, tamborileros, capitanes y estandartes; le parecía ahora que esos símbolos se animaban, que los tambores redoblaban, que los pífanos chillaban, que las pesadas bombardas saltaban con fragores de trueno entre las rodadas de los caminos. Con minuciosidad, compuso la arquitectura del campo, dispuso en su justo lugar los víveres, el forraje, las bestias de carga y el ganado vivo que llevaba consigo para alimentar al ejército. Dibujó centinelas en las puertas, cañones delante de las fajinas y banderas delante de la tienda de los jefes. Y, al revivir sobre el papel aquellas contiendas de infantería, aquellos despliegues de escuadrones a través de la llanura, aquellos asaltos y retiradas que el vaivén de los estandartes y el clamor de las trompetas subrayaba, Maquiavelo se exaltaba. Al evocar así las alegrías de ayer se olvidaba, casi, de las tristezas presentes.

Y, luego, los tratados políticos sucedían a los tratados guerreros. Como sin duda lo era la biografía, bastante novelada, de un «príncipe» anterior a su tiempo, Castruccio Castracani; bosquejo de César Borgia. Eran los comentarios acerca de los *Discursos sobre la primera década de Tito Livio*, llenos de sabiduría antigua. Eran los planes de reforma, antaño sólo esbozados porque la reforma exigía actuar, y que hoy tenía el tiempo de perfilar; por desgracia, demasiado tiempo... Eran todas sus ideas, cuyos fragmentos había arrojado sobre el papel, al azar, mientras se detenía en una posada o en la espera de una antecámara, todas aquellas obras que tenía en su cabeza y en las que, de tanto en tanto, había pensado y que en aquella época habían sido el divertimento de un hombre muy ocupado.

Los años pasaban. Largos y lentos años. Rehacía ahora lo escrito, pues la memoria le ofrecía hechos nuevos y la experiencia le proponía razonamientos más sutiles. No se cansaba de reflexionar sobre esas cuestiones. Volvía a dar vueltas a esos problemas en todos sentidos, cuya solución debía iluminar al «Príncipe», quien podría leer en esos libros la suprema sabiduría de gobernar. ¿Quién se vanagloriaría de poseer la verdad absoluta en materias tan delicadas? Y las notas se amontonaban, los volúmenes se añadían a los volúmenes que él producía para la enseñanza de los hombres de Estado, si alguna vez tenían la inteligencia de ingresar en la escuela de Maquiavelo.

Quería ofrecer la dedicatoria de *El príncipe* a Giuliano de Medici, pero éste murió antes de que el tratado estuviera terminado o de que Maquiavelo hubiese decidido, tras largas deliberaciones, a quién dedicárselo. Eligió entonces a Lorenzo, ese Lorenzo que llevaba el mismo nombre que el Magnífico, pero que no habría de igualarlo en absoluto, y que no sabría entender las sutiles amonestaciones que contenía aquella obra, aquel libro que ardía de ambición, orgullo y astucia, aquel libro chispeante de inteligencia, aquel libro «diabólico» según algunos, en el que Cristina de Suecia —a quien Descartes se lo imponía como lectura— haría anotaciones con mano colérica; aquel libro que Napoleón leería una y otra vez, y del que todos los «príncipes» de todos los tiempos y de todos los países iban a extraer útiles lecciones.

Los años pasaban, y, puesto que era necesario reír un poco y distraerse de aquellos eruditos trabajos, el malicioso Maquiavelo deponía la severidad del guerrero y del hombre de Estado. Cedía a aquel placer tan toscano de contar una «buena historia»; era la del diablo Belfegor que tomó mujer bajo forma humana y que, después de haber sufrido durante mucho tiempo en el triste estado de marido, encontró con alivio, una vez expirado su tiempo de prueba, el Infierno, donde tan bien se vivía sin esposa, tan tranquilo y en silencio.

Era, asimismo, el poema de *El asno de oro*, donde, siguiendo los pasos de Luciano de Samosata —un hombre a lo Swift también—, el gran satírico describía la metamorfosis de los hombres en animales y lo que resultaba de ello, y lo hacía sin mostrar demasiada ternura por los hombres ni por los animales. Eran sus comedias bufonescas o picarescas, *Fra Alberigo*, *Clizia* y, sobre todo, aquella que muy pronto haría más por su celebridad que toda su ciencia política y militar, *La mandrágora*, la misma que habría de interpretarse en todos los salones de Florencia y en la que él mismo, algunas veces, tendría un papel. «Hacednos una nueva *Mandrágora*», le pedían sin cesar, y él sonreía en silencio, sabiendo lo que sería capaz de hacer si no le dejaran pudrirse en esa casa lugareña, si pudiera volver a ocupar su lugar en el palacio de la Señoría.

Toda una faceta de Maquiavelo, y no de las menos importantes, estaba presente en esas chanzas. Sería deformar el temperamento de este hombre presentarlo como un doctrinario, severo, austero y pedante, del que la arrogante virtud y el fastidioso saber harían una especie de magíster. Maquiavelo, ante todo, era un florentino, es decir, un ser refinado, espiritual e irónico que no se tomaba demasiado en serio a los hombres, los acontecimientos, ni a él mismo. Su inteligencia era sutil y su cultura etérea. Había un brillo de delicada malicia en todas sus palabras, aun cuando se tratase de los problemas más graves, y en todo momento la sonrisa del escéptico movía su fina boca, modelada por la mofa, el sarcasmo y la chanza. Se burlaba de todo, salvo de la verdadera grandeza. Todo lo que no alcanzaba ese nivel, donde se iniciaba su respeto, no merecía más que una crítica acerba. No tenía contemplaciones con nadie, cualquiera que fuese su rango, ni con la gloria tradicional. Se divertía enormemente con todo y en todo su ironía hallaba una fuente de mordaz diversión.

Ése fue el autor de *La mandrágora* y de *Belfegor*. El mismo hombre que el estratega de *El arte de la guerra* y que el profundo político de los *Discursos sobre la primera década de Tito Livio*. No debemos ver contradicción en ello, sino la complejidad y riqueza de un temperamento demasiado prolífico para limitarse a una sola forma de actividad. Se disponía a morir de aburrimiento en su retiro campestre cuando se despertó en él un autor cómico que saboreaba las agudezas que lanzaba, los sobreentendidos subidos de tono; que aguzaba sus flechas contra el clero, los maridos y la burguesía; que se reía de todo, cielo, infierno y familia, con una independencia soberana, moderna en eso también, tanto como lo fue en su sistema estratégico y en sus concepciones políticas.

Esas farsas quizá sólo eran para él un remedio contra el torturante aburrimiento, contra el dolor de ver el tiempo perdido, la vida malgastada. Los años que sucedían a los años, sin traer cambio alguno. Los Medici no suavizaban su rigor. El acceso a los despachos seguía vetado al funcionario despedido, así como los viajes al extranjero, tan necesarios para aquel hombre al que le gustaba recorrer los caminos, que tenía tanta necesidad de ver países nuevos e individualidades imprevistas. Aunque fuese amargo regresar a Florencia, donde las gentes se complacían en mirarle de arriba abajo y se burlaban de él —aquellos que hacía poco lo obedecían y con devoción se quitaban el sombrero, cuando era el amigo poderoso de Soderini—, no podía vivir sin la sociedad de los letrados. Así cuando había soportado hasta la náusea las simplezas del hospedero y los reniegos del carnicero en la miserable *osteria* cercana a su casa, ensillaba el caballo y se iba a la ciudad.

Allí siempre había hombres que se sentían honrados y encantados de recibirlo, puesto que, allí adonde iba, llevaba su inteligencia viva y cáustica, sus ocurrencias, sus agudezas y sus paradojas. Frecuentaba el jardín de los Rucellai, donde se reunía por aquel entonces la elite de los artistas, poetas y entendidos; los mismos que antes acudían al palacio mediceo de la Via Larga. El patio de los Medici estaba ahora atestado de aduladores, como los que se veían junto a papas y reyes, de serviciales, funcionarios e intrigantes. El pensamiento libre que, hasta hacía poco, giraba alrededor de Lorenzo el Magnífico, comenzaba a abandonar la residencia de sus hijos. Éstos tenían a mucha honra, todavía, proteger la cultura y las artes, pero se notaba que lo hacían a la manera de los soberanos, esto es, para aumentar su prestigio y en pro de su popularidad. Quizá por influencia de los españoles, un ceremonial afectado y un aire de corte había reemplazado en aquella casa al abandono familiar de tiempos pasados, cuando allí entraba quien quería, cuando los jóvenes artistas tenían siempre un cubierto en la mesa y cualquier ciudadano podía sentarse al lado de Lorenzo para charlar con él. Sin duda, era en razón de esos cambios que los jóvenes escritores, los pensadores independientes y originales, preferían ahora darse cita en casa de los Rucellai.

En los famosos jardines de esos tintoreros enriquecidos, que eran ahora los verdaderos mecenas y los protectores de la cultura, se hablaba con libertad, lejos de la curiosidad policial. Se discutía de arte, filosofía y literatura; incluso de política algunas veces. Por lo que no resultaba sorprendente encontrar en aquel salón, rival del de la Via Larga, un tono más franco, sedicioso incluso. No se temía criticar los actos del gobierno y, como a los hombres de la oposición les gustaba encontrarse allí, los jardines Rucellai se habían convertido de alguna manera en la ciudadela del antimedicismo, en el refugio de los intelectuales liberales, los patriotas desalentados y los adversarios del régimen, que desahogaban su mal humor y se despachaban a gusto con los amos detestados.

Bastaba sólo aquello para atraer a nuestro Maquiavelo, que encontraba en aquel lugar la atmósfera vital de la libertad, el ingenio, la sátira y el inconformismo. Ahí podía escuchar, comentadas en un tono casi siempre crítico, las noticias del Palazzo Vecchio. Después de la lectura de un tratado filosófico de Zanobi da Diaceto, el erudito alumno de Marsilio Ficino, después de un poema de Alamanni o de Buondelmonti, se discutía de historia antigua con el republicano Filippo dei Nerli y, luego, la conversación pasaba con facilidad de la antigüedad al presente y se debatían los asuntos de Italia, Francia o Alemania. El buen Cosme Rucellai, que tenía despacho de inteligencia en aquellos bosquecillos, donde su abuelo había intentado aclimatar todas las plantas de las que hablaban los libros de los griegos y los latinos, se aplicaba en resucitar la famosa Academia platónica que, en vida de Cosme el Viejo y de Lorenzo el Magnífico, se reunía en Careggi o en Poggio a Caiano. Por desgracia los tiempos de Ficino, Poliziano y Pico della Mirandola habían pasado. Los eruditos y los humanistas del siglo XVI, herederos de los del Quattrocento, no poseían ni el genio ni el ardor, ni la originalidad de sus predecesores. Continuaban la tradición humanista, fiel y concienzudamente, pero no la renovaban. No se encontraba en casa de los Rucellai aquella especie de celo sacro que casi divinizaba a los helenistas del siglo anterior. Las prodigiosas conquistas que el pensamiento humano había hecho en el transcurso de los años pasados seguían sin mañana, puesto que los hombres del siglo XVI no tenían la audacia ni el genio de la primera generación humanista. No eran los exploradores de una tierra desconocida; por lo tanto, les faltaban al mismo tiempo los peligros y las santas alegrías del descubrimiento. Sin duda las disputas políticas que habían desgarrado la ciudad, sin grandeza y sin provecho, desde hacía un cuarto de siglo, habían agriado los espíritus y agotado el viejo entusiasmo.

Aunque el espíritu que reinaba no fuese comparable al que animaba las noches de Careggi, donde se habría creído escuchar a Platón conversar con sus discípulos bajo el frescor amargo de cipreses y mirtos, los jardines Rucellai seguían siendo el hogar de la cultura florentina. Y aun cuando demasiado a menudo aquellos jardines parecían un «círculo literario» o un «club político», era allí donde se encontraban los hombres más inteligentes y eminentes. A Maquiavelo lo acogían con grandes honores; admiraban su erudición, compartían casi su fanatismo por la antigüedad y se enorgullecían de recibir la primicia de sus nuevas obras.

Qué consuelo, pues, para el exiliado de San Casciano, reducido a la sociedad de los campesinos y los carreteros, la atención con la que aquellos hombres sabios y distinguidos lo escuchaban. Hablaban la misma lengua que él, se interesaban por los mismos problemas. Se encontraban también en casa de los Rucellai condotieros letrados, de agradable compañía, con los que podían discutirse los asuntos de la guerra. Alguno de ellos llegaba a veces del palacio con noticias frescas que se debatían con pasión. Y cuando se trataba de política extranjera, se dirigían a Maquiavelo, ya que conocía mejor que nadie los asuntos de Francia y Alemania, y lo interrogaban con respeto.

En ese medio el funcionario despedidò volvía a encontrar la atmósfera que necesitaba, los temas de conversación que ocupaban siempre su mente. Nunca había dejado de conservar el contacto con la política viva, incluso durante los periodos en que no abandonaba su *podere*. Escribía entonces largas cartas a Vettori, donde exponía sus ideas y proyectos sobre la conducta a seguir frente a Venecia, Maximiliano o el rey de Francia. Recogía con avidez todo tipo de noticias, mendigaba informaciones de sus amigos que permanecían en activo y éstos, compasivos, enviaban verdaderos «diarios» al exiliado; a cambio, él les ofrecía largos comentarios sobre los acontecimientos.

Maquiavelo logró la extraordinaria proeza de permanecer al corriente de lo que pasaba en Europa gracias sólo a aquellos informadores benévolos que se apiadaban de su soledad y se esforzaban por traer a su villa el aire de las cortes y cancillerías. Aquello que Maquiavelo estimaba más en el mundo, esto es, la política, no le había faltado y aún podía albergar la ilusión de volver a la actividad, tanta era la pasión con la que estudiaba los hechos de los que lo informaban sus amigos. Entre las cartas del tiempo del exilio a Vettori y los informes a la Señoría de su periodo activo, no existía gran diferencia. Desde su aldehuela toscana, Maquiavelo seguía el desarrollo de los asuntos europeos. De entrada por propio placer y porque se hubiera muerto de pena si su querida política hubiera salido de su vida, pero también porque seguía conservando la esperanza de reanudar su servicio; el día en que lo llamaran al palacio de la Señoría tenía que aparecer como un diplomático al corriente de los acontecimientos más recientes, capaz de meter baza, de dar un consejo y de conducir una negociación, y no como un campesino embrutecido por la ociosidad, el aburrimiento, el trebbiano, los líos con las granjeras y las granujadas con las jóvenes del pueblo.

Aquella preocupación que tenía por mantenerse siempre en forma y «estar al día», demostraba que Maquiavelo esperaba, no sin impaciencia, aunque sí con la esperanza de ver que acababa muy pronto, el final de ese retiro y esa desgracia. Le parecía imposible que, olvidando vanas quejas, los Medici no se acordasen del hombre que se había distinguido en tantas misiones delicadas. Cada día aguardaba el correo que habría de traerle aquella orden y, cada día, lo recibía con el corazón latiendo de alegría y curiosidad. «Nicolás, montarás a caballo y partirás de inmediato...» Y soñaba que, apretando contra su pecho las bienaventuradas cartas que le acreditaban ante los soberanos extranjeros, galopaba sin preocuparse de la nieve o del abrasante sol hacia la aventura.

En el transcurso de los años, que pasaban sin que los Medici perdonasen, otro se habría desanimado. Pero él conservaba intacta su confianza en sí mismo, su fe en el destino. Los hombres más grandes habían conocido semejantes periodos de disfavor y oscuridad, de manera que quizás éstos fuesen necesarios e, incluso, saludables. Sin aquel exilio, nunca habría tenido el tiempo de escribir sus libros. Y, cada día, superaba su decepción y esperaba que el día siguiente le trajese el bienhechor retorno de la actividad.

Para acelerar su perdón, utilizaba con discreción todas las influencias. Sus amigos tanteaban el terreno y, cuando consideraban que era el momento propicio, sugerían que resultaría de utilidad llamar a Maquiavelo. Poco a poco, el recuerdo de la conjura de Boscoli se desvanecía y se sabía ya que jamás hubo ningún complot, que se había tratado tan sólo de la imprudencia cometida por dos jóvenes exaltados a quien la historia de Bruto había conmovido en exceso. Había que estar loco para suponer que el sagaz Maquiavelo hubiera participado en una aventura tan absurda. Se olvidaba incluso el tono irónico y provocador de las famosas cartas al cardenal: Giovanni de Medici era ahora papa y como León X tenía otras cosas que hacer que acordarse de un empleado irrespetuoso. Así pues, los agravios que impedían a Maquiavelo volver a la

Cancillería se habían difuminado, si no borrado, aunque otra dificultad se oponía a su regreso: ya no había plaza para él.

Era inevitable. Los Medici habían llevado consigo a su «personal», aquel grupo de cortesanos que esperaban la restauración para recuperar el poder, aquellos intrigantes que se habían vinculado a la fortuna de los hijos de Lorenzo y los habían seguido al exilio, previendo que volverían como dueños a la ciudad de donde se les había expulsado. Habían trabajado en aquel regreso con el celo interesado de quienes esperaban de la revolución la ocasión de acaparar plazas, favores y privilegios, y que servían entonces con tanto más ahínco puesto que trabajaban en beneficio propio. Los Medici, como todos los proscritos famosos, estaban rodeados de esa clase de «aprovechados de la revolución»; una vez reintegrados, se había hecho necesario abastecer a todas esas gentes, que tenían un apetito feroz y que, enseguida, habían expulsado de los despachos a todos los «hombres de Soderini». A estos aprovechados, que se habían instalado en el palacio de la Señoría bajo la protección de las lanzas españolas, con las bombardas de Navarro y de Cardona situadas bajo las ventanas de la Cancillería, les resultaba fácil condenar a la execración del populacho a los francófilos partidarios del antiguo gonfaloniero. Uno de los principales reproches que se hacía a Soderini era, justamente, su simpatía por Francia y los esfuerzos que hacía para conservar la amistad de los franceses en la época en que éstos habían invadido Italia. Se olvidaba o bien ya no quería recordarse que gracias a esos «francófilos», que no perseguían ninguna ventaja personal y sólo interés de la República, como Savonarola y Soderini, se había impedido el saqueo y la devastación de Florencia. En aquella época, nunca se vio a un general extranjero presidir una sesión del Consejo sentado en el sillón del propio gonfaloniero. Y eran los mismos hombres que habían aceptado, solicitado incluso, esa humillación, eran esos servidores de los españoles, esos mercenarios de una potencia extranjera, quienes no consideraban lo bastante puros ni lo bastante patriotas a los diplomáticos que, con muchos esfuerzos, habían conseguido mantener Florencia al margen de un conflicto en el que los adversarios se esforzaban por implicarla mediante promesas y amenazas.

No había plaza para Maquiavelo. Los hombres de los Medici y de Cardona habían expulsado a los hombres del antiguo régimen y ocupaban sus despachos. Se había conservado a los «adheridos», cuyo mérito no ofuscaba a nadie, a los mediocres o también a esa clase de habilidosos que siempre están dispuestos a servir a todos los regímenes, a todos los países extranjeros, con tal de satisfacer su ambición y sus apetitos. Los que al momento habían cambiado de chaqueta y habían dado garantía de sus aptitudes para la traición y la negación, ésos habían conservado sus empleos. Para los independientes, para los verdaderos liberales, hostiles a toda forma de tiranía, ya no había plaza, por supuesto.

Así pues, no era tanto la animadversión del gobierno la que impedía la reincorporación de Maquiavelo como la mala voluntad de los envidiosos, los necios y los intrigantes, que lo habían suplantado y que velaban con disimulo malintencionado para que se lo mantuviese en la oscuridad. Un hombre de genio menos era una victoria de más. Habría hecho falta echar a un secretario de Cancillería para colocar a Maquiavelo, ¡y había tantos buenos «medicistas» que remunerar!

Poco a poco, sin embargo, la vigilancia de la que era objeto se hizo menos rigurosa. A condición de que permaneciera al margen de toda forma de actividad en la administración y el gobierno, se estaba dispuesto a acordarle algunos favores, incluso. Después de cinco años de enclaustramiento absoluto, se le permitió ir a Génova a tratar los asuntos de algunos negociantes florentinos que tenían créditos que recuperar. Se necesitaba un hombre seguro, hábil en negocios, que poseyera también las cualidades del diplomático. Y Maquiavelo, que vivía pobremente del rendimiento de sus bosques y sus campos, estaba encantado con esta misión que debía procurarle algunos ducados.

Es fácil imaginar con qué sonrisa debió acoger esta discreta caridad y manifestación que no se le guardaba rencor. El hombre que había discutido los destinos de Europa con Mathias Lang, obispo de Gurk, con el cardenal de Amboise y con César Borgia, el hombre que cabalgaba hombro con hombro junto al duque de Valentinois, el día del *bellissimo inganno*, el hombre que había amargado los postres a Julio II por su terquedad al rechazar lo que quería el Papa, este hombre se había convertido en un vulgar agente de negocios, al que se enviaba a hostigar a los traficantes genoveses y a amenazar a los deudores insolventes.

Cumplió la tarea de maravilla y estoy seguro de que derrochó tanta habilidad en hacer pagar a los genoveses —que tenían fama a este respecto de ser peores que los propios judíos y livorneses— como la que había empleado en hacer posible un acuerdo con los ministros del rey de Francia o el canciller de Maximiliano. Metió el dinero en su bolsa y volvió a San Casciano, a jugar a *cricca* con sus compañeros de borrachera.

Todavía transcurrieron dos años, durante los cuales el gobierno continuó ignorándole —la misión en Génova no tenía carácter oficial y sólo afectaba a intereses privados—, y no tuvo otra ocasión de viajar al extranjero. Y luego, de repente, la suerte cambió. Los Medici tuvieron tiempo de aclarar el verdadero valor de sus partidarios; constataron que la interesada devoción al partido vencedor no era una prueba de talento y que entre los funcionarios despedidos había hombres de valía, cuyos servicios el Estado utilizaría de buena gana. Quizá también los Medici comprendían que habían alejado a los verdaderos liberales y, a buen seguro, a los mejores ciudadanos con su política de amistad con España. Pasado el tiempo, en fin, era más fácil juzgar con frialdad los acontecimientos y a los hombres. Aparte de los errores que había cometido en la constitución del ejército nacional, Maquiavelo no tenía nada que reprocharse y tampoco nadie podía hacerle recriminación alguna; ningún arreglo con los franceses, ninguna malversación, ninguna ambición personal ni la menor tentativa de utilizar en beneficio propio la autoridad de que disponía. Era pobre como siempre lo había sido. Era independiente como el que más y rebelde tanto a la tiranía del príncipe como a la de las masas. Era demasiado inteligente, por otro lado, para comprometerse con conspiradores torpes. Y Maquiavelo, que no había desesperado de encontrar en los Medici un «príncipe» capaz de realizar su sueño, de responder a su ideal, buscaba al hombre de genio, al hijo de rey. Puede que fuese el duque de Urbino, Lorenzo, del que se decía rebosaba méritos y talento; y le dedicó su obra, *El príncipe*, para despertar su alma a la grandeza y guiar su mente por los meandros de la política.

No sacrificaría ni la menor de sus preciosas ideas para volver a estar en gracia. Cuando los Medici, dispuestos a favorecerlo, le interrogaron con habilidad y de manera indirecta sobre sus opiniones, respondió enseguida, con su franqueza habitual y aquella ausencia de preocupación por no desagradar, que, en su opinión, el objetivo más noble que podía proponerse un soberano en este mundo era la fundación de un Estado libre y fuerte. Ésas eran, en resumen, sus «convicciones». Poco importaba cómo se llamase a aquel régimen, siempre que garantizase la fuerza y la libertad. Era demócrata por naturaleza, por temperamento, pero no un fanático de la democracia, puesto que demasiado a menudo ésta estaba llamada a sacrificar una u otra de esas virtudes, sino ambas. No tenía nada del teórico consagrado a construir sistemas. Para él la política era algo vivo y, como tal, debía ser flexible, móvil y cambiante. En política, todo su credo podía resumirse en esas dos palabras: fuerza y libertad. La fuerza perdía toda su nobleza en cuanto se separaba de la libertad y ésta, por su parte, estaba condenada si renunciaba a la fuerza. Cualquiera que fuese el nombre que se diera al gobierno, acabase éste en «arquía» o en «cracia», no sería válido ni justo, no sería grande si no se sustentaba sobre esos dos pilares. Edificar sobre bases tan firmes supondría asentar sobre terreno pantanoso, sobre arena o tierras movedizas, edificios llamados a un pronto hundimiento.

Habiendo expuesto así de la manera más breve y explícita posible su credo político, Maquiavelo esperaba la decisión de los todopoderosos. Había tenido el ingenio de exponerles un proyecto bastante curioso. Puesto que se trataba de garantizar a Florencia tanto la libertad como la autoridad, y puesto que sólo los Medici estaban en condiciones de ofrecérselas, propuso a la «casa reinante» la combinación siguiente: los Medici ejercerían el poder, como antes que ellos lo hicieran Cosme el Viejo y Lorenzo el Magnífico, el tiempo que fuese necesario; luego, cuando su absolutismo ya no fuera necesario, cederían el puesto a un gobierno liberal que, asentado sobre un largo pasado de orden y autoridad, podría instaurarse sin disturbios populares y sin anarquía.

Había que ser Maquiavelo para desarrollar un argumento así. Al mismo tiempo que tranquilizaba a los Medici y les mostraba que no tenía ninguna intención de derrocarlos, reservaba para el futuro la posibilidad de un regreso a las instituciones democráticas. El error de los conspiradores como Boscoli y de la «oposición de los intelectuales» que, aún sin osar conspirar, agitaban ideas subversivas en el «club Rucellai» era preconizar el pronunciamiento. Y en política, nada que fuese útil y duradero podía hacerse de forma brutal. Las instituciones eran organismos biológicos que debían seguir su propia evolución. Era en vano «forzarlas» como a frutas de invernadero o querer recogerlas antes de que estuviesen maduras. De nada servía cambiar de régimen si no se cambiaba, al mismo tiempo, la mentalidad del pueblo. No obstante, sin capitular ante la dictadura, Maquiavelo hubiese deseado que sus conciudadanos perdiesen la desastrosa costumbre que tenían de las disputas internas, las luchas de facciones o de partidos. Esa triste herencia de la guerra entre güelfos y gibelinos ya no tenía razón de ser; ahora había que sustituir aquella mentalidad particularista por un sentimiento más amplio y generoso; era necesario extender a todo el país el amor que uno sentía por su ciudad, acordar a la propia ciudad la devoción que se le ofrecía al partido, sentir que uno ya no era sólo florentino sino también italiano. Cuando el patriotismo nacional hubiese reemplazado al local, habría de resultar más fácil de aclimatar en Florencia instituciones justas y sanas, establecidas en interés de la colectividad, y sin que ésta se aprovechase de ello para oprimir a las minorías. El mejor gobierno sería, como es obvio, el que se confiara a los mejores ciudadanos, es decir, no a los más ricos —como en aquella plutocracia de las repúblicas italianas— sino a los más inteligentes, a los más honestos, concienzudos y devotos. Una aristocracia, en una palabra, pero una aristocracia liberal, correspondiente a la verdadera elite, donde las consideraciones de clase, facción, partido, nacimiento y situación ya no fueran factores determinantes.

Una ciudad que contara con un gobierno así alcanzaría un poder considerable. Sería a la vez digna y capaz de encabezar un vasto movimiento de liberación nacional, puesto que éste no se haría entonces en interés de una clase, provincia o partido, sino en beneficio de toda Italia. Un régimen así merecería darse como ejemplo al resto de ciudades de Italia, que modelarían su constitución sobre la de Florencia, y el día en que aquellos Estados aún heterogéneos tuvieran la misma constitución y se gobernasen según los mismos principios sería fácil invitarlos a federarse, esto es, a constituir juntos Italia, única y libre. Qué más natural, en fin, que colocar entonces a la cabeza de dicha federación la ciudad que hubiera sido la primera en dar la señal de aquella revolución pacífica, dentro del orden y para el bienestar de todos. En cuanto a los Medici, en lugar de temer a perpetuidad conjuras y alzamientos, figurarían en el primer puesto de aquella aristocracia liberal, como los iniciadores de la reforma que aseguraría la prosperidad y la grandeza de toda Italia.

CAPÍTULO QUINCE

Reconciliación

Había en ese proyecto argumentos suficientes para seducir a hombres inteligentes como lo eran León X —hasta hacía poco Giovanni de Medici, elegido papa después de la muerte de Julio II— y su hermano Giulio, que había asumido el gobierno de Florencia el día en que su hermano accedía al trono de San Pedro. León X no era un gran hombre de Estado; amaba más el arte que la política y, como tenía buen gusto, reunía a su alrededor a todos los pintores ilustres y los grandes escultores de Italia. Había heredado de Julio II aquellos genios que habían trabajado para el papa Rovere, como Rafael, Bramante o Miguel Ángel. También él adoraba los bellos edificios magníficamente decorados con frescos y estatuas. Se interesaba por la música y le gustaba cantar, aunque desafinase y tuviese pocas dotes para la armonía. El amor al arte, que en Julio II era sólo el divertimento del guerrero y un accesorio de la política, constituía el elemento principal de la vida de León X. Se había alegrado de su ascensión al pontificado supremo porque aquello debía suministrarle recursos casi ilimitados para satisfacer su gusto por la belleza, el lujo y el esplendor.

Por otro lado, gastaba sin contar, con la prodigalidad del artista y la magnificencia del gran señor, sin preguntar a sus tesoreros por el estado de las finanzas y la procedencia del dinero. Ignoraba que, en ciertos países, el tráfico de indulgencias, inaugurado por sus predecesores inmediatos, servía de pretexto a los fautores de cismas. Puesto que era un Medici y, como tal, estaba habituado a las indolentes delicias de la opulencia, mantenía en su corte a un buen número de compositores, intérpretes de laúd, poetas y filósofos. La servidumbre era de un esplendor real. Por sí sola, su mesa le costaba alrededor de diez veces más de lo que gastaba Julio II, de tan exquisita como era la comida y el número de comensales. Acertado, por otro lado, en la elección de sus amigos, ministros y familiares, había llamado a su lado a los mejores humanistas de aquel tiempo, Pietro Bembo y Giovanni Sadoleto. Había hecho cardenal a Bernardo Dovizi. Todos ellos, que se distinguían por un título cualquiera, tenían derecho a su protección y a su generosidad.

Por eso siempre carecía de dinero, aunque, como auténtico gran señor, no se preocupaba en absoluto de ello. Sus tesoreros estaban encargados de procurarle las sumas que necesitaba, sin que ello les diera derecho a importunarlo con sus preocupaciones e inquietudes. ¿Cómo se las arreglaban para que Su Santidad encontrara siempre y en el momento oportuno un cofrecito lleno de oro? ¿De dónde procedía todo aquel dinero? «Es tan inverosímil que Su Santidad tenga ante sí mil ducados como ver una piedra andar sola», exclamaba Vettori, el embajador florentino, y su colega veneciano exageraba, al informar con ironía al dux, explicando que si las puertas del Panteón hubieran sido de oro ya no estarían en su lugar.

Aquel hombre obeso, de rostro colorado y asombrados ojos de miope, que tenía la mano bella y la mostraba a menudo para hacerla admirar, que cantaba durante todo el día y sólo se desplazaba seguido de su orquesta de cámara, hacía pintar a Rafael los decorados de su teatro, donde se representaban las comedias de Ariosto y del cardenal Bibbiena. Escribía versos latinos, que no eran peores de lo que son de ordinario los de los grandes personajes. Acogía a todo el mundo y se dejaba embaucar sin protestar por los famélicos, parásitos y aprovechados. Era para él una cuestión de pundonor no decir nunca que no a quien le pedía dinero, con el peligro de infligir a continuación terribles angustias a sus secretarios; su paga, que ascendía a cuatrocientos veinte mil ducados de oro, no bastaba, ni de lejos, para cubrir sus gastos personales; la corte pontificia vivía del cuento y de préstamos.

El cardenal Giulio de Medici, que gobernaba Florencia desde que su tío había partido para Roma, poseía un carácter más serio. Puesto que no jugaba al mecenas y, por otro lado, no era tan entendido en arte y en placeres como aquél, tenía más tiempo para dedicarse al trabajo. Era un hombre activo, que sabía mantener diligentes a cuantos lo rodeaban, y no escatimaba su esfuerzo; por eso, ya en la época en que el cardenal Giovanni gobernaba en Florencia, lo había ayudado mucho con sus responsabilidades al frente de Florencia. En reconocimiento a sus servicios, León X le había concedido el título de cardenal en cuanto él alcanzó la tiara, lo que no le resultó fácil, puesto que Giulio era bastardo y hubo de ingeniárselas para presentarlo como hijo legítimo. Administraba Florencia con una gran sensatez, espíritu de justicia, moderación y equidad, lo que habría debido granjearle la aprobación general de los ciudadanos. Pero, de hecho, pocas veces hubo tantas conjuras como bajo su gobierno, lo que no era demasiado alentador. No le gustaba la guerra —a León X tampoco— y, a diferencia de Julio II, los medios pacíficos le parecían siempre la mejor solución. Aunque, por desgracia, las ambiciones de la clase gobernante se tropezaban con la repulsa de los Estados o con sus codicias rivales. León X habría querido sentar a Giuliano en el trono de Nápoles y dar a Lorenzo, más tarde duque de Urbino —del que Miguel Ángel dejará una bellísima y melancólica imagen, *Il pensieroso*, en la capilla Medicea de la iglesia de San Lorenzo—, un reino formado por la unión de Módena, Parma, Ferrara y Urbino.

El nuevo señor de Florencia se interesó por el proyecto de Maquiavelo más que su tío; le pareció provechoso y capaz de legitimar el gobierno de los Medici, que siempre tenía algo de usurpación, y al que la protección de los españoles hacía antipático a determinados patriotas, en especial a los humanistas de los jardines Rucellai. No le preocupaba demasiado el «retorno a la democracia», estipulado en el mismo proyecto, puesto que sabía que cuando los Medici tenían el poder, no resultaba fácil arrebatárselo. Por su parte, Maquiavelo estaba seguro de que, una vez finalizado el gobierno de Giovanni y Giulio, en tanto que papa y cardenal, y sin descendencia, sería fácil poner fin a la tradición de la transmisión dinástica de la autoridad, sobre la que se había apoyado de forma abusiva y de manera implícita el poder de la «casa Medici». Cada uno de ellos, en resumen, estaba muy decidido a aplicar de aquel proyecto sólo lo que le fuera ventajoso; lo que no impedía a la proposición de Maquiavelo suministrar un terreno de entendimiento en el que podría efectuarse el acercamiento esperado.

Es probable que Giulio deseara aquella aproximación, puesto que era consciente de los inmensos servicios que Maquiavelo podía prestar al Estado, y estaba dispuesto, para conseguirlos, a olvidar el ardor con el que el secretario de la Cancillería había apoyado la política de Soderini y combatido el regreso de los Medici. Por otra parte, todo ello pertenecía ya al pasado, y el futuro había que abordarlo con un espíritu libre de rencores y prejuicios de partido. La suerte quiso, además, que León X llevara a Roma una gran cantidad de esos medicistas que se habían arrojado sobre todos los empleos y sinecuras, como recompensa por haber liberado a Florencia de la democracia soderiniana. Habían seguido al Vaticano al nuevo papa, afanados con ardor en una nueva lucha, resueltos a emplearse a fondo en las arcas pontificias, con el mismo tesón con el que habían vaciado las florentinas. Su marcha había alejado a los enemigos más feroces de Maquiavelo y dejado vacantes algunos puestos que, según pretendían, pertenecían de derecho a su partido. Generosamente provistos por la liberalidad de León X, aquellos ávidos e insaciables, consintieron en abandonar algunas migajas de su copiosa comida.

No era cuestión, sin embargo, de devolver a Maquiavelo el puesto que ocupaba durante el gobierno de Soderini, pues seguía siendo sospechoso a los ojos de los «puros», culpable, no de simpatía a los franceses, puesto que era sabido que no los quería, sino de una honestidad intransigente y de una clarividencia irónica, defectos que no gustaban a los pescadores en aguas revueltas. Por lo tanto, la reconciliación se hizo entre los Medici y el autor de *El príncipe*, pero no entre éste y los despachos, que ponían trabas a su regreso a la actividad.

A Maquiavelo le importaban poco los títulos y funciones. Su empleo en la Cancillería le gustaba porque le permitía aplicar la reforma militar con la que soñaba y ser enviado en misión diplomática, pero también se habría contentado con ser el consejero oficial de los Medici. Con tal que no le dejaran inactivo y le dieran con qué vivir, se sentiría satisfecho. La hostilidad del personal administrativo y la intención manifestada por éste de conservar todos los cargos importantes y lucrativos, no permitían a Maquiavelo más que una ocupación «al margen». El cardenal Giulio lo comprendió; poco deseoso de entrar en conflicto, en ese punto, con los tiránicos partidarios de la casa Medici, que se consideraban los representantes exclusivos del patriotismo y, por esa razón, pretendían conservar el control de todos los resortes de mando, utilizó las dotes de historiador de Maquiavelo y lo invitó a escribir acerca de la historia de Florencia —sus *Historias florentinas*—. Era confiar en él y no se dudaba que con su escrupulosa honestidad no dejaría de poner de manifiesto el papel benefactor desempeñado por varias generaciones de Medici.

Maquiavelo aceptó con alegría la proposición, aunque ciertas personas lo advirtieron del peligro que iba a correr al exponer la actividad de las familias, facciones y partidos, a lo largo de los siglos transcurridos. La cuestión sería más delicada todavía cuando llegara a la época contemporánea y debiera juzgar los actos de personajes aún vivos, o de aquellos cuyos hijos quisieran defender, incluso con violencia, la memoria paterna.

Alguno sugirió también que sólo se le había encomendado aquel trabajo para inducirlo a comprometerse, lo que permitiría entonces devolverlo a la oscuridad con todas las apariencias de la legalidad.

Pero el autor de *El príncipe* no tenía miedo de comprometerse. Ni en sus actos, ni en sus palabras, ni en sus escritos mostraba una complacencia engañosa por las ideas de moda o las opiniones obligadas. Libre tanto en su pensamiento como en su comportamiento, ignoraba las consignas, las exclusivas y las disciplinas de partido. Fiel a su alta misión de historiador, escribiría acerca de la historia de Florencia con un espíritu libre de cualquier coacción, tanto material como intelectual. Sólo la verdad —por poco que pudiese conocerse— lo inspiraría y gobernaría sus juicios.

No había muchos hombres en Florencia lo bastante independientes de las facciones y alejados de los partidos como para poder practicar semejante honestidad. Tampoco que fuesen tan inteligentes como para no alimentar prejuicios ni asaz lúcidos como para no dejarse cegar, de manera voluntaria o inconsciente. Maquiavelo poseía todas las cualidades del historiador y, en especial, sus virtudes morales, que son casi tan importantes como las intelectuales; la lealtad, el espíritu de justicia, la independencia y la sinceridad, así como los escrúpulos del testigo que siente el deber de contar toda la verdad y nada más que la verdad.

Maquiavelo se entregó con pasión a la tarea. Había que releer las viejas crónicas, probar su veracidad, cotejar unas con otras, adivinar la mentira —voluntaria o inconsciente—, denunciar las exageraciones partidistas, las denegaciones de justicia o los pagos escandalosos. En aquella ciudad donde, después de tantos siglos, se había peleado casi a perpetuidad, de barrio en barrio, de casa en casa, de familia en familia, los odios de los clanes llenaban los anales antiguos y corrían el peligro de desorientar al hombre actual. Por lo tanto, había que conocer los vínculos de tal historiador con tal linaje, saber qué odios imposibles de apaciguar había suscitado una ambición decepcionada o un casamiento mal concertado. En definitiva, tener en cuenta las pasiones humanas y reconocer que éstas en ninguna otra ciencia eran —son— tan legítimas como en la historia. Querer escribir la historia sin pasión es consentir en una semiceguera, ya que con frecuencia las pasiones son más clarividentes que la pretendida imparcialidad, tan raramente honesta e imparcial. Pero que la pasión no vuelva a un historiador deshonesto o de mala fe es una cualidad preciosa que ya los Medici tuvieron razón de apreciar, junto a tantas otras, en Maquiavelo.

Pero volvamos al diplomático inmerso en aquella obra de resurrección, compulsando los textos antiguos con un fervor ardiente, que no excluía las legítimas dudas, reuniendo sus recuerdos, rememorando lo que había oído contar de unos y de otros, y comprobando la buena fe y las buenas fuentes de sus informadores, con la sagacidad del hombre acostumbrado a las mentiras y a las medio verdades usuales en política. Contemplando con placer ese tumulto de entusiasmos, intereses, ilusiones, apetitos, errores y rasgos de genio de los que está hecha, en definitiva, la historia. Escuchando ascender hasta su habitación silenciosa de propietario rural el estrépito de las batallas y las revoluciones, el griterío del tumulto, el intenso crepitar de los incendios, la monótona letanía de los discursos. Distinguiendo, tras ese «canto» mezclado con los acontecimientos, el *basso continuo* de las pasiones secretas, la ambición, el odio y los apetitos; el río subterráneo de los delirios colectivos y las codicias personales; el torrente de los bellos sentimientos, los sacrificios heroicos y las nobles virtudes, acompañados de un sinfín de crímenes, absurdos, bajezas, imbecilidades e infamias.

Para él la historia era algo vivo. Los hombres y sus impulsos no eran los pálidos y resecos pobladores de un erudito herbario. Era capaz de ver sus gestos y rostros, el movimiento con el que alguien levantaba el puñal, la mueca del orador, la sonrisa del embajador y la hosquedad del tirano. Y también los agobiantes, poderosos e imparables remolinos que formaba el gentío, sus empellones, que serían capaces de derribar los muros de los palacios cuando la multitud se apretaba en las calles estrechas; la cólera y el placer de ese ser informe, de múltiples cabezas, cuya voz había encubierto tan a menudo la de los individuos. Todo aquello tenía que ver con la vida y no con la erudición. Al relatar la historia del pasado, Maquiavelo escribiría el ser y el devenir de los vivos. Su libro sería bullicioso, agitado y colorido, como la plaza pública. En él los individuos se atropellaban y la vida manifiesta o secreta de las sociedades hallaba sus movimientos y matices.

No pensaba en complacer o en desagradar, en halagar a los grupos de interés o de opinión, en tratar con miramientos a las familias influyentes o a los partidos victoriosos.

Escribía sin otra preocupación que la de dejar afluir y ordenarse, a través de él, aquella vida apagada que de nuevo saltaba, ardía, crepitaba. Sólo quería ser fiel a la verdad y a la vida.

Por fin, acordándose de la habilidad con la que Maquiavelo había hecho pagar a los genoveses una deuda que ya daban por incobrable, la

Señoría le confió una misión del mismo orden, pero esta vez de carácter oficial. Se trataba de ir a Luca para obtener de un cierto negociante, Michele Guinigi, el pago de mil seiscientos florines que debía a diferentes prestamistas florentinos. No era un asunto de Estado; sin embargo, la política se mezclaba en él, puesto que había que obtener de las autoridades luquesas que se nombrasen expertos y árbitros para examinar la contabilidad de Guinigi. Éste había contraído enormes deudas de juego y había hecho, adrede, por supuesto, tal maraña de sus negocios —incluso había inventado acreedores privilegiados— que si se hubiera llevado el asunto ante los tribunales los florentinos se habrían encontrado, como poco, frustrados.

Por lo tanto, la tarea de Maquiavelo sería esta vez la de jurista tanto como la de embajador. Habría que presionar al gobierno de Luca, que a buen seguro trataría de favorecer a Guinigi; habría que arrojar un poco de luz en los confusos asuntos de aquel negociante deshonesto. Además, su padre, al morir, sólo le había legado el usufructo de su fortuna, ya que el capital debía ser propiedad de sus hijos. Así pues, Guinigi alegaba que el dinero no era suyo y que los acreedores no tenían ningún derecho sobre una fortuna que pertenecía a menores. Cuestiones de tutela se mezclaban en el asunto, lo que hacía que aquel laberinto fuese inextricable por demás.

Maquiavelo no era un hombre de leyes ni un contable experto. Se consoló del aburrimiento que le causaba el examen del expediente de Guinigi estudiando las instituciones políticas de Luca, que eran muy interesantes, y sobre todo recogiendo documentos para su biografía del famoso condotiero luqués, Castruccio Castracani. Era una curiosa personalidad la de Castracani, y Maquiavelo afirmó de él, con razón, que había que incluirlo «entre esos hombres que se han distinguido por acciones extraordinarias». Sus orígenes eran singulares. Las gentes que lo habían recogido pretendían haber encontrado en sus viñas un bebé desconocido al que llevaron a su casa y criaron como a un hijo. Los padres adoptivos del niño eran un canónigo de la iglesia de San Michele, Antonio Castracani, y su hermana Dianora.

El canónigo habría querido que el niño, al que había dado su apellido y el nombre de su padre, fuese también hombre de Iglesia, pero Castruccio sólo pensaba en pelearse con los galopines del barrio y, cuando creció, sólo se interesó por los libros de guerra y las armas, lo que afligía al buen canónigo. Sin razón, a nuestro entender, puesto que no cabe duda de que el ardiente Castruccio tenía el temperamento de un guerrero. Se apoderó del gobierno de Luca, hizo la guerra a Pisa y a Florencia y su fama se hizo tan grande que el pueblo romano le concedió, favor excepcional, el título de senador. Encargó que le hicieran para la ocasión un magnífico traje de brocado púrpura, que llevaba bordada en oro en la parte delantera esta divisa: «Es lo que Dios quiere», y en la espalda esta otra: «Será lo que Dios quiera.» A todas luces la *Vida de Castruccio Castracani* puede considerarse una novela de aventuras, a pesar del reproche —injusto, por otra parte— que se le ha hecho a Maquiavelo por haber «novelado» su biografía. En realidad, el historiador escribió ese libro con su ardor habitual, con el mismo sentimiento prodigioso de la vida que confería a todas sus obras. Gracias a esas cualidades llegó a animar los temas más áridos y a darles lo pintoresco, el color y el *tempo* de la novela.

En definitiva, Castruccio le gustaba porque poseía una verdadera naturaleza de príncipe, que ofrecía en pleno siglo XIV el *germen* de un César Borgia. Castruccio era el héroe de verdad, según el corazón de Maquiavelo, el hombre intrépido que no retrocedía ante ninguna audacia. Ese tipo de héroe, que los otros buscaban en los cantares de gesta y en las novelas de caballería, Maquiavelo lo encontraba en la historia. La realidad le procuraba los «tipos» que los otros pedían a la ficción. Y no faltaban en la Italia medieval esos prodigiosos conquistadores, soldados de fortuna o políticos de azar, esos aventureros de fuste que acababan en un trono o en el patíbulo, y el patíbulo, algunas veces, era la culminación de la existencia transcurrida en el trono.

Maquiavelo experimentó por su héroe una cálida simpatía, de la que supo hacernos partícipes. Se sabe que Benozzo Gozzoli pintó el retrato de Castruccio Castracani en la capilla del palacio Medici, con los rasgos de un joven cazador que lleva un guepardo en la grupa y que vuelve la cabeza para mirarnos con una amable y tranquila osadía. «Era —dice Maquiavelo— más alto de lo normal y muy bien proporcionado. Tenía tanta gracia en el porte y su acogida era tan amable que nunca nadie quedó descontento de él. Llevaba los cabellos, que tiraban a rojizos, cortados por encima de la oreja, y tanto si nevaba como si llovía iba siempre con la cabeza desnuda. Era atento con sus amigos, terrible con sus enemigos, justo con sus súbditos y carente de fe con los extranjeros. Nunca empleó la fuerza donde podía vencer con la astucia. Decía que "era la propia victoria, y no la manera, la que confería la gloria". Nunca hombre alguno afrontó el peligro con más audacia y escapó de él con más prudencia. Tenía por costumbre decir que "los hombres deben intentarlo todo y no temer nada; que Dios favorece los corazones intrépidos, puesto que vemos que se sirve siempre del fuerte para castigar al débil".»

Se comprende la alegría que proporcionó a Maquiavelo contar las proezas de aquel sorprendente aventurero, que tenía en realidad el genio de un gran hombre de guerra, y que murió de forma bastante absurda por «haberse expuesto, bañado en sudor, a un viento que hacia mediodía suele levantarse del Arno y que es casi siempre mortal». Castracani legó sus posesiones y sus bienes a un tal Paolo Guinigi, que resultó ser uno de los ancestros del Guinigi contra el que pleiteaban los florentinos. La raza había degenerado mucho desde entonces. Es cierto que Paolo Guinigi fue incapaz de conservar aquella herencia, indigno como era de defenderla y carente de toda la *virtù* que había permitido a Castracani adquirirla.

Los hechos de Castruccio habían adquirido fama en Luca, donde este aventurero era un personaje legendario en la imaginación de sus conciudadanos. Se complacían en contar que el bebé de origen desconocido había nacido en realidad de la incestuosa unión del canónigo de San Michele con su hermana Dianora. La memoria popular había recogido sus menores palabras, que se transmitían de generación en generación, de manera que Maquiavelo sólo tuvo que interrogar a los viejos del lugar para llenar sus tablillas con los axiomas de aquella sabiduría práctica, adquirida en muchos campos de batalla y en la frecuentación de los hombres más diversos. Castracani poseía un humor áspero y abrupto que le hacía responder, por ejemplo, a un hombre que le preguntaba a qué hora había que comer para estar en forma: «El rico cuanto tiene hambre y el pobre cuando puede.» Algunas veces, también, dio muestras del ingenio más exquisito y se cita de él esta frase encantadora ante una pequeña casa que tenía una puerta enorme: «Un día, esta casa desaparecerá por esa puerta.» Llegado el caso, sabía ser cínico; al ver a un envidioso notorio con el rostro risueño, le preguntó: «¿Te ha ocurrido algo bueno o le ha ocurrido algo malo a otro?» Otro día, como le hablaban de un hombre que había hecho escribir sobre la puerta de su casa: «Dios la guarde de los malvados», exclamó de inmediato: «Para ello sería necesario que él no pusiese nunca los pies en ella.» Con cinismo, replicaba al reproche que se le hacía de haber condenado a muerte a uno de sus viejos amigos: «Os equivocáis, pues es un nuevo enemigo al que he matado.» Al parecer no ignoraba que después de su muerte su principado se iría a pique y que Paolo Guinigi, que no era más que un hombre como los demás, sería incapaz de suceder a esta especie de superhombre que era Castruccio. En el momento en que iba a expirar, le preguntaron cómo quería que le enterrasen. Entonces, aquel que despreciaba a los hombres, aquel satírico impenitente encontró aún la fuerza para sonreír y declaró en voz baja: «La cara contra la tierra, puesto que tan pronto yo haya desaparecido este país se sumirá en el caos.»

Por su tranquila audacia, su resignación en las desgracias, su indomable confianza en su «estrella», su valor en la batalla, su sabiduría en el gobierno, por la grandeza de alma, en definitiva, que mostró en todas las circunstancias de una vida llena de azares, mereció este elogio de Maquiavelo, quien entendía de hombres y no loaba más que con conocimiento de causa: «No habiéndose mostrado durante su vida inferior a Filipo, padre de Alejandro, ni a Escipión el Africano, murió a la misma edad que ambos y, sin duda, los habría superado a los dos si en lugar de haber nacido en Luca hubiera venido al mundo en Macedonia o entre los romanos.»

Poco nos importa saber cómo terminó el proceso de los usureros florentinos contra el insolvente Guinigi; lo que cuenta más para nosotros es saber que Maquiavelo regresó de Luca con los elementos de esta prodigiosa biografía que evidentemente escribió luego con deleite, tanta es la «maquiavelidad» que se desprende de cada gesto y cada palabra de su héroe. Sin duda, es conveniente rechazar el término degenerado de «maquiavelismo», que ya no significa nada por lo mucho que el lenguaje popular lo ha desfigurado. No queda gran cosa del verdadero Maquiavelo en lo que hoy se denomina «maquiavelismo». A este respecto, aquellos que mejor lo comprendieron fueron Federico II el Grande, cuya obra *El antimaquiavelo* (1739) es quizás, a pesar de su título, el más bello homenaje que se pueda jamás rendir al historiador florentino, y Cristina de Suecia, quien —a mediados del siglo XVII— llenaba los márgenes de su ejemplar de *El príncipe* de notas que duplican tanto el interés como el texto, por toda la «maquiavelidad» que se expresa en ellas. El «maquiavelismo» hace de los políticos mediocres y ladinos, sin envergadura, «aprendices de brujo» que juegan con imprudencia o con exceso de simpleza con las fórmulas mágicas destinadas a aumentar la grandeza de los grandes hombres y que hacen perder la cabeza a los ambiciosos vulgares. La reina sueca era más entendida y me gustaría que un día aparecieran publicadas junto al texto de Maquiavelo las notas que ella añadió; veríamos entonces que, probablemente, no fue inferior a su maestro, a pesar de que tomaba con bastante frecuencia partido contra él. Creo, por otro lado, que Maquiavelo hubiera preferido la inteligente agresividad que mostraba la reina Cristina a la admiración ingenua de los pánfilos y que de buena gana habría dicho, como el Zaratustra de Nietzsche: «Sólo cuando me hayáis negado me encontraréis.»

Maquiavelo volvió a Florencia muy contento de sí mismo y de los acontecimientos que le habían permitido estudiar los menores detalles de la interesante constitución política de una ciudad extranjera, de la que no había poco que aprender, y reunir los materiales de una biografía llena, para él y para nosotros, de apasionantes delicias.

Al año siguiente, la Señoría le confió otra misión, bastante diferente a aquélla, puesto que ahora le encargaba ir a Carpi e intervenir en el capítulo general de los franciscanos que allí se celebraba, para obtener la separación de los conventos florentinos de los del resto de la Toscana. Este extraño requerimiento estaba justificado, según la Señoría y el cardenal, por la decadencia de las virtudes religiosas y las prácticas que se observaban; era importante poner orden y sólo podría hacerse si se tenía una autoridad absoluta sobre las comunidades corrompidas por aquel mal del siglo.

Aunque acreditado por el cardenal, intérprete de los deseos de la Señoría y portador de dos breves documenteos pontificios que prescribían al cabildo obedecer la demanda de los florentinos, el embajador se tropezó, esta vez, con un adversario más fuerte que él. Puesto que en las comedias bufonescas y satíricas les hacía interpretar un papel bastante escandaloso, cabe preguntarse si, en esas circunstancias, era el hombre más cualificado para negociar con los Hermanos Menores. Lo cierto es que los superiores de la Orden hicieron saber al autor de *Fra Alberigo* que su intervención era muy mal recibida y que el capítulo no tenía ninguna intención de tenerla en cuenta.

No se le comunicó de forma tan brusca, puesto que había que tener miramientos para con el Papa y el cardenal, pero se utilizaron de entrada todos los trucos de procedimiento para retrasar la deliberación. Se alegó que el asunto era de importancia, que sólo la asamblea general de la orden podía juzgarlo. Y que, dado el estado del asunto, era imposible darle una respuesta afirmativa. Al discutir con religiosos que lo envolvían con sutiles amabilidades y hábiles evasivas, Maquiavelo se sentía impotente y casi ridículo. No se le tomaba en serio, por mucho Maquiavelo que fuera. Se tropezaba con una fuerza mayor que la suya, mayor que la de la Señoría y quizás, incluso, que la del cardenal y la del Papa, la fuerza de una asamblea pública, cuyos intereses eran en esencia espirituales y que, por eso mismo, escapaba a la tiranía de los hombres y de los acontecimientos. Se divertían con su insistencia, desbarataban con facilidad sus astucias, oponiéndole otras más sutiles y eficaces. Al final, lograron exasperarlo tanto que escribió a Florencia para pedir su regreso.

Probablemente, era la primera vez que fracasaba en una misión, pero en esta ocasión se hallaba ante un adversario poderoso y temible. Los Medici lo reconocieron y no le reprocharon su fracaso. Él mismo, en cambio, se mostró tan herido en su amor propio que sus cartas datadas en Carpi están llenas de dardos envenenados contra los monjes en general y contra los franciscanos en particular. Pero aquellas «saetas» eran de uso corriente entonces en esa Italia que, piadosa en extremo, se mostraba en ciertos aspectos anticlerical por demás. Los narradores de aquella época, como los de la Edad Media, se mofaban de buena gana de los que llevaban hábito y les atribuían aventuras poco recomendables; sin embargo, no podemos tomar en serio esos cargos y esas sátiras con las que se divertía la gran inspiración popular. Las acusaciones de Maquiavelo son algunas veces tan excesivas que los editores menos osados creyeron mejor atenuarlas o suprimirlas, simplemente, cuando publicaron su correspondencia. Así, confiesa haber encontrado en Carpi a sus maestros en disimulo, impostura e hipocresía, y bajo su dirección haberse convertido en experto en todas esas ciencias. A decir verdad, parece herido sobre todo por su fracaso y guarda rencor a los religiosos por su victoria.

Los Medici tenían, en ese momento, demasiadas preocupaciones para hacerle un reproche y otras inquietudes más graves que las derivadas de la insubordinación de un capítulo de religiosos. La oposición ganaba terreno en Florencia, donde, sin embargo, el cardenal Giulio había hecho mejoras considerables. Quería a los artistas, los animaba y subvencionaba, no obstante sin los aires de mecenas suntuoso que tenía León X. Se ocupaba también de las cosas prácticas, realizaba útiles trabajos públicos y velaba por la reparación y consolidación de las murallas. Había hecho excavar un canal para evitar las crecidas del Arno, que algunas veces provocaban inundaciones. Se mostraba sencillo, afable y cortés. A pesar de todas esas cualidades y todos esos méritos, que habrían debido procurarle la simpatía y gratitud de sus conciudadanos, los «liberales» hacían una activa propaganda. Los libelos y sátiras partían la mayoría de las veces de los jardines Rucellai, donde los amigos de Maquiavelo conspiraban con toda tranquilidad. Alentados por la impunidad, probablemente, se habían vuelto más osados. Mientras que antes su descontento era sólo teórico, ahora pretendían pasar a la acción.

Con el pretexto de hablar de literatura y filosofía, se conspiraba de firme en los jardines. Se organizaba una verdadera conjura en conexión con los emigrados. Los Pazzi, Buondelmonti, Diacceto y Alamanni intrigaban con Battista della Palla, que era su agente en el extranjero y que les conseguía aliados. La fatalidad quería, una vez más, que un movimiento liberal y patriótico sólo pudiera triunfar con ayuda de los Estados extranjeros. Battista della Palla era un antiguo medicista que había pasado a la oposición porque consideraba mal remunerados sus servicios; debido a ello, había crecido su afán por derrocar a sus antiguos señores, a los que reprochaba su avaricia e ingratitud. Había forzado una entrevista con el cardenal Soderini, el hermano del antiguo gonfaloniero, también él emigrado y furioso porque se le había desterrado de Florencia y privado de la tiara que esperaba recibir a la muerte de Julio II. Los enemigos encontraron en la conjura de los humanistas una ocasión favorable para reducir el poder de Florencia e intervenir en sus asuntos internos. Battista della Palla, que hacía de enlace entre los conjurados del exterior y los del interior, fue encargado de incitar a los asiduos del jardín Rucellai a emplear los «grandes medios» y a desencadenar una revolución, asegurándoles el apoyo eficaz de los ejércitos extranjeros una vez llegado el momento. Se les dieron armas y dinero, se imprimieron libelos que se distribuyeron por las calles y los agitadores públicos se prepararon para llamar al pueblo a la insurrección a la primera señal procedente del extranjero.

Esa señal tardaba en llegar, casi con seguridad, porque los aliados de los conjurados se hallaban, a su vez, en dificultades o porque dudaban en quitarse la máscara. Confiados, demasiado confiados, los humanistas liberales se habían comprometido, tan franca como imprudentemente. Algunos que la tiranía no tardaría en abatir apelaban con toda su alma a la libertad. Fueron tan temerarios, en fin, que el cardenal supo de sus maquinaciones. Sin embargo, dudaba en aplicar un castigo, por bondad natural, quizá, viendo que se trataba de idealistas fervientes y torpes, poco peligrosos, en suma, o puede que temiendo castigar a inocentes y culpables al mismo tiempo. Descubrió, en fin, todos los resortes de la conspiración el día en que la policía detuvo a uno de los correos que iban y venían entre Battista della Palla y los jardines Rucellai. El mensajero confesó. De inmediato, se encarceló a Diacceto, pero éste tuvo tiempo de advertir a Buondelmonti, que en ese momento se paseaba por la ciudad y que se refugió deprisa en Garafagna, donde su amigo el poeta Ariosto era el gobernador; no sin pasar antes por su casa a coger dinero y quemar los papeles comprometedores. Alamanni se encontraba por fortuna en el campo, desde donde, prevenido de lo que pasaba, huyó a Francia.

De los principales conspiradores, la policía sólo tenía pues a uno, Jacopo da Diacceto; y también a un subalterno, Luigi di Tommaso Alamanni, personaje insustancial, al que se detuvo en Arezzo, donde nadie había pensado en advertirle. El proceso se condujo de forma expeditiva. Diacceto confesó, bajo tortura, que quería asesinar al cardenal, pero añadió que no sentía ningún odio particular hacia él, y que sólo lo movía el amor a la libertad. El 7 de junio, al alba, después de un juicio rápido, Alamanni y Diacceto fueron decapitados.

No se molestó a Maquiavelo. Era fácil darse cuenta de que no había tenido nada que ver en la conjura; si hubiera estado implicado, a buen seguro las cosas se habrían dirigido con menos torpeza. Por otro lado, tal como se había organizado, la conjuración no podía contar con sus simpatías. Preparar una revuelta contra los Medici en el momento preciso en que éstos daban prueba de buena voluntad y se mostraban dispuestos a llevar a cabo reformas liberales era el mejor medio de hacer fracasar las reformas y de provocar represalias. Cabe preguntarse entonces si los humanistas no se habían hecho, en esta circunstancia, cómplices involuntarios de las gentes que no querían que esas reformas se realizasen, a fin de que la popularidad de los Medici y la solidez del gobierno no se viesen fortalecidas. La revolución, en este caso, se habría tramado no contra un tirano justamente detestado, sino contra un gobernante que merecía la estimación, la obediencia y el apoyo de todos. No en el verdadero interés de Florencia, a la que el tumulto habría desgarrado, sino en provecho de un Estado extranjero que tenía todo que ganar del debilitamiento de la República. Esos «grandes ciudadanos», esos «puros», esos tiranicidas eran, en definitiva, las víctimas de extranjeros pérfidos y criminales; pagaban con su vida un intento sospechoso, cuyo objeto no era tanto liberar Florencia como imponerle una nueva tiranía; la cual, por experiencia, se habría mostrado más dura y vejatoria que la de los Medici. Esos honorables poetas habían actuado como instrumentos inconscientes, como marionetas, cuyos hilos movían manos invisibles. Y morían gritando: «¡Viva la libertad!» Resultaba tan triste y grotesco que Maquiavelo no estaba para bromas. Había previsto lo que iba a ocurrir. Había intentado advertir a sus amigos contra los promotores del juego dudoso en que se les metía, pero su fría lucidez no había podido convencer a aquellas almas ardientes, a aquellos corazones generosos.

Todo lo que podía hacer era mantenerse al margen de la conjuración. Por desgracia, la protección que el cardenal Giulio le daba iba a terminar muy pronto. No porque Maquiavelo no se hubiese hecho merecedor de ello, ni porque fuese sospechoso de infidelidad, ni porque los Medici quisieran privarse de su ayuda. Eran las vicisitudes de la corte pontificia las que atraían a Roma, uno tras otro, a los miembros de la «familia reinante» para sentarlos en el trono papal. León X había muerto, el 1 de diciembre de 1521, según se creía, envenenado, pero lo más probable es que fuese de un enfriamiento que había cogido por permanecer demasiado tiempo en su balcón, después de abandonar su caldeada habitación. Su muerte estuvo a punto de llevar a la ruina a numerosas bancas, ya que debía a todo el mundo —cerca de un millón de ducados— y, sin embargo, la arcas pontificias estaban vacías, al extremo de que no se encontró con que pagar su ataúd.

Se creía que el cardenal Giulio lo sucedería, pero éste, con perspicacia, se dijo que valía más que un personaje oscuro ocupase el cargo entre los reinados de dos Medici. Así pues, favoreció la elección del cardenal de Utrecht, que tomó la tiara con el nombre de Adriano VI. Era un flamenco de costumbres honestas, muy distinto de los prelados italianos, refinados y ligeros, que lo rodeaban. A este flamenco, lleno de buenas intenciones, se le ocurrió reformar la Iglesia, cosa loable en sí, pero lo llevó a cabo con tanta torpeza que hizo el mayor de los ridículos. Nunca la estatua de Pasquino tuvo tantos epigramas satíricos como bajo su reinado, y el día en que para poner fin —así lo creía— a aquellos libelos ordenó arrojar al Tíber la inocente estatua, Roma saboreó con delicia la cómica situación. No hablaba italiano, pronunciaba el latín de una manera casi ininteligible y se declaraba francamente hostil a todo lo que era arte y cultura profana —lo que él llamaba la belleza pagana—, sin duda porque era insensible a la belleza, sin más. A partir de su advenimiento, los artistas y poetas abandonaron el Vaticano, donde ya no tenían empleo. Una tristeza austera reinó en la ciudad y sólo se recuperó la alegría unos dos años después, cuando el buen Adriano entregó su alma al Creador. La alegría popular fue tan sincera y desvergonzada que llegaron incluso a colgar coronas cívicas en la puerta del médico que lo había cuidado durante su enfermedad —cuidado sí, pero no curado—, porque de este modo, se decía, «se había hecho digno de la patria».

Una vez acabado este intermedio, el cardenal Giulio pensó que podía postular para la tiara. Adriano VI había descontentado a todo el mundo con sus esfuerzos por purificar la Iglesia de la corrupción, la simonía y los vicios inherentes a toda sociedad humana —¡demasiado humana!— que la afligían. Había topado con la coalición de todos los intereses, que habían hecho vanos sus intentos. Porque era costumbre que la tiara pasara de manera alternativa a manos de algunas familias romanas que se arrogaban la propiedad exclusiva, se le había reprochado ser extranjero y, de hecho, después de él ya no habrá ningún papa que no sea italiano. Se censuraba con el apelativo de disparate su apego a las buenas costumbres. Se lo trataba de bárbaro y filisteo porque ponía la pureza del primer cristianismo por encima del arte y la cultura. No tuvo más que sinsabores y fracasos, cansó a todo el mundo, el primero el Sacro Colegio, de tal manera que después de su muerte se apresuraron a volver a las tradiciones interrumpidas y se eligió un papa que fuese al mismo tiempo un gentilhombre, un mecenas, un político y un gran señor italiano. La candidatura del cardenal Wolsey se descartó, ya no se querían extranjeros; Soderini era un intrigante; de modo que, bien mirado, el más simpático era el cardenal Giulio, que había esperado con paciencia su hora y sostenido la candidatura del flamenco con la esperanza —que no fue errada— de que se alegrarían del retorno de un Medici.

Giulio era un hombre de gran distinción, refinado, con clase y de aspecto noble; enérgico y sencillo, al mismo tiempo, carecía de los vicios de sus predecesores inmediatos, esto es, de la lubricidad de Alejandro VI, del furor guerrero de Julio II y de la prodigalidad insensata de León X. Se pensaba que con él entraría en el Vaticano más cordura y sensatez. La manera en que había administrado Florencia, con aquella firmeza atemperada por la moderación y aquella inteligencia atenta a las cosas prácticas, eran la garantía de la cordura con la que habría de gobernar la Iglesia. Su elección fue tanto mejor acogida puesto que infligía un fracaso a los candidatos de Francia y de España, cuya victoria habría acarreado graves dificultades a toda Italia. Se loaba la influencia feliz que había tenido sobre León X, menos diplomático que él. Por lo tanto, se esperaba de su pontificado una era de paz y prosperidad, ya que parecía más consagrado a los asuntos de la Iglesia que sus predecesores.

En realidad, Clemente VII no tenía grandes dotes de hombre de Estado. Era honesto, meticuloso e inteligente, pero le faltaba ese sexto sentido, el instinto, que es el privilegio del genio. Su razón le servía con utilidad y le impedía cometer errores, pero frenaba la intervención de las fuerzas inconscientes que, en las horas en que la razón vacila y calcula, inspiran las decisiones francas y provechosas. Sin duda los problemas que se planteaban eran demasiado agobiantes para aquel buen administrador, que carecía de la envergadura de un Julio II e, incluso, de un Alejandro VI. El reinado de Adriano VI, en fin, había complicado la política exterior, pues el sucesor de León X había sido más hombre de Iglesia que de Estado. Mal informado de los resortes secretos de la política italiana, torpe en maniobrar entre las presiones opuestas de España, Francia y el Imperio, Adriano se había dejado desbordar por las dificultades. León X le había legado una dura sucesión, que éste pasó a su vez a Clemente VII, agravada, además, por las faltas que su debilidad, inercia o ignorancia le habían hecho cometer. Este extranjero no tenía el sentido innato de la política que poseían los italianos. Olvidaba que era, al mismo tiempo que un soberano espiritual, el monarca de un vasto Estado y que era su deber defenderlo de los desórdenes internos y las codicias de los Estados vecinos. Digamos en su descargo que encontró el tesoro pontificio vacío y al ejército descontento y disminuido porque se le había pagado mal y que, por lo tanto, fue incapaz de actuar con energía contra los intrigantes, los cuales se aprovecharon de su blandura para desmembrar los Estados Pontificios. Los príncipes y los condotieros volvieron a tomar posesión de sus dominios, de los que la política de León X y las guerras de Julio II los habían despojado. Volvió a verse a los Baglioni en Perugia, a los Este en Ferrara y a los Rovere en Urbino. La obra militar y diplomática de Julio II se hacía añicos. Las fronteras del Patrimonio se cerraban. Sin duda Adriano VI se decía que su «reino no era de este mundo», pero demasiados ambiciosos se habían aprovechado de ello para repartirse sin pudor las tierras de la Iglesia.

Así pues, Clemente VII estaba llamado a reparar las faltas de León X —quien sólo se había interesado por las cuestiones militares— y consideraba que era despilfarrar su dinero gastarlo en la defensa nacional; también debía enmendar los errores de Adriano VI, quien probablemente hubiera sido un excelente general de Orden, pero no había demostrado tener las cualidades de un monarca, aunque hubiese dado prueba de un sentido político bastante seguro cuando fue ministro y consejero de Carlos V. Era cosa bien distinta guiar a un soberano que tomar uno mismo las responsabilidades que imponía, en cada momento, el gobierno de un reino. Puede que también se hubiese tomado demasiado en serio sus funciones espirituales y por eso hubiese descuidado las tareas más simples y materiales del poder temporal.

Así pues, Clemente VII tenía una ardua tarea que cumplir, pero, por desgracia, tampoco él estaría a la altura de su misión. De carácter indeciso, poseía además el defecto de escuchar demasiado a sus consejeros. Giberti era un hombre impulsivo y honesto, devoto de la causa francesa con toda su buena fe, porque consideraba que la intervención de Francia en los asuntos italianos sería capaz de contrarrestar la injerencia desastrosa de España y del Imperio. Al partido español lo representaba Schomberg, el arzobispo de Capua, quien con su rudeza alemana infundía respeto al Papa, al que incluso intimidaba algunas veces. El problema de las influencias se planteaba una vez más, y como Clemente VII aborrecía elegir y decidir por sí mismo, la política vaticana seguía una marcha bastante caótica, según que Giberti o Schomberg gozasen, en ese momento, de la atención del Papa.

Maquiavelo sufrió las consecuencias de aquel cambio de pontificado. Perdió a su protector, pues éste partió para Roma. Como era sospechoso a los ojos del cardenal de Cortona, Passerini, al que Giulio había instituido gobernador de Florencia antes de abandonar la ciudad, se retiró una vez más a sus asuntos y volvió a su villa. Passerini era al mismo tiempo el administrador de Florencia y el protector de los dos jóvenes Medici que aspiraban a suceder a Giulio. Bastardos los dos. Uno, hijo de Giuliano y de una joven de Pesaro, de la que había heredado la belleza, tenía apenas dieciséis años. El otro, parecido a un mulato con sus grandes labios, su cabeza crespa y su tez morena, no era mucho mayor. Era hijo de Lorenzo y se decía que su madre era una esclava negra.

La idea de que gobernasen Florencia aquellos dos adolescentes resultaba por completo abominable a los florentinos de raigambre, quienes habían aceptado de buen grado el reinado de los Medici cuando éstos eran hombres inteligentes, eruditos, formados en los asuntos y maduros. Clemente VII no comprendió que aumentaría el número de descontentos imponiendo a esos chiquillos y a su maestro, el cual los gobernaba con férula de hierro. Por lo tanto, el liberalismo volvió a recuperar su actividad y no se limitó a los conspiradores obtusos, pues se vio a los mejores ciudadanos, los más razonables y devotos, pasar a la oposición.

Intentaron implicar a Maquiavelo, pero estaba inmerso en sus *Historias florentinas*, y además era demasiado escéptico para meterse en torpes intrigas, que sólo podían envolver en la confusión a aquellos conspiradores demasiado honestos. Ello no significa que se desinteresara de la causa de la libertad. Todo lo contrario. Pero pensaba servirla a su hora, con utilidad y en provecho de la colectividad, y no en beneficio de un partido, de una familia o de una clase. El día en que Florencia le necesitase, cerraría sus libros, abandonaría su escritorio y volvería a ser el «hombre de acción» que seguía habitando en el fondo de su corazón, el ciudadano según el modo antiguo, devoto en cuerpo y alma de la ciudad.

CAPÍTULO DIECISÉIS

El inspector de las defensas

La negativa de Maquiavelo a combatir a los Medici en una época en que parecían bastante impopulares, ofrecía un alto valor de enseñanza. Este acto, que daba muestra de su lealtad y su buena fe, explicaba el alcance y el significado de su «adhesión». Había dicho, un día, con su ironía habitual, que «le gustaba estar donde se gana y no donde se pierde». Pero no había que tomar en serio esta ocurrencia, ni darle el sentido restringido de un egoísmo asaz mezquino y una adhesión bastante vil a la causa del vencedor, cualquiera que fuese.

A Maquiavelo, ya lo hemos visto, por instinto o superstición, no le gustaba la sociedad de los vencidos. Desconfiaba de los que tienen mala suerte, se alejaba de ellos como uno se aleja de los leprosos y los apestados; la mala suerte era para él una enfermedad quizá crónica y quién sabe si contagiosa. No obstante, su gusto por los triunfadores no lo llevó nunca a renegar de sí mismo ni a realizar un acto del que su orgullo o el respeto hacia su persona saliesen malparados. No era en tanto que vencedor o vencido que un hombre le interesaba, sino en función de los actos que habían implicado su éxito o su derrota, del talento que había empleado, de los pensamientos y sentimientos que lo habían inspirado. No dudaría en sacrificarse por una causa perdida, si ésta le pareciera digna de comprometer su mente y su corazón. Tampoco dudaría en combatir al vencedor, si su temperamento lo empujara a ello, puesto que éste tenía para él más importancia que sus convicciones.

Por lo tanto, no era para figurar junto a los vencedores por lo que se había adherido a los Medici. Nunca se habría reconciliado con ellos si no hubiera pensado que su gobierno era, en ese momento, lo mejor que podía esperar Florencia. También, lo más saludable para Italia, probablemente. Contaba con ver surgir de esta familia colmada de dotes políticas y tan bien ejercitada en el gobierno de los hombres por la tradición, la herencia y la educación, a un príncipe que cumpliera la gran obra que él soñaba. En lugar de empecinarse en el descontento amargado y rencoroso de los *fuorusciti*, y de rumiar sus resentimientos en una ociosidad envilecedora, más valía situarse al lado de los vencedores, cuya victoria era justa y que prometían restablecer un gobierno liberal, en el que la autoridad se ejercería en pro del bien del Estado.

Así pues, su adhesión era un gesto de gran sabiduría y honestidad. Más honesto, en todo caso, que el doble juego de los humanistas del «club» Rucellai, que mientras abrumaban con muestras de amistad al Papa y al cardenal, se proponían asesinarlos. Un gesto que lo comprometía, por otro lado, a servir con fidelidad a los señores que él mismo se había dado, siempre y cuando éstos no desmereciesen, puesto que sirviendo a los Medici era a Florencia a quien servía, a Florencia y a Italia.

Poco le importaba que Passerini no fuese el gobernador que él hubiera elegido ni los dos pequeños Medici los iguales de sus mayores. Su retiro en el campo tenía también otro significado profundo. Se mantenía al margen de la política de los «clubes». No tomaba posición contra los Medici. Se contentaba con alejarse de modo provisional de la escena política, en la que le desagradaba aparecer como figurante y en la que Passerini no iba a dejarle representar un papel relevante. Los Medici sabían que podían contar con él y lo que podían reclamar de él. Así pues, se reservaba para la «gran política», hastiado como estaba de las disputas de partidos. No se comprometería con agitadores de tribuna ni políticos de barrio. Aguardaba su hora. Cuando Florencia lo necesitase podría recurrir a él. Y mientras escribía sus *Historias florentinas*, vigilante, aguzando el oído, escuchaba los rumores lejanos de las cancillerías, el eco de la artillería y de los escuadrones extranjeros que acudían en tropel una vez más a la pobre Italia, tan bella, tan débil y tan desgarrada. Lo quisiera o no, a pesar de los esfuerzos que hacía para mantenerse al margen del conflicto, Italia era el campo de batalla donde se enfrentaban españoles y franceses. Y ahora ya no era la propia Italia la que estaba en tela de juicio. Sus invasores la codiciaban aún, sin duda, pero el debate se situaba en un plano más elevado, más general, sobre la antinomia radical entre Francia y Alemania, sobre la hostilidad tradicional entre la monarquía y el Imperio. Y ahora Francia, a su vez, manifestaba ambiciones imperiales y el sucesor de Luis XII, Francisco I, disputaba la corona de Carlomagno al sucesor de Maximiliano, Carlos V.

Italia no tenía nada que ver en aquella contienda, pero era en Italia donde los otros se peleaban. Y todo porque el rey de Francia y el emperador pretendían darse alcance en las llanuras vénetas o lombardas y porque la fatalidad histórica del país lo condenaba a sufrir las consecuencias de todas las rivalidades europeas. Era en sus fronteras con Italia donde Francia y el Imperio eran más vulnerables; así pues, era Italia la que vería desfilar los reitres y los lansquenetes, las bombardas y los estradiotes.

Por desastrosa que fuese la situación, podría aprovecharse, no obstante, para deshacerse de una vez por todas de los extranjeros. Cansada de proporcionar un campo acotado a aquellos duelistas, Italia parecía dispuesta a comprender que sólo la unidad le posibilitaría defenderse de los invasores. Incluso al precio de algunos sacrificios de interés o de prestigio, a los diferentes Estados les convenía federarse, colaborar en una acción común para el bien de todos. No había más solución que ésta. O unirse o morir. Había llegado el momento de renunciar a sus susceptibilidades, a sus preferencias, de borrar incluso los rencores seculares, de olvidar las discordias pasadas y las venganzas, que eran la consecuencia. Esos odios entre vecinos, esas rivalidades de pueblos, en las que habían estado inmersos durante siglos, debían desaparecer ahora que los tiempos cambiaban. Los otros Estados europeos se estaban unificando; por lo tanto, era necesario que Italia hiciese lo mismo. Practicaban una política nacional, que los hacía más fuertes y poderosos: ahora le tocaba a Italia ser una nación. Al principio, Francia también estaba dividida; desde el punto de vista de la raza, la lengua y las costumbres, era —casi con seguridad— aún más heterogénea que Italia, y sin embargo la monarquía de los Valois había logrado unificarla. ¿Por qué Italia no podía procurarse un soberano que le hiciera, también a ella, el mismo favor?

Hasta entonces, Italia había intentado salir del apuro, ya aliándose con los extranjeros ya valiéndose del dinero. Solución provisional, espuria y poco honrosa, por lo demás. Ni siquiera ventajosa. Como Maquiavelo escribía un día a Guicciardini: «No creo que sea suficiente con redimirse y ofrecer dinero; si ese medio bastase, yo diría: detengámonos y no le demos más vueltas, pero ¿de qué serviría? O estoy completamente ciego o nos quitarán de entrada nuestro dinero y, a continuación, la vida; de modo que, aun cuando no consigamos defendernos, sería al menos una especie de venganza por nuestra parte no dejar al vencedor más que un país arruinado y devastado.» Sólo el esfuerzo unánime podía salvar al país. ¿Italia sería lo bastante sabia para hacer ese esfuerzo?

Sería necesario que el Papa tomara la iniciativa de la unificación. En otro tiempo, Maquiavelo había esperado que ésta fuese la obra de César Borgia, pero luego César Borgia había desaparecido en la nada. Julio II había deseado realizar aquella obra beneficiosa, pero dado que había ascendido al trono papal demasiado viejo, no había podido ver la culminación de sus proyectos. ¿Sería Clemente VII quien realizase ahora la magna tarea del Príncipe?

Podría esperarse mucho de él si no fuera tan indeciso, si no se abandonara tanto a las sugerencias de sus consejeros. Debería escuchar sólo a Giberti: sin duda se pondría del lado de Francia, lo que, al menos de modo provisional, parecía lo más ventajoso ahora para Italia. Partidario resuelto de la alianza con Francia, hasta el día en que Italia fuese lo bastante fuerte para desenvolverse sola, Maquiavelo veía con simpatía la influencia de Giberti, al igual que en Florencia había apoyado la política francófila de Soderini. Por desgracia, junto a Giberti se hallaba el alemán Schomberg, propagandista ardiente de la causa imperial, a quien le hubiese gustado arrojar al Vaticano en brazos de Carlos V. Clemente VII no sabía a quién escuchar, o más bien, los escuchaba a ambos de forma alternativa y oscilaba entre sus voces discordantes. ¿Por qué no consultaba a Maquiavelo? Él era el único hombre de Italia que habría de guiarlo de forma útil, en pro del bien y la grandeza de toda Italia.

Maquiavelo tenía ante sí una ocasión de acercarse al Papa, pues acababa de terminar el primer volumen de sus *Historias florentinas* y, puesto que la había dedicado a Clemente VII, era natural que le presentase enseguida el manuscrito. En esa dedicatoria —cuyo texto es sutil, hábil y exento de adulación— Maquiavelo apuntaba una frase, en apariencia insignificante, destinada a advertir a Clemente VII del papel que esperaba verlo desempeñar: «Leyendo este libro, vuestra Santidad, después de haber contemplado el debilitamiento del imperio romano de Occidente, verá por cuántos desastres y bajo cuántos príncipes Italia, durante varios siglos, experimentó revoluciones en su gobierno; verá cómo el soberano pontífice, los venecianos, el reino de Nápoles y el ducado de Milán, fueron los primeros en obtener una posición y un imperio en esta región; vera cómo su patria, por sus propias disensiones, y habiéndose liberado del yugo de los emperadores, permaneció dividida hasta el momento en que comenzó a gobernarse a la sombra de vuestra casa.» Esto significaba que lo que los Medici de antaño habían llevado a cabo en el marco de la patria, es decir, de Florencia, podía y debía realizarlo ahora su descendiente en el plano de la mayor patria, es decir, de Italia.

Clemente VII recibió con amabilidad al historiógrafo de Florencia. Apreció la manera fluida, delicada y leal con la que, exento de adulación servil, Maquiavelo había puesto en evidencia la acción de los primeros Medici, aquel estilo de acero y de cristal, aquella mirada de águila, que abarcaba los siglos, aquel sentido de la historia viva y aquella sutileza política que desenredaba con una prodigiosa lucidez los periodos más complejos. La amistad que le mostró el Papa en el transcurso de esas conversaciones animó a Maquiavelo a hablarle de los problemas urgentes y a proponerle sus dos grandes soluciones, de las que esperaba la salvación de la patria: la unificación de Italia y la constitución del ejército nacional.

El fracaso de la milicia florentina frente a las tropas españolas no condenaba el principio. Un ejército no se hacía en un día. La milicia no había tenido tiempo de adquirir cohesión y firmeza cuando se la condujo al combate. Estaba mandada con poca brillantez por un general viejo, rutinario, débil e indeciso. Contra el formidable tercio español, la milicia florentina estaba formada por reclutas llegados hacía poco del campo, que no habían tenido tiempo de adiestrarse en la disciplina y los métodos de combate, necesarios ambos para hacer frente a la admirable infantería ibérica. Además, tal como hemos visto, había habido sabotaje y la voluntad secreta de impedir la victoria, que paralizaba el envío de víveres, municiones y refuerzos, incitaba a los carreteros a echar al foso la pólvora y las balas de cañón que transportaban, y minaba la moral de los soldados, puesto que la victoria hubiese significado un triunfo para Soderini y eso era algo que sus enemigos políticos no podían permitir. Así pues, se había saboteado la guerra por temor a que la victoria consolidara la autoridad de un partido y muchos, incluso, habían anhelado la derrota para sacar provecho del desorden y derrocar al gobierno.

Era inútil, pues, dotar con un ejército nacional a un pueblo que careciese de sentimiento nacional. Los florentinos se habían visto en idéntica circunstancia demasiado a menudo a lo largo de su historia, absorbidos por sus disputas internas, al punto de subordinar el interés general al de su partido, cuando no al individual; se habían mostrado propensos a aceptar la ayuda de un ejército extranjero para derrocar a un gobierno que les disgustaba, rebeldes al gobierno nacional y por completo dóciles a las conminaciones de una potencia extranjera, en cuyas manos dejaban el destino de la patria; habían sido celosos, susceptibles, partidistas e incapaces de situarse por encima de las estrechas consideraciones de clan, familia y facción. Era imposible que su ejército venciese si la propia Florencia se había preparado la derrota.

Lo que había pasado en Florencia debía servir de ejemplo; para salvar Italia lo importante era, pues, crear al mismo tiempo el ejército nacional y el sentimiento nacional. Sin ejército, el sentimiento no era más que una atractiva y vana quimera. Sin sentimiento, un ejército no era más que un gran cuerpo inerte que los facciosos intentarían manejar en su provecho. Volviendo una vez más a los reproches de Petrarca a Cola di Rienzo, Maquiavelo se esforzó por despertar en el Papa el mismo entusiasmo que a él lo embargaba, de suscitar en aquel Medici, impaciente de imitar a sus ilustres ancestros, la ambición de convertirse en el «libertador de Italia».

No se desanimó. Después del fracaso de tantos «príncipes», dirigía ahora su mirada hacia el soberano que le parecía más digno de realizar aquella santa misión. ¿Cuántos italianos poseían ese sentimiento nacional? Tan pocos que Maquiavelo, en su búsqueda de un «hombre», muy pronto pondría sus esperanzas en Morone, un ser extraño, complejo e impenetrable, que quizá fue un patriota genial o puede que sólo un hábil aventurero. Estaba tan impaciente por ver hecho realidad su sueño de una Italia libre y unida, que estimuló en el uno la ambición, en el otro la devoción y en un tercero el espíritu de aventura. ¿Acaso no era capaz, él mismo, de montar a caballo, arengar a las masas y llevar los regimientos al combate? La fatalidad de su vida había sido el contraste entre la inmensa amplitud de sus sueños y la mediocridad de los medios materiales de los que había dispuesto. No tenía madera de condotiero, no pertenecía a la Iglesia, su origen no era principesco. Carecía, además, de las dotes del líder de masas, que podrían haber suplido esta desventaja. Era demasiado débil para llevar la armadura y su única arma era su inteligencia. Además, en el fondo era, quizás, escéptico, pesimista y razonador en demasía, lo cual le impedía llegar a ser un hombre de acción. Podía ser un excelente «lugarteniente», pero nunca un jefe.

Pero era elocuente. Su voz fina e incisiva otorgaba un prodigioso relieve a sus ideas. Su entusiasmo era tan ardiente que por sí solo poseía una especie de fuerza comunicativa. Jugaba con las ideas y las imágenes de tal modo que se adueñaba de la mente de su interlocutor y lograba hacerle ver ante sí las facetas brillantes de un proyecto capaz de conferir inmortalidad a quien lo cumpliese. Había, en fin, algo contagioso en su pasión por la grandeza, que sabía despertar en los demás. Y cuando se trataba de grandeza, un Medici nunca permanecía indiferente.

De manera que, al parecer, sus ideas habían conquistado al Papa. Clemente VII lo escuchó con atención y le dio su aprobación. El momento era favorable, sin duda, para la unificación de Italia; la guerra sangrienta que libraban Francia y España debilitaba a esas dos potencias enemigas. La batalla de Pavía, que había visto la derrota de los franceses, había sido por completo encarnizada, tanto que, de seguir batiéndose con semejante ferocidad, franceses y españoles muy pronto estarían agotados y se podría echarlos de nuevo fuera de Italia sin dificultad.

Maquiavelo abandonó el Vaticano exultante, con el encargo de una misión oficial. Había logrado que el Papa se adhiriese a sus ideas. Clemente VII, favorable a la creación de un ejército nacional, confió a Maquiavelo el reclutamiento. Le indicó que partiese para la Romaña, donde los hombres poseían las mayores virtudes guerreras, y que reclutase los regimientos que precisaba. El Papa le dio una carta para Guicciardini, que era quien allí mandaba, a fin de que éste le ayudase a realizar su tarea y Guicciardini, el frío, el escéptico, el irónico Guicciardini, que no albergaba demasiadas ilusiones, también se interesó por el proyecto y, aunque reservado, se mostró cordial y predispuesto.

Maquiavelo conocía bien la Romaña, pues la había recorrido varias veces. Había acompañado a César Borgia. Conocía bien las cualidades guerreras de aquel pueblo, pero no ignoraba la avidez con la que los pequeños potentados se peleaban y se disputaban las aldeas. A pesar de César Borgia, que le había quitado a sus príncipes, a pesar de Julio II, que la había arrancado al duque de Valentinois, la Romaña nunca se había unificado. Allí, más que en cualquier otro lugar, la mentalidad particularista alimentaba esas cuestiones de ambición y de *puntiglio*, que acentuaban más el carácter combativo de sus habitantes. Durante su gobierno, Borgia lo había atenuado —también contribuyeron a ello las feroces represiones de su baile, Ramiro dell'Orco—, pues, mediante su prestigio personal, había logrado conquistar el corazón de aquel país que, en rara ocasión, otorgaba su confianza y adhesión. Después de su muerte, la Romaña había vuelto a sus guerras civiles; luego, Julio II la había domeñado y ésta había parecido sumisa, pero más tarde había vuelto a sublevarse bajo el reinado de León X, quien carecía de medios militares para reducirla. De manera que, ahora, en aquella fuente de buenos soldados bullían las disensiones, puesto que sus príncipes eran o bien partidarios del Imperio o bien de Francia.

Parecía imposible, en semejantes condiciones, inspirar a los romañoles un sentimiento nacional. Además, desde el punto de vista material, no resultaba fácil encontrar futuros soldados en un país que los reclutadores extranjeros ya habían peinado. Por lo tanto, Maquiavelo tropezó con dos obstáculos, uno material, es decir, la ausencia de soldados disponibles, y el otro de índole moral, ya que ninguno de los pequeños soberanos romañoles «pensaba como un italiano». Por otro lado, los consejeros del Papa mostraban por esta empresa menos interés que Su Santidad, en especial Schomberg, que representaba en el Vaticano al partido del Emperador; alegaba que era peligroso armar a la Romaña, siempre animada por un espíritu rebelde y agitado. En su opinión, los romañoles respetaban poco a la Iglesia y las autoridades locales veían con muy malos ojos la invitación que el Papa les había hecho de asumir los gastos del adiestramiento y armamento de las tropas; pensaban que si el Papa quería soldados debía ser él quien los pagase, pues los franceses y los españoles no se andaban con tantos melindres.

Así pues, desde su llegada a Faenza, Maquiavelo tropezó con la mala voluntad de los señores con los que tenía órdenes de tratar. Éstos tenían sus preferencias, ya por Francisco I de Francia ya por Carlos V de España. Preferencias que, desde luego, se decantaban por quien más les pagaba. La esperanza de despertar un sentimiento patriótico parecía, pues, del todo irrealizable. Maquiavelo advirtió al Papa que sólo tendría a los romañoles si podía ofrecerles una soldada mayor que la de sus rivales. La cuestión económica era, en suma, fácil de solventar y la cuestión de sentimiento se vería resuelta al mismo tiempo. La adhesión de los romañoles a la causa francesa o española se convertiría en adhesión a la Iglesia, el día en que ésta fuera la que mejor pagase. El tesoro pontificio era bastante rico, a pesar de las dilapidaciones de León X, pues el juicioso y prudente Adriano VI había logrado ahorros, que sería ventajoso transferir a la cuenta del presupuesto para la guerra.

Maquiavelo esperaba con impaciencia la respuesta de Clemente VII para entablar nuevas negociaciones, pero ésta nunca llegó. Preocupado, consultó a Schomberg, Salviati y Guicciardini; de éstos, quienes le respondieron lo hicieron de forma evasiva, con una evidente resistencia a comprometerse. De sus cartas podía deducirse que el Papa había cambiado de opinión, que la cuestión del ejército nacional había dejado de interesarle y que la obligación de desanudar los cordones de su bolsa para financiar el armamento lo había disuadido de manera definitiva de un proyecto demasiado quimérico.

Era inútil permanecer en la Romaña, puesto que el Papa había revocado de manera tácita el mandato dado a Maquiavelo y, voluble como solía ser, se desinteresaba de todos los esfuerzos hechos por su historiógrafo. Así pues, Maquiavelo abandonó Faenza y volvió a Florencia, disposición de Su Santidad, le indicó, el día en que ésta pensara de nuevo en el ejército nacional.

Clemente VII nunca más volvió a pensar en ello y Maquiavelo, de vuelta a casa, encontró suficientes preocupaciones domésticas como para distraerse, al menos durante algún tiempo, de las militares. Su hijo Lodovico se había metido en negocios y había emigrado a Andrinópolis. Su casa de comercio no iba mal, pero su carácter irascible y pendenciero lo arrastraba a un proceso judicial tras otro. En especial, había uno contra un sacerdote, y advertía a su padre que si no resolvía el asunto a su conveniencia, él, Lodovico, mataría al sacerdote en cuestión.

Maquiavelo se empleó, pues, en arreglar las cosas y apenas hubo acabado la Señoría le confió, para su inmensa felicidad, una nueva misión. El debate era de poca importancia, pero ofrecía al antiguo secretario de embajada la ocasión de ver el país, hombres nuevos y de hablar de política con extranjeros. Misión comercial, como la que había realizado en Génova y en Luca, sin demasiada importancia política; tendría el placer, no obstante, de entrar en contacto con el dux y de litigar ante el Consejo de la Serenísima; hablaría, en fin, en nombre del rico y poderoso «Arte de la Lana», la corporación florentina más importante, que constituía casi un estado dentro del Estado.

¿De qué se trataba? De un bergantín florentino, que iba de Ragusa a Ancona, al que un navío veneciano, que llevaba a bordo al embajador del Gran Turco, había apresado en el puerto de Lesina. El comandante veneciano había detenido a tres jóvenes que regresaban de Oriente después de haber hecho fortuna y pretendía ponerlos en libertad sólo si le entregaban mil quinientos ducados de oro. Se trataba, ahora, de hacer que les devolvieran ese tributo que habían pagado, coaccionados y forzados, para gran perjuicio de su bolsa y del prestigio florentino.

Poco importa la continuación de este ridículo proceso. Maquiavelo aprovechó su estancia en Venecia para visitar la Reina del Adriático, charlar con hombres de Estado e instruirse en la construcción de navíos. Mientras, llegó a Florencia el rumor de que había comprado un billete de lotería y ganado tres mil ducados. Debió de ser sólo una habladuría, puesto que a su regreso lo encontramos tan pobre como lo era antes de su partida. Habladuría, al igual que la noticia que le comunicó Nerli, según la cual, en su ausencia, los escrutadores encargados de verificar los títulos de los candidatos a las funciones municipales habían admitido, sin pestañear, la candidatura de Maquiavelo, propuesta por algunos de sus amigos. Al parecer, algunas damas influyentes habían intercedido por él.

Con toda probabilidad debió de tratarse de admiradoras que no conocían de Maquiavelo más que al autor cómico y que se deleitaban con *Clizia* o *La mandrágora*, sin saber que también había escrito *El príncipe* y los *Discursos sobre la primera década de Tito Livio*. Su fama se debía mucho más a esas farsas que a sus obras de historia y política, en esa sociedad brillante, frívola y fútil, que dejaba inutilizados sus talentos más raros y eminentes, y se contentaba con reclamarle, con impaciencia, una nueva *Clizia* o una nueva *Mandrágora*.

Verdadera o falsa la noticia de que se contaba de nuevo entre los elegibles a los cargos públicos, consoló su corazón afligido. La indiferencia del Papa había herido en lo más hondo su esperanza y la naturaleza de los acontecimientos no era como para reconfortar a aquel patriota. Los imperiales, envalentonados por su victoria sobre los franceses, hablaban de invadir toda Italia. A Morone, en quien había puesto tantas ilusiones, lo había hecho prisionero el condestable de Borbón, aquel gran señor francés que había pasado al servicio de los imperiales, y no se sabía lo que iba a ser de él. ¡Verse reducido a contar con un Morone! Italia tenía que estar muy falta de hombres generosos y audaces para ver como posible libertador a este misterioso personaje, que quizá traicionaba la causa nacional o que, con una suprema y heroica habilidad, aparentaba jugar a dos bandas para mejor consumar la liberación de la patria.

A vuelta de inteligencia, cultura, habilidad y talento Morone había comenzado por ser el secretario de Ludovico el Moro y, al final, la administración del ducado de Milán había pasado casi en su totalidad a sus manos. A la caída del Moro, entró al servicio de los franceses, so capa de favorecer así a los milaneses, hasta el día en que apareció como consejero del hijo de Ludovico, Maximiliano. Un nuevo giro en su vida lo condujo al lado del menor de los Sforza, Francesco, cuando se exilió al mayor a Francia; para conseguirle a su señor la investidura del ducado, trató con los imperiales. ¿En interés de los Sforza? ¿En interés de Milán? Era difícil determinar al servicio de quién estaba Morone en realidad. Sin duda al servicio de su propia ambición y de su espíritu de intriga, tan ardiente como ingenioso.

Imposible de definir dada su complejidad, Morone parecía favorable al emperador, pero en realidad conspiró con Francia y tomó la iniciativa de un proyecto bastante parecido, en esencia, al de Maquiavelo: la creación de una liga italiana, bajo la protección del rey de Francia. Además, había puesto sus miras en el duque de Pescara, para hacer de él el libertador de Italia.

Maquiavelo no habría cometido ese error. Pescara era un ambicioso y sólo perseguía su interés personal. Al ofrecerle la dirección de la liga y la corona real, el día en que Italia volviera a ser libre, Morone no hacía más que estimular su codicia; en realidad, no trabajaba por el bien de la patria. Cabe preguntarse entonces si el objetivo de Morone no era sabotear un proyecto que estaba en el aire y hacerlo ya del todo irrealizable, más que participar en su ejecución. A menos que, una vez más, no estuviese todavía jugando a dos bandas y los soberanos a los que parecía favorecer no hubieran sido sino marionetas en sus hábiles manos.

No era una personalidad mediocre la de Morone. Digno de interesar a Maquiavelo, quien durante algún tiempo creyó en él. Aquel pequeño funcionario que aspiraba a ser el árbitro de los destinos italianos urdió una trama tupida en la que aprisionó a todo el mundo, al Papa, a los soberanos italianos, a Francia y al Imperio, sin que nadie pudiese decir con exactitud en aquella época —y nosotros apenas estamos mejor informados hoy— si Morone era un traidor o un político genial.

Su habilidad para salir de las situaciones más embrolladas le fue muy útil el día en que el condestable de Borbón, que lo tenía entre sus manos, le devolvió la libertad, con rescate, por supuesto; como prenda del pago de dicho rescate —considerable, por otro lado, y equivalente al rescate de un rey, ya que Morone era rico— dio a dos de sus hijos. Se creía que los imperiales estarían contentos de deshacerse de aquel agente que trabajaba para los franceses, y que éstos lo ejecutarían. Todo lo contrario: Borbón no sólo no lo entregó al verdugo, sino que lo mantuvo cerca de sí, como consejero y secretario. Y en la víspera de la toma de Roma, en el momento en que informaba al general imperial de las debilidades y puntos flacos de la ciudad, se puso en contacto con el Papa y ofreció venderle al condestable.

No existe en ese siglo individuo más raro y desconcertante que Morone. No fue un agente secreto ordinario ni un simple aventurero. Poseía un genio para la intriga a todas luces sin parangón, puesto que los soberanos italianos le otorgaban una confianza que le negaron a Maquiavelo y pusieron en sus manos la noble y difícil tarea de la liberación italiana. En ciertos aspectos se parece a Maquiavelo, pero representa más bien su «sombra», el lado oscuro del político, que era, por otro lado, gran patriota y hombre honesto.

Es muy probable que Morone no fuera ni una cosa ni la otra; cargado de maquiavelismo, se diría que se esforzó por dar una versión grosera, deformada, envilecida y caricaturesca de la imagen ideal del Príncipe. Había algo de criado de comedia en ese Fígaro de la política internacional. Si actuaba de buena fe, los medios que escogió para alcanzar su meta parecen inútilmente tortuosos y, además, poco prácticos. En cualquier caso, actuó como si buscase el fracaso de la causa que pretendía servir, más que como un patriota de verdad convencido y ferviente. A menos que, viéndose envuelto en intrigas demasiado complicadas, prisionero de su propia trampa y víctima, en suma, de sus artimañas, Morone no hubiera sido más que un intrigante torpe y asaz ambicioso, que confió demasiado en su astucia y duplicidad.

¡Pobre Italia! No sabiendo a quien confiar su suerte, se abandonaba a un Pescara y a un Morone, mientras que los ejércitos imperiales, cada vez más numerosos, cada vez más poderosos, cerraban su círculo. Desde los puertos alpinos, los regimientos suizos descendían, innumerables, para reforzar las tropas de Leyva y de Borbón. Francia no era ya un escudo eficaz. Su rey, prisionero en España, frustraba las esperanzas de sus partidarios, que habían visto en él al amigo de la libertad italiana.

Maquiavelo, sin embargo, seguía siendo partidario de la alianza francesa, después de haber calculado que Italia tenía menos que temer de los franceses que de los imperiales. Para él, eran menos «bárbaros» y se podía llegar a un acuerdo con ellos. Las gentes de Leyva y de Borbón, por el contrario, eran verdaderos salvajes que habrían de asolar el país. Si la desgracia de los tiempos hacía que Italia no fuese capaz de salvarse sola, que aceptase al menos la ayuda del extranjero más «civilizado».

«Los tiempos actuales reclaman resoluciones audaces, inusitadas, extrañas...» Era la razón por la que se había creído en Morone y en Pescara. Maquiavelo, también, tenía su candidato: era el hijo de su amiga Catalina Sforza, el famoso Giovanni de Medici, que se había convertido en un condotiero célebre, tanto como lo fueran Piccinino, Gattamelata o Colleone. Pertenecía a la nueva generación de capitanes de fortuna y todos lo consideraban el más ilustre de ellos. Era Juan de las Bandas Negras, llamado así por el color de sus uniformes. Un gran hombre de guerra y, un día, quizá, si se le guiase bien, un gran hombre de Estado. «Todos —escribió Maquiavelo a Guicciardini— miran al señor Giovanni como a un guerrero lleno de audacia, actividad y concepciones amplias, que sabe mejor que nadie tomar una resolución grande y generosa. Creo que no hay nadie a quien los soldados sigan con mayor entusiasmo y a quien los españoles teman y aprecien más, al mismo tiempo.»

¿Juan de las Bandas Negras haría lo que César Borgia no había podido hacer? Sí, si se le daban los medios. Por sí mismo sólo poseía un pequeño ejército, pero destacable por su disposición, cohesión, valor y disciplina. Juan de las Bandas Negras era el capitán más grande de su tiempo; que le pusiesen a la cabeza del ejército nacional y él derrotaría a los imperiales. Se esperaba que el proyecto interesase al Papa; se trataba de un Medici. La gloria conseguida por Juan de las Bandas Negras haría ilustre a toda la familia.

Pero Clemente VII no era de esa opinión; Giovanni delle Bande Nere no pertenecía a la *rama mayor*. Manifestaba gran talento, eso era indiscutible, pero al margen de la casa gobernante. Casi se había convertido en un extranjero para Florencia; en todo caso, había hecho su carrera apartado de los «grandes Medici». Si hubiera permanecido en el entorno del futuro León X o del futuro Clemente VII, si se hubiera contentado con ser, en suma, un «buen» Medici, dócil, mediocre y respetuoso con la supremacía de los mayores, se favorecería su ascensión. Además, apoyar a Juan de las Bandas Negras significaba tomar partido contra los imperiales. La Iglesia no quería comprometerse. Por lo tanto, no se daría a ese capitán ni un céntimo ni la investidura de la Santa Sede. Para mostrar su benevolencia con Maquiavelo, mientras rechazaba al candidato que éste proponía, Clemente VII consintió, sin embargo, en confiarle la inspección y reparación de las murallas de Florencia. Los capítulos de su obra *El arte de la guerra* relativos a las fortificaciones habían interesado al Papa, a quien preocupaba el avance de los imperiales. No quería cometer ningún acto de hostilidad contra ellos, pero, si éstos atacaban Roma o Florencia, era necesario que esas ciudades estuviesen en situación de defenderse. Clemente VII se imaginaba que si permanecía a la defensiva, evitaría verse envuelto en la guerra. Resistir era ganar tiempo, dar al rey de Francia la posibilidad de venir en ayuda de los italianos. Así pues, que las ciudades, en previsión de probables asaltos, consolidasen sus murallas y construyesen otras nuevas si las antiguas no estaban en condiciones de resistir los ataques de la artillería.

Por lo que se refería a Florencia, el proyecto de Clemente VII implicaba elementos nuevos que debían doblar las defensas de San Miniato.

En sus conversaciones con el pontífice, Maquiavelo había criticado este plan. Clemente VII ya no recordaba la topografía de Florencia y sus alrededores: rodear la colina de San Miniato con una línea de murallas habría implicado gastos considerables que la Señoría, siempre ahorradora, habría rechazado sufragar. Además, una superficie tan vasta sería más vulnerable y habría que contratar a demasiada gente. Por lo tanto, era mejor limitarse a lo que habían hecho los antiguos cuando diseñaron las murallas de la ciudad, contentarse con consolidar aquellas que eran poco resistentes e instalar, de tanto en tanto, bastiones que alojasen la artillería. Maquiavelo se había hecho acompañar en su inspección por el capitán español Pedro Navarra, reputado por sus conocimientos en poliorcética. Interesado en dejarse aconsejar por las gentes de oficio y los especialistas, no quería fiarse de sus conocimientos ni de su instinto. Navarra le daría buenos consejos y, con respecto al Papa, se cubriría añadiendo a la suya la opinión de un oficial reputado en su arte. Para la ejecución de los trabajos, en fin, llamó a Antonio de San Gallo, el gran arquitecto que —aconsejado por él— había desviado el Arno durante la guerra de Pisa. En aquel momento, San Gallo estaba en viaje de inspección de plazas fuertes en suelo lombardo.

Los florentinos no veían con buenos ojos los planes de Maquiavelo. Temían que modificara el trazado de los muros, bien llevando las defensas hacia el interior de la ciudad, lo que dejaría a ciertos barrios a merced del invasor, o bien desarrollándolo en exceso, lo cual obligaría a las milicias cívicas a vigilar más a menudo las murallas. Todos temían, pues, que se hiciera pagar a la ciudad, como habría sido justo, por otro lado, los trabajos emprendidos para su protección. En lugar de secundar con entusiasmo la iniciativa de Maquiavelo, la opinión pública lo abrumó con críticas y manifestó su mala voluntad negando tanto su cooperación material como su dinero.

Con toda la prudencia requerida, Maquiavelo recurrió al Papa para rogarle que el Tesoro pontificio se hiciera cargo de los gastos que sus conciudadanos no querían sufragar. «Nos parece necesario —escribió a Francesco Guicciardini, embajador de la República en la Santa Sede y consejero muy escuchado por el Papa— que Su Santidad dé órdenes para que podamos usar su crédito. Puesto que está bien dispuesta a ayudarnos, sería ahora el momento; esto nos sería tanto más beneficioso porque estamos convencidos, más que nunca, del peligro que supondría comenzar nuestra operación perjudicando la bolsa de los ciudadanos con un nuevo impuesto.»

Con el corazón afligido y la mente inquieta, puso manos a la obra. Contaba con colaboradores muy valiosos en la tarea, Baccio Bigio y San Gallo. No habrían de faltarle talentos, aunque sí, con toda probabilidad, carecería del entusiasmo popular, del impulso unánime y del sentimiento patriótico. Ya se preveía que, para realizar los trabajos de movimientos de tierra, habría que reclutar a la fuerza a campesinos en los pueblos de los alrededores, cuando las cosechas se hubieran entrojado.

Desde el punto de vista técnico, se trataba de transformaciones considerables, ya que había que tener en cuenta el armamento nuevo y levantar bastiones capaces de soportar grandes piezas de artillería. La construcción de éstos haría inevitable la demolición de ciertas casas. Podemos imaginar entonces qué griteríos debieron de acoger a los demoledores, las vociferaciones, injurias, maldiciones y acusaciones estúpidas contra el autor de aquellos trabajos, los reproches por haber salvado tal vivienda y haber derribado tal otra. Es muy probable que Maquiavelo perdiese en este asunto toda su popularidad. Mientras circundaba la ciudad con Navarra, sus arquitectos, ingenieros y jefes de obra, atento a que se hiciera el mínimo de estropicio y, también, el mínimo gasto, y poniendo toda su alma en esta tarea, puesto que se trataba de su querida Florencia, a cuya salvación había consagrado toda su vida, se decía que nadie estaría contento, ni el Papa ni los florentinos. Podía temerse, en fin, que voluble como era —lo había demostrado a las claras en la cuestión del ejército nacional—, Clemente VII se desinteresara de repente de esos trabajos, que hoy parecía tan impaciente por ver terminados, y cuyo peso y responsabilidad cargaba sólo en Maquiavelo.

A éste no le gustaban las asambleas públicas, las «comisiones», cuyo papel era, las más de las veces, paralizar las iniciativas de los individuos; pero, en este caso, estuvo contento de que le respaldase un comité: el de los Cinco Procuradores de los Muros, cuya creación propuso al Consejo de los Cien e hizo nombrar por éste. Ese comité, una vez instituido, nombró a Maquiavelo canciller e «inspector de las defensas». Para ayudarlo en su tarea, se le asignó a uno de sus hijos, que debía servirle de secretario, y a un tesorero. Se habían escrito cartas a los potestás de ciudades y pueblos, en demanda de campesinos para llevar a cabo las grandes obras. Se comenzaba a remover la tierra, a excavar fosas, a encauzar el Mugnone, lo que era una magna empresa. No sin tropezarse con mil dificultades por parte de los florentinos y los potestás, y por parte del Papa, que se obstinaba en su idea de fortificar San Miniato. Cuando le señalaba el aumento de coste que eso acarrearía, el Papa replicaba triunfante que sería fácil cubrirlo mediante la valoración que esta defensa supondría para los terrenos así cercados. «En cuanto a las medidas a adoptar para fortificar la puerta de Prato y de la Justicia, así como las zonas situadas al otro lado del Arno y las cercanías de las colinas, tal como nos recomienda con prudencia Su Santidad, no escatimaremos ningún esfuerzo para satisfacerla», escribía Maquiavelo en las cartas destinadas al Papa; pero en sus cartas familiares, declaraba con mayor franqueza: «Todo esto no es más que una fábula y el Papa no sabe lo que dice.»

Al final, toda aquella agitación no condujo a un resultado del todo efectivo. Aunque las nubes amenazantes oscurecieran el horizonte político, la mala voluntad de los ciudadanos, la negligencia de los Procuradores de los Muros y los retrasos del Tesoro en pagar a los obreros impedían la finalización de la obra. Se encontraron también con que, después de haber echado abajo algunas partes de muralla para construir los bastiones destinados a la artillería, eran incapaces de reemplazarlas, de modo que quedaron grandes brechas, por las que el enemigo podría haber entrado si Florencia hubiera sido su objetivo. Por fortuna para la República, los imperiales preferían amenazar Roma, tanto por el prestigio que coronaría al vencedor de la Ciudad Eterna como por el botín que conseguirían sus soldados. Pero, como decía Maquiavelo a sus conciudadanos, para estimular su patriotismo: «Estad seguros de que el día en que Roma caiga, Florencia la seguirá de cerca.» Y durante aquel tiempo, Clemente VII, que pretendía salir del mal paso a fuerza de cortés duplicidad, zigzagueaba entre el rey de Francia y el emperador, y les reiteraba, alternativamente, su ferviente y exclusiva amistad.

CAPÍTULO DIECISIETE

Los últimos sinsabores

Carlos V estaba cansado de las prórrogas diplomáticas. Después de la mala pasada que le había jugado Francisco I, aspiraba a reanudar la guerra con una energía aún mayor, para acabar de una vez. Ese hombrecillo voluntarioso, de mandíbula prominente y mirada audaz, quería meter al Papa en su juego. Desconfiaba de las intrigas vaticanas, temía que la unión de los Estados italianos se hiciera realidad un día y que el Papa inventara un «liberador» para condensar a su alrededor todos los ardores de Italia, todas sus inquietudes, esperanzas y cóleras. Por lo tanto, había decidido apoderarse de la Santa Sede y valerse de la violencia, puesto que Clemente VII se negaba a aliarse con él.

Era fácil encontrar en el propio entorno del Papa a un hombre que hiciera el juego a los imperiales. El cardenal Colonna se había propuesto para organizar la trampa en la que hacer caer a Clemente VII. Lo prenderían y luego se reuniría un concilio para deponerlo; mejor aún, caería enfermo de repente y moriría, lo que simplificaría las cosas. A continuación, el cardenal Colonna recibiría la tiara y, de este modo, Carlos V sería el dueño de Italia.

Mientras Maquiavelo, devorado por la angustia, presionaba a los trabajadores perezosos, mendigaba dinero al Tesoro y corría desde el alba de un bastión a otro para ver lo que ya se había hecho y lo que quedaba por hacer, la traición minaba el trono pontificio. Clemente VII obcecado en su idea de fortificar San Miniato y de ganar ochenta mil ducados en la operación, descuidaba lo que pasaba en su propio palacio. Colonna tomaba sus últimas disposiciones. Moncada, el general español, le había dado carta blanca, y le había prometido el apoyo del ejército imperial el día en que su «golpe de Estado» hubiera tenido éxito.

Los bárbaros estaban a las puertas de Roma. Al viejo romano que Maquiavelo era, tanto afectiva como intelectualmente, la perspectiva de ver caer la ciudad en manos de los alemanes y los suizos le causaba un dolor desgarrador. Italia no era ahora más que un barco arrastrado por la tempestad. Los propios italianos, que deberían haberlo salvado, se encarnizaban en romper los mástiles, desgarrar las velas y reventar el casco. Por motivos de interés personal, orgullo o ambición, príncipes, cardenales, generales y políticos desmembraban su patria en lugar de defenderla. Una liberación basada en la unidad y la armonía parecía cada vez más irrealizable. Todos los hombres que habrían sido capaces de realizarla habían recibido los duros golpes del destino. A los veintisiete años, el Príncipe, César Borgia, se había venido abajo. Julio II no había podido ver su obra terminada. Clemente VII no era más que un Medici superficial, un Medici insignificante al lado del viejo Cosme y de Lorenzo el Magnífico. Morone cometía traición. No se quería a Juan de las Bandas Negras... Así pues, ¿había que perder las esperanzas en Italia?

Desde Alemania y Suiza, los lansquenetes descendían en masas densas, agitando sus estandartes, haciendo serpentear sus espadas a dos manos, en medio del redoble de los grandes tambores. Todo el mundo tomaba las armas y se apresuraba a reclamar su parte de los despojos de Italia. Con la idea del magnífico botín que pillarían en esas ciudades antiguas, preciosas y ricas, los montañeses y campesinos germanos se enrolaban en las bandas imperiales. Francia, en quien Maquiavelo había creído durante tanto tiempo, ya no era lo bastante fuerte como para proteger a sus aliados italianos. Francisco I era un caballero, pero no era un gran hombre de guerra, y Carlos V, menos preocupado por cuestiones caballerescas, le imponía una guerra acre y dura. La Italia de los Catones y Escipiones, la Italia de Dante y Petrarca se precipitaba hacia su decadencia. El salvador no aparecía —quizás el propio Maquiavelo ya no creía en él— y se vería a las hordas teutonas abrevar a sus caballos en el Tíber primero y luego en el Arno.

Todo estaba perdido. Un día, la noticia de la toma de Roma por Colonna aterrorizó a los florentinos. El cardenal, cómplice de los españoles, había introducido en la ciudad su propio ejército, tres mil infantes, artillería y ochocientos soldados de caballería; sólo la huida precipitada había puesto a Clemente VII a salvo. El Papa corrió al pasadizo secreto que conducía del Vaticano al castillo de Sant'Angelo y que guardaba la fiel guardia suiza, y se ocultó tras los enormes muros edificados sobre el mausoleo de Adriano. Se tenía el castillo por inexpugnable, pero Colonna, que quería atrapar a su enemigo, ordenó el asalto. Sin duda habría hecho prisionero a Clemente VII de no ser por Moncada, quien apareció en aquel momento, ordenó al cardenal traidor que retrocediera e instó a Clemente VII, incapaz ya de negarse, a firmar la tregua que había rechazado desde hacía varios años.

La debilidad del duque de Urbino, que mandaba el ejército pontificio, sus movimientos incoherentes, mal coordinados con los de sus aliados, en especial con la armada genovesa de Doria, paralizaba las operaciones. Le faltaba al duque un buen consejero político, un hombre a la vez instruido en los asuntos de la guerra y de la política, que pudiera dirigir los movimientos e inspirar a ese capitán irresoluto las decisiones necesarias. Sólo un hombre podía desempeñar aquel papel, y Guicciardini, que acompañaba al ejército en calidad de lugarteniente del Papa, lo sabía bien: Maquiavelo.

Maquiavelo se defendió de entrada, alegando la urgencia de sacar adelante los trabajos de fortificación. Se le respondió que había en Florencia un hombre enérgico y competente en materia de construcción, puesto que era arquitecto y, además, interesado por las cuestiones militares: el escultor Buonarroti, ese Miguel Ángel al que Julio II, hacía poco, había puesto a todas las tareas, y que en todas sobresalía. La Señoría aceptó, pues, la proposición de Guicciardini, sustituyó al historiador por el escultor en las obras y envió a Maquiavelo al campo pontificio.

La esperanza renacía. Cremona, delante de la cual se marcaba el paso desde hacía mucho tiempo, se había rendido. Por lo tanto, las tropas italianas, inmovilizadas durante ese asedio, volvían a estar disponibles justo en el momento mismo en que los imperiales mostraban signos de cansancio. La impaciencia con la que Moncada acuciaba al Papa para que consintiera en la tregua, en asociación con los venecianos y genoveses, podía ser decisoria. Había llegado el momento de arrollar a los españoles, afirmaba Maquiavelo, de liberar Milán, de tomar Génova, con ayuda de Doria... Guicciardini, también él rebosante de ardor, apremiaba al duque de Urbino y éste, que se había decidido, se preparaba para marchar, cuando, de repente, el anuncio de la huida de Clemente VII y de la tregua minó aquel entusiasmo.

Maquiavelo sugería que no había que dar la causa por perdida mientras Juan de las Bandas Negras siguiese en guerra, pues su ejército no estaba incluido en la tregua, ya que dependía, en teoría, de los franceses y no del Papa. Había que darle de inmediato la recompensa que reclamaba ya que, de lo contrario, se correría el riesgo de que el Medici abandonase la partida. Sólo disponía de cuatro mil hombres, pero los «bandas negras» eran los mejores de Italia y capaces de hacer cambiar el cariz de las cosas.

Ahora que había vuelto a la actividad, Maquiavelo ya no conocía el desaliento. Sin embargo, para un hombre ya entrado en años, aquélla era una vida dura, con continuas galopadas del campo a Roma, de Roma a Florencia y de Florencia, de nuevo, al campo. Al inspector de las defensas también le preocupaba saber de qué manera el escultor llevaba a cabo su misión. ¿Estaba al corriente de los progresos de la artillería, sabía cómo se construían plataformas para las grandes bombardas? Para incitar al Papa a violar la tregua que se le había impuesto por la fuerza, le recordaba el pasaje de *El príncipe* donde se decía que «aquellos que desprecian el papel de zorro apenas conocen su oficio; en otras palabras, un príncipe prudente sólo puede y debe mantener su palabra cuando puede hacerlo sin perjudicarse y cuando las circunstancias en las que ha contraído el compromiso aún subsisten». Las circunstancias habían cambiado, en el sentido de que el ejército español estaba debilitado; por lo tanto, según la moral de Maquiavelo, el Papa estaba del todo justificado si ignoraba la tregua que había firmado.

Julio II no habría dudado. Tampoco Alejandro VI, de quien Maquiavelo sostenía que, toda su vida, hizo del engaño un juego. Protestas o promesas, nada le costaba; nunca un príncipe violó tanto su palabra y respetó menos sus compromisos. «Era así —añadía con gravedad el historiador— porque conocía perfectamente esta parte del arte de gobernar.» Partidario de la guerra a ultranza, no se dejaría detener por una consideración tan pueril. Más de una vez había demostrado que «el príncipe más feliz es aquel que sabe cubrirse mejor con la piel de zorro». Por eso, llegada la circunstancia, cuando la salvación de la patria lo exigía, los escrúpulos resultaban absurdos e incluso criminales.

Clemente VII era escrupuloso o puede que sólo timorato. Una acción enérgica podía ser liberadora. El Papa tenía bajo sus órdenes a trece mil suizos y veinte mil italianos. Los imperiales no eran tan numerosos. Sin embargo, Clemente VII dejó a Carlos V aplastar la rebelión de Milán; dejó a Doria arreglárselas con la flota española, comandada por Lannoy; la escuadra genovesa habría podido detenerlo de habérsele prestado ayuda. Mientras se dudaba, el terrible Frundsberg, a quien el fanatismo religioso inflamaba tanto como la esperanza del pillaje, concentraba a sus lansquenetes, doce mil, se decía, para reducir a cenizas la Nueva Babilonia. Clemente VII no había tomado en serio las consecuencias militares y políticas de la Reforma, de las que una de las más importantes era el entusiasmo religioso, que incitaba a la victoria y a la matanza a los protestantes suizos y alemanes. Hasta entonces, las guerras de Italia no habían sido para ellos más que «aventuras»; hoy adquirían el aspecto de cruzadas.

Se habría podido aplastar a los lansquenetes cuando atravesaban las ciénagas de Mantua; pero no se hizo. El duque de Ferrara que era el artillero más hábil de su tiempo y poseía un material incomparable se había pasado a los imperiales a raíz de todas las afrentas que el Papa le había infligido. Clemente VII no había comprendido cuánto le interesaba contarlo entre sus aliados. Librado a sus propios medios, Juan de las Bandas Negras tropezó con la colosal artillería de los españoles y los ferrareses, y murió de un cañonazo; simbólico fin el del último condotiero de la escuela de Barbiano, Piccinino y Colleone. Por su parte, el duque de Urbino, que se había tomado la tregua en serio, había vuelto a su casa.

El carácter indeciso de Clemente VII le impedía, una vez más, hacer el gesto que habría salvado la situación. Todavía podía hacer frente a los imperiales, aunque cada día de espera se volvía a favor de éstos, que recibían sin cesar nuevos refuerzos. Parecía que toda Alemania y toda Suiza se precipitasen a la lucha, tan numerosos eran los regimientos que pasaban los puertos y bajaban a las llanuras de Italia. Había que optar por una de las dos alternativas que existían aún, aunque nadie sabía por cuánto más tiempo se tendría la posibilidad de elegir. O conducir la guerra con una extrema audacia y brío, con el argumento de que la indecisión los debilitaba y que el tiempo corría a favor de los imperiales o, si no se decidían por esta acción desesperada, poner fin a una guerra desastrosa y pedir la paz.

Los florentinos deseaban la paz. Sin duda, no tenían gran confianza en las murallas de su ciudad y estaban dispuestos a comprar la tranquilidad y la seguridad, al precio que fuese, con tal que la pesadilla de la invasión dejara de abrumarlos. Maquiavelo, que iba y venía sin cesar de Florencia a Roma, cuando no estaba en el campo junto a Guicciardini, llevaba al Papa mensajes alarmados de la Señoría. El miedo de los florentinos debía de ser grande puesto que, a pesar de su avaricia tradicional, ofrecían a Clemente VII ciento cincuenta mil ducados si firmaba la paz.

El sentimiento personal de Maquiavelo resulta más difícil de conocer. Era, ya lo hemos visto, partidario de la guerra a ultranza, pero no de una guerra absurda, abocada al fracaso. Una de las grandes fuerzas de este hombre —y uno de sus preciosos méritos— era la de no obstinarse jamás en una opinión cuando los acontecimientos le quitaban la razón; la libertad de cambiar de parecer, en la medida en que los acontecimientos lo empujaran a ello, era para él uno de los privilegios más esenciales y necesarios del hombre libre. Por eso su juicio seguía las vicisitudes de la indecisión del Pontífice, quien no se resignaba ni a la paz ni a la guerra, probablemente porque era incapaz de hacer ni la una ni la otra. Clemente VII no sabía si herir al emperador y permitir las escaramuzas contrarias a la tregua o, quizá porque era demasiado escrupuloso, tener la franca y decisiva audacia de considerar nula y sin valor dicha tregua. El duque de Urbino, tan indeciso como él, estaba en la misma disyuntiva, a tal punto que Guicciardini se preguntaba si era un traidor, un imbécil o sólo un cobarde. Algunos atribuían esta inercia a un plan concertado por los venecianos, a los que una victoria del Papa habría contrariado. El duque de Urbino ni siquiera supo aprovechar una sublevación de los lansquenetes de Frundsberg, que le habría permitido aplastarlos. Los soldados de fortuna reclamaban en vano su paga a los tesoreros, que para variar no tenían dinero. Los lansquenetes comenzaron por protestar, luego tomaron las armas y quisieron hacer rehenes a sus oficiales. El condestable de Borbón se ocultó, pero Frundsberg, creyéndose capaz de calmar a sus hombres con su sola presencia, se acercó a ellos y quiso arengarlos. Lo acogieron con tales vociferaciones que el pobre hombre, invadido por la estupefacción y la ira, cayó sobre un tambor y murió de una congestión.

En lugar de aprovechar los tumultos que desorganizaban el ejército imperial, Clemente VII firmó un tratado. Aceptó las condiciones deshonrosas y ruinosas que le impuso Carlos V. Aceptó reconocer a los imperiales la propiedad del reino de Nápoles, del que retiraba sus ejércitos. Aceptó que el traidor cardenal Colonna regresara a Roma y volviera a ocupar su puesto en el Vaticano. Aceptó pagar sesenta mil ducados al condestable de Borbón..., secretamente contento, quizá, de terminar de este modo una guerra que le costaba muy cara. Y como si la paz ya estuviera garantizada de manera definitiva, comenzó a desguarnecer Roma y a licenciar a sus soldados.

Carlos V había interpretado bien su papel de zorro. Mientras el Papa se imaginaba haber comprado la tranquilidad al precio de todas esas concesiones, el condestable de Borbón fingía una gran cólera, pues, en su opinión, se había firmado el tratado sin consultarlo. Los sesenta mil ducados que le prometían eran una suma irrisoria y consideraba tener el derecho de proseguir la guerra a su antojo, hasta que hubiera obtenido más justa satisfacción.

La comedia era perfecta. Un enviado del Papa ofreció ciento cincuenta mil ducados al condestable, que debía alejar a su ejército en cuanto hubiera recibido ochenta mil; ésas eran las condiciones que se habían fijado en el transcurso de una entrevista oficiosa. Pero una vez más Borbón las rechazó.

¿Qué quería entonces?

Si hubiera respondido con franqueza, habría dicho que quería tomar Roma y saquearla, pero no le gustaba hacer alarde de tal cinismo y, además, había que dar tiempo al Papa para que se debilitase de una manera irreversible y a los refuerzos alemanes para que pasasen los puertos nevados. Maquiavelo se desesperaba ante aquellas lentitudes, vacilaciones y falsas maniobras que agotaban a Italia. Veía a los imperiales cada vez más numerosos, cada vez más voraces; una plaga de langostas que antes de desaparecer lo devastaría todo. Veía a la liga italiana desmembrada, desunida, puesto que aquellos aliados de un día carecían del suficiente sentimiento nacional para permanecer unidos en la desgracia y el peligro. Cada cual pensaba sólo en salir del mal paso y poco le importaba lo que fuese de Italia. Cada cual estaba dispuesto a sacrificar a sus aliados con tal de sufrir el menor daño.

Se recuperó la esperanza el día en que Morone, que acompañaba al ejército del condestable, ofreció traicionar a sus nuevos señores por tres mil ducados; era tan grande el desconcierto de aquel pobre pueblo que estaba dispuesto a dar su confianza a tan dudoso personaje. Hostigado por la Señoría, que lo apremiaba para que instara al Papa a capitular, cualesquiera que fuesen las condiciones impuestas, Maquiavelo, flagelado por la lluvia y el viento, agotaba sus caballos en viajes incesantes. Iba a Parma, a Bolonia, a Florencia, a Roma y al Casal Maggiore; estaba con el ejército, en la Corte y en el Consejo. Lleno de amargura, vergüenza y decepción, hastiado de la cobardía y la necedad, sostenido, sin embargo, por esa fe inquebrantable que tenía en la idea de Italia, una y libre, reconfortado por su pasión patriótica, esperaba todavía y contra toda probabilidad, puesto que no había un hombre entonces en Italia —ni uno solo—, que fuese capaz de conducir una guerra de liberación. Juan de las Bandas Negras, en quien había puesto tantas esperanzas, había muerto. Morone, que en cierto momento captó su interés, no era más que un personaje de comedia, un bribón que quería dárselas de gran político, un traidor vulgar, desvergonzado y mitómano. ¿Hacia qué lado volverse, de quién esperar la salvación y el consuelo? Obsesionado por las cartas de los suyos, que tenían miedo, debía tranquilizar a Marietta y a los niños. Florencia había vuelto a sumergirse en los grandes terrores de la Edad Media. El pueblo entero temblaba, rezaba y lloraba. Aislados en la villa de Sant'Andrea, su mujer y sus hijos se desesperaban y oteaban al horizonte: ¿no era la horda de los lansquenetes la que saqueaba las iglesias, deshonraba los sacramentos y masacraba a los siervos de Dios? Rogaban a Maquiavelo que fuese pronto a socorrerlos, puesto que se morían de miedo en su casa campesina, en la vasta soledad, a merced de los invasores.

Con dulzura y ternura, les escribía que no había nada que temer, que regresaría muy pronto. Y, sin embargo, carcomido por la angustia y la pena, devorado por el dolor material y moral, se veía obligado a aumentar la dosis del remedio que le habían prescrito para calmar su enteritis. No tenía un solo día de reposo, un momento de descanso, puesto que sabía que el duque de Urbino volvía a caer en la inacción en cuanto se lo abandonaba a sí mismo y que el Papa no pensaba más que en el dinero y se regocijaba, ciego él, pensando en lo que iba a ahorrar ahora que la guerra había terminado. Tambaleándose detrás del ejército, compartiendo sus marchas y sus contramarchas incoherentes, necesario al Vaticano, necesario al Palazzo Vecchio, necesario al consejo de los generales, sin confianza, sin ilusión, sin esperanza, no teniendo ya en el corazón más que aquel ardiente amor por la patria que lo desgarraba, en medio de la tormenta y las ventiscas de nieve, recorría los caminos, como si el país aún pudiera salvarse.

El 16 de abril de 1527, escribió desde Forlì una carta en la que mostraba toda su entereza y su indomable resolución, y aquel optimismo «a pesar de todo» que era la base de su carácter. «Mañana debe ser un día decisivo para nosotros. El motivo es que, si el enemigo se acerca, se ha tomado la resolución de declararse francamente por la guerra y de que ni un solo pelo piense en la paz; si permanece tranquilo sólo se pensará en la paz y se abandonará toda idea de guerra. Por lo tanto es necesario que naveguéis con el mismo viento; y que si se resuelve por la guerra, cortéis por lo sano cualquier trámite pacífico y hagáis para que todos los aliados marchen adelante sin que ninguna consideración los retenga; puesto que en ese caso ya no hay que renquear, sino actuar con decisión; a menudo la desesperación proporciona recursos que la reflexión nunca hubiera encontrado.»

Por desgracia, el Papa «renqueaba» siempre. Renqueaba entre la paz y la guerra; engatusado por las negociaciones engañosas del condestable de Borbón, no tenía el valor de hacer el gesto que pondría, quizás, a toda Italia de su lado. ¡Ah! Si Julio II estuviera ahí... Y ¡César Borgia...! El tiempo de los superhombres había pasado; ya sólo quedaban ruines y mediocres marionetas, juguetes de los acontecimientos, de los otros hombres o de Dios. «Amo a mi patria...» Su mano debió de temblar cuando escribió esta frase. Y añadía: «Confiad en la experiencia que me han dado mis sesenta años, pues no creo que haya habido nunca posición tan difícil como ésta en la que nos encontramos.» Y el infatigable luchador, el estratega que soñaba con mandar ejércitos, el vencedor de Pisa, el confidente de los Vitelli y de César Borgia, obligaba a su mano, su pobre mano entumecida por el frío, destrozada por las riendas, magullada por el cansancio, a escribir unas palabras que, a buen seguro, eran lo más desgarrador y humillante que aquel día podía escribir: «Es necesario hacer la paz.»

¿Abandonar Italia a los bárbaros? No se podía hacer otra cosa. Si no se firmaba la paz, ellos lo destruirían todo. Ese deseo de paz que, en Clemente VII, en el duque de Urbino y en los florentinos era un reflejo de la cobardía, representaba en Maquiavelo la devoción suprema por la patria, el más elevado cumplimiento del sentimiento patriótico. Obstinarse en una lucha vana no era una prueba de heroísmo, sino de necedad. El héroe era el hombre que habiendo preparado todo para la victoria se lanzaba a la batalla con todas sus fuerzas materiales y morales, no el imprudente que gritaba y vociferaba mientras se hallaba débil y desarmado. ¿De qué servía un corazón intrépido si se carecía de armadura?

Malditos los profetas desarmados, clamaba en otro tiempo, en el tiempo de su juventud ardiente, cuando escuchaba los sermones de Savonarola y, perspicaz, preveía el cercano fin de aquel caballero de Cristo. Maldito, clamaba ahora, el hombre que habla sin cesar de la guerra y no es capaz de hacerla. Maldito el belicista desarmado... No había ninguna vergüenza en hacer la paz, si no se estaba capacitado para hacer la guerra. El imbécil y el imprevisor no eran héroes.

Podía verlo con toda nitidez ahora que tanto en el Vaticano como en el campo, impotentes, veleidosos y abúlicos oscilaban entre la política de paz y la política de guerra, amenazaban con necedad a un adversario más fuerte que ellos, provocaban a aquel que podría aplastarlos con un solo gesto, y mientras blandían su debilitada espada revelaban su debilidad y su terror mediante las ofertas de paz que hacían o que se dejaban hacer.

¡Como si semejante alboroto pudiera engañar al emperador!

Puesto que ya estaban fuera de combate, debían reconocerlo al instante y negociar, pues de nada les serviría proseguir una política de abdicación y provocación a la vez. No obstante, la tregua acordada por el Papa, las concesiones propuestas al condestable de Borbón, no lo contentaban, pues seguían siendo medidas a medias. Borbón era un hábil zorro que sólo pensaba en ganar tiempo. Y, para confirmar las inquietudes, angustias y decepciones de Maquiavelo, el 11 de mayo irrumpió en el palacio de los señores un correo que venía de Roma, gritando a su paso la terrible noticia: los imperiales habían tomado Roma; habían asolado y saqueado la Ciudad Eterna.

Aquello había ocurrido tres días antes, el 8 de mayo. Cuando el ejército del duque de Urbino había abandonado la ciudad, en el transcurso de una torpe maniobra para acercarse al ejército imperial, el condestable de Borbón aprovechó la ocasión para ordenar el asalto. El asedio, a fin de cuentas, no había sido largo. Borbón había muerto de un arcabuzazo, pero la ciudad había quedado reducida a cenizas. Los lansquenetes se pavoneaban cubiertos con casullas y sobrepellices, sus caballos pernoctaban en las iglesias y las prostitutas, coloradotas y empenachadas, que siguen a los regimientos bebían en los cálices y copones los añejos y delicados vinos de las bodegas romanas.

Repuesta de su estupor, Florencia pensó enseguida en las consecuencias que este acontecimiento tendría para ella. El ejército alemán, que ya no encontraba obstáculos ante sí, iba a bajar a la Toscana. ¿Qué podía oponérsele? Una guarnición débil, mal ejercitada y paralizada por el miedo, murallas inacabadas, en las que Miguel Ángel y Maquiavelo habían trabajado en vano, más hubiera valido dejarlas tal como estaban antes.

La ira inundó Florencia y empujó a sus gentes a la sublevación: aquel sentimiento, más violento aún que el miedo y el instinto de conservación, arrojó al pueblo a las calles. De nuevo se oyó el antiguo grito: ¡libertad! Y, a dos pasos del enemigo, amenazada por la suerte que acababa de aplastar a Roma, en lugar de ejercitar sus milicias y de reforzar sus bastiones, Florencia, volviendo a su tradicional costumbre, hizo una revolución.

Era necesario encontrar un responsable de las desgracias del tiempo. No, sin duda, esa especie de gran cuerpo, ese *corpassone*, como escribía con tanto desprecio Guicciardini, que «se consume en nimiedades y descuida las cosas importantes. No es capaz de hacer nada y tampoco quiere que los otros hagan algo. Sólo mira el palacio Medici y el palacio de la Señoría, abandona los intereses del Estado, no ve la ruina y la amenaza. ¡Dios mío, qué doloroso es contemplar tanto desorden!» El *corpassone*, esa Florencia indiferente, denigrante, ciega e inerte, atenta sólo a los enfrentamientos políticos, que eran su pasión, su placer y su ocupación preferida, ese *corpassone*, esa gran masa abúlica, embrutecida por las disputas de partidos, ensordecida por sus oradores, quiere «hacer pagar» a alguien su miedo, y habían de ser los Medici, por supuesto, los que pagasen, tal como hicieron en 1494. Así, una vez abolida la tiranía, y proclamada la República, con solemnidad, con mucho entusiasmo y emoción, la patria estaría salvada, los imperiales se alejarían y la paz reinaría de nuevo para traer otra vez la prosperidad, la concordia y la felicidad.

Ahuyentado por la violencia popular que estallaba en las calles, Passerini, el gobernador de Florencia, huyó con los dos jóvenes Medici, Hipólito y Alejandro, a los que tenía a su cargo. El pueblo se abalanzó sobre las casas de los Palleschi, mató a palos o apuñaló de paso a algunos ciudadanos a su juicio sospechosos y volvió a encontrarse en la misma situación que en 1494, es decir, en plena revolución. Pero esta vez, Savonarola ya no estaba para poner orden y calmar los furores de la muchedumbre, en nombre de Cristo Rey. Y el ejército imperial era mucho más peligroso que las tropas de Carlos VIII.

¿Qué pensaba Maquiavelo? Aquel liberal no se alegraba de semejante orgía de libertad.

El antiguo adversario de los Medici no creía que su marcha lo arreglase todo ni que bastase con cambiar la forma de gobierno para ahuyentar el peligro extranjero. Si se quería hacer creer al pueblo que un cambio de régimen pondría fin a todas las dificultades y éste lo creía, muy bien, pero él, Maquiavelo, y su amigo Guicciardini, hombres de razón y experiencia, hombres instruidos en historia, que ya habían visto muchas cosas después de sesenta años, no se dejaban engañar por esa clase de mentiras. El nuevo gobierno tropezaría con los mismos obstáculos que el anterior y no sería más capaz que aquél para resolver los terribles problemas que se planteaban. Cuando se hubiera gritado a placer y hecho fogatas con las ruinas de las casas medicistas, se encontrarían tan confusos como antes. Cuando se hubieran borrado las balas de los escudetes y caligrafiado, en su lugar, *libertà*, el pobre *corpassone* se daría cuenta de que eso no le había procurado ni más bienestar, ni más abundancia, ni más seguridad.

La proclamación de la República prácticamente sucedió a la caída de Roma. El 16 de mayo la revolución se había llevado a cabo y el 20 se reunía el Consejo de los Ochenta y el Gran Consejo. Se quitó de las paredes todo lo que recordaba a los señores detestados, a fin de que, el 1 de junio, la nueva Señoría pudiera reunirse en sesión en una sala purificada de los emblemas de la tiranía. Todo ello se hizo con un enorme júbilo en las calles, entre manifestaciones de exultación y bailes. Era la fiesta de la libertad. Pero el duque de Leyva, mientras tanto, proclamaba ante sus soldados que muy pronto los llevaría a medir con la lanza los famosos brocados florentinos.

Maquiavelo no estaba en Florencia durante aquellos días de alborozo. Guicciardini lo había enviado a Civita Vecchia, donde debía encontrarse con Andrea Doria, el almirante de la flota pontificia. La toma de Roma no había sido sino un incidente: la guerra continuaba. Guicciardini quería liberar al Papa, cautivo en el castillo de Sant'Angelo e impotente para impedir el saqueo de la Ciudad Eterna. El proyecto del lugarteniente del pontífice era audaz: con la ayuda de Doria lograría liberar a Clemente VII y embarcarlo en un navío, y se proseguirían las operaciones ayudados por los genoveses y, se esperaba, también por los florentinos.

Durante algún tiempo, los florentinos ya no respondieron a sus cartas, lo que sorprendió mucho a Maquiavelo; la primera misiva que recibió, después de ese silencio, lo hirió en lo más hondo. Los nuevos señores le informaban del cese de todos los funcionarios que los Medici habían nombrado; por lo tanto, ya no tenía competencias para discutir con Doria en nombre de la República y se desautorizaría cuanto pudiera decir.

¿Qué hacer? Seguir el ejemplo de Guicciardini que, golpeado con la misma medida de exclusión, se había exiliado de forma voluntaria y vivía en el extranjero. ¿Adónde iría? ¿Qué recursos tendría? ¿Cómo abandonar a su familia, torturada por el terror cuando, quizá, Florencia iba a compartir la suerte de Roma? ¿Pedir hospitalidad en alguna ciudad hostil a Florencia y compartir la suerte de los proscritos amargados y rencorosos, en esas sociedades de emigrados donde se rumian sin cesar los mismos rencores y quejas, los mismos deseos de venganza? No soportaría semejante exilio. Y, por otro lado, la nueva Señoría le ordenaba volver a Florencia sin demora.

¿Qué malas sorpresas esperaban a este funcionario despedido? Quizá la prisión política, otra vez, la abyección y la hediondez de las *Stinche*, la tortura; quién sabe... De hacer caso a la prudencia, no debía obedecer la orden de los nuevos señores. Sospechoso y, además, sin razón, lo cual era aún más grave, tenía todo que temer. Pero su único pensamiento era no permanecer lejos de Florencia en el preciso momento en que su ciudad natal lo necesitaba, no el *corpassone* o el gobierno de la ciudad, no, sino la Florencia eterna, la antigua Florencia etrusca, que se reía de los poderosos del momento, esa Florencia a la que Maquiavelo pertenecía con todo su cuerpo, su corazón y su alma, esa Florencia con la que era todo uno, a la que no se imaginaba sin él —ni a él sin ella—, esa Florencia, sí, lo reclamaba. Y si no podía vivir ahí, al menos moriría ahí.

Ésos eran los pensamientos que lo inquietaban mientras cabalgaba por las rutas toscanas. Acuciado por la impaciencia de saber qué era de su ciudad y de su familia, y, al mismo tiempo, retenido por el temor a los castigos que le aguardaban, dejaba que su caballo eligiese el paso. Quizás hubiera hecho mejor en imitar a Guicciardini, que había tenido la precaución de poner una frontera entre sus adversarios políticos y él mismo. Pero Guicciardini era un hombre rico. Podía vivir donde quisiera y no dependía de la caridad de los demás. Y entonces Maquiavelo oía en su mente los versos inmortales de Dante, el gran proscrito, sobre el pan amargo de la limosna y la piedad.

Faltaba a la grandeza de Maquiavelo ese supremo broche final que le proporcionaba la universal condena.

Su existencia no habría alcanzado su perfección «ejemplar» si este hombre libre no hubiera sido la víctima de los liberales después de haberlo sido de los medicistas. Aquel hombre sospechoso para todo el mundo, privado de su empleo por la liberación después de haberlo sido por la tiranía, rechazado por los demócratas como unos años antes lo había sido por los autócratas, que inquietaba a todo el mundo con su independencia demasiado altiva, con su inteligencia demasiado penetrante, con esa clarividencia que tenía para descubrir las turbias combinaciones ocultas tras los biombos del idealismo, demasiado escéptico para tomarse en serio el patriotismo de los hombres para los que la patria no era más que una vaca a la que ordeñar, no tenía confianza en aquellos conversos demasiado nuevos y apresurados, y lo afirmaba con crudeza y se hacía tantos enemigos como falsos grandes hombres y falsos patriotas había desenmascarado, solo en un país y en un tiempo donde era mortal estar solo, contemplaba el ocaso de su vida, iluminado por la llama de los incendios que devastaban Roma y que iban a hacer lo mismo con Italia entera.

A este gran estratega, a este gran político se le dejaba de lado en el momento mismo en que la patria era más pobre en servidores devotos y desinteresados. Se le enviaba de nuevo a su *podere* de Sant'Andrea in Percussino, para que los estafadores del Palazzo Vecchio pudieran negociar a sus anchas sus propios beneficios. Aunque, claro, no se había despedido a todos los funcionarios, pues sólo los verdaderos hombres libres habían tenido el privilegio de aquella desgracia que, dadas las circunstancias, se convertía en un honor supremo.

Todo esto le hubiera parecido divertido al ironista que tan bien había sabido reírse del espectáculo de la bajeza y la necedad humanas, a quien los importantes, fatuos, hipócritas, bribones y canallas habían ofrecido una comedia siempre divertida. Pero, por desgracia, no era momento de reír. ¿Qué iba a ser de Florencia? ¿Qué sería de Mona Marietta y de los niños, escondidos en su casa del campo? ¿Qué sería, en fin, de aquel Niccolò Macchiavelli, aquel creador de príncipes al que un mundo hostil a éstos ya no quería?

Su amigo Pietro Carnesecchi, que lo acompañaba en ese viaje, escuchaba sus suspiros, mientras cabalgaban en silencio. Carnesecchi respetaba su silencio. Y juntos continuaban el camino, más inquietos a medida que se aproximaban a Florencia.

Encontraron la ciudad alterada, hombres corriendo de aquí para allá, cargados con ladrillos y piedras. Mujeres embalando sus objetos preciosos, listas para huir al primer acercamiento de los lansquenetes. Miguel Ángel dirigía los trabajos de las fortificaciones, y su rudo rostro de nariz quebrada y su voz imperiosa imponían a los mirones y a los holgazanes.

Maquiavelo observó que las gentes no lo reconocían o fingían no hacerlo. Si saludaba a alguien, éste se volvía, incómodo, y cambiaba de camino.

La opinión pública, fiel intérprete de la voluntad de los poderosos, revelaba que Florencia ya no quería nada de él, ya no contaba con él. Así pues, se retiró a su casa, ignorado de todos. En la soledad, el silencio y la inacción, de donde nunca más habría de salir.

Una mañana contó a Marietta y a los niños el extraño sueño que acababa de tener.

Había encontrado, explicaba, una multitud de personas de aspecto necio y miserable, y cuando había preguntado quiénes eran le habían respondido, para su gran sorpresa, que eran los habitantes del Paraíso. Más tarde, se había cruzado con un grupo de hombres serios, que conversaban de cosas elevadas, entre los que reconoció a filósofos griegos y romanos. «Aquellos que la Iglesia condena —le habían indicado— van al Infierno.» «Me gustaría ir con ellos», había replicado al instante, cuando le habían preguntado si deseaba ir al Cielo o al Infierno. «Prefiero hablar de política con esos grandes hombres a vivir en el Paraíso con esta *marmaglia*.»* Después de oír el relato de su sueño, sus hijos sacudieron la cabeza y Marietta se persignó, puesto que aquel discurso parecía inspirado por el diablo.

Algunos días después, se quejó de fuertes dolores en las entrañas. No se preocuparon demasiado, puesto que eran habituales en él. Como el dolor empeoraba, tomó una dosis mayor del remedio que le daban en esos casos, pero sus sufrimientos no cesaron. Dos días más tarde, el 22 de junio de 1527, en plena lucidez y rodeado de los suyos, Maquiavelo se prepara para ir a reunirse en el Infierno con aquella camarilla de hombres ilustres y sabios, entre los que deseaba permanecer para la eternidad. No sabemos si el juez celestial le concedió la forma de inmortalidad que deseaba.

Recibió sepultura en la capilla familiar de los Macchiavelli, en la iglesia de la Santa Croce; donde no debió reposar mucho tiempo en paz, puesto que al poco la ocupó una hermandad religiosa, para su propio uso y la inhumación de sus miembros.

El cuerpo de Maquiavelo se confundió, así, con una multitud de muertos anónimos y, como uno de sus amigos se afligiera por ello, su hijo Niccolò, que se había hecho canónigo, lo tranquilizó con estas bellas palabras: «No os preocupéis, a mi padre le gustaba tanto la conversación que, cuantas más gentes dispuestas a charlar tenga a su alrededor, más contento estará.»

Temo, sin embargo, que esa sociedad no fuese la que él habría deseado, demasiado parecida a aquella con la que el exiliado había debido contentarse en vida, en la pequeña posada de Sant'Andrea in Percussino, vecina del *podere*, donde iba a beber los buenos vinos toscanos y a jugar a *cricca* con el hospedero, los arrieros y los campesinos. Deseamos que la estancia en los infiernos haya convenido más a su espíritu que a su pobre cuerpo la fosa común.

La posteridad inmediata lo ignoró. Como no era prudente hablar

* *Marmaglia* significa en italiano «chusma», «gentuza». *(N. de la T.)*

de él, se acabó por encontrar más sensato ignorarlo por completo. El siglo XVIII lo descubrió e impuso a esa triste mezcla de huesos de monjes, entre los que se habían confundido los del autor de *El príncipe*, un epitafio solemne y grandilocuente. Creo que él habría preferido el que el deán Swift hizo poner en su iglesia de San Patricio, en Dublín: «Se ha ido adonde el espectáculo de la necedad y la maldad de los hombres ya no logrará desgarrar su corazón. Ve allí, viajero, e imita si puedes a este incansable luchador por la libertad.»

ÍNDICE ONOMÁSTICO